EVA중심의
재무관리

Financial Management

EVA중심의 재무관리

김창수

FINANCIAL
MANAGEMENT
FOCUSING ON EVA

한올

3판을 내며

이 책의 주안점은 크게 두 가지이다. 하나는 경제적 부가가치(Economic Value Added; EVA)라는 개념을 큰 틀로 하여 재무관리 각 분야의 내용을 서로 긴밀히 연결시키는 것이고, 다른 하나는 상식과 직관에 근거하여 최대한 쉽게 설명을 하여 재무관리 분야에 대한 이해와 접근성을 높이는 것이다. 이제까지 이러한 점에 동의해주시는 많은 분들의 관심과 사랑으로 3판을 내게 되었다. 감사할 따름이다.

3판 역시 재무관리 입문서의 역할에 충실하기 위해, 백과사전식으로 재무관리와 관련된 모든 주제를 포함시키는 것을 지양하고, 2판의 내용에서 미진했거나 중요한 주제이지만 입문서의 내용으로는 약간 난이도가 있어서 포함시키지 않았던 내용들을 추가하였다.

우선, 채권평가에서 이자율의 구성 부분을 추가하여 기대인플레이션을 반영하는 피셔 효과(Fisher effect)와 다양한 위험 프리미엄에 대한 설명을 하였다. 또한 미래 이자율 변동에 대한 예측과 이해는 정책 입안자들이나 투자자들에게 필수불가결한 사항인데, 이를 위해 이자율 기간 구조(term structure of interest rates)를 추가하여 만기수익률과 만기의 관계, 수익률 곡선, 선도이자율 등에 대한 설명을 추가하였다.

주식 평가에서는 주식에 대한 실무적 지식을 보강하기 위해 보통주와 우선주를 비교 설명하고, 우선주의 종류, 의결권, 위임장 대결(proxy fight) 등의 내용을 추가하였다. 또한, 실제로 주식투자를 할 경우 필수적으로 알아야 하는 내용과 주식투자와 관련된 웹사이트 등에서 흔히 볼 수 있는 용어 및 약자들에 대한 설명을 추가하였다.

사업성 평가에서 현금흐름의 추정시 고려해야 할 점으로 기존의 기회비용, 매몰비용에 추가하여 부수효과에 대한 내용을 추가하였고, 시장효율성 부분에서는 행동금융(behavioral finance) 내용을 추가하였다. 행동금융을 활용하면 이성적 인간관에 근거한 전통적 경제학으로는 설명이 어려운 경제 현상에 대한 이해를 높일 수 있다. 투자에 있어서도 다양한 비이성적 현상들이 나타나는데 이의 원인이 되는 여러 가지 행동 편의와 경제적 현상들에 대한 내용을 추가하였다.

자본비용에서는 내용을 좀 더 명확히 전달하기 위하여 자본비용과 이를 이용한 가치평가 부분을 개별 사업과 기업 전체 관련 내용으로 구분하였다. 먼저 개별 사업의 자본비용 및 가치평가를 설명하고, 이를 바탕으로 기업 수준의 자본비용 결정 및 가치 평가를 제시하였다.

그 외에 소득세율 표, 연금 계산을 위한 이자율, 경제적 부가가치 순위 및 상장기업의 경제적 부가가치 현황 등 모든 자료를 최신의 것으로 수정하였고, 오탈자를 정리하였다.

졸저가 지금까지 유지가 된 것은 모두 교육 현장의 교수 및 학생들과 금융업계를 포함한 관련 분야의 많은 분들의 관심과 성원 덕분이다. 앞으로도 많은 지도 편달 부탁드리고, 지속적으로 책의 개선을 위해 노력할 것을 약속드린다. 끝으로, 본 서를 출판하기 위한 한올출판사의 지원에 감사드리며, 항상 곁에서 응원해주는 아내와 아이들, 저를 이 자리에 있게 해 주신 부모님께 이 책을 바친다.

2024년 봄의 문턱
김 창 수

이 책에 대하여

재무관리(financial management)는 자금의 조달과 조달된 자금의 사용에 대한 지식을 탐구하는 경영학의 한 분야이다. 자금의 조달과 사용은 사실상 기업 활동 전반에 관계된 것으로 이에 대한 이해는 경영학을 공부하는 학생들뿐만 아니라 기업을 경영하는 사람들에게도 필수적이다. 그럼에도 불구하고 필자가 수년간 대학의 학생들과 기업인들을 대상으로 강의를 하면서 느낀 점은 이들이 재무관리를 매우 어렵게 생각한다는 것이다. 그러나 재무관리는 기초가 되는 개념들을 잘 정리하면서 순서에 따라 차근차근 정리하면 이해하는 것이 그리 어렵지 않다. 따라서 이 책의 가장 중요한 목표는 재무관리를 배우고자 하는 이들에게 재무관리를 쉽게 접하도록 하고자 함이다.

경제적 부가가치(Economic Value Added; EVA)는 기업이 사업을 수행함으로써 추가로 창출하는 실질적인 부가가치를 말한다. 모든 사업에는 자본이 들기 마련인데 자본에는 남에게서 빌려온 타인자본과 자신이 가지고 있는 자기자본이 있다. 자본을 사용하기 위해서는 이의 사용 대가를 지불해야 하는데 이것이 자본비용이다. 전통적으로 자본비용이라 하면 흔히 은행이자나 채권이자율을 생각하는데 이는 타인자본비용이다. 타인자본비용에 비해 오랜 동안 그 중요성이 간과되어 온 것이 자기자본비용이다. 현장에서 기업을 운영하는 사람들은 흔히 자기자본비용은 비용이 없는 것으로 생각하거나 또는 이론에서나 다루는 비용쯤으로 생각하고 있다. 이는 중대한 착각이며 자기자본비용이 타인자본비용보다 오히려 더 높다. 경제적 부가가치는 자기자본비용에 대한 명확한 인식하에 기업 활동으로부터 새로이 창출되는 부가가치를 측정한다는 점에서 매우 중요한 지표이다.

이 책은 경제적 부가가치를 중심으로 재무관리 내용을 설명하고자 하였다. 경제적 부가가치라는 개념이 기업의 실질적인 가치 창출을 이해하기 위해서는 필수적인 내용인데 이를 제대로 이해하기 위해서는 재무관리 과목의 내용을 잘 숙지해야 하기 때문이다. 이를 위하여 제1장에서는 각 장의 내용과 경제적 부가가치와의 관계를 전체적으로 조망한다. 즉 각 장의 내용이 경제적 부가가치 개념을 구성하는 세부 부분에 어떻게 연결되는지를 전체적으로 설명한다. 또한 각 장에 그 내용이 경제적 부가가치 개념을 이해하고 측정하기 위하여 어떻게 활용되는지를 관련 내용이 있는 곳마다 설명하였다. 제15장에서는 이전 장들의 모든 내용을 총괄하고 요약하여 경제적 부가가치에 대한 확실한 이해를 돕도록 하였다.

아직 미숙한 부분이 많은 것이 사실이나 이는 향후 지속적으로 개선하도록 노력하겠다. 이 책이 출간되기까지 여러 분들의 도움이 있었다. 먼저 책이 출판되기까지 꼼꼼하게 원고를 정리하고 오탈자 수정 및 디자인 구성에 수고해 주신 관계자 여러분께 감사드린다. 또한 이 책을 집필하도록 동기를 제공한 수강생들과 학생들도 이 책이 출판되기까지의 숨은 공로자들이다. 끝으로 항상 옆에서 지원해주고 격려해주는 아내와 가족, 그리고 부모님들께 이 책을 바친다.

2008년 盛夏

김 창 수

kimc@yonsei.ac.kr

Part 2
가치 평가의
기초

Part 3

증권의 가치 평가

Part 4

**투자안의
가치 평가**

Part 5

**자본구조와
자본비용**

● Exercises / 303

● Exercises / 349

Part 6

**경제적
부가가치**

● Exercises / 322

Part 7

**재무관리
주요 주제**

Part 1

재무관리와 경제적 부가가치, 재무제표

재무관리 분야는 기업의 재무활동을 다루는 경영학의 한 분야이다. 기업의 재무활동은 크게 자금의 조달과 이의 사용으로 대별할 수 있는데 가능한 한 저렴하게 자금을 조달하고 이를 수익성 높은 사업에 투자하여야 기업의 가치가 극대화된다.

기업 가치의 극대화는 재무관리의 목표이며 또한 기업의 목표인데 이를 달성하기 위한 가장 좋은 지표로 경제적 부가가치(Economic Value Added; EVA)가 있다. EVA는 투하자본의 수익률로부터 투하자본을 조달하기 위하여 지불한 비용을 차감하여 계산한다. 전통적으로 자본을 조달하기 위한 자본비용은 주로 타인자본비용인 것으로 인식되어 왔는데 이는 명백한 오류이다. 그 이유는 투하자본을 조달하기 위해서는 타인자본뿐만 아니라 자기자본도 사용되며 따라서 자기자본비용도 비용으로 고려되어야 하기 때문이다. EVA는 타인자본에 비해 상대적으로 간과되어 온 자기자본비용을 명시적으로 고려함으로써 실제적인 기업 가치의 창출을 측정한다. 따라서 기업 가치의 극대화라는 재무관리의 목표를 달성하기 위한 매우 적절한 지표이며 이에 대한 이해는 기업 경영을 위해 필수적이다. 이러한 관점에서 이 책은 EVA를 중심으로 전통적인 재무관리 주요 주제를 설명한다. 구체적으로 1장에서는 재무관리의 정의와 기업 가치 극대화라는 재무관리의 목표를 설명하고 이를 달성하기 위한 도구로서 EVA와 각 장의 연관성을 설명한다.

건전한 기업의 성장 발전을 위해서는 가치 극대화를 위하여 기업 활동을 잘 하는 것도 중요하지만 모든 기업 활동에 대한 정밀한 기록도 매우 중요하다. 기업 경영 활동의 결과는 재무제표로 나타난다. 기업은 일정 기간마다 재무제표를 작성하여 감독관청에 보고하고 주주를 포함한 기업의 이해 관계자들에게 동 자료를 공개한다. 재무관리는 재무제표를 작성하는 것을 배우는 학문 분야가 아니고 작성된 재무제표를 활용하여 기업의 상황을 파악하고 이에 근거하여 기업의 성장 발전을 도모하는 분야이다. 따라서 재무제표에 대한 이해는 재무관리를 잘 이해하기 위한 기초이며 2장과 3장에서는 이를 위한 가장 핵심적이면서 기본적인 내용을 설명한다.

Financial
Management
Focusing on EVA

재무관리와
경제적 부가가치

이 책은 재무관리를 처음 접하는 독자들이 가장 쉽게 내용을 이해할 수 있도록 하는 것이 목적이다. 그러면서도 전체적으로 재무관리의 각 주제가 서로 떨어져 있는 것이 아니라 하나의 큰 틀 안에서 서로 긴밀하게 연결되어 있는 것을 보이기 위하여 경제적 부가가치(Economic Value Added ; EVA) 개념을 활용한다. 이 장은 이를 위한 서론 부분이며 다음과 같은 순서로 재무관리와 EVA에 대한 소개를 진행한다.

- 재무관리는 무엇이며 어떤 분야가 있는가?
- 재무관리에서는 어떠한 의사결정을 하며 재무관리자의 역할은 무엇인가?
- 재무관리는 모든 기업 조직에 적용되는데 기업 조직의 형태에는 어떠한 것이 있는가?
- 재무관리의 목표는 무엇인가?
- 주주와 경영자 사이의 이해상충이 존재하는 경우 어떻게 재무관리의 목표를 달성하는가?
- 재무관리 주제와 경제적 부가가치의 관계

쉬어 가기

현대차 파업[*]

다음은 한 언론 기사의 내용을 요약한 것이다. 기업의 목표인 기업가치 극대화 측면에서 볼 때 과연 현대차 노조는 잘하고 있는 것일까?

현대차 노조 상당수 간부들은 '파업투쟁을 해서라도 임금피크제 폐지 등 노동조합 요구안을 모두 쟁취해야 한다'는 생각을 하는 것으로 나타났다. 현대차 노조가 다음달 '임금 및 단체협상'을 앞두고 최근 확대간부 약 400명을 대상으로 시행한 설문조사에서 나타난 결과다. 조합원 5만 명인 현대차 노조는 국내 단위노조 중 규모가 가장 크다.

2일 현대차 노조가 자체 발행하는 소식지인 『현자지부신문』에서 발표한 설문조사 결과에 따르면 '단체협상을 어떻게 진행해야 한다고 생각하느냐'라는 질문에 노조간부 70% 이상이 '파업투쟁을 해서라도 요구안을 쟁취해야 한다'는 의견을 냈다.

임단협 테이블에 올릴 주요 안건도 설문했다. '올해 단체교섭에서 가장 시급하게 제도개선 해야 할 의제는 무엇인가'라는 질문에 '정년연장'이라는 응답이 66.9%로 가장 많았다. 39.8%는 '복지확대'를, 34.9%는 '노동시간 축소 및 식사시간 확대' 등을 복수로 선택했다. '임금피크제폐지'라는 응답도 34.4%로 다수를 차지했다.

파업투쟁에 거부감이 없는 듯한 노조 분위기에 정년연장안 등 까다로운 안건이 임단협 주요 쟁점으로 등장한다면 노사 간 접점 찾기에 상당한 시간이 걸릴 것으로 예상한다.

지난해 노사는 협상 쟁점이었던 국내공장 신규건설 합의안을 끌어냈다. 현대차 최초로 전기차 전용공장을 울산에 짓는다는 내용이 담겼다. 임금 인상과 성과금 규모는 전년 대비 연봉을 9% 수준으로 끌어올리는 선에서 합의했다. 이외에 격려금 100%, 전통시장상품권 25만 원 등도 별도 지급하기로 했다.

현대차는 국내 제조업체 가운데 가장 선호하는 기업이다. 생산직 공고가 나오면, 회사 홈페이지가 마비될 정도로 큰 관심을 받는다. 사무직을 아우르는 현대차 평균 연봉은 2021년 기준 9600만 원 정도다. 근무시간에 따라 생산직 평균 연봉은 이보다 높을 것으로 예상한다. 국내 생산직 연봉 수준이 최근 공개된 적은 없다. 2016년 공개된 미국 앨라배마 공장의 생산직 평균 연봉은 9만 400 달러(약1억 1,888만원)정도였다.[*]

근로자의 권익을 보호하기 위한 노동쟁의가 어떻게 하면 기업가치 극대화와 연결될 수 있을까?

[*] 김윤호, "투쟁해서라도 요구안 쟁취해야"…현대차 노조 파업하나? 중앙일보 2023. 05. 02.

재무관리 분야

기업의 경영을 위해서는 여러 가지 지식이 필요하다. 이를 위해 경영학(business administration)이라는 학문분야가 발전되었으며 이에는 인사조직, 생산관리, 마케팅, 회계학, 재무관리, 경영정보학 등의 세부 분야가 있다.

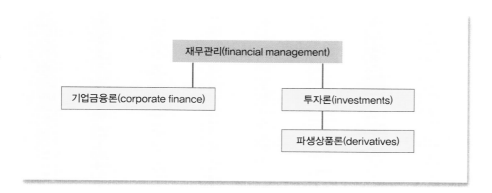

그림 1.1
재무관리의 분야

이 중 재무관리(financial management)는 기업의 자금 조달과 이의 사용 및 금융 전반에 관련된 지식을 다루는 분야이다. 대체로 재무관리 입문 과정을 마치면 〈그림 1.1〉에서 보는 바와 같이 세부 과목으로 투자론과 기업금융론을 배우게 된다. 투자론(investments)은 투자와 관련된 제반 이론 및 실무를 다루는 분야이고, 기업금융론(corporate finance)은 기업의 자금 조달 및 이의 집행에 관한 내용을 다루는 분야이다. 최근에는 투자론 중 선물(futures)이나 옵션(options)과 같은 파생상품에 관련된 지식이 급증하면서 파생상품론(derivatives)이 하나의 큰 분야를 형성하고 있다.

재무관리(financial management)
기업의 자금 조달과 조달된 자금의 투자 및 금융 전반에 관련된 지식을 다루는 경영학 분야

투자론(investments)
투자와 관련된 제반 이론 및 실무를 다루는 재무관리 학문 분야

기업금융론(corporate finance)
기업의 자금 조달 및 이의 집행에 관한 내용을 다루는 재무관리 학문 분야

파생상품론(derivatives)
투자론 중 선물(futures) 옵션(options)과 같은 파생상품을 다루는 학문 분야

2. 재무 의사 결정

재무의사결정(financial decision making)
자금의 조달과 조달된 자금의 사용에 관한 의사 결정

　　재무의사 결정(financial decision making)은 크게 두 가지로 구분할 수 있는데 하나는 자금 조달에 대한 의사 결정이고 다른 하나는 조달된 자금을 사용하는 의사 결정이다. 이를 쉽게 이해하기 위해 다음과 같은 매우 단순한 재무상태표를 생각해 보자.

차 변	대 변
유동자산 비유동자산	타인자본 자기자본

자기자본(equity) : 기업의 소유주가 출자한 자본

타인자본(debt) : 꾸어온 자본

자본구조(capital structure) : 타인자본과 자기자본의 구성 비율

최적자본구조(optimal capital structure) : 기업 가치를 극대화시키는 자본 구조

　　기업 활동이라는 것은 쉽게 말하자면 자금을 어떻게 조달하여 어떤 좋은 투자안에 투자하는가로 요약될 수 있다. 이러한 관점에서 볼 때 자금 조달에 대한 의사 결정은 위 재무상태표의 대변과 관련된 의사 결정이다. 사업을 하기 위해서는 자금을 조달하여야 하는데 자금에는 두 가지 종류가 있다. 하나는 내 돈인 자기자본(equity)이고 다른 하나는 남의 돈인 타인자본(debt)이 있다. 타인자본과 자기자본의 구성비율을 자본구조(capital structure)라고 하는데 자기자본과 타인자본을 최적의 비율로 조달하여야 기업 가치를 극대화할 수 있다. 기업가치를 극대화시키는 자본구조를 최적자본구조(optimal capital structure)라 하는데 이에 대한 이론은 재무관리 분야의 핵심 이론 중의 하나이다. 이는 이 책의 13장에서 다룬다.

　　타인자본(debt)은 남의 돈이므로 이자와 원금을 꼭 갚아야 하며 이를 이행하지 못할 경우에는 법원의 소송절차를 거치게 된다. 반면 자기자본(equity)은 내 돈이므로 사업이 안 되어 배당을 지급하지 못하더라도 주주는 법원에 소송을 할 수 없다. 여기서 유의할 점은 개인의 관점에서 내 돈과 남의 돈을 구분하는 것이 아니라 법적인 관점에서 이를 구분한다는 것이다. 즉 주식회사의 경우 나 이외에도 많은 주주가 있는데 나를 포함하여 모든 주주의 투자 자금은 자기자본이 되는 것이다.

　　자금의 사용에 관련된 의사 결정은 위 재무상태표의 차변에 관련된 것으로 이에는 두 가지가 있다. 먼저 재무상태표의 유동자산에 관련된 의사 결정이 있는데

이를 운전자본관리(working capital management)라 한다. 운전자본에는 현금 (cash), 매출채권(accounts receivable), 재고자산(inventory) 등이 있는데 어떻게 적절한 규모의 운전자본을 유지하고 관리하는가 하는 것도 재무관리의 중요한 의사 결정의 하나이다.

자금의 사용과 관련된 또 다른 의사 결정 분야가 있는데 바로 위 재무상태표의 비유동자산에 관련된 분야인 자본예산(capital budgeting) 의사 결정이다. 이는 장기적인 투자 의사 결정으로 운전자본관리와 같이 일상적으로 이루어지는 활동이 아니며 매우 전략적이고 정교한 투자분석이 수반되어야 한다. 예를 들어, 공장을 신축한다든지, 새로운 시장을 개척한다든지, 향후 수년간에 걸쳐 사용할 기계나 기구를 매입하는 의사 결정이 이에 포함된다.

 요점

재무의사결정에는 크게 두 가지가 있다. 하나는 자금의 조달과 관련된 것이고 다른 하나는 조달된 자금의 사용에 관한 것이다. 자금의 조달과 관련된 의사결정은 자본구조 (capital structure) 의사결정이다. 자금의 사용과 관련된 의사 결정은 두 가지가 있는데 하나는 유동자산과 관련된 것이고 다른 하나는 비유동자산과 관련된 것이다. 유동자산과 관련된 것은 운전자본관리(working capital management) 의사결정이고, 비유동자산과 관련된 것은 자본예산(capital budgeting) 의사결정이다.

재무관리자의 역할

기업에서 재무의사 결정을 하는 최고의 직책을 가진 사람을 최고재무관리자 (chief financial officer ; CFO)라 한다. 최고재무관리자는 자금의 조달과 이의 투자에 대한 전반적인 권한과 의무를 가진다. 따라서 재무의사 결정에 대한 구체적인 사항뿐만 아니라 기업의 전략적 방향과 같은 전반적 사항도 최고재무관리자의 업무 영역에 포함된다.

4. 기업의 형태

재무관리는 모든 형태의 기업에 적용된다. 그러나 기업의 형태에 따라 재무관리자의 역할과 범위가 조금씩 다를 수 있는데 기업의 형태는 기본적으로 다음과 같은 세 가지가 있다.

4.1 개인회사

개인회사(sole proprietorship)
개인이 기업의 100% 주인인 회사 형태

개인회사는 개인이 그 기업의 100% 주인인 회사이다. 우리 주변에서 흔히 볼 수 있는 잡화점, 슈퍼마켓, 정육점, 공인중개사 사무소 등등이 그 예이다. 업체의 수로 볼 때는 가장 많은 것이 개인회사이다. 개인회사의 장점과 단점이 〈표 1.1〉에 정리되어 있다.

표 1.1
개인회사의 장단점

장 점	단 점
설립이 쉽다 규제가 적다 개인소득세만 부과된다	기업의 수명이 짧다 큰 사업을 하기 힘들다 무한책임을 진다 소유권 이전이 어렵다

장점 중 개인소득세만 부과된다는 점은 주식회사에 비교할 때 그렇다는 것이다. 즉 주식회사는 그 주인인 주주가 세금을 두 번 내게 되는데 하나는 법인세이고 다른 하나는 주주에게 지급된 배당에 대한 개인소득세이다. 다시 말해 주식회사인 경우에는 기업의 이익에 대해 법인세를 먼저 납부하고, 그 다음으로 당기순이익에서 배당을 지급하면 이에 대해 또 개인소득세를 과세하는 것이다.

무한책임(unlimited liability)
타인자본을 조달한 경우 차입금 전체를 갚아야 하는 책임

개인기업의 단점 중 무한책임(unlimited liability)이라 하는 것은 개인이 빚을 내 사업을 하는 경우 사업이 잘 되지 않더라도 빌린 돈에 대해서는 무한책임을 진다는 것이다. 가령 자기자본 1억 원과 은행에서 빌려온 타인자본 1억 원을 조달하여 2억 원짜리 개인회사를 시작했다고 하자. 향후 회사의 경영 상황이 악화되어 기업의 가치가 7,000만원이 되었다면 개인은 회사의 가치만으로는 1억 원의 대출금을 갚을 수 없다. 이 경우 나머지 3,000만원은 집을 팔아서라도 갚아야 한다는 것이 무한책임이며 결국 개인은 1억 3,000만원의 손해를 보게 된다. 반면, 위의 기업이 개인기업이 아니고 주식회사라면 주주는 자신이 지분으로 투자한 돈 1

억 원에 대해서만 책임이 있으므로 3,000만원에 대해서는 책임을 지지 않아도 된다. 따라서 총 손실액은 지분투자액 1억 원에 한정되며 이를 유한책임(limited liability)이라고 한다.

단점 중 소유권 이전이 어렵다는 말은 주식회사의 경우는 소유권을 포기하려면 단순히 주식을 자본시장에서 매각하면 되지만 개인회사는 소유권을 매각하기 위해서는 기업을 매각해야 하기 때문에 절차가 복잡하고 어렵다는 뜻이다.

유한책임(limited liability) 전체 타인자본에 대해 책임을 지는 것이 아니라 자신이 출자한 한도까지만 지는 책임

4.2 합명회사(partnership)

합명회사는 쉽게 말하면 동업을 하는 회사 형태이다. 〈표 1.2〉에서 보는 바와 같이 이의 장점과 단점은 개인회사와 비슷하나 여러 사람이 함께 회사를 설립하기 때문에 개인회사보다는 좀 더 많은 자금을 조달할 수 있다는 것이 장점이 될 것이다. 그러나 동업자 사이의 분쟁 등 개인회사에서는 일어나지 않는 상황이 단점으로 작용할 수 있다.

합명회사(partnership) 한 명 이상의 사람이 동업을 하는 회사 형태

장 점	단 점
설립이 쉽다 규제가 적다 개인회사보다 많은 자금 조달이 가능하다 개인소득세만 부과된다	기업의 수명이 짧다 동업자 사이의 분쟁이 가능하다 큰 사업을 하기 힘들다 무한책임을 진다 소유권 이전이 어렵다

표 1.2
합명회사의 장단점

4.3 주식회사(corporation)

우리가 흔히 아는 큰 기업들은 거의 대부분 주식회사이다. 그 수는 개인회사에 비해 월등히 적으나 국가 경제 내에서 창출하는 가치 면에서는 가장 중요한 형태의 조직이다. 주식회사는 기업의 소유권을 잘게 나누어서 이를 주식이라는 부분 소유권의 형태로 매각하여 자금을 조달한다. 주식회사의 장단점이 〈표 1.3〉에 나타나 있다.

주식회사(corporation) 기업에 대한 부분 소유권인 주식을 매각하여 사업 자본을 형성하는 회사 형태

표 1.3

주식회사의 장단점

장 점	단 점
유한책임(limited liability)을 진다 기업 수명이 길다 소유권 이전이 쉽다 많은 자금을 조달할 수 있다 소유와 경영이 분리된다	이중과세를 부담해야 한다 소유와 경영의 분리로 대리인 문제가 발생한다

소유와 경영의 분리
(separation of ownership
and management)
주식회사의 경우 기업의
소유권은 주주에게, 경영권
은 경영자에게 분리되어 있
는 현상

가장 중요한 장점은 불특정 다수로부터 자금을 조달하기 때문에 큰 규모의 사업을 영위할 수 있다는 것이다. 이와 관련지어 나타나는 현상이 소유와 경영의 분리(separation of ownership and management)이다. 즉 기업의 주인인 주주가 여러 사람이기 때문에 이들이 직접 기업을 경영할 수는 없으므로 이들은 다만 자금을 공급하고 경영은 전문경영인이 하게 되는 것이다. 이는 비교우위(comparative advantages)의 관점에서 설득력이 있는 구조인데 자본의 운영에 비교우위가 있는 자본가는 기업에 자금을 공급하고 기업의 운영에 비교우위가 있는 경영자가 기업을 경영하는 것이다.

소유와 경영의 분리는 주식회사 형태의 단점으로 작용할 수도 있다. 그 이유는 다음에 설명할 대리인 문제(agency problem)인데 주주의 이익을 위하여 기업을 경영하여야 할 경영자가 주주의 이익 대신 자신의 이익을 추구함으로써 발생하는 문제이다. 대리인 문제가 있는 경우 비용이 발생하는데 이를 대리인 비용(agency costs)이라 한다. 주식회사 형태의 또 하나의 주요 단점은 앞에서 설명한 바 있는 이중과세이다.

기업의 형태에는 개인회사(sole proprietorship), 합명회사(partnership), 주식회사(corporation)가 있다. 각 각의 형태에 따라 장단점이 다르게 나타난다.

5. 재무관리의 목표

5.1 기업의 목표

재무관리의 목표는 기업을 잘 되게 하고자 하는 것이기 때문에 기업의 목표와 동일하다. 그렇다면 기업의 목표는 무엇인가? 기업의 목표는 간단히 말해 기업가치의 극대화이다. 그러면 우리가 흔히 알고 있는 당기순이익의 극대화, 비용의 최소화, 시장점유율 극대화 등도 기업의 목표가 될 수 있는가? 그렇지 않다.

당기순이익은 감가상각법이나 선입선출(first in, first out ; FIFO), 후입선출(last in, first out ; LIFO) 등과 같은 재고자산 처리법에 따라 자의적으로 변할 수 있기 때문에 이의 극대화는 실질적인 기업가치의 극대화와는 거리가 있다. 비용을 최소화하기 위해서는 질이 낮고 가격은 싼 원재료를 사용하면 되므로 역시 가치 증대와는 거리가 있다. 시장점유율의 증가는 손해를 보면서도 박리다매를 하면 시장점유율을 높일 수 있으니 역시 기업의 가치 증가와는 거리가 있을 수 있다.

따라서 기업의 목표는 기업가치의 극대화이며 이것이 재무관리의 목표이다. 그러면 기업가치의 극대화를 어떻게 달성할 수 있는가? 간단히 말해 주주의 부를 극대화하면 기업의 가치가 극대화되며 주주의 부는 주가를 극대화하면 달성할 수 있다.

여기서 유의할 점은 자본시장이 효율적이라는 가정 하에 이러한 주장을 할 수 있다는 것이다. 만일 자본시장이 비효율적이어서 작전 세력 등이 주가를 쉽게 조작할 수 있다면 주가의 극대화는 기업 가치의 극대화와 관련이 없게 된다. 결론적으로 자본시장이 효율적이라는 가정 하에 재무관리에서 기업의 목표는 기업가치의 극대화이며 이는 주가의 극대화를 통한 주주부의 극대화와 동일한 것이다.

그러면 기업의 여러 이해관계자 중 왜 주주의 부를 극대화하는 것이 기업의 목표가 되는지를 살펴보자. 그 이유는 주주들이 기업에 대한 잔여재산청구권자(residual claimant)이기 때문이다. 다시 말해 기업의 주주들은 종업원의 임금, 제반비용, 채권자에 대한 이자, 세금 납부 후 남는 잔여재산에 대한 청구권을 가진다는 것이다. 따라서 가장 나중에 재산을 받는 이들의 부를 극대화한다면 상위 권리자들의 부도 극대화되고 따라서 기업의 가치가 극대화되는 것이다.

잔여재산청구권자(residual claimant)
기업이 창출한 이익 중 종업원의 임금, 제반비용, 채권자에 대한 이자, 세금 납부 후 남는 잔여재산에 대한 청구권을 가지는 사람으로 주주를 일컬음

요점

자본시장이 효율적이라는 가정 하에 기업의 목표는 다음과 같다.

기업의 목표 = 기업가치의 극대화 = 주주 부의 극대화 = 주가의 극대화

문제 노동조합은 조합원의 권익을 위하여 투쟁한다. 이들의 활동은 주주 부의 극대화와 배치되는 것인가?

답 노동조합이 조합원의 권익만을 위하여 투쟁하는 것은 주주 부의 극대화와 배치된다. 그러나 노동조합이 투쟁하는 것이 추락한 조합원의 사기를 회복시켜 생산성을 높이고 기업 가치를 극대화하고자 하는 것이라면 이는 주주 부의 극대화와 배치되는 것이 아니다.

경제적 부가가치(EVA)는 기업 가치 극대화를 위한 매우 유용한 틀이다. EVA는 기업의 수익으로부터 이 수익을 가능하게 한 자본에 대한 비용, 즉 자기자본비용과 타인자본비용을 차감하여 구한다. 따라서 전통적으로 기업의 비용을 고려할 때 간과되어 왔던 자기자본비용을 명시적으로 고려함으로써 당기에 기업이 창출한 부가가치를 정확하게 파악할 수 있게 해 준다. 따라서 기업가치 극대화를 위해 매우 효과적으로 활용될 수 있는 틀을 제공한다.

5.2 대리인 문제

대리인 문제(agency problem)
주인(principal)과 대리인(agent) 사이의 이해 상충으로 발생되는 문제로 기업 환경에서는 주인인 주주와 대리인인 경영자 사이의 이해가 다르기 때문에 발생하는 문제

대리인 비용(agency costs)
대리인 문제로 인해 발생되는 비용

위와 같이 주주의 부를 극대화하는 것이 기업 가치를 극대화하는 것임에도 불구하고 현실에서는 주주부의 극대화가 이루어지지 않는 경우가 많다. 대표적인 경우가 대리인 문제(agency problem)가 존재하는 경우인데 이는 말 그대로 주인(principal)과 대리인(agent) 사이의 이해 상충으로 발생되는 문제이다.

만일 시장이 완전하여(perfect market) 거래비용(transaction costs), 정보비용(information costs), 세금(taxes) 등의 마찰적 요인(friction)이 없다면 주인은 대리인의 일거수일투족을 쉽게 관찰할 수 있으며 따라서 대리인으로 하여금 주주 부를 극대화하도록 유인하는 고용계약을 체결할 수 있을 것이다. 그러나 현실세계에서는 시장이 불완전하여 주인이 대리인의 행동을 모두 관찰할 수 없기 때문에 이러한 고용계약을 체결하기 어렵고 따라서 대리인은 주인의 이익보다는 먼저 자신의 이익을 위하여 활동하게 된다. 이러한 이해 상충(conflict of interests)의 상황은 기업에 비용을 발생시키는데 이를 대리인 비용(agency costs)이라 한다.

예를 들어 보자. 국회의원과 국민의 관계에 있어서는 주인이 국민이고 국회의원은 국민을 위하여 일을 해야 할 대리인이다. 그러나 대리인인 국회의원이 과연 국민을 위하여 일을 하는가? 이 때 이들로 하여금 국민을 위하여 일을 하도록 하려면 감시감독을 하여야 하고 이러한 감시감독에는 비용이 수반된다. 이것이 대리인 비용의 예이다.

기업에서는 주인이 주주이고 대리인이 경영자이다. 경영자는 주주를 위하여 회사를 경영하여야함에도 불구하고 먼저 자신들의 이익을 위하여 활동한다. 예를 들어 경영자는 호화로운 사무실을 꾸민다거나, 전용 비행기를 구입한다거나, 비서진을 지나치게 고용한다거나 하는 등 회사 자원의 과소비(perquisite consumption)를 즐길 수 있다.

이러한 대리인 문제가 존재하는 상황에서는 여러 가지 비용이 발생하는데 크게 직접비용(direct costs)과 간접비용(indirect costs)으로 구분해 볼 수 있다. 직접비용의 예로 경영자로 하여금 주주의 부를 극대화시키도록 감시감독하는 비용(monitoring costs)을 들 수 있다. 간접비용의 예로는 직접 비용 이외에 기업에 대리인 문제가 존재함으로써 일어나는 조직의 문제, 비효율의 문제, 불신의 문제, 고객 이탈의 문제 등을 들 수 있다.

대리인 비용은 주주와 경영자 사이의 이해상충으로 인해 발생한다. 대리인 비용에는 직접비용과 간접비용이 있다.

5.3 대리인 문제의 극복

기업에 대리인 문제가 존재하면 결국 그 비용은 주주들이 부담할 수밖에 없다. 왜냐하면 주주들은 최종적으로 부를 분배받는 잔여재산청구권자이기 때문이다. 따라서 주주들의 입장에서는 대리인 문제를 줄이고자 하는 동기가 존재하는데 이러한 대리인 문제를 줄이는 방법은 여러 가지가 있다.

첫째, 가장 원론적이면서도 간단한 방법은 주주와 경영자 사이의 이해를 일치시키는 것이다. 대리인 문제는 주주와 경영자 사이의 이해관계가 서로 다르기 때문에 발생하므로 이를 일치시키면 문제가 자연히 소멸될 것이다. 이를 위해서는 경영자를 주주로 만들면 된다. 그러면 경영자가 동시에 주주이기 때문에 주주의 이익을 고려하는 것이 자신의 이익을 고려하는 것이 된다. 기업이 경영진에게 공로주를 부여하거나 스톡옵션(stock option)을 부여하는 것은 이러한 맥락에서 대리인 비용을 낮추고자 하는 노력이다.

둘째, 경영자들은 기업 내외부로부터의 여러 가지 견제가 있기 때문에 자신들의 이익만을 추구하기는 어렵다. 기업 내부에서는 경영자들이 지나치게 과소비를 하거나 무능하다면 부하들로부터의 압박에 직면하게 될 것이며 경영자 직으로부터 축출될 수도 있다. 기업 외부로부터의 압력으로는 인수 합병의 위협을 들 수 있는데 가령 경영자가 지나친 과소비를 함으로써 기업 가치를 극대화시키지 못하면 주가가 떨어질 것이고 싼 주가는 인

자본시장이 불완전한 경우에는 대리인 문제(agency problem)가 발생하여 기업 가치의 극대화를 이룰 수 없다. 대리인 문제와 관련된 대리인 비용(agency costs)을 줄여 기업 가치를 증가시키는 방법으로는 1) 보상제도 등을 통한 주주와 경영자 사이의 이해 일치, 2) 동료나 부하의 평가로 인한 기업 내부의 견제, 3) 인수 합병의 위협과 같은 기업 외부의 견제 등이 있다.

수합병을 유발시킬 것이며 인수합병이 되면 경영자는 일자리를 잃을 것이다. 이러한 기업 내외부의 견제는 대리인 비용을 낮추는 역할을 한다.

6. 재무관리와 경제적 부가가치

재무관리의 목표는 기업의 가치를 극대화하는 것인데 이를 위한 유용한 틀이 경제적 부가가치(economic value added; EVA)이다. EVA는 다음과 같이 표현할 수 있다.

경제적 부가가치(EVA)
= [투하자본이익률(ROIC)−가중평균자본비용(WACC)]×투하자본(IC)   (1.1)

투하자본이익률은 투하된 자본에 대한 수익성이 얼마나 되는가 하는 것을 보고자 하는 것이며 이는 위에서 본 재무관리 중요 의사 결정 분야 중 자본예산(8장, 9장, 10장)에 관련된 부분이다.

투하자본은 사업을 위하여 투입된 자본을 의미하는데 대체로 어떠한 사업이든 유동자산과 비유동자산이 함께 필요하다. 이를 위해서는 기업의 정보를 이해할 수 있는 눈이 있어야 하는데 재무제표를 다루는 장(2장, 3장)에서 이를 설명한다.

투하된 자본으로부터의 이익을 계산하기 위해서는 현금흐름을 추정하는 것이 필요한데 이는 재무제표를 다루는 장(2장)과 자본예산 중 현금흐름을 추정하는 장(9장)에서 설명한다.

가중평균자본비용은 투하된 자본을 조달하기 위하여 들어간 평균적인 자본비용을 의미하는데 위에서 본 의사 결정 분야 중 자본구조에 관련된 부분이 이에 해당한다. 자본비용에는 자기자본비용과 타인자본비용이 포함되는데 자기자본비용에 대한 개념과 구체적 계산방법은 주식의 평가 및 자본비용을 다루는 장(7장, 12장)에서 설명한다. 타인자본비용과 관련해서는 채권의 평가를 다루는 장(6장)과 자본비용을 다루는 장(12장)에서 이에 대한 설명을 한다. 또한 가중치를 계산하기 위해서는 기업의 자본구조에 대한 고려가 있어야 하는데 이는 자본구조를 다루는 장(13장)에서 설명한다.

이외에도 EVA를 제대로 이해하기 위한 기초지식들이 있는데 예를 들면 할인현금흐름법(4장, 5장), 위험에 대한 평가(10장), 위험과 수익의 관계(11장) 등이다. 이러한 내용들은 전통적인 재무관리 주제들로서 EVA를 이해하기 위한 기초가 되므로 해당 장에서 충실히 설명한다.

마지막으로 재무관리 이론을 습득한 후 EVA를 종합적으로 설명하기 위하여 독립된 장(15장)을 설정한다. 이 장에서는 EVA의 이론적 구성 뿐 아니라 이의 활용 현황에 대해서도 언급한다. 전체적으로 재무관리 주제와 EVA의 관련성을 설명하는 도표가 〈그림 1.2〉에 정리되어 있다.

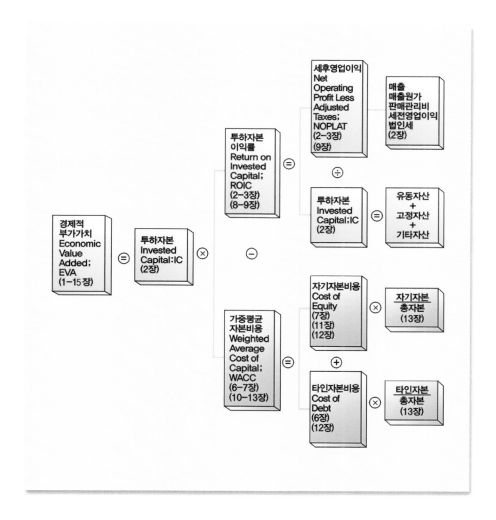

그림 1.2

재무관리 주제와 경제적 부가가치

1. 재무관리자의 주요 의사결정 분야에는 어떠한 것들이 있는가?

2. 양(+)의 현금흐름을 창출하는 사업을 발굴하여 추진하는 것은 재무관리의 주요 의사 결정 중 무엇에 해당하는가?

3. 기업의 부채와 지분의 비율을 무엇이라고 부르는가?

4. 기업 조직 형태에는 어떤 것들이 있는가?

5. 개인회사나 합명회사에 비해 주식회사의 장점은 무엇인가?

6. 재무관리의 일차적 목표는 무엇인가?

7. 왜 기업의 목표가 주주 부를 극대화하는 것이 되어야 하는가?

8. 대리인 비용이란 무엇인가?

9. 대리인 비용을 줄이는 방법에는 어떠한 것들이 있는가?

10. 소유와 경영의 분리는 왜 장점이기도 하면서 단점인가?

재무제표와 현금흐름

　기업의 재무제표(financial statements)는 기업의 재무 상태를 보여주는 가장 일차적인 자료이다. 따라서 재무제표의 이해는 재무관리와 기업 가치의 증감을 이해하는 데 있어 필수적이다. 기업은 매 회계연도마다 재무제표를 작성함으로써 당기의 경영성과를 파악하고 미래 전략에 대한 기초 자료로 삼는다. 또한 누적된 재무제표는 경영진으로 하여금 기업의 과거와 현재를 비교할 수 있게 함으로써 성장 과정을 파악하는데 도움을 주고 문제점의 소재 파악과 이의 해결 방안 도출에 대한 기초자료의 역할을 한다. 재무제표는 투자자들이 손쉽게 접근할 수 있고 가장 광범위하게 사용되는 자료원이기 때문에 이의 정확도는 무엇보다도 중요하며 이를 위해 기업들은 정기적으로 회계감사를 받는다.

　본 장에서는 각 재무제표를 소개하고 그 의미 및 활용을 설명한다. 그리고 재무제표에서 현금흐름을 추정하는 방법을 배우는데 재무관리에서는 인위적인 회계절차에 의해 결정되는 회계적 이익(accounting income)보다는 기업에 실제로 들어오고 나가는 현금흐름(cash flow)을 중시한다. 그 이유는 실제 현금흐름의 크기가 기업의 가치를 결정할 것이기 때문이다. 현금흐름표도 기업의 현금흐름을 파악하는데 도움이 되나 실제로 현금이 어떻게 창출되고 사용되는지에 대한 정확한 정보를 제공하는 데에는 한계가 있다. 따라서 여러 재무제표로부터 현금흐름을 추적 파악하는 방법을 배운다. 본 장에서 다루는 내용은 구체적으로 다음과 같다.

　- 재무상태표의 정의와 그 의미 및 활용
　- 손익계산서의 정의와 그 의미 및 활용
　- 현금흐름표의 정의와 그 의미 및 활용
　- 재무제표로부터의 현금흐름 도출
　- 세금의 계산

경제적부가가치와 당기순이익

위 그림은 한진과 일양약품의 경제적부가가치(EVA)와 당기순이익(NI)을 보이고 있다. 두 기업 모두 최근 8년간 당기순이익이 대부분의 연도에서 (+)이므로 흑자 기업이고 회사의 경영 상황이 양호하다고 할 수 있다. 그러나 두 기업의 성과를 경제적부가가치로 측정해보면 거의 모든 연도에 걸쳐 (-)의 값을 보여 기업의 가치를 훼손하고 있다는 것을 알 수 있다. 이유는 당기순이익을 계산하기까지의 과정을 보면 쉽게 알 수 있다. 당기순이익을 계산할 때 영업이익에서 이자비용을 차감하여 타인자본비용에 대한 고려는 하였으나 아직 자기자본비용은 차감하지 않았기 때문이다. 위의 두 기업 모두 타인자본비용을 감당할 정도의 수익성은 확보하고 있으나 자기자본비용까지 감당할 정도로 수익성이 충분하지는 않은 것이다. 즉, 당기순이익에서 자기자본비용을 차감하면 기업의 실제 수익은 (-)이 되는 것이다. 따라서 기업의 성과를 평가할 때 일반적으로 당기순이익을 기준으로 흑자와 적자로 구분하나 이는 조심스럽게 사용되어야 하며 이상적으로는 경제적부가가치를 계산하여 기업의 성과를 평가해야 한다.

재무상태표

재무제표는 기업의 경영 활동 상황을 표의 형태로 정리한 것인데 대표적인 재무제표에는 재무상태표, 손익계산서, 현금흐름표 등이 있다. 본 절에서는 먼저 재무상태표를 설명한다. 재무상태표(balance sheet)는 특정 시점의 기업의 자산 투자 및 자금 조달 현황을 보여준다. 재무상태표를 쉽게 이해하기 위해 다음과 같은 예를 생각해 보자.

재무제표(financial statements)
기업의 재무 상태를 표의 형태로 보여주는 것으로 재무상태표, 손익계산서, 현금흐름표 등이 있다.

재무상태표(balance sheet)
특정 시점의 기업의 자산 투자 및 자금 조달 현황을 보이는 표

표 2.1
재무상태표

20x8. 12. 31   (단위 : 억원)

계정과목	20x7	20x8	계정과목	20x7	20x8
현금	84	96			
매출채권	165	185	매입채무	312	342
재고자산	392	422	단기채무	230	190
유동자산	641	703	유동부채	542	532
비유동자산	2,730	2,880	장기부채	530	460
			납입자본금 및 자본잉여금	500	550
			이익잉여금	1,799	2,041
			총자기자본	2,299	2,591
총자산	3,371	3,583	부채 및 지분	3,371	3,583

1.1 특정 시점의 기업가치

재무상태표는 특정한 시점의 기업의 상태를 보이는 것이다. 특정 시점은 대개 회계연도(fiscal year) 말, 분기 말, 반기 말이 된다. 〈표 2.1〉의 재무상태표는 20x8년 회계연도 말인 20x8년 12월 31일 현재의 기업 상황을 보이고 있다. 이를 사진에 비유한다면 재무상태표는 특정 시점의 기업 상태를 사진으로 찍은 것과 같다. 따라서 마치 사람들이 사진을 찍기 전에 사진이 잘 나오도록 하기 위해 외모를 다듬는 것과 같이, 기업은 재무상태표 작성 시점의 상태를 잘 보이게 하기 위해서 회계적 조작을 할 수도 있다. 반면 뒤에 설명할 손익계산서는 한 시점이 아닌 한 기간의 영업 결과를 보이기 때문에 회계적 조작이 덜 용이하다.

1.2 대변총계 = 차변총계

재무상태표의 대변과 차변은 금액이 일치하여야 한다. 먼저 대변과 차변이라

는 용어를 알아야 하는데 재무상태표의 대변과 차변이 옆으로 나란히 표현되는 경우 오른쪽이 대변이고 왼쪽이 차변이다. 내용상으로 볼 때 대변은 자금을 조달한 내역이고 차변은 조달된 자금을 사용한 내역이다. 쉽게 말해 대변과 같이 자금을 조달하여 차변과 같이 사용하였다는 말이다. 다 사용하지 않고 남은 금액은 현금(cash) 항목에 계상되므로 항상 대변과 차변의 금액은 같을 수밖에 없다. 〈표 2.1〉에서 20x8년 대변과 차변의 금액은 3,583억 원으로 동일하다.

1.3 대변총계 = 총부채 + 자기자본

자기자본(equity)
기업의 주인인 주주들이
출자한 자본

타인자본(debt)
기업이 타인으로부터 차입
한 자본, 즉 부채

대변은 자본의 조달 측면을 나타내는데 자본은 자기자본(equity)과 타인자본(debt)으로 구분된다. 자기자본은 기업의 주인인 주주들이 출자한 금액을, 타인자본은 부채를 의미한다. 〈표 2.1〉에서 20x8년 타인자본의 규모는 유동부채(current liabilities)와 장기부채(long-term debt)를 합한 992억 원이 된다.

1.4 유동성

유동성(liquidity)
공정한 가치의 훼손이 없
이 빨리 현금화될 수 있는
성질

재무상태표는 유동성(liquidity)의 순서대로 정리되어 있다. 유동성이란 빨리 현금화될 수 있는 성질을 말한다. 그러나 적정 가격을 받으면서 현금화되어야 유동성이 있다고 할 수 있다. 예를 들어 5억짜리 아파트를 1억에 내놓는다고 해보자. 당연히 이 아파트는 금방 매각되어 현금화되겠지만 그렇다고 하여 그 아파트를 유동성 있는 자산이라고 하지는 않는다. 정리하면 유동성이란 가치의 훼손이 없이 신속하게 현금화될 수 있는 속성을 의미한다. 현금은 유동성 100%인 자산이다.

유동자산(current assets)
통상 1년 이내에 현금화될
수 있는 자산

매출채권(accounts
receivable)
기업이 외상으로 판매한
외상매출금

재고자산(inventory)
원재료, 완제품이 되기 전
생산 단계에 있는 재공품,
완제품 등의 자산

〈표 2.1〉에서 보는 바와 같이 먼저 자산 쪽을 보면 유동자산(current assets)이 위에 정리되고 그 아래에 비유동자산(fixed assets)이 정리된다. 유동자산은 통상 1년 이내에 현금화될 수 있는 자산이고 비유동자산은 그렇지 않은 자산이다. 〈표 2.1〉에서 보면 20x8년도 유동자산의 규모는 총 703억 원이고 비유동자산의 규모는 2,880억 원이다. 유동자산은 그 안에서 또 유동성 순서에 의해 현금(cash), 매출채권(accounts receivable), 재고자산(inventory) 등의 순서로 정리된다. 매출채권이란 상품이나 용역을 외상으로 판매한 경우로 장래에 현금을 받을 권리를 의미한다. 재고자산은 상품을 만들기 위해 구입한 원재료, 현재 생산 가공 중에 있는 재공품, 완제품 등을 포함한다.

자금의 조달 쪽을 보면 타인자본이 유동성에 따라 유동부채(current liability)와 장기부채(long-term liability)로 나누어진다. 유동부채는 통상 1년 안에 갚아야 하는 부채이고 장기부채는 장기에 걸쳐 상환해야 하는 부채이다. 〈표 2.1〉의 예에서 20x8년 유동부채는 532억 원이고 장기부채는 460억 원이다. 유동부채는 다시 유동성 순서에 의해 매입채무(accounts payable)와 단기채무 등으로 정리된다. 매입채무는 매출채권의 반대로 원재료 등을 외상으로 구입하여 앞으로 갚을 의무가 있는 것을 말한다. 단기채무는 만기 1년 미만의 채무를 의미한다.

통상 건전한 재무구조를 가진 기업은 유동자산이 유동부채보다 크다. 만일 유동부채가 유동자산보다 크다면 1년 안에 갚아야 할 현금이 1년 안에 회사로 들어올 현금보다 많기 때문에 기업의 유동성에 문제가 발생할 수 있다. 유동자산에서 유동부채를 차감한 것을 순운전자본(net working capital; NWC)이라고 하는데 유동성이 높은 기업은 최소한 순운전자본의 부호가 양이어야 한다.

자기자본은 만기가 없고 즉 가장 만기가 길고 유동성이 낮으므로 가장 아래에 정리된다. 자기자본은 납입자본금(common stock)과 주식발행차익(paid-in-surplus) 등의 자본잉여금, 그리고 이익잉여금(retained earnings)을 포함한다. 납입자본금은 액면가로 계산한 자본금의 규모이고 주식발행초과금은 액면가를 초과한 자본금의 규모이다. 예를 들어, 액면가 5,000원짜리 주식을 7,000원에 발행하였다면 5,000원은 납입자본, 2,000원은 주식발행차익으로 정리된다. 기업이 영업을 잘 하는 경우 매년 잉여금이 재무상태표에 누적되는데 〈표 2.1〉에서 이익잉여금은 2,041억 원으로 이는 기업의 창립 이후 재무상태표 작성시점까지 누적된 잉여금의 규모이다.

유동부채(current liability)
1년 이내에 상환해야 하는 부채

장기부채(long-term liability)
장기에 걸쳐 상환하는 부채

매입채무(accounts payable)
매출채권과 상대되는 개념으로 외상으로 매입한 금액

단기채무
통상 만기가 1년 미만인 부채

순운전자본(net working capital)
유동자산에서 유동부채를 차감한 순유동자산

납입자본금(common stock)
한 주당 액면가로 계산한 자본금의 규모

주식발행차익(paid-in-surplus)
액면가 이상으로 주식을 발행한 경우 초과한 부분의 액수

이익잉여금(retained earning)
기업의 영업활동으로부터의 사내유보금을 누적한 부분

요점

재무상태표는 특정 시점의 기업의 자금조달과 이의 사용 현황을 나타낸다. 모든 항목은 유동성 순서로 정리되어 있으며 대변의 합과 차변의 합은 항상 같다. 대변은 자본조달 현황을 보이는데 자본에는 타인자본과 자기자본이 있다. 차변은 자산 현황을 보이는데 자산에는 유동자산과 비유동자산이 있다.

위에 설명한 바와 같이 재무상태표는 자금을 조달한 내역과 조달된 자금을 사용한 내역을 보이고 있다. 기업의 자산을 운용하면 기업의 이익을 창출하게 되는데 자산에는 외상매출, 재고자산과 같은 유동자산과 장기간 사용하는 자산인 비유동자산이 있다. 비유동자산은 좀 더 구체적으로 기계, 건물과 같은 유형자산, 연구개발비와 같은 무형자산으로 분류된다. EVA 계산에 있어 투하자본이란 기업이 이익을 위해 실제로 투자한 자본을 뜻하는 것이므로 유동자산과 비유동자산이 다 포함된다. 그러나 여기에서 이자비용을 지불하지 않는 부채(외상매입금, 미지급비용 등)는 차감하여야 하는데 그 구체적 이유는 15장에서 설명한다.

$$투하자본 = 유동자산 + 비유동자산 - 비이자성\ 부채 \qquad (2.1)$$
$$= 유동자산 + 유형자산 + 무형자산 - 비이자성\ 부채$$

문제 〈표 2.1〉 재무상태표의 20x8년 자료에 근거하여 투하자본을 구하시오.

답 투하자본 = 유동자산 + 비유동자산 - 비이자성 부채
$$= 유동자산 + 비유동자산 - 매입채무 \qquad (2.2)$$
$$= 703 + 2,880 - 342$$
$$= 3,241억\ 원$$

2. 손익계산서

재무상태표와 함께 꼭 알아야 하는 재무제표가 기업의 매출과 비용 그리고 이로부터 도출되는 이익을 나타내는 손익계산서이다. 손익계산서는 다음과 같은 특징을 가진다.

2.1 일정 기간의 영업 성과

손익계산서(income statement)
특정 기간의 기업의 수익과 비용을 나타내는 재무제표

재무상태표가 한 시점의 기업의 상태를 표현하는 재무제표인 반면 손익계산서(income statement)는 한 기간 동안의 영업 활동을 전체적으로 보여주는 재무제표이다. 다시 사진에 비유한다면 손익계산서는 특정 기간의 처음부터 끝까지를 비디오로 찍는 것과 같다고 할 수 있다. 〈표 2.2〉는 손익계산서의 예를 보이고 있는데 총매출은 2,390억 원으로 이는 20x8년 초부터 말까지 매출을 다 합한 값이다.

20x8. 1. 1 – 20x8. 12. 31	(단위 : 억원)
매출	2,390
매출원가	(1,500)
감가상각	(276)
영업이익	614
영업 외 수익	0
영업 외 비용	(130)
경상이익	484
특별이익 및 손실	0
법인세 차감 전 순이익	484
법인세(25%)	(121)
당기순이익	363
배당	121
이익잉여금	242

표 2.2
손익계산서

2.2 손익계산서의 구조

　손익계산서는 매출에서 제반 비용을 차감해 나가는 형식으로 정리되는데 〈표 2.2〉 예의 경우 매출 2,390억 원에서 매출원가(cost of goods sold)와 감가상각비(depreciation)를 차감하면 영업이익(earnings before interest and taxes ; EBIT)이 614억 원이 된다. 매출원가는 매출을 발생시키기 위해 투입된 원자재비 및 인건비 부분이고 감가상각비는 매출을 발생시키기 위해 사용된 비유동자산 상각 부분이라고 할 수 있다. 영업이익은 기업의 재무구조를 고려하기 전 단계의 이익으로 매출에서 제반 비용을 차감한 후의 이익이라 할 수 있다. 여기서 제반비용은 물론 매출원가와 감가상각비 등이다.

　영업이익에서 영업 외 수익을 더하고 영업 외 비용을 제하면 경상이익이 구해진다. 영업 외 수익과 비용은 기업의 본업인 영업활동 이외의 활동에서 발생한 수익과 비용이다. 예를 들어 기업이 소유한 타 기업의 채권으로부터 이자수익이 발생하였다면 이는 영업 외 수익으로 정리된다. 영업 외 비용 중 대체로 규모가 가장 큰 항목은 기업이 부채로 조달한 자금에 대한 이자비용(interest paid)이다. 경상이익은 기업의 재무구조를 고려한 후의 이익이다. 그 이유는 기업이 부채를 발행한 경우 이에 대한 이자비용은 영업외 비용에 포함되어 영업이익으로부터 차감되기 때문이다.

매출원가(cost of goods sold)
매출을 달성하기 위해 투입된 원자재 및 인력과 관련된 비용

감가상각비(depreciation)
매출을 달성하기 위하여 사용된 비유동자산의 상각비용

영업이익(earnings before interest and taxes ; EBIT)
기업의 재무구조를 고려하기 전 단계의 이익으로 매출에서 매출원가 감가상각비 등 제반 비용을 차감한 후의 이익

영업 외 수익, 영업 외 비용
기업 본연의 영업활동 이외의 활동으로부터 창출된 수익이나 비용

경상이익
영업이익에서 영업 외 수익 비용을 감안한 이익으로 기업의 재무구조를 고려한 후의 이익

경상이익에 특별이익 및 손실을 감안하면 법인세 차감 전 순이익(earnings before tax ; EBT)이 계산된다. 특별이익 및 손실은 항상 발생하는 이익 손실이 아니라 당해 연도에 특별히 발생한 이익과 손실을 의미한다.

이제 법인세 차감 전 순이익에 근거하여 세금을 납부하고 남은 금액이 당기순이익(net income ; NI)이다. 기업에서는 당기순이익의 부호를 보고 그것이 (+)이면 흑자, (−)이면 적자라고 말한다. 당기순이익에서 배당을 지급하고 남은 부분이 당해 연도의 이익잉여금인데 이 금액이 당해 연도의 재무상태표에 반영되게 된다. 당해 연도의 이익잉여금 242억 원(표 2.2)이 〈표 2.1〉에서 보면 전년도 이익잉여금 1,799억 원에 가산되어 20x8년도의 이익잉여금이 2,041억 원이 됨을 알 수 있다.

법인세 차감 전 순이익
(earnings before tax ; EBT)
법인세를 차감하기 전 순이익으로 경상이익에 특별손익을 감안한 이익

특별이익 및 손실
매년 발생하는 이익과 손실이 아닌 당해 연도에 특별한 손익

당기순이익
법인세를 납부한 후의 기업 이익으로 (+)이면 흑자, (−)이면 적자라 일컬음.

요점

손익계산서는 일정 기간의 기업의 손익을 보이는 표이며 매출에서 제반 비용을 차감하는 형태로 정리된다. 손익계산서의 당기순이익 항목이 (+)이면 흑자, (−)이면 적자라 말한다.

EVA

EVA를 구하는데 있어서 투하자본이익률은 다음과 같이 정의된다.

$$투하자본이익률(ROIC) = \frac{세후영업이익}{투하자본}$$

$$= \frac{세후영업이익}{매출액} \times \frac{매출액}{투하자본} \qquad (2.3)$$

$$= 매출액영업이익률 \times 투하자본회전율$$

투하자본이익률을 계산하는데 있어서 유의할 점은 세전이 아니고 세후영업이익을 구해야 한다는 것이다. 그 이유는 15장에서 설명한다.

 문제 〈표 2.1〉과 〈표 2.2〉를 사용하여 ROIC를 구하시오.

답 먼저 세후영업이익을 구하면 다음과 같다.

세후영업이익 = 영업이익 − 세금
= 614 − 121
= 493억 원

투하자본 규모는 식 (2.2)에서 구한 바와 같이 3,241억 원이다. 그러면 투하자본이익률은 다음과 같이 구할 수 있다.

$$투하자본이익률(ROIC) = \frac{세후영업이익}{투하자본} = \frac{493}{3,241}$$

$$= \frac{세후영업이익}{매출액} \times \frac{매출액}{투하자본} = \frac{493}{2,390} \times \frac{2,390}{3,241} \quad \textbf{(2.4)}$$

$$= 매출액영업이익률 \times 투하자본회전율 = 0.206 \times 0.737$$

$$= 0.152$$

이 기업의 ROIC는 15.2%이며 이는 매출액영업이익률 20.6%와 투하자본회전율 0.737의 곱으로 표현될 수 있다.

2.3 저량과 유량

손익계산서와 재무상태표를 구분 짓는 가장 큰 개념상 차이는 저량(stock) 개념과 유량(flow) 개념이다. 재무상태표는 저량 개념에 기반한 것이고 손익계산서는 유량 개념에 기반한 것이다. 이를 이해하기 위해 댐을 비유로 들자면 저량은 댐이 저장하고 있는 전체 물의 양이며 유량은 일정 기간 동안 이 댐으로부터 흘러나오는 물의 양이다. 이를 기업에 적용하면 전체 기업은 현금흐름을 저장하고 있는 댐과 같으며 현금흐름은 이로부터 흘러나오는 물의 흐름과 같은 것이다. 이러한 관점에서 볼 때 전체 기업의 상황을 나타내는 재무상태표는 저량에 대한 것이고 기업을 운용함으로써 발생하는 현금흐름을 나타내는 손익계산서는 유량에 대한 것임을 알 수 있다. 이러한 차이를 이해하는 것은 뒤에 비율분석을 할 때 각종 비율의 의미를 명확히 이해하는 데 매우 중요하다.

저량(stock) 개념
전체 자산의 규모와 관련된 개념
유량(flow) 개념
전체 자산의 운용으로부터 발생되는 일정 기간의 현금흐름과 관련된 개념

요점

재무상태표는 저량을 정리한 것이고 손익계산서는 유량을 정리한 것이다.

EVA

15장에서는 EVA와 함께 MVA 개념도 설명한다. 경제적부가가치(EVA)를 적정 할인율로 현재가치화한 것이 시장부가가치(market value added; MVA)이다. 여기서 EVA는 유량 개념이고 MVA는 저량 개념이다.

3. 현금흐름표

3.1 현금흐름표의 의미

현금흐름표(statement of cash flows)
기업의 현금흐름을 '영업활동으로부터의 현금흐름', '투자활동으로부터의 현금흐름', '재무활동으로부터의 현금흐름'으로 구분하여 정리한 재무제표

현금흐름표(statement of cash flows)는 기업의 활동을 세 가지로 분류하여 기업에 현금흐름이 들어오고 나가는 상황을 파악한다. 세 가지 활동이란 기업에서 항상 일어나는 활동인 영업활동, 장기투자에 대한 투자활동, 그리고 재무활동을 말한다. 이 세 가지 활동과 관련하여 영업활동으로부터의 현금흐름, 투자활동으로부터의 현금흐름, 그리고 재무활동으로부터의 현금흐름을 계산한다.

현금흐름표를 작성하기 위해서는 기업으로 들어오는 현금흐름과 나가는 현금흐름을 하나도 빠짐없이 모두 취합하여야 한다. 기업으로 들어오는 현금흐름이 나가는 현금흐름보다 많다면 이는 당해 연도의 재무상태표에 현금 계정의 증가로 반영된다. 반대로 기업으로 들어오는 현금흐름이 나가는 현금흐름보다 적다면 이는 당해 연도의 재무상태표에 현금 계정의 감소로 반영된다. 〈표 2.1〉에서 보면 전년도의 현금 규모는 84억 원인데 당해 연도의 현금 규모는 96억 원이므로 당해 연도에는 현금 순유입이 12억 원이었음을 알 수 있다.

3.2 현금의 원천 및 사용

현금의 원천(source of cash)
기업으로 현금이 유입되는 것

현금의 사용(use of cash)
기업으로부터 현금이 유출되는 것

현금흐름표를 작성하기 위해서는 현금의 원천(source of cash)과 현금의 사용(use of cash)을 파악하여야 한다. 이는 모두 재무상태표에서 파악할 수 있는데 현금의 원천이란 기업으로 현금이 유입되는 것을 말하고 현금의 사용이란 기업으로부터 현금이 나가는 것을 말한다.

먼저 재무상태표의 자산 항목에서는 전년도에 비해 당해 연도의 금액이 증가하면 현금을 사용한 것이고 감소하면 현금이 들어온 것을 의미한다. 다음의 〈표 2.3〉을 보면 비유동자산의 규모가 20x8년도에는 전년도에 비해 150억 원 증가했다. 이는 현금의 사용으로 볼 수 있는데 그 이유는 전년도에 비해 150억 원만큼 자산을 추가로 구입하여 비유동자산 항목이 그만큼 증가했기 때문이다.

매출채권도 전년도에 비해 20억 원이 증가했으므로 현금의 사용으로 볼 수 있다. 이는 현금으로 받지 못하고 외상으로 판매한 금액이 전년대비 20억 원 늘어난 것이기 때문에 현금의 사용으로 보는 것이다. 만일 외상으로 판매하지 않고 현

금으로 판매했다면 들어올 수 있는 금액인데 외상을 주었기 때문에 들어올 현금이 들어오지 않았으므로 현금의 사용이 되는 것이다.

부채 및 지분 항목에서는 현금의 원천과 사용을 나타내는 부호가 자산 항목과는 반대로 나타난다. 즉 금액이 증가하면 현금의 원천이고 금액이 감소하면 현금의 사용이 된다. 쉬운 예로 자기자본이 500억 원에서 550억 원으로 증가했는데 이는 주식을 신규로 발행하여 50억 원의 추가 자금이 회사로 들어온 것이므로 현금의 원천이 된다. 장기부채는 530억 원에서 460억 원으로 줄었는데 이는 기업이 차액인 70억 원에 해당하는 금액을 상환했기 때문이며 따라서 현금의 사용이 된다.

매입채무의 증가는 매출채권과는 반대로 생각하면 되는데 현금 구매를 하였으면 회사 밖으로 현금이 나갔을 것을 외상으로 구매함으로써 현금이 나가지 않았으므로 현금의 원천이 되는 것이다. 이익잉여금은 작년에 비해 242억 원만큼 증가하였는데 이것이 손익계산서와 연결되는 부분이다. 즉 손익계산서의 당해 연도 이익잉여금이 재무상태표에 가산되어 당해 연도 재무상태표의 이익잉여금이 되는 것이다. 모든 현금의 사용과 원천을 정리한 것이 〈표 2.3〉에 나타나 있다.

요점

재무상태표의 자산 항목에서는 전년도에 비해 값이 증가(감소)하면 현금의 사용(원천)이 된다. 그러나 부채와 지분 항목에서는 전년도에 비해 값이 증가(감소)하면 현금의 원천(사용)이 된다.

(단위 : 억원)

	20x7	20x8	변화
현금	84	96	+12
매출채권	165	185	+20
재고자산	392	422	+30
유동자산	641	703	+62
비유동자산	2,730	2,880	+150
총자산	**3,371**	**3,583**	**+212**
매입채무	312	342	+30
단기채무	230	190	−40
유동부채	542	532	−10
장기부채	530	460	−70
자기자본	500	550	+50
이익잉여금	1,799	2,041	+242
총자기자본	2,299	2,591	+292
부채 및 지분	**3,371**	**3,583**	**+212**

표 2.3
현금의 원천과 사용

3.3 현금흐름표의 작성

이제 위에서 살펴본 현금의 원천과 사용에 근거하여 현금흐름표를 작성해 보자. 〈표 2.4〉에서 보는 바와 같이 영업활동으로부터의 현금흐름은 제품을 만들어 판매하는 상시적 영업활동과 관련된 것으로 손익계산서의 당기순이익, 감가상각비 항목과 재무상태표의 유동자산, 유동부채 항목이 포함된다. 단, 단기채무의 변화는 재무활동이므로 재무활동으로부터의 현금흐름에 포함된다. 투자활동으로부터의 현금흐름은 비유동자산 투자와 같은 비상시적인 투자와 관련된 현금흐름을 표시한다. 마지막으로 재무활동으로 인한 현금흐름에는 실물활동과 다른 금융활동, 예를 들어 자금을 꾸어온다거나 새로 주식을 발행하는 등에 관련된 현금흐름이 포함된다.

표 2.4
현금흐름표

영업활동으로부터의 현금흐름
기업의 상시적인 영업활동의 결과로 나타나는 현금흐름
투자활동으로부터의 현금흐름
상시적인 영업활동이 아닌 투자 활동의 결과로 나타나는 현금흐름
재무활동으로부터의 현금흐름
실물부문의 활동이 아닌 재무활동의 결과로 나타나는 현금흐름

20x8. 12. 31	(단위 : 억원)
기초현금	84
영업활동으로부터의 현금흐름	619
당기순이익	363
감가상각	276
매입채무증가	30
매출채권증가	−20
재고자산증가	−30
투자활동으로부터의 현금흐름	−426
재무활동으로부터의 현금흐름	−181
단기채무감소	−40
장기부채감소	−70
배당	−121
자기자본증가	50
현금의 증가	12
기말현금	96

현금흐름표를 작성할 때 유의할 점은 재무상태표에서 본 현금의 원천과 사용을 하나도 빠짐없이 모두 포함시켜야 한다는 것이다. 이를 확인하기 위해 〈표 2.3〉과 〈표 2.4〉를 비교하면 정확히 맞아떨어지지 않는 면이 있는데 그 이유는 다음과 같다. 우선, 재무상태표의 이익잉여금 항목의 증가 242억 원이 현금흐름표에는 나타나 있지 않은 것처럼 보이는데 그렇지 않다. 이익잉여금이 현금흐름표에서는 당기순이익 363억 원과 배당 121억 원으로 구분되어 나타나 있을 뿐이다.

다음으로 재무상태표의 비유동자산 증가 150억원이 현금흐름표에 나타나 있지 않은 것처럼 보인다. 그러나 이 역시 투자활동으로부터의 현금흐름 -426억 원과 감가상각 276억 원으로 분리되어 나타나 있을 뿐이다. 20x8년의 비유동자산 2,880억 원은 실제로는 현금지출이 되지 않은 당해 연도 감가상각을 차감한 후의 순비유동자산 액수이다. 따라서 당해 연도에 실제로 현금이 지출되어 투자된 액수는 2,880＋276－2,730＝426억 원이 되는 것이다. 물론 이는 현금의 사용이므로 현금흐름표에는 부호가 (-)로 표시되어 있다.

3.4 현금흐름표의 해석

〈표 2.4〉 기업의 경우 영업활동으로부터의 현금흐름은 619억 원, 투자활동으로부터의 현금흐름은 -426억 원, 재무활동으로부터의 현금흐름은 -181억 원이다. 이를 모두 합하면 12억 원이 되는데 이는 당해 연도의 현금 유입이 현금 유출보다 12억 원이 더 많다는 뜻이다. 따라서 당해 연도의 현금의 증가가 12억 원이 되며 재무상태표의 기초 현금 84억 원에 이 금액을 더하면 기말의 현금 96억 원이 되는 것이다.

이 기업의 현금흐름 상황을 종합적으로 살펴보면 영업활동으로부터 많은 돈을 벌어 비유동자산에 투자를 하고 그러고도 남은 돈으로 부채를 상당량 갚은 것을 알 수 있다. 현금흐름이 매우 양호한 기업이다. 그러나 기업에 따라서는 영업으로부터의 현금흐름은 적고 투자할 곳은 많아 재무활동으로부터의 현금흐름이 많을 수도 있다. 이 경우는 재무활동으로부터의 현금흐름의 부호가 (+)가 될 것이다.

기업활동과 현금흐름 4.

현금흐름표와 같이 현금의 원천과 사용의 관점에서 기업의 현금흐름을 파악할 수도 있지만 기업활동의 관점에서 현금흐름을 파악할 수도 있다. 기업은 누군가가 자금을 대고 이를 투자하여 현금흐름을 창출하는 조직이다. 그리고 창출된 현금흐름은 당연히 기업에 자금을 댄 사람들에게 분배되어야 한다. 기업에 자금을 대는 사람은 크게 두 부류가 있다. 하나는 주인인 주주(stockholder)이고 다른 하나는 타인인 채권자(creditor)이다. 따라서 이들이 자금을 공여하여 투

자된 자산으로부터의 현금흐름(cash flow from assets; CFFA)은 다시 이들에게
돌아간다. 이를 정리한 것이 식 (2.5)이다.

$$
\begin{aligned}
&\text{자산으로부터의 현금흐름(cash flow from assets; CFFA)} \\
&\quad = \text{채권자에게 지불되는 현금흐름(cash flow to creditors)} \\
&\qquad + \text{주주에게 지불되는 현금흐름(cash flow to stockholders)} \quad \textbf{(2.5)}
\end{aligned}
$$

그렇다면 CFFA는 어떻게 구하는가? 이는 식 (2.6)에 정리되어 있다. 기업은 자
산을 운용하여 영업현금흐름(operating cash flow; OCF)을 창출한다. 이 영업현
금흐름에서 신규로 투자할 것이 있다면 이에 대한 투자를 먼저 하고 나머지를
주주와 채권자에게 돌려줄 것이다. 따라서 CFFA는 영업현금흐름에서 이러한 투
자를 차감한 액수이다. 신규 투자에는 장기자산에 대한 투자와 단기자산에 대
한 투자가 있는데 장기자산에 대한 투자는 순자본투자(net capital spending;
NCS)로 나타나고 단기자산에 대한 투자는 순운전자본의 변화(change in net
working capital; NWC)로 나타난다.

$$
\begin{aligned}
&\text{자산으로부터의 현금흐름(cash flow from assets; CFFA)} \\
&\quad = \text{영업현금흐름(operating cash flow; OCF)} \\
&\qquad - \text{순자본투자(net capital spending; NCS)} \\
&\qquad - \text{순운전자본 변화(change in net working capital; NWC)} \quad \textbf{(2.6)}
\end{aligned}
$$

이제 좀 더 구체적으로 들어가서 영업현금흐름, 순자본투자, 순운전자본의 변
화를 어떻게 구하는가를 알아보자. 식 (2.7)은 영업현금흐름을 구하는 공식이다.
영업현금흐름은 손익계산서에서 구할 수 있는데 영업이익에 감가상각을 더한 후
세금을 뺀 액수이다. 감가상각은 비현금성비용(noncash expenses)이기 때문
에 다시 더해 주는 것이다. 다시 말해 실제로 지출되지 않았음에도 불구하고 영
업이익을 구하기 전에 차감하였으므로 이를 다시 더해 주어야 실제 현금흐름을
계산할 수 있다.

세금을 차감하는 이유는 다음과 같다. 기업 활동으로부터 창출한 현금흐름
은 세 부류의 사람들이 나누어 가진다. 즉, 채권자와 주주뿐만 아니라 정부가
세금의 형태로 창출된 현금흐름을 나누어 가진다. 위의 식 (2.5)에서 CFFA는 채
권자와 주주에게 돌아가는 액수만 포함해야 하기 때문에 세금은 미리 차감해야
하는 것이다.

비현금성비용(noncash expenses)

비용으로 인식을 하였으나 실제 현금이 지출되지 않는 비용

순자본투자는 전년 대비 비유동자산의 증가분인데 이를 구하는 방법이 식 (2.8)에 나타나 있다. 여기서 유의할 점은 금년 비유동자산에서 전년 비유동자산을 차감한 액수만 구하는 것이 아니고 이에 감가상각을 더해 주어야 한다는 점이다. 그 이유는 당해 연도의 비유동자산액은 당해 연도의 총비유동자산액에서 감가상각을 차감한 후 얻은 수치이어서 비유동자산에 대한 실제 현금투자액을 계산하기 위해서는 이를 다시 보태어야 하기 때문이다.

순운전자본의 변화는 식 (2.9)에 나타난 바와 같이 당해 연도의 순운전자본(기말순운전자본)에서 전년도의 순운전자본(기초순운전자본)을 차감하면 된다. 순운전자본은 유동자산에서 유동부채를 뺀 것이다. 운전자본은 만기가 1년 미만이기 때문에 당연히 감가상각 문제는 발생하지 않는다.

$$\text{영업현금흐름(OCF)} = \text{영업이익} + \text{감가상각비} - \text{세금} \qquad (2.7)$$

$$\text{순자본투자(NCS)} = \text{기말비유동자산} - \text{기초비유동자산} + \text{감가상각} \qquad (2.8)$$

$$\text{순운전자본변화(NWC)} = \text{기말순운전자본} - \text{기초순운전자본}$$
$$= (\text{기말 유동자산} - \text{기말 유동부채})$$
$$- (\text{기초 유동자산} - \text{기초 유동부채}) \qquad (2.9)$$

이제 식 (2.5)의 CFFA를 채권자 몫과 주주 몫으로 계산하는 방식이 식 (2.10)과 (2.11)에 나타나 있다. 채권자에게 돌아갈 몫은 이자이고 주주에게 돌아갈 몫은 배당이다. 그러나 여기서 한 가지 주의해야 할 점은 신규 자금 조달이다. 즉 채권자에게 이자를 지급하면 현금유출이 발생하지만 만일 기업이 신규로 부채를 발행하여 자금을 조달하였다면 이는 현금유입이 되어 순현금유출은 이 둘의 차액이 된다.

주주에게 돌아갈 현금흐름도 마찬가지이다. 배당은 현금유출이지만 만일 신규 주식 발행이 있었다면 이는 현금유입이 되므로 순 현금유출을 구하기 위해서는 둘 사이의 차이를 구해야 하는 것이다.

$$\text{채권자에게 지불되는 현금흐름} = \text{이자} - \text{신규장기채무} \qquad (2.10)$$

$$\text{주주에게 지불되는 현금흐름} = \text{배당} - \text{신규주식발행} \qquad (2.11)$$

자산으로부터의 현금흐름(cash flow from assets; CFFA)

= 채권자에게 지불되는 현금흐름(cash flow to creditors)

+ 주주에게 지불되는 현금흐름(cash flow to stockholders) (2.5)

자산으로부터의 현금흐름(cash flow from assets; CFFA)

= 영업현금흐름(operating cash flow; OCF)

− 순자본투자(net capital spending; NCS)

− 순운전자본 변화(change in net working capital; NWC) (2.6)

영업현금흐름(OCF) = 영업이익 + 감가상각비 − 세금 (2.7)

순자본투자(NCS) = 기말비유동자산 − 기초비유동자산 + 감가상각 (2.8)

순운전자본 변화(NWC) = 기말순운전자본 − 기초순운전자본

= (기말 유동자산 − 기말 유동부채)

− (기초 유동자산 − 기초 유동부채) (2.9)

채권자에게 지불되는 현금흐름 = 이자 − 신규장기채무 (2.10)

주주에게 지불되는 현금흐름 = 배당 − 신규주식발행 (2.11)

문제 〈표 2.1〉과 〈표 2.2〉를 이용하여 식 (2.5)~(2.11)의 값을 구하시오.

답 다음과 같이 구할 수 있다.

OCF = EBIT + 감가상각비 − 세금 = 614 + 276 − 121 = 769 (2.7)

NCS = 기말비유동자산 − 기초비유동자산 + 감가상각 = 2,880 − 2,730 + 276 = 426 (2.8)

NWC = 기말순운전자본 − 기초순운전자본 = (703−532) − (641−542) = 72 (2.9)

CFFA = OCF − NCS − NWC = 769 − 426 − 72 = 271 (2.6)

채권자에게 지불되는 현금흐름 = 이자 − 신규채무 = 130 − (460 − 530) = 200 (2.10)

주주에게 지불되는 현금흐름 = 배당 − 신규주식발행 = 121 − 50 = 71 (2.11)

식 (2.10)의 계산은 장기채무의 변화만을 고려하였다. 기업이 신규로 단기자금을 빌려 왔다면 이것도 현금 유입이 될 것이므로 식 (2.10)에서 고려되어야 하지 않을까?

답 일리 있는 질문이다. 그러나 여기서 장기채무만을 고려하는 이유는 단기채무는 식 (2.9)에서 보는 바와 같이 이미 순운전자본의 변화에서 반영되었기 때문이다.

최종적으로 식 (2.10)과 (2.11)의 값을 더하면 식 (2.6)의 CFFA와 같아짐을 알 수 있다. 이를 표로 정리하면 다음과 같다.

영업현금흐름(OCF)	769
순자본투자(NCS)	426
순운전자본변화(NWC)	72
자산으로부터의 현금흐름(CFFA)	271
채권자에게 지불되는 현금흐름	200
주주에게 지불되는 현금흐름	71

세금의 계산

5.

지금까지는 편의상 법인세를 계산할 때 법인세율이 과세소득과 상관없이 일정하다고 가정하였다. 그러나 현실에서는 과세소득이 높을수록 법인세율이 높아지고, 개인들의 경우에도 소득이 높을수록 소득세율이 높아지는데 이를 누진세(progressive tax)라 한다. 〈표 2.5〉는 2023년 1월 1일 이전과 이후의 소득에 대한 세율 구조를 보이고 있다. 2023년 이후에는 10억 원 이상의 과세소득이 있는 소위 부자들은 한계세율(marginal tax rate) 45%의 소득세를 내야 하는데, 지방소득세까지 합하면 최고세율은 49.5%가 되고, 국민연금과 건강보험료까지 합하면 50% 이상에 달하는 세금을 내게 된다. 그러나 총수입의 50%를 내는 것이 아니고 과세소득(taxable income)의 50%를 내는 것이기 때문에 이보다는 적게 세금을 낸다.

누진세(progressive tax) 소득이 많을수록 세율이 높아지는 과세 체제
과세소득(taxable income) 각종 공제항목을 차감한 후 세금계산의 기준이 되는 소득

표 2.5
개인소득세율

23. 1. 1 소득분 이전				23. 1. 1 소득분 이후			
과세표준	한계 세율	평균 세율	누진 공제액	과세표준	한계 세율	평균 세율	누진 공제액
1,200 이하	6%	6.0%		1,400 이하	6%	6.0%	
1,200~4,600	15%	12.7%	108	1,400~5,000	15%	12.5%	126
4,600~8,800	24%	18.1%	522	5,000~8,800	24%	17.5%	576
8,800~15,000	35%	25.1%	1,490	8,800~15,000	35%	24.7%	1,544
15,000~30,000	38%	31.5%	1,940	15,000~30,000	38%	31.4%	1,994
30,000~50,000	40%	34.9%	2,540	30,000~50,000	40%	34.8%	2,594
50,000~100,000	42%	38.5%	3,540	50,000~100,000	42%	38.4%	3,594
100,000 초과	45%		6,540	100,000 초과	45%		6,594

또한 과세소득에 일률적으로 한계세율을 적용하는 것이 아니고, 각 구간마다 다른 세율을 적용하여 세금을 계산한다. 가령, 어떤 사람의 과세소득이 3억 원이라고 하자. 이 사람의 소득은 개정된 세율에 따르면 〈표 2.5〉의 15,000-50,000 구간에 해당하고, 한계세율은 38%이며, 〈그림 2.1〉과 같이 각 구간마다 다른 세율이 적용된다.

그림 2.1
세율 적용 예시

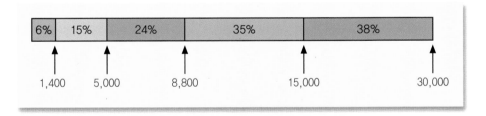

따라서 과세액은 다음과 같이 계산된다.

$$과세액 = 1,400 \times 0.06 + (5,000 - 1,400) \times 0.15 + (8,800 - 5,000) \times 0.24$$
$$+ (15,000 - 8,800) \times 0.35 + (30,000 - 15,000) \times 0.38$$
$$= 9,406만 원, 또는$$

$$과세액 = 과세소득 \times 한계세율 - 누진공제액$$
$$= 30,000 \times 0.38 - 1,994 = 9,406만 원$$

여기서, 한계세율이라 하는 것은 소득금액 중 가장 마지막 1원에 적용되는 세율을 말하며, 위의 예에서는 3억 원 중 마지막 1원에 적용되는 세율로 38%이다. 한편, 평균세율(average tax rate)은 다음과 같이 계산된다.

평균세율 = 과세액 ÷ 과세소득 = 9,406 ÷ 30,000 = 0.314 또는 31.4%

즉 과세소득이 3억 원인 사람의 한계세율은 38%이지만 각 구간에서 한계세율보다 낮은 세율을 적용받았기 때문에 평균적으로 31.4%의 세금을 낸 것이다. 〈표 2.5〉에 나타난 평균세율은 각 과세구간의 가장 높은 소득을 가정하고 계산된 것이다. 예를 들어, 30,000−50,000 구간의 평균세율 34.8%는 소득 5억 원을 가정하고 계산된 것이다.

한계세율(marginal tax rate)
과세소득의 최종 단위에 적용되는 세율

평균세율(average tax rate)
과세액을 과세소득으로 나눈 값

1. 재무제표에는 어떤 것들이 있는가?

2. 이익잉여금, 현금, 매출채권, 매입채무, 재고자산 중 유동자산에 해당하는 것은?

3. 일정 기간의 기업의 성과를 요약하여 당기의 순이익을 계산하는 재무제표를 무엇이라 부르는가?

4. 재무상태표와 손익계산서의 시간상 차이는 무엇인가?

5. 순운전자본은 어떻게 정의되는가?

6. 다음 자료를 이용하여 손익계산서를 작성하라.

매출	10,000
경상이익	3,100
특별이익 및 손실	100
매출원가	5,500
법인세(25%)	750
영업 외 비용	400
감가상각	1,000
당기순이익	2,250
영업이익	3,500
영업 외 수익	0
법인세 차감 전 순이익	3,000
배당	1,200
이익잉여금	1,050

7. 다음 자료를 이용하여 재무상태표를 작성하라.

매출채권	165
자기자본	500
장기부채	540
비유동자산	2,730
총자산	3,390
매입채무	320
재고자산	400
단기채무	230
현금	95
잉여금	1,800
부채 및 지분	3,390

8. 다음은 연속한 2년의 재무상태표이다. 다음에 답하라.

1) 각 항목의 증감을 계산하라.

재무상태표

	20x7	20x8	증감
현금	84	96	
매출채권	165	185	
재고자산	392	422	
유동자산	641	703	
비유동자산	2,730	2,880	
총자산	3,371	3,583	
매입채무	312	342	
단기채무	230	190	
유동부채	542	532	
장기부채	530	460	
자기자본	500	550	
이익잉여금	1,799	2,041	
총자기자본	2,299	2,591	
부채 및 지분	3,371	3,583	

2) 현금의 원천은 어느 항목인가?

3) 현금의 사용은 어느 항목인가?

9. 다음은 20x8년의 손익계산서이다. 문제 8의 재무상태표와 일관성이 있으려면 배당으로 얼마를 지급해야 하는가?

손익계산서
20x8. 1. 1–20x8. 12. 31

매출	2,390
매출원가	1,500
감가상각	276
영업이익	614
이자	130
경상이익	484
세금	121
당기순이익	363

10. 문제 8과 9에 의해 다음 현금흐름표를 작성하라.

현금흐름표

기초현금	
영업활동으로부터의 현금흐름	619
당기순이익	363
감가상각	276
매입채무증가	
매출채권증가	
재고자산증가	−30
투자활동으로부터의 현금흐름	
재무활동으로부터의 현금흐름	−181
단기채무감소	
장기부채감소	−70
배당	
보통주증가	50
현금의 증가	
기말현금	96

11. 다음 재무상태표와 손익계산서에 근거하여 답하라.

재무상태표

	20x7	20x8	변화		20x7	20x8	변화
현금	168	192	24	매입채무	624	684	60
매출채권	330	370	40	단기채무	460	380	−80
재고자산	784	844	60	유동부채	1,084	1,064	−20
유동자산	1,282	1,406	124	장기부채	1,060	920	−140
비유동자산	5,460	5,760	300	자기자본	1,000	1,100	100
				잉여금	3,598	4,082	484
				총자기자본	4,598	5,182	584
총자산	6,742	7,166	424	부채 및 지분	6,742	7,166	424

손익계산서

20x8. 1. 1–20x8. 12. 31

매출	4,780
매출원가	3,000
감가상각	552
영업이익	1,228
이자	260
경상이익	968
세금	242
당기순이익	726
배당	242
이익잉여금	484

1) 영업현금흐름은 얼마인가?

2) 순자본투자는 얼마인가?

3) 순운전자본 변화는 얼마인가?

4) 자산으로부터의 현금흐름은 얼마인가?

5) 채권자에게 지불되는 현금흐름은 얼마인가?

6) 주주에게 지불되는 현금흐름은 얼마인가?

7) 자산으로부터의 현금흐름은 주주와 채권자에게 지불되는 현금흐름과 같은가?

12. 과세소득이 1억 원인 사람에 대해 다음에 답하라.

1) 한계세율은 얼마인가?

2) 납부할 세액은 얼마인가?

3) 평균세율은 얼마인가?

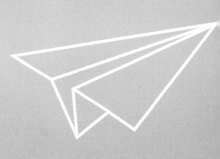

Financial
Management
Focusing on EVA

Chapter 3

재무제표 분석

본 장에서는 전 장에서 배운 재무제표를 활용하는 방법에 대해 공부한다. 기업의 재무제표에 나타난 수치 자체는 기업의 상황을 파악하는 데 크게 도움이 되지 않을 수 있다. 따라서 기업의 상황을 알기 위해서는 이러한 수치를 근거로 하여 좀 더 정보성이 있는 자료를 만들어 보아야 하는데 이를 재무제표 분석이라 한다. 이를 위하여 본 장에서는 다음과 같은 주제를 설명한다.

- 표준재무제표 작성 방법과 활용
- 비율분석에 사용되는 각종 지표의 정의 및 그 의미
- 비율분석시 유의사항

쉬어 가기

분식회계*

기업들은 회계의 투명성을 높이기 위해 노력해야 하지만 항상 치부를 감추고 싶은 유혹에 노출되어 있다. 이로 인해 분식회계가 이루어지지만 결국 파멸의 길로 가게 되는데, 회계부정의 대명사였던 미국 Enron사는 분식회계 소문이 난 지 2개월도 되지 않아 파산하게 된다. 흔히 쓰이는 분식회계 수법을 알아보자.

유형 1 매출액 부풀리기

적자를 숨기기 위해 매출전표를 조작하여 다음 해 초에 납품할 물건을 미리 판매한 것처럼 위장하거나, 아직 확정되지도 않은 공급계약을 매출로 잡거나, 건설회사가 시공도 하지 않은 사업의 공사 진행률을 부풀리는 등의 수법이다. 판매가 저조할 때 계열 유통회사와 내부거래를 하여 외상 판매를 늘리면 해당 회사의 매출채권이 늘면서 매출액은 증가한다.

유형 2 재고자산 부풀리기

재고자산은 구입부터 현금화까지 모든 과정이 기업 내부에서 이루어지고, 공인회계사가 모든 재고자산을 검토하기 어렵기 때문에 분식회계가 쉽다. 재고자산을 과대계상하면 매출원가가 하락하고 이로 인해 이익이 증가한 것처럼 보일 수 있다.

유형 3 이익 늘리기

기아 자동차는 1997년 외환위기 당시 28개의 계열사를 거느린 재계 8위의 그룹이었으나 방만한 부실경영으로 인해 김선홍 회장은 7년의 징역을 선고받고 현대자동차와 합병되었다. 이익이 난 것처럼 보이기 위하여 1991년부터 외환위기 시까지 3조원 규모의 손실을 축소 보

---

* 최명수, http://blog.naver.com/PostView.nhn?blogId=hanamander&logNo=110120465481 참조.

고하는 회계부정을 저지른다. 이익 늘리기 수법의 예는, 회사의 재산을 처분하면서 차익이 발생한 것처럼 위장하거나, 외상 매입금을 받으면서 해당 외상 매입금을 그대로 두어 마치 이익이 실현된 것처럼 꾸미는 것이다.

유형 4 이익 줄이기

반대로 이익을 줄이는 경우도 있다. 올해 발생한 매출 일부를 미계상하여 올해의 이익을 내년으로 미루는 것이다. 이익이 너무 많이 나서 세금을 많이 내야 하거나, 노동조합이 임금 인상을 주장하는 경우 이런 방식이 동원된다.

유형 5 비용 줄이기

비용을 줄이면 당연히 이익이 늘어난 것처럼 보인다. 유가증권 평가손실이 발생했는데 이를 해당 연도에 손실처리하지 않고 미래로 넘긴다거나, 감가상각방식이나 상각기간을 조작하여 올해의 손실을 줄인다거나, 오래된 기계를 비싸게 평가해서 재고자산으로 둔갑시킨다거나 하는 등이다.

유형 6 비용 늘리기

이익 줄이기와 같은 동기로 내년에 발생될 비용을 올해 반영하거나, 감가상각을 올해 많이 반영하는 등의 수법이다.

유형 7 부채 숨기기

(주)대우는 런던 현지법인을 통해 외국금융회사로부터 차입을 하고도 이를 고의로 누락시켰다. 기업이 지속적으로 손실이 나는 경우 이를 숨기기 위해 단기적으로 매출이나 비용을 조정하다가 이것이 누적되면 목돈이 필요해지기 때문에 차입을 하게 되는데 부채를 숨기면 회사가 건전한 것처럼 보인다. 현금을 빌리고 부채가 아닌 수익으로 기재한다거나, 예상되는 부채나 우발채무를 기재하지 않는 것도 부채숨기기의 일종이다.

1. 표준재무제표

재무제표를 분석하는 이유는 이를 통해 기업의 상태를 파악하고자 하는 것이다. 이를 위한 분석을 하는데 있어서는 무엇과 비교를 하는가가 중요해지는데 이러한 비교분석의 방법에는 횡단면 분석(cross-sectional analysis)과 시계열 분석(time-series analysis)이 있다. 횡단면 분석은 동일 시점의 여러 기업을 비교하는 것이고 시계열 분석은 같은 기업을 다른 시점에서 비교하는 것이다.

이러한 비교를 함에 있어 원래 재무제표의 수치를 비교하는 것은 별로 의미가 없다. 그 이유는 횡단면 분석의 경우 큰 기업과 작은 기업을 비교하면 당연히 큰 기업의 수치가 모두 클 것이기 때문이다. 시계열 분석의 경우에도 동일 기업의 과거 규모가 현재와 같지 않을 것이기 때문에 그냥 수치를 비교하는 것은 별로 의미가 없다. 이 경우 표준재무제표(standardized financial statements)가 매우 유용하게 활용된다. 표준재무제표는 비교를 용이하게 하기 위하여 재무제표의 수치를 특정 항목에 대비하여 표준화한 재무제표를 말한다. 표준재무제표에는 표준재무상태표와 표준손익계산서 등이 있다.

비교분석의 방법에는 횡단면분석(cross-sectional analysis)과
시계열분석(time-series analysis)이 있다.

1.1 표준재무상태표

표준재무상태표(standardized balance sheet)를 작성하기 위해서는 전체 자산을 100%로 설정하고 나머지를 이에 대한 구성비로 표현한다. 표준재무상태표를 설명하기 위해 전 장의 재무상태표를 다시 보이면 〈표 3.1〉과 같다.

20x8. 12. 31   (단위: 억원)

계정과목	20x7	20x8	계정과목	20x7	20x8
현금	84	96			
매출채권	165	185	매입채무	312	342
재고자산	392	422	단기채무	230	190
유동자산	641	703	유동부채	542	532
비유동자산	2,730	2,880	장기부채	530	460
			납입자본 및 자본잉여금	500	550
			이익잉여금	1,799	2,041
			총자기자본	2,299	2,591
총자산	3,371	3,583	부채 및 자본	3,371	3,583

표 3.1
재무상태표

〈표 3.1〉을 이용하여 표준재무상태표(standardized balance sheet)를 작성한 것이 〈표 3.2〉에 나타나 있다. 예시된 기업의 경우 자산 쪽에서는 비유동자산의 구성비가 줄었고 부채와 지분 쪽에서는 단기채무, 장기부채의 비중이 줄어든 것을 알 수 있다. 이는 전 장의 현금흐름표에서도 살펴본 바와 같이 이 회사가 풍부한 영업현금흐름을 바탕으로 부채를 상환했기 때문이다.

20x8. 12. 31

	20x7	20x8	변화
현금	2.49%	2.68%	0.19%
매출채권	4.89%	5.16%	0.27%
재고자산	11.63%	11.78%	0.15%
유동자산	19.02%	19.62%	0.61%
비유동자산	80.98%	80.38%	−0.61%
총자산	100.00%	100.00%	0.00%
매입채무	9.26%	9.55%	0.29%
단기채무	6.82%	5.30%	−1.52%
유동부채	16.08%	14.85%	−1.23%
장기부채	15.72%	12.84%	−2.88%
자기자본	14.83%	15.35%	0.52%
잉여금	53.37%	56.96%	3.60%
총자기자본	68.20%	72.31%	4.11%
부채 및 지분	100.00%	100.00%	0.00%

표 3.2
표준재무상태표

표준손익계산서
(standardized income
statement)
매출을 100% 하고 나머지
계정과목을 매출의 구성
부분으로 표현한 손익계
산서

1.2 표준손익계산서

표준손익계산서(standardized income statement)는 매출을 100%로 하여 나머지 항목들을 매출의 구성 부분으로 표현한다. 이들을 설명하기 위해 전장의 〈표 2.2〉를 다시 제시한다.

표 3.3
손익계산서

20x8. 1. 1 – 20x8. 12. 31	(단위 : 억원)
매출	2,390
매출원가	(1,500)
감가상각	(276)
영업이익	614
영업 외 수익	0
영업 외 비용	(130)
경상이익	484
특별이익 및 손실	0
법인세 차감 전 순이익	484
법인세(25%)	(121)
당기순이익	363
배당	121
이익잉여금	242

〈표 3.3〉에 근거하여 표준손익계산서를 작성한 것이 〈표 3.4〉에 나타나 있다. 매출원가는 전체의 약 63% 정도를 차지하고 있고 매출 100원당 약 26원의 영업이익과 약 15원의 당기순이익이 창출됨을 알 수 있다. 그리고 당기순이익에서 5원 정도는 배당으로 지불되고 나머지 10원 정도가 사내에 유보되고 있음을 알 수 있다.

표 3.4
표준손익계산서

20x8. 1. 1 – 20x8. 12. 31	
매출	100.0%
매출원가	(62.8%)
감가상각	(11.6%)
영업이익	25.7%
이자	(5.4%)
경상이익	20.3%
세금	(5.1%)
당기순이익	15.2%
배당	5.1%
이익잉여금	10.1%

요점

표준재무상태표는 총 자산 대비 백분율, 표준손익계산서는 매출 대비 백분율로 계산한다.

비율분석

재무제표를 활용하여 기업의 상태를 분석하고자 할 때 가장 많이 사용되는 방법이 비율분석(ratio analysis)이다. 비율분석을 하기 위해서는 실제로 비율을 계산하기 전에 기업의 어떤 측면을 분석하고자 하는지를 먼저 고려하여야 한다. 이에는 여러 가지가 있을 수 있겠으나 주요한 것으로는 수익성, 성장성, 효율성, 안정성 등을 들 수 있을 것이다. 이제 이러한 측면에 대한 판단 기준으로 사용할 수 있는 비율들의 정의와 예시 재무제표 〈표 3.1〉 〈표 3.2〉에 근거한 계산 결과를 살펴본다.

비율분석(ratio analysis) 재무제표를 이용하여 여러 가지 비율을 계산함으로써 기업의 상황을 분석하는 기법

2.1 수익성

기업을 분석할 때 가장 관심을 가질 수 있는 측면은 수익성이다. 대표적인 수익성 비율로 다음의 세 가지를 들 수 있다.

$$\text{당기순이익률(profit margin; } PM) = \frac{\text{당기순이익}}{\text{매출}} = \frac{363}{2,390} = 0.152 \tag{3.1}$$

$$\text{총자산수익률(return on asset; } ROA) = \frac{\text{당기순이익}}{\text{총자산}} = \frac{363}{3,583} = 0.101 \tag{3.2}$$

$$\text{자기자본수익률(return on equity; } ROE) = \frac{\text{당기순이익}}{\text{총자기자본}} = \frac{363}{2,591} = 0.140 \tag{3.3}$$

세 가지 비율 모두 숫자가 클수록 수익성이 높은 것이다. 동일한 기업에 대해서 자기자본수익률은 항상 총자산수익률보다 크다. 그 이유는 분자는 당기순이익으로 같은데 비해 ROA의 분모가 '총자산=총부채+총자기자본'이며 이는 ROE의 분모보다 크기 때문이다. 분모 분자 사이의 일관성 측면에서 볼 때 ROE는 당기순이익이 주주에게 갈 몫이기 때문에 당기순이익을 총자기자본으로 나눈 것은 분모 분자의 일관성이 있다. 그러나 ROA의 경우에는 분자는 주주에게 갈 몫이나 분모는 자기자본과 부채의 합이어서 분자 분모가 일관성이 없다. 일관성을 갖추려면 분자를 당기순이익 대신 영업이익 또는 세후영업이익으로 대체한 지표를 사용하면 될 것이다.

EVA 계산에서 사용하는 투하자본수익률은 ROE 개념과는 차이가 있다. 이에 대해 생각해 보자. ROIC는 세후영업이익을 투하자본으로 나눈 것이다. 한편, ROE는 당기순이익을 자기자본으로 나눈 것이다. 당기순이익은 주주들에게 갈 몫이다. 따라서 개념적으로 ROE는 자기자본을 출자한 사람들 즉 주주들이 거두어들이는 수익률을 말하는 것이다. 이에 반해 ROIC는 분자가 세후영업이익이므로 주주뿐만 아니라 채권자에게 돌아갈 이익이 포함되어 있다. 분모도 투하자본이므로 자기자본과 타인자본이 포함되어 있다. 따라서 ROIC는 자기자본과 타인자본을 포함한 전체 투하자본의 평균적인 수익률을 의미하는 것이다.

2.2 성장성

수익성 못지않게 기업의 장래 성장성은 매우 중요한 요소이다. 성장성비율에는 다음과 같은 것들이 있다.

$$총자산증가율 = \frac{금기총자산-전기총자산}{전기총자산} = \frac{3,583-3,371}{3,371} = 0.063 \qquad \text{(3.4)}$$

$$자기자본증가율 = \frac{금기자기자본-전기자기자본}{전기자기자본} = \frac{2,591-2,299}{2,299} = 0.127 \qquad \text{(3.5)}$$

숫자가 클수록 성장성이 높은 것인데 무조건 숫자가 크다고 좋은 것은 아닐 수 있다. 가령 총자산 중에는 비업무용부동산도 포함되어 있을 텐데 이것이 많이 증가되어 총자산증가율이 높게 나타났다면 이는 기업에 부정적인 효과를 가져 올 수 있다. 자기자본증가율의 경우도 최적자본구조(optimal capital structure)에 가까워지는 방향으로 자기자본이 변화한다면 기업가치에 긍정적 영향을 미칠 것이나 이로부터 멀어지는 방향으로 자기자본이 변화한다면 기업가치에 부정적 영향을 미칠 것이다. 최적자본구조에 대해서는 13장에서 설명한다.

2.3 유동성

유동성(liquidity)비율은 기업의 단기적인 현금지급능력을 측정하는 것으로 단기적 안정성(short-term solvency)을 나타내는 지표이며 이에는 다음과 같은 것들이 있다.

$$\text{유동비율}(current\ ratio) = \frac{\text{유동자산}}{\text{유동부채}} = \frac{703}{532} = 1.321 \tag{3.6}$$

$$\text{당좌비율}(quick\ ratio) = \frac{\text{유동자산}-\text{재고자산}}{\text{유동부채}} = \frac{703-422}{532} = 0.528 \tag{3.7}$$

$$\text{현금비율}(cash\ ratio) = \frac{\text{현금}}{\text{유동부채}} = \frac{96}{532} = 0.180 \tag{3.8}$$

$$\text{순운전자본비율} = \frac{\text{유동자산}-\text{유동부채}}{\text{총자산}} = \frac{703-532}{3,583} = 0.048 \tag{3.9}$$

유동자산은 1년 이내에 현금화 될 수 있는 자산이고 유동부채는 1년 이내에 갚아야 하는 부채이므로 유동비율(current ratio)이 1보다 작으면 문제가 있을 수 있다. 건전한 기업은 대체로 유동비율이 1보다 크다.

당좌비율(quick ratio)은 유동자산 중 가장 유동성이 낮은 재고자산을 빼고 계산한 값이기 때문에 유동성이 아주 높은 자산이 유동부채의 몇 배가 되는가를 나타내는 지표이다.

현금비율(cash ratio) 역시 현금이 유동부채의 몇 배인가를 나타내는 지표이다. 이 기업은 현금이 유동부채의 18%에 해당하는 규모이다.

순운전자본 비율은 순운전자본이 총자산 중 차지하는 비율을 나타내는 것이다.

모든 비율의 값이 클수록 유동성이 높다고 할 수 있다. 그러나 무조건 값이 크다고 좋은 것은 아니다. 유동자산이 너무 많으면 수익성이 떨어지기 때문이다. 따라서 '다른 조건이 같다면'이라는 조건 하에서 비율의 값이 클수록 유동성이 높고 따라서 기업에 긍정적이라고 할 수 있다. 만일 다른 조건이 같지 않은 경우는 무조건 유동성이 높다고 좋은 것은 아니다. 예를 들어 유동부채가 하나도 없는 기업을 생각해 보자. 이 기업은 유동비율이 무한대이다. 그렇다고 이런 기업의 상태를 좋다고 평할 수는 없다. 그 이유는 유동부채가 없다면 모두 고정부채일 것인데 금리가 높은 고정부채로 자금을 조달하여 수익성이 상대적으로 낮은 유동자산에 투자한 셈이 되므로 기업의 수익성이 위협받을 수 있기 때문이다.

2.4 안정성

재무적 안정성은 기업의 파산 위험 정도 또는 부채 사용 정도를 말한다. 유동성비율이 기업의 단기적 안정성을 측정하는 것인데 반해 이는 기업의 장기적 안정성(long-term solvency)을 나타내는 것이다. 즉, 장기적으로 기업이 재무적인 곤경에 처하지 않고 안정적으로 영업을 할 수 있는지를 측정한다. 안정성을 측정하기 위해서는 다음과 같은 비율들을 사용한다.

$$\text{부채비율}(\textit{total debt ratio}) = \frac{\text{부채}}{\text{총자산}} = \frac{992}{3,583} = 0.277 \tag{3.10}$$

$$\text{부채지분비율}(\textit{debt-equity ratio}) = \frac{\text{부채}}{\text{총자기자본}} = \frac{992}{2,591} = 0.383 \tag{3.11}$$

$$\text{지분승수}(\textit{equity multiplier, EM}) = \frac{\text{총자산}}{\text{총자기자본}} = 1 + \text{부채지분비율} = 1.383 \tag{3.12}$$

$$\text{장기부채비율}(\textit{long-term debt ratio}) = \frac{\text{장기부채}}{\text{장기부채} + \text{총자기자본}} \tag{3.13}$$

$$= \frac{460}{460 + 2,591} = 0.151$$

$$\text{이자보상배수}(\textit{times interest earned; TIE}) = \frac{\text{영업이익}}{\text{이자}} = \frac{614}{130} = 4.723 \tag{3.14}$$

$$\text{현금흐름보상배수}(\textit{cash coverage}) = \frac{\text{영업이익} + \text{감가상각}}{\text{이자}} \tag{3.15}$$

$$= \frac{614 + 276}{130} = 6.846$$

부채비율(total debt ratio)은 기업의 총부채가 총자산에서 차지하는 비중을 나타낸다. 이 예의 기업은 부채가 전체 자산의 27.7% 밖에 되지 않으므로 부채비율이 매우 양호함을 알 수 있다.

부채지분비율(debt-equity ratio)은 부채비율과 같은 속성을 측정하나 분모를 총자산으로 하지 않고 총자기자본으로 한 것이다. 부채비율은 일반적으로 1보다 작은 값을 가지나 부채지분비율은 1보다 큰 값을 가질 수 있다. 우리나라의 경우 외환위기 이전에는 많은 기업들의 부채지분비율이 엄청나게 높았었다. 예를 들어, 한보는 1996년 재계 14위의 기업이었는데 1995년 말 부채지분비율이 675%였고, 재계 19위였던 진로는 맥주공장 등을 무리하게 증설하여 부채지분비율이 1995년 말에 2,531%이었던 것이 1996년 말에는 3,765%로 증가하였고 자기자본은 3%에 불과했다. 이 기업들이 파산을 맞은 것은 지나치게 높은 부채비율의 당연한 결과이다.

문제

부채비율이 1보다 클 수 있는가?

답 자본잠식 된 기업은 부채비율이 1보다 클 수 있다.

지분승수(equity multiplier; EM)는 총자산이 자기자본의 몇 배에 해당하는가를 측정하는 것으로 이는 부채지분비율에 1을 더한 것과 같다. 이 값이 낮을수록 자기자본이 많고 부채가 적다.

장기부채비율(long-term debt ratio)은 부채 중에서 단기부채를 제외한 장기부채만 포함하여 부채정도를 측정하는 것이다. 그 이유는 부채비율이 통상 장기적인 안정성을 보는 것이기 때문에 단기 부채를 제외하는 것이 합리적일 수 있기 때문이다. 본 예의 기업은 이 비율이 15.1%이어서 매우 안정적임을 알 수 있다.

외환위기 이후에 우리나라에서 중요한 지표로 사용되기 시작한 것이 이자보상배수(times interest earned; TIE)이다. 이는 영업이익이 이자비용의 몇 배에 해당하는가를 보여주는 지표이다.

문제

이자보상배수가 1보다 작다는 것은 무슨 뜻인가?

답 이는 영업이익이 이자를 갚을 정도도 되지 않는다는 뜻으로 기업은 부도가 날 것이다. 부도를 내지 않기 위해서는 다시 자금을 꾸어 와서 이자를 갚아야 하는데, 타인자본비용이 자꾸 높아지는 악순환에 빠질 수 있다.

현금흐름보상배수(cash coverage)는 이자보상배수의 분자에 감가상각을 더하고 계산한 값이다. 그 이유는 감가상각은 비현금성 지출이므로 이를 다시 영업이익에 보태어 기업이 실제로 번 현금흐름이 이자비용의 몇 배가 되는지를 측정하는 것이다.

일반적으로 부채비율이 낮을수록 기업의 안정성이 높다고 할 수 있으나 무조건 부채비율이 낮은 것이 좋은 것은 아니다. 기업은 그 기업의 가치를 극대화할 수 있는 최적재무구조(optimal capital structure), 즉 최적부채 수준이 있다. 따라서 현재 기업의 부채비율이 이 최적재무구조보다 낮다면 기업은 부채를 더 사용하여 기업의 가치를 높이도록 노력해야 한다. 아주 극단적인 예로 좋은 투자안이 있는데 안정성만 생각하여 기채를 하지 않아 투자안을 놓쳐버린다면 이는 기업 가치 증가에 부정적인 요인이 되는 것이다.

무차입 경영을 선언한 기업은 차입 경영을 하는 기업보다 기업 가치가 높은가?

🗂 그렇지 않다. 만일 어떤 기업의 최적자본구조가 60% 부채를 사용하는 것인데 무차입 경영을 하고 있다면 이는 기업 가치의 하락을 가져올 것이다. 기업은 최적자본구조에서 기업가치가 극대화되기 때문이다.

만일 위와 같은 질문에 답하기 위해 무차입 경영을 하는 기업의 표본과 차입경영을 하는 기업의 표본을 모아서 두 표본 사이의 성과를 측정했다고 하자. 그리고 무차입경영 표본 기업의 성과가 차입 경영 표본 기업의 성과보다 높게 나왔다고 해보자. 그러면 이러한 결과가 무차입 전략의 성과가 우월한 것을 의미하는가?

결과의 해석에 주의해야 할 것이다. 이러한 결과가 나온 것은 무차입 자체가 기업 가치를 높인 것이 아니라 무차입 경영을 하는 기업은 차입을 할 필요가 없을 정도로 현금흐름이 탄탄하고 기업가치가 이미 높기 때문일 수도 있다. 다시 말해 무차입경영 기업 표본은 좋은 기업들로 구성되어 있고 차입경영 기업 표본은 그렇지 않은 기업들로 구성되어 있다면 부채의 양과 관계없이 무차입경영 기업 표본의 성과가 좋게 나올 것이다. 이를 표본선택편의(selection bias)라고 한다. 따라서 실증결과의 해석에는 이러한 점에 유의해야 한다.

2.5 효율성

기업의 효율성 지표들은 자산 운용(asset management)의 효율성을 측정하기 위한 것이다. 즉 같은 성과를 내기 위해 얼마나 자산을 적게 들이는가 또는 같은 자산으로 얼마나 많은 성과를 올리는가를 알아보는 지표로 다음과 같은 비율들이 있다.

$$재고자산회전율(\textit{inventory turnover}) = \frac{매출원가}{재고자산} = \frac{1,500}{422} = 3.555 \qquad \text{(3.16)}$$

$$재고기간(\textit{days sales in inventory}) = \frac{365}{재고자산회전율} = \frac{365}{3.555} = 102.7일 \qquad \text{(3.17)}$$

$$매출채권회전율(\textit{receivables turnover}) = \frac{매출}{매출채권} = \frac{2,390}{185} = 12.919 \qquad \text{(3.18)}$$

$$매출채권기간(\textit{days sales in receivables}) = \frac{365}{매출채권회전율} \qquad \text{(3.19)}$$

$$= \frac{365}{12.919} = 28.3일$$

$$총자산회전율(\textit{total asset turnover}) = \frac{매출}{총자산} = \frac{2,390}{3,583} = 0.667 \qquad \text{(3.20)}$$

$$비유동자산회전율(\textit{fixed asset turnover}) = \frac{매출}{순비유동자산} = \frac{2,390}{2,880} = 0.830 \textbf{(3.21)}$$

재고자산회전율(inventory turnover)의 의미를 살펴보자. 당해 기간의 매출을 달성하기 위하여 매출원가는 1,500억 원이 소요되었다. 재고자산의 규모가 422억 원이므로 1년에 3.555회 재고자산을 다시 보충시켰는데 이것이 재고자산회전율의 의미이다. 같은 수준의 매출을 달성하기 위하여 재고자산을 낮게 유지하면 회전율이 높아지고 재고자산을 높게 유지하면 회전율이 낮아진다.

재고기간(days sales in inventory)은 365일을 재고자산회전율로 나누어 계산하는데 이는 재고자산을 한 번 조달하면 102.7일간 사용할 수 있다는 의미이다. 여타의 조건이 동일하다면 회전율이 높을수록 재고자산의 활용이 효율적이라고 할 수 있다. 그 이유는 적은 규모의 재고자산을 유지하면서 같은 수준의 매출을 달성하기 때문이다. 이 경우 당연히 재고기간은 짧아지므로 새로 주문하는 횟수는 많아질 것이다. 그러나 무조건 회전율이 높다고 좋은 것은 아니다. 재고자산회전율을 높이려면 재고자산을 아주 적게 하면 되는데 그러면 향후 시장 수요에 시의적절하게 반응하지 못하여 매출이 줄어드는 역효과가 발생할 수도 있다. 또한 재고 주문회수가 높아짐에 따라 거래비용이 증가할 수도 있다.

매출채권회전율(receivables turnover)도 재고자산회전율과 비슷한 논리로 이해하면 쉽다. 동일한 매출이라면 매출채권이 적을수록 매출채권회전율이 높아지므로 효율적이라 할 수 있다. 매출채권기간(days sales in receivables)은 185억 원의 매출채권을 회수하는데 걸리는 기간을 말한다. 이는 매출채권기간 식을 다음과 같이 변형해 보면 쉽게 알 수 있다.

$$매출채권기간 = \frac{365}{매출채권회전율} = \frac{매출채권}{\dfrac{매출}{365}} = \frac{매출채권}{1일\ 매출} = 28.3일 \qquad \textbf{(3.22)}$$

위의 식에서 분자는 매출채권 규모이고 분모는 하루 당 매출이므로 매출채권을 현금으로 모두 회수하는데 걸리는 기간은 평균적으로 28.3일이라는 것이다.

총자산회전율(total asset turnover)과 비유동자산회전율(fixed asset turnover) 역시 같은 조건이라면 회전율이 높을수록 자산 운용이 효율적이라 할 수 있다. 그러나 무조건 회전율이 높다고 좋은 것은 아니다. 회전율을 높이기 위해 총자산이나 비유동자산을 지나치게 줄이면 생산이 부진하여 역시 매출 자체가 타격을 받을 수 있기 때문이다.

2.6 시장가치비율

비율분석의 가장 큰 단점 중의 하나는 모든 계산이 장부가치에 근거하여 이루어진다는 것이다. 즉, 의사결정을 하는 데 있어서는 시장가치가 중요한데 비율분석은 주로 재무제표상의 장부가에 의해 이루어진다. 이러한 단점을 보강하기위하여 시장가치 즉 주가를 사용하는 비율들을 활용한다. 이에는 주가수익비율(price earnings ratio; PER)과 시장대장부가 비율(market to book ratio)이 있는데이를 위하여 위의 예에 다음 정보를 추가한다.

> 주가 = 31,000원
>
> 발행주식총수 = 2,000만 주

시장가치비율을 구하기 위해서는 주당순이익(earnings per share; EPS)과 주당장부가치(book value per share)를 구해야 하는데 이는 다음과 같다.

$$주당순이익(earnings\ per\ share;\ EPS) = \frac{당기순이익}{발행주식총수} = \frac{363억}{2,000만} = 1,815원 \quad \text{(3.23)}$$

$$주당장부가치(book\ value\ per\ share) = \frac{총자기자본}{발행주식총수} = \frac{2,591억}{2,000만} = 12,955원 \quad \text{(3.24)}$$

EPS는 당기순이익을 주식수로 나눈 값이므로 한 주당 당기순이익을 의미한다. 따라서 다른 조건이 같다면 EPS는 높을수록 좋을 것이다. 주당장부가치는총자기자본을 주식수로 나누었으므로 한 주당 지분의 가치를 의미한다. 다시말하면 주가는 한 주의 시장가치인 반면 주당장부가치는 한 주의 장부가치이다. 이제 시장가치비율을 구해보면 다음과 같다.

$$주가수익비율(price\ earnings\ ratio;\ PER) = \frac{주가}{주당순이익} = \frac{31,000}{1,815} = 17.08 \quad \text{(3.25)}$$

$$시장대장부가\ 비율(market\ to\ book\ ratio) = \frac{주가}{장부가} = \frac{31,000}{12,955} = 2.39 \quad \text{(3.26)}$$

주가수익비율(price earnings ratio; PER)은 주가가 기업의 주당순이익(EPS)의 몇 배에 해당하는가를 나타내는 지표이다. 여기서 이해해야 할 것은 전장에서 설명한 저량(stock) 개념과 유량(flow) 개념의 차이이다. 주가는 기업의 전체 가치와 관련이 있는 것으로 저량 개념이고 주당순이익은 기업의 운영으로부터 발생한 이익에 관련된 것으로 유량 개념이다. 따라서 비유적으로 말하자면 댐에 저장되어 있는 물의 양이 일정 기간 동안 흐르는 물의 양의 몇 배에 해당하는가를 측정하는 것이다.

시장대장부가 비율(market to book ratio)은 시장에서 형성된 주가가 장부가의 몇 배에 해당하는가를 나타내는 지표이다. 시장에서 좋게 평가되는 주식은 당연히 시장대장부가 비율이 높을 것이다.

시장대장부가 비율(market to book ratio)
주가를 한 주당 지분의 장부가로 나눈 비율

 문제 PER은 높은 것이 좋은가 낮은 것이 좋은가?

> **답** 사용자의 목적에 따라 달라진다. 일반적으로 우량한 기업일수록 투자자들의 주식에 대한 수요가 높을 것이고 가격이 오를 것이며 따라서 PER이 높을 것이다. 장기 가치투자를 하는 투자자의 입장에서는 PER이 높은 우량 주식을 선택하는 것이 좋을 것이다. 그러나 PER이 높다는 말은 수익력에 비해 가격이 비싸다는 말이므로 단기 투자를 하는 사람은 낮은 PER값을 갖는 주식 즉 저PER주를 사는 것이 좋을 것이다.

이론적으로 PER이 어느 수준이어야 하는지에 대한 답은 없다. 따라서 PER이 높고 낮음을 구분하기 위해서는 경쟁기업이나 동종 산업의 평균과 같이 비교 가능한 대상의 PER과 비교해야 한다. 또한 PER이 큰 경우, 이는 가격은 같지만 수익성이 낮아서 커질 수도 있고, 수익성은 같지만 가격이 높아서 커질 수도 있다. 이러한 수익성에 대한 모호성을 극복하기 위해 다음과 같이 주가이익증가비율(price/earnings to growth ratio; PEG) 지표를 사용하기도 한다.

주가수익비율(price/earnings ratio; PER)
주가를 주당순이익으로 나눈 값
주가이익증가비율(price/earnings to growth ratio; PEG)
PER을 이익의 증가율로 나눈 비율

$$PEG = \frac{PER}{(EPS증가율) \times 100}$$

(3.27)

예를 들어, PER이 15이고 EPS 증가율이 10%라면 PEG는 1.5가 된다. PER이 같은 두 주식을 비교해 본다면, PEG가 낮다는 말은 수익의 증가율이 높다는 의미이다. PEG는 PER이 낮고 수익의 증가율이 높은 주식이 더 작은 숫자로 나타나기 때문에 현장에서는 주식이 저평가 되어 있으면서 성장성이 높은 주식을 찾기 위해 사용된다. 통상 PEG가 0.5보다 낮으면 투자유망주라고 판단한다.

그러나 유의할 것은 자본시장이 효율적이라면 저PER주 또는 저PEG주는 존재하지 않는다는 점이다. 가격이 저평가되어 있는 것처럼 보여도 이는 일반적으로 투자자의 주관적인 생각일 뿐이지 실제로는 시장이 효율적이어서 무언가 이유가 있기 때문에 가격이 낮게 형성되어 있는 것이다. 반대로 시장이 비효율적이라면 당연히 저PER주나 저PEG주가 존재할 것이다. 따라서 이는 시장효율성의 문제이며 이에 대한 논의는 뒤로 미룬다.

문제 시장대장부가 비율이 1보다 낮다는 것은 무슨 뜻인가?

답 시장대장부가비율이 1보다 낮다는 것은 시장가가 장부가보다 작다는 뜻이다. 기업을 여러 자산의 집합체라고 볼 때 장부가는 그 자산들의 각각의 가격의 합이다. 따라서 각각을 합한 가치보다 전체에 대한 시장에서의 평가가 낮다면 이런 기업은 존재할 이유가 없다. 전체로서 운영하는 것보다 각각을 팔아 청산하는 것이 더 가치를 보존하는 길이다.

2.7 DuPont 분석

DuPont 회사는 여러 가지 재무비율 사이의 관계를 이용하여 좀 더 자세한 비율분석을 하기 위해 다음과 같은 식을 도출하였다.

$$ROE = \frac{당기순이익}{자기자본} = \frac{당기순이익}{자기자본} \times \frac{총자산}{총자산} \qquad \text{(3.28)}$$

$$= \frac{당기순이익}{총자산} \times \frac{총자산}{자기자본} = ROA \times 지분승수$$

$$= \frac{당기순이익}{총자산} \times \frac{총자산}{자기자본} \times \frac{매출}{매출}$$

$$= \frac{당기순이익}{매출} \times \frac{총자산}{자기자본} \times \frac{매출}{총자산}$$

$$= 당기순이익률 \times 지분승수 \times 총자산회전율$$

$$0.140 = 0.152 \times 1.383 \times 0.667$$

이를 듀퐁항등식(DuPont identity)이라 부르는데 ROE 한 수치만 아는 것보다는 이를 세분화하여 보다 정확한 정보를 얻는 것이 유리하다. 위의 식에서보면 ROE는 세 가지 부분으로 이루어져 있다. 당기순이익률은 수익성, 지분승수는 자본구조, 총자산회전율은 자산운용의 효율성을 나타내므로 어느 것이 문제인지 확인할 수 있다.

요점

듀퐁항등식(DuPont identity)은 ROE를 세분화하여 수익성, 자본구조, 자산운용의 효율성을 종합적으로 검토할 수 있게 해 주는 도구이다.

듀퐁항등식(DuPont identity)
자기자본수익률을 세분화하여 좀 더 구체적 분석이 가능케 한 수식
ROE = 당기순이익률×지분승수×총자산회전율

2.8 비율분석시 유의점

비율분석은 기업에 대한 정보를 제공해 주는 매우 유용한 도구이다. 그러나이의 사용에 있어 유의해야 할 점이 있는데 이는 다음과 같다.

1) 어떤 비율의 숫자는 그 자체로는 큰 의미가 없다. 이를 비교할 수 있는 기준의 설정이 중요하다. 예를 들어, 동종산업, 경쟁업체의 비율과 비교할 수 있을 것이다.
2) 경우에 따라서는 비교대상을 찾기가 쉽지 않을 수 있다. 예를 들어, 한 기업이 여러 분야의 사업을 하고 있다면 산업비교도 어려울 것이고 경쟁업체를 찾기도 어려울 것이다.
3) 회계처리 방식이 다르면 직접적 비교가 곤란하다. 예를 들어, 재고자산 회계에 있어 A기업은 선입선출법(first in first out; FIFO)을 쓰고 B기업은 후입선출법(last in first out; LIFO)을 쓴다면 두 기업 사이의 재고와 관련된 비율을 직접 비교하는 것은 무리가 있다.
4) 비교의 어려움은 국제적인 비교에서도 발생하는 문제이다. 국가간 회계처리 방식과 세제가 다를 수 있으므로 이런 점을 감안하여 비교 분석하여야 한다.
5) 정상적인 경영이 어려웠던 해를 정상적인 해와 비교하는 것도 문제이다. 보험회사의 경우 가령 태풍이 불어 보험 청구가 많은 해를 그렇지 않은 해와 비교하여 시계열 분석한다는 것은 문제가 있을 수 있다.

이와 같이 다양한 문제가 있을 수 있으므로 비율분석을 하는 경우에는 숫자이외에 기업의 상황에 대한 면밀한 검토가 함께 진행되어야 한다.

다음 재무상태표와 손익계산서에 근거하여 답하라.

재무상태표

20x8. 12. 31 (단위 : 억)

	20x7	20x8	변화		20x7	20x8	변화
현금	168	192	24				
매출채권	330	370	40	매입채무	624	684	60
재고자산	784	844	60	단기채무	460	380	−80
유동자산	1,282	1,406	124	유동부채	1,084	1,064	−20
비유동자산	5,460	5,760	300	장기부채	1,060	920	−140
				자기자본	1,000	1,100	100
				잉여금	3,598	4,082	484
				총자기자본	4,598	5,182	584
총자산	6,742	7,166	424	부채 및 지분	6,742	7,166	424

손익계산서
20x8. 1. 1–20x8. 12. 31 (단위 : 억)

매출	4,780
매출원가	3,000
감가상각	552
영업이익	1,228
이자	260
경상이익	968
세금	242
당기순이익	726
배당	242
이익잉여금	484

1. 표준재무상태표를 작성하라.

2. 구성비율이 감소한 항목은 무엇인가?

3. 표준손익계산서를 작성하라.

4. 당기순이익률, 총자산수익률, 자기자본수익률을 구하라.

5. 총자산증가율, 자기자본증가율을 구하라.

6. 유동비율, 당좌비율, 현금비율, 순운전자본비율을 구하라.

7. 부채비율, 부채지분비율, 지분승수, 장기부채비율, 이자보상배수, 현금흐름보상배수를 구하라.

8. 재고자산회전율, 재고기간, 매출채권회전율, 매출채권기간, 총자산회전율, 비유동자산회전율을 구하라.

9. 이 회사의 주가는 62,000원이고, 발행주식총수는 2,000만주이다. 주가수익비율, 시장대장부가 비율을 구하라.

10. 이 기업의 ROE에 대한 듀퐁항등식을 도출하라.

Financial Management : Focusing on EVA

Part 2

가치 평가의 기초

우리의 경제 활동을 간단히 말하면 가치가 높은 것은 취하고 가치가 낮은 것은 버리는 것이다. 그렇다면 서로 다른 대안들의 가치를 평가해야 하는데 어떤 자산이 가치를 가지는 이유는 그 자산이 미래에 현금흐름(cash flow)을 창출하기 때문이다. 창출하는 현금흐름이 없다면 당연히 그 자산의 가치는 '0'일 것이고, 창출하는 현금흐름이 많다면 그 자산의 가치는 높을 것이다.

가치 평가(valuation)를 위해 또 한 가지 중요한 점은 현금흐름이 발생하는 시점이다. 같은 100만원이라 할지라도 현재의 100만원과 10년 후의 100만원은 그 가치가 다르다. 다시 말해 화폐의 시간가치(time value of money)가 다르다는 말이다. 화폐의 시간가치는 모든 자산의 가치 평가를 위한 가장 기본적인 지식이다. 화폐의 시간가치를 고려해야 하는 이유는 위에 언급한 바와 같이 현재의 화폐 가치와 미래의 화폐 가치가 동일하지 않기 때문이다. 위의 예의 경우 당연히 현재의 100만원이 더 가치가 있을 것이다.

결론적으로 가치평가를 위해서는 현금흐름의 크기와 시점이 모두 고려되어야 하는데 이 둘을 모두 고려하여 현재가치를 구하는 방법을 할인현금흐름법(discounted cash flow method; DCF)이라 한다. DCF 방법은 실물자산과 금융자산을 포함한 모든 자산의 가치 평가에 공통적으로 적용할 수 있는 방법이다. DCF 방법을 이해하기 위해서는 화폐의 시간가치를 이해해야 하는데 설명의 편의를 위해 4장은 현금흐름이 한 번인 경우, 5장은 4장을 배운 후 현금흐름이 여러 번인 경우의 화폐의 시간가치에 대해 공부한다.

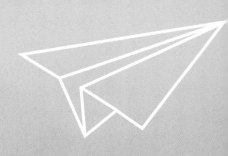

Financial
Management
Focusing on EVA

화폐의 시간가치-
현금흐름 한 번

우리가 실생활을 하는 데 있어 꼭 알아야 할 지식 중의 하나가 화폐의 시간가치(time value of money)이다. 이는 자산의 가치 평가를 위한 기본적인 사고의 틀이다. 여러 자산의 가치를 비교하기 위해서는 시점을 동일하게 통일하는 것이 필요한데 이를 위해서는 화폐의 시간가치에 대한 이해가 선행되어야 한다. 본 장에서는 우선 간단한 예로 현금흐름이 한 번인 경우의 화폐의 시간가치 계산을 살펴본다. 구체적으로 다음과 같은 내용을 배운다.

- 현재가치와 미래가치의 정의
- 미래가치의 계산
- 현재가치의 계산
- 단위 기간이 다른 경우의 화폐의 시간가치 계산
- 현재가치와 미래가치 공식의 활용

100조 마르크 지폐

독일은 제1차 세계대전
(1914-1918)의 패전국으로 전
쟁에서 이긴 국가들에게 막대한
금액의 보상을 지불해야 했다. 전
쟁의 폐허 속에 막대한 보상 의무
까지 져야 했던 독일은 화폐를 마
구 찍어내기 시작했는데 이로 인
해 상상을 초월할 정도의 엄청난
초인플레이션(hyperinflation)이 발생했다.

출처 : 위키피디아

그림은 1924년 발행된 100조(100,000,000,000,000) 마르크 짜리 지폐인데 엄청난 숫자
와는 달리 이는 100달러 정도의 가치밖에 없었다. 당시, 빵 한 조각은 800억 마르크, 쇠고기 한 조
각은 9,000억 마르크 정도 했다고 하니 인플레이션이 어느 정도였는지 상상하기조차 어렵다. 독일
은 참담한 경제 상황을 극복하기 위해 신권을 발행하여 1대 1조 마르크 비율로 예전 마르크화를 새
로운 마르크화로 강제로 바꾸도록 하였다. 이러한 화폐개혁의 도움으로 독일은 점차 경제적 안정을
찾아갈 수 있었다.[*]

* http://www.lifentalk.com/637

현재가치와 미래가치

현재가치(present value; PV)와 미래가치(future value; FV)를 이해하기 위해서 다음과 같이 아주 간단한 예를 들어보자.

화폐의 시간가치(time value of money)
서로 다른 시점에서의 현금흐름의 가치

 문제 오늘 100만원을 연 이자율 5%로 1년간 예금한다면 1년 후에는 얼마를 받게 될까?

 답 1년 후 받게 될 금액은 다음과 같이 원금에 이자를 더한 총액이 될 것이다.

원금+이자 = $100+(100 \times 0.05) = 100(1+0.05) = 105$만원

이를 그림으로 표시하면 다음과 같다.

위의 그림에서 현재 시점은 0으로 표시했고 1년 후 시점은 1로 표시했다. 이자가 5%인 경우 현재 100만원을 예금한다면 1년 후 105만원을 받을 것이다. 여기서 시간상 앞선 시점을 '현재'라고 하고 시간상 뒤의 시점을 '미래'라고 하자. 그러면 5% 이자율 하에서 105만원은 100만원의 1년 후 미래가치이고 100만원은 1년 후 105만원의 현재가치라고 할 수 있다.

 요점

시간상 앞선 시점의 가치를 현재가치(present value; PV), 뒤의 시점의 가치를 미래가치(future value; FV)라고 한다.

본 장에서는 현재가치와 미래가치의 계산 방법을 설명한다. 이를 체계적으로 이해하기 위해 현재가치와 미래가치의 계산을 〈표 4.1〉과 같은 틀에서 생각해 보면 좋겠다. 즉 본 장에서는 가장 간단한 예로 한 번의 현금흐름에 대한 현재가치와 미래가치 계산을 공부하고 다음 장에서는 이를 확대하여 여러 번의 현금흐름에 대한 현재가치와 미래가치 계산을 공부한다.

표 4.1
현재가치와 미래가치
계산

	현재가치	미래가치
현금흐름 한 번	A	B
현금흐름 여러 번	C	D

2. 미래가치의 계산(현금흐름이 한 번인 경우)

먼저 가장 간단한 경우로 현금흐름이 한 번만 발생하는 경우의 미래가치 계산을 생각해 보자. 이는 〈표 4.1〉에서 B에 해당한다. 실생활에서 미래가치를 계산하는 좋은 예는 은행 예금이다. 설명의 편의를 위해 위에서 본 1년 만기 예금의 예를 2년 만기 예금으로 연장하여 보자. 5%의 이자율로 오늘 100만원을 예금한다면 2년 후에는 얼마를 받을 수 있는가? 이에 대한 답은 이자를 단리로 계산하는가 복리로 계산하는가에 따라 금액이 달라진다.

2.1 단리계산

먼저 단리계산의 예를 보자. 100만원 원금에 대한 연간 5%의 이자액은 5만원이다. 이것을 2년간 예금하기 때문에 총 이자액은 10만원이 된다. 따라서 2년 후에 받을 총 금액은

$$원금 + 1년\ 이자 + 1년\ 이자$$
$$= 100 + 5 + 5$$
$$= 100 + (2 \times 5)$$
$$= 110만원이\ 된다.$$

이를 그림으로 표시하면 다음과 같다.

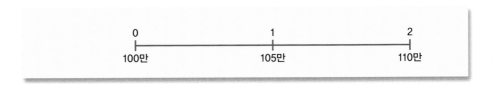

5% 이자율로 4년간 단리로 예금하는 경우의 이자와 원금 총액은 얼마인가?

답 이는 다음과 같이 쉽게 계산할 수 있다.

$$100 + (4 \times 5) = 120만원$$

이제 단리계산의 경우를 공식으로 정리한다. 이를 위해 다음과 같은 기호를 사용한다.

PV : 현재가치(present value) 또는 원금(principal)
FV_n : n 기간 후의 미래가치(future value)
i : 한 기간의 이자율(interest rate)
n : 기간의 수

공식 단리의 경우 원리금 합계

$$FV_n = PV + PV \times i \times n \qquad \text{(4.1)}$$

위의 4년간 예금의 예를 위의 식에 적용하면 다음과 같다.

$$FV_n = PV + PV \times i \times n = 100 + 100 \times 0.05 \times 4 = 100 + 20 = 120만원$$

2.2 복리계산

복리계산(compounding)은 이자가 또 이자를 번다는 측면에서 단리계산과 다르다. 다시 위의 2년 예금의 예를 들어 보자. 현재 100만원의 원금은 1년 후 이자 5만원을 받게 되어 원리금 총액 105만원이 된다. 이 105만원이 다시 5% 이자로 재투자되는 것이 복리계산인데 2년 후 원리금 총액은 다음과 같이 계산하여 110.25만원이 된다.

복리계산(compounding) 이자가 이자를 버는 형태로 미래가치를 계산하는 방법

1년 후 원리금 총액 + 1년 이자 = 105 + 105 × 0.05 = 110.25만원

이를 그림으로 표시하면 다음과 같다.

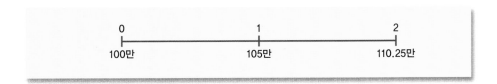

여기서 단리계산의 결과인 110만원과의 차이는 0.25만원인 것을 알 수 있는데 이는 1년 후의 이자 5만원이 다시 5%의 이자를 번 것이다. 위의 식을 다시 정리해 보자.

$$
\begin{aligned}
&105 + 105 \times 0.05 \\
=\ &105 \times (1 + 0.05) \\
=\ &100 \times (1 + 0.05) \times (1 + 0.05) \\
=\ &100 \times (1 + 0.05)^2 \\
=\ &100 \times 1.1025 \\
=\ &110.25
\end{aligned}
$$

위의 예를 바탕으로 복리 계산의 원리금을 계산하는 공식을 정리하면 다음과 같다.

공식 **복리의 경우 원리금 합계**

$$
FV_n = PV \times (1 + i)^n = PV \times FVIF_{i,n} \tag{4.2}
$$

미래가치요인(future value interest factor; FVIF$_{i,n}$) 현재 1원이 n기간 동안 이자율 i를 버는 경우의 미래가치

위의 공식에서 FVIF$_{i,n}$은 복리로 미래가치를 계산하는 미래가치요인(future value interest factor; FVIF)이며 다음과 같이 정의된다.

$$
FVIF_{i,n} = (1 + i)^n \tag{4.3}
$$

즉 미래가치요인의 값은 현재의 1원이 이자율 i로 n기간 동안 예금이 되었을 때의 미래가치이다. 따라서 100만원의 미래가치를 구하고자 하면 100만원에다 미래가치요인을 곱하면 된다. 미래가치요인은 부록 1에 정리되어 있다.

> **문제** 당신이 100만원을 연리 5%에 10년간 예금한다고 하자. 단리를 적용하면 원리금이 얼마인가? 복리를 적용하면 원리금이 얼마인가?
>
> **답** 단리계산시 원리금 : $100 + 100 \times 0.05 \times 10 = 150$ 만원
>
> 복리계산시 원리금 : $100 \times (1+i)^n = 100 \times (1+0.05)^{10}$
>
> $= 100 \times FVIF_{5\%,10} = 100 \times 1.6289 = 162.89$ 만원

위의 예에서 단리 계산과 복리 계산의 차이는 $162.89 - 150 = 12.89$만원이다. 상당한 차이가 나는데 그 이유는 기간이 길기 때문에 이자가 이자를 버는 효과가 높기 때문이다.

> **문제** 200년 전 당신의 선조 할아버지께서 후손들을 위해 연리 10%로 100원을 복리로 예금하셨다고 한다. 현재 이 돈이 얼마로 불어났을까?
>
> **답** 단리계산시 원리금 : $100 + 100 \times 0.1 \times 200 = 2,100$원
>
> 복리계산시 원리금 : $100 \times (1+i)^n = 100 \times FVIF_{10\%, 200} = 100 \times 1.1^{200}$
>
> $= 18,990,527,646$원

이 예에서 단리 계산 원리금과 복리 계산 원리금이 엄청나게 차이가 나는 것을 볼 수 있다. 기간이 길어지는 경우 이자가 이자를 버는 복리 계산의 힘은 엄청난 것임을 알 수 있다.

요점

이자를 계산하는 방법에는 단리계산과 복리계산이 있다. 복리는 이자가 이자를 버는 방식인데 기간이 길수록 효과가 크게 나타난다.

현재가치의 계산(현금흐름이 한 번인 경우)

3.

이제 현금흐름이 한 번인 경우 미래가치를 현재가치로 환원하는 방법을 알아보자. 이는 〈표 4.1〉에서 A에 해당하는 경우이다. 앞에서 100만원을 5%로 예금을 하면 1년 후에는 105만원이 되는 예를 보았다. 이 경우에 105만원의 현재가치는 100만원이 되는데 이의 계산은 다음과 같이 한다.

$$\text{현재가치} = \frac{105}{(1+0.05)} = 100\text{만원}$$

할인(discounting)
미래가치를 현재가치로 전
환하는 것

이와 같이 미래가치를 현재가치로 전환하는 과정을 할인(discounting)이라고 한다.

> **문제** 당신 앞에 두 가지 상품이 놓여 있다. 상품 1은 현재 100만원을 받는 것이고, 상품 2는 1년 후에 105만원을 받는 것이다. 현재 시장 금리는 5%이다. 당신은 어느 것을 선택하겠는가?
>
> **답** 둘 사이에 가치의 차이가 없으므로 아무거나 선택해도 좋다. 다시 말해 상품 2의 105만원을 5%로 할인한 현재가치가 100만원이므로 가치가 상품 1과 동일하다. 따라서 어느 것을 선택하더라도 당신이 가지는 가치는 같다. 다시 말하면 5% 이자율인 경우에는 지금의 100만원이나 1년 후의 105만원이나 가치가 동일하다는 것이다.

> **문제** 당신 앞에 두 가지 상품이 놓여 있다. 상품 1은 현재 100만원을 받는 것이고, 상품 2는 2년 후에 110.25만원을 받는 것이다. 현재 예금 금리는 5%이다. 당신은 어느 것을 선택하겠는가?
>
> **답** 현재 100만원을 5% 이자율 복리계산으로 2년간 예금을 하면 110.25만원이 된다. 다시 말해 상품 2의 110.25만원을 5%로 할인한 현재가치가 역시 100만원이므로 가치가 상품 1과 동일하다. 따라서 어느 것을 선택하더라도 당신이 가지는 가치는 같다.

이제 2년 후 110.25만원을 할인하여 현재가치 100만원이 되는 과정을 구체적으로 살펴보자. 이를 쉽게 이해하기 위하여 미래가치 계산을 살펴보면 다음과 같다.

$$FV_n = PV \times (1+i)^n$$
$$110.25 = 100 \times (1+0.05)^2$$

위의 식에서 현재가치 100을 구하기 위해서는 다음과 같이 할인을 하면 된다.

$$PV = 100 = \frac{110.25}{(1+0.05)^2}$$

이제 현재가치를 구하는 공식을 정리하면 다음과 같다.

(공식) **현재가치 계산**

$$PV = \frac{FV_n}{(1+i)^n} = FV_n \times \frac{1}{(1+i)^n} = FV_n \times PVIF_{i,n} \tag{4.4}$$

이 식에서 $PVIF_{i,n}$ 는 현재가치요인(present value interest factor ; PVIF)으로 이자율 i를 적용하는 경우 미래 n 기간 후에 받을 1원의 현재가치를 나타낸다. 이는 다음과 같이 정의되며 부록 2에 각 기간과 이자율에 대한 $PVIF_{i,n}$의 값이 정리되어 있다.

현재가치요인(present value interest factor ; $PVIF_{i,n}$
1원을 이자율 i로 n기간 동안 할인한 가치

$$PVIF_{i,n} = \frac{1}{(1+i)^n} \tag{4.5}$$

문제 당신의 아버지가 당신에게 10년 후 1,000만원을 주겠다고 약속하셨다. 당신의 아버지는 당신과의 약속을 지키기 위해 오늘 은행에 예금을 하시려고 한다. 현재 10년 만기 은행 정기예금 금리가 6%라면 당신의 아버지는 얼마를 예금해야 하는가?

답 이는 현재가치를 구하는 것이므로 다음과 같이 계산하면 된다.

$$PV = \frac{1,000}{(1+0.06)^{10}} = 1000 \times \frac{1}{(1+0.06)^{10}}$$

$$= 1000 \times PVIF_{6\%,10} = 1000 \times 0.5584$$

$$= 558.4 \ 만원$$

고급질문

현재가치요인과 미래가치요인 사이에는 어떠한 관계가 있는가?

답 현재가치요인은 미래가치요인의 역수이다. 현재가치요인의 식은 다음과 같다.

$$PVIF_{i,n} = \frac{1}{(1+i)^n}$$

여기서 분모에 해당하는 것이 바로 미래가치요인이므로

$$PVIF_{i,n} = \frac{1}{FVIF_{i,n}} \tag{4.6}$$

따라서 현재가치요인과 미래가치요인은 서로 역수의 관계에 있음을 알 수 있다.

4. 기간 변경

지금까지의 예는 이해를 쉽게 하기 위하여 한 기간이 1년인 경우만 살펴보았다. 이제 한 기간이 반년, 분기, 한 달 등과 같이 1년이 아닌 경우를 생각해보자.

문제 연 이자율이 12%인 경우 6개월의 이자는 얼마인가?

 6개월은 1년의 반이므로 이에 해당하는 이자율은 12%/2 = 6% 이다.

이제 원금 100만원에 대해 다음과 같은 두 가지 예금의 1년 후 미래가치를 생각해보자.

1) 연 12% 이자를 1년에 한 번 연말에 지급하는 경우
2) 연 12% 이자를 반년마다 한 번씩 두 번 지급하는 경우

1년 후 예금 1)의 원리금은 다음과 같다.

$$100 \times (1.12) = 112만원$$

1년 후 예금 2)의 원리금은 다음과 같다.

6개월 후 : $100 \times 1.06 = 106만원$
1년 후 　 : $106 \times 1.06 = 112.36만원$

예금 2)의 경우 연간 금리는 12%이지만 6%씩 두 번에 걸쳐 지급된다. 따라서 6개월 후의 원리금은 $100 \times 1.06 = 106만원$이고 이것이 다시 원금이 되어 6%의 이자를 벌기 때문에 1년 후의 원리금은 $106 \times 1.06 = 100 \times (1.06)^2 = 112.36만원$이 되는 것이다. 이 예에서 보는 바와 같이 1년과 다른 기간에 대한 복리계산을 하는 경우는 두 가지 조정을 하여야 한다.

첫째, 부분 기간의 이자율을 구한다. 위의 예에서 부분 기간인 6개월의 이자율은 6%이다. 둘째, 전체 기간에 포함되는 부분 기간의 회수를 구한다. 위의 예에서는 1년 안에 부분 기간인 6개월이 두 번 존재한다. 이 두 가지 조정 이후 복리계산을 하는 것과 동일한 방법으로 미래가치를 계산하면 된다.

당신은 현재 100만원을 가지고 있다. 연리 8%로 3년간 예금한다면 3년 후의 원리금은 얼마인가? 이 예금은 분기마다 이자를 지급한다.

답 연 8% 이기 때문에 분기당 이자율은 2%이다.

전체 기간 3년에는 12분기가 존재하기 때문에 미래가치는 다음과 같다.

$$100 \times \left(1+\frac{0.08}{4}\right)^{3\times4} = 100 \times 1.02^{12} = 126.82 \text{ 만원}$$

Excel의 함수기능을 사용하면 미래가치 계산을 매우 쉽게 할 수 있다. 미래가치를 계산하기 위한 함수는 다음과 같다.

$$FV(rate, nper, pmt, pv, type)$$

여기서,

rate : 이자 지급 기간 당 이율. 예를 들어 10% 연이율로 매월 복리 계산을 한다면 월 이율은 10%/12 또는 0.83%. 수식에 이율을 10%/12, 0.83%, 0.0083 등으로 입력한다.

nper : 부분기간의 총 횟수. 예를 들어 4년 만기인데 매월 복리 계산을 한다면 기간의 수는 4×12 = 48.

pmt : 추후 설명. 일단 '0'으로 한다.

pv : 현재가치. 주의할 점은 현재가치를 음수로 표시해야 한다는 것이다. Excel은 예금과 같이 현재 나가는 돈은 현금유출로, 1년 후에 받을 미래가치는 현금유입으로 상정하여 프로그램이 짜여 있기 때문이다. 따라서 현재가치와 미래가치는 부호가 서로 다르다.

type : 추후 설명. 일단 '0'으로 입력하거나 생략한다.

 Excel을 사용하여 위의 예를 다시 풀어보라. 즉, 당신은 현재 100만원을 가지고 있다. 연리 8%로 3년간 예금한다면 3년 후의 원리금은 얼마인가? 이 예금은 분기마다 이자를 지급한다.

답 Excel 화면은 다음과 같다.

	A	B	C
1	=FV(2%,12,0,-1000000)	₩1,268,242	
2			

명령창에 입력할 때 먼저 '='을 입력하는 것을 잊지 말아야 한다. 분기당 이율 2%로 12분기가 있으므로 FV(2%,12,0,-1000000)로 입력하여야 한다. type은 생략하였다.

이제 1년 이외의 기간으로 복리계산이 되는 경우 현재가치를 구하는 방법을 살펴보자.

문제

당신은 3년 후에 자동차를 사기 위하여 필요한 자금 1,268,242원을 만들고자 지금 예금을 하려고 한다. 현재 연리 8%로 매 분기마다 복리계산을 해 주는 예금이 있다면 얼마를 예금해야 하는가?

답 이는 위에서 본 미래가치 계산의 반대 과정이다. 즉, 현재 100만원을 연 8% 이율로 분기당 복리로 예금하면 3년 후에 1,268,242원을 만들 수 있다. 이를 수식으로 표현하면 다음과 같다.

$$PV = \frac{1,268,242}{(1.02)^{12}} = 1,000,000원$$

Excel

역시 Excel의 함수기능을 사용하면 현재가치 계산도 매우 쉽게 할 수 있다. 현재가치를 계산하기 위한 함수는 다음과 같다.

PV(rate, nper, pmt, fv, type)

여기서,

fv : 미래가치. fv를 생략하면 '0'으로 간주된다.
여타의 인수에 대한 설명은 FV 공식에 대한 설명과 같다.

요점

기간이 1년이 아닌 경우에는 해당 기간의 이자율을 구하고 전체 기간에 해당 기간이 포함되는 회수를 파악하여 미래가치와 현재가치를 구한다.

문제

Excel을 사용하여 위의 예를 다시 풀어보라. 즉, 당신은 3년 후에 자동차를 사기 위하여 필요한 자금 1,268,242원을 만들고자 지금 예금을 하려고 한다. 현재 연리 8%로 매 분기마다 복리계산을 해 주는 예금이 있다면 얼마를 예금해야 하는가?

답 Excel 화면은 다음과 같다.

	A	B	C
1	=PV(2%,12,0,-1268242)	₩1,000,000	
2			

유의할 점은 미래가치를 음수로 입력하여야 한다는 것이다. 그렇지 않으면 현재가치가 음수로 나타난다.

활용 예   5.

화폐의 시간가치 기본식에는 4가지 요소가 포함되어 있다.

$$FV_n = PV \times (1+i)^n$$

즉 FV, PV, i, n이 그것이다. 따라서 다른 세 가지의 값이 주어지면 나머지 하나의 값을 구할 수 있게 된다.

5.1 이자율의 계산

우리는 실생활에서 현재가치와 미래가치 그리고 기간을 알고 있으나 이자율을 모르는 경우를 종종 겪게 된다. 이제 이자율을 계산하는 방법을 살펴보자. 이를 위하여 기본식을 이자율에 대해서 풀면 다음과 같다.

〔공식〕 **이자율 계산**

$$\frac{FV_n}{PV} = (1+i)^n$$

$$\left(\frac{FV_n}{PV}\right)^{1/n} = 1+i \qquad\qquad (4.7)$$

$$i = \left(\frac{FV_n}{PV}\right)^{1/n} - 1$$

문제 당신은 현재 1억 원의 여유 자금이 있어서 이를 투자하고자 한다. 10년 후 2배인 2억 원을 만들고자 한다면 연 어느 정도의 수익률을 올려야 하는가?

답 위의 식에 대입을 해 보면 다음과 같다.

$$i = \left(\frac{FV_n}{PV}\right)^{1/n} - 1$$

$$= \left(\frac{2억}{1억}\right)^{1/10} - 1 = 7.18\%$$

역시 Excel을 사용하면 수월하게 이자율을 구할 수 있다. 이를 위한 공식은 다음과 같다.

RATE (nper, pmt, pv, fv, type)

각 인수에 대한 설명은 이전과 같다.

 위의 문제를 Excel을 사용하여 풀어보라. 즉, 당신은 현재 1억 원의 여유 자금이 있어서 이를 투자하고자 한다. 10년 후 2배인 2억 원을 만들고자 한다면 연 어느 정도의 수익률을 올려야 하는가?

답 Excel 화면은 다음과 같다.

	A	B	C
1	=RATE(10,0,−100000000,200000000)	7.18%	
2			

역시 유의할 점은 현재가치(pv)와 미래가치(fv)의 부호가 달라야 한다는 것이다.

5.2 기간의 계산

다른 세 가지 변수의 값이 주어지고 기간을 계산하는 경우이다. 기간을 계산하기 위하여 기본식을 기간에 대해 풀면 다음과 같다.

공식 기간의 계산

$$\frac{FV_n}{PV} = (1+i)^n$$

$$\ln\left(\frac{FV_n}{PV}\right) = \ln(1+i)^n = n \times \ln(1+i) \tag{4.8}$$

$$n = \frac{\ln\left(\frac{FV_n}{PV}\right)}{\ln(1+i)}$$

당신은 현재 800만원을 가지고 있다. 소형차를 한 대 구입하고자 하는데 값이 1,000만원이다. 은행에 연 5%의 이자율로 저축을 한다면 몇 년 후에 자동차를 살 수 있는가? 자동차의 값은 오르지 않는다고 가정한다.

답 위의 식에 대입을 해 보면 다음과 같이 쉽게 기간을 구할 수 있다.

$$n = \frac{\ln\left(\frac{FV_n}{PV}\right)}{\ln(1+i)}$$

$$= \frac{\ln\left(\frac{1000}{800}\right)}{\ln(1+0.05)} = 4.57 \text{ 년}$$

Excel

역시 Excel을 사용하면 수월하게 기간을 구할 수 있다. 이를 위한 공식은 다음과 같다.

NPER(rate, pmt, pv, fv, type)

각 인수에 대한 설명은 이전과 같다.

위의 문제를 Excel을 사용하여 풀어보라. 즉, 당신은 현재 800만원을 가지고 있다. 소형차를 한 대 구입하고자 하는데 값이 1,000만원이다. 은행에 연 5%의 이자율로 저축을 한다면 몇 년 후에 자동차를 살 수 있는가? 자동차의 값은 오르지 않는다고 가정한다.

답 Excel 화면은 다음과 같다.

	A	B	C
1	=NPER(5%,0,-8000000,10000000)	4.57	
2			

즉 4.57년이 지나면 1,000만원을 확보할 수 있게 된다.

1. 할인율이 높아지면 현재가치는 커지는가 작아지는가?

2. '함초롱'씨는 단리이자 6%를 지급하는 투자안에 1,000만원을 투자하였다. 4년 후 '함초롱'씨는 얼마를 갖게 되는가?

3. '한여름'씨는 7년 계약으로 3백만원을 5% 단리 이자를 주는 계정에 예금하였다. 만일 '한여름'씨가 5% 복리이자를 주는 계정에 7년간 예금하였다면 얼마를 더 벌 수 있었을까?

4. '국방부'씨는 18년 후 딸의 대학 등록금으로 5,560만원을 마련하기 위해 오늘 1,000만원을 투자 계정에 입금하였다. 이 투자 계정의 연 수익률은 얼마인가?

5. 당신의 월급봉투에서 매달 10만원이 원천징수세액으로 차감되고 있다. 연말에 당해 연도의 세금을 확정하기 위한 세금정산을 하게 되는데, 매달 납부한 원천징수세액이 정산한 세금 금액보다 많으면 환급을 받게 되고, 반대의 경우에는 추가로 세금을 납부해야 한다. 당신은 환급금을 많이 받기 위해서 법이 허용하는 최대한으로 원천징수세액을 늘리려고 한다. 이는 좋은 생각인가?

6. 당신은 노후준비를 위해 작년에 연리 7%로 40년 만기 은퇴예금에 가입하였다. 예치금은 3,000만원이었다. 1년이 지난 오늘 새로운 은퇴예금 상품이 나왔는데 이자율이 8%이다. 다음에 답하라.

　1) 작년에 가입한 은퇴예금은 만기시 얼마를 돌려주는가?

　2) 만일 작년에 만기시 동일액을 받으면서 8% 이자율로 계약하였더라면 예치한 금액에서 얼마를 절약할 수 있었을까?

7. 당신은 몇 년 전에 1억원을 주고 땅을 매입하였다. 매입 후 땅 값이 매년 10%씩 상승하여 현재 이 땅 값이 1억 9,487만원이 되었다. 당신은 이 땅을 몇 년 보유하였는가?

8. 당신은 1,000만원의 여유 자금이 있어서 예금을 하려고 한다. 두 가지 대안이 있는데 둘 다 연리 10%이며 만기는 7년이다. 차이점은 하나는 매년 복리계산을 하여 주고 다른 하나는 6개월마다 복리계산을 하여 준다. 만기시 금액은 얼마가 차이가 나는가?

9. '고아라'씨는 30년 후에 은퇴하게 되는데 은퇴시점에 20억 원을 마련하고자 한다. 현재 연 수익률 8%를 보장하는 은퇴 준비 상품이 있는데 '고아라'씨는 지금 예금을 할지 3년 후 에 예금을 할지 망설이고 있다. '고아라'씨가 3년 후에 예금한다면 지금 하는 예금과 차이 가 얼마 나는가?

10. '이횡재'씨는 복권에 당첨이 되었다. 돈을 받는 방법이 다음과 같이 두 가지이다. 하나는 지금 1,000만원을 받는 방법 1이고, 다른 하나는 5년 후 1,500만원을 받는 방법 2이다. 이자율은 5%이다.

1) '이횡재'씨는 두 대안 중 어느 것을 선택해야 하는가? 현재가치를 구하여 비교하라.

2) '이횡재'씨는 두 대안 중 어느 것을 선택해야 하는가? 미래가치를 구하여 비교하라.

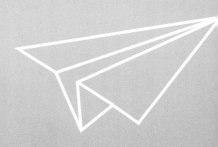

Financial
Management
Focusing on EVA

화폐의 시간가치-
현금흐름 여러 번

전 장에서는 현금흐름이 한 번인 경우의 화폐의 시간가치를 공부하였다. 본 장에서는 현금흐름이 여러 번 발생하는 경우의 화폐의 시간가치 계산을 공부한다. 현금흐름이 여러 번 발생하는 경우는 매 기간의 현금흐름 사이에 규칙성이 있는 경우와 그렇지 않은 경우로 대별할 수 있다. 규칙성이 없는 경우는 각각의 현금흐름에 대해 미래가치나 현재가치를 모두 구해야 하나 규칙성이 있는 경우는 간단한 공식을 적용함으로써 계산을 쉽게 할 수 있다. 본 장의 구체적 내용은 다음과 같다.

- 불규칙 현금흐름의 미래가치, 현재가치 계산
- 연금의 미래가치와 현재가치 계산
- 기초연금(annuity due)
- 연금의 활용 예

노후 준비 자금

 과학이 하루가 다르게 발전하고 있다. 이로 인해 인간의 수명도 120세 이상이 된다는 예측을 하고 있는데 이는 분명 즐거운 일일 수 있으나 사람에 따라서는 재앙이 될 수도 있다. 아래 표는 현재 25세인 젊은이가 60세에 은퇴 후 120살까지 사는 경우 필요한 자금의 규모를 보이고 있다. 이 계산을 위한 가정으로 할인율은 3년 만기 국고채의 2015년 이후 현재까지의 평균을 사용하는데 약 1.95%이다. (1)열은 현재 시점의 화폐가치로 볼 때 은퇴 후 매달 소비하고자 하는 금액이다. 월 100만원 소비는 너무 적을 것 같으므로 월 200만원을 기준으로 생각해 보자. 할인율을 고려하지 않는다면 (2)열에서 보는 바와 같이 은퇴 후 60년을 살기 위해 총 14억 4,000만원(200만원 × 12개월 × 60년)이 있어야 한다. 이를 할인율을 고려해 현재가치를 구하면 (3)열에서 보는 바와 같이 8억 4,842만 원의 목돈을 가지고 있어야 향후 60년을 매월 200만원씩 쓰며 살 수 있다. 그런데 지금 이 젊은이는 25세이므로 60세 시점의 이 자금의 가치를 구해보면 (4)열에 보는 바와 같이 16억 6,914만원이 된다. 믿기지 않는가? 그러나 이 계산은 아주 현실적인 이자율로 계산한 수치이다. 과연 우리의 미래는 어떠할까?

은퇴 시점에 필요한 자금 규모

(단위: 만 원)

(1) 월소비액	(2) 할인하지 않은 금액	(3) 목돈 필요금액 (현재)	(4) 목돈 필요금액 (은퇴시)
100	72,000	42,421	83,457
200	144,000	84,842	166,914
300	216,000	127,262	250,371
400	288,000	169,683	333,828
500	360,000	212,104	417,286

불규칙 현금흐름

1.1 미래가치

예를 들어 다음 그림과 같은 현금흐름이 있다고 생각해 보자.

그림 5.1
불규칙 현금흐름 예

먼저 세 번의 현금흐름 전체의 미래가치를 구하기 위해서 기본적으로 전 장에서 배운 내용을 활용할 수 있다. 즉 전 장에서 현금흐름이 한 번인 경우의 미래가치를 구하는 방법을 배웠으므로 각각의 현금흐름의 미래가치를 구할 수 있을 것이다. 다음으로 각각의 미래가치를 모두 더하면 그것이 전체 현금흐름의 미래가치가 된다. 이를 그림으로 표현하면 다음과 같다. 본 예에서 이자율은 10%로 가정한다.

불규칙한 현금흐름의 미래가치는 각각의 미래가치를 구하여 모두 더하면 된다.

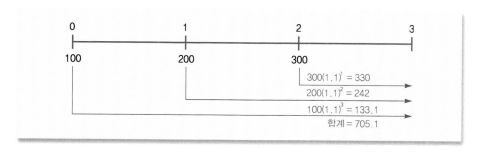

그림 5.2
불규칙 현금흐름의 미래가치 계산

$300(1.1)^1 = 330$
$200(1.1)^2 = 242$
$100(1.1)^3 = 133.1$
합계 = 705.1

위의 예에서 세 번의 현금흐름의 미래 시점 3에서의 미래가치는 705.1로 계산된다.

1.2 현재가치

이제 불규칙한 현금흐름의 현재가치 계산을 생각해보자. 기본 개념은 역시 같다. 전 장에서 현금흐름이 한 번인 경우에 현재가치를 계산하는 법을 배웠으므로 각 각의 현금흐름에 대한 현재가치를 계산한 후 모두 더하면 그것이 전체 현금흐름의 현재가치가 될 것이다. 이를 그림으로 표현하면 다음과 같다.

그림 5.3
불규칙 현금흐름의
현재가치 계산

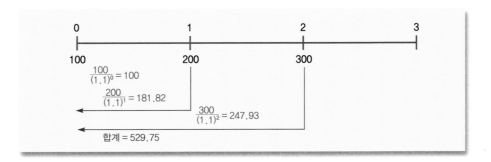

위의 예에서 세 번의 현금흐름의 현재가치는 529.75로 계산된다. 당연히, 할인이 되기 때문에 그냥 세 현금흐름을 합한 값 600(=100+200+300)보다 작은 값이 나온다.

요점

불규칙한 현금흐름의 현재가치는 각 금액의 현재가치를 구한 후 이를 모두 더하면 된다.

EVA

어떤 사업을 수행하는 경우 사업의 종료시까지 매년 EVA를 계산할 수 있다. 이 EVA들의 현재가치를 구하여 모두 더한 것을 시장부가가치(market value added; MVA)라고 한다. 따라서 MVA는 사업을 수행함으로써 신규로 창출되는 기업의 가치를 의미한다.

2. 규칙 현금흐름

현금흐름의 미래가치나 현재가치를 계산하는데 있어 만일 현금흐름이 불규칙한 경우에는 위에서 본 바와 같이 모든 현금흐름에 대해서 각각 현재가치나 미래가치를 구하여 합계를 구해야 한다. 가령 현금흐름이 100번 발생한다면 100번의 계산을 하여야 할 것이다. 그러나 현금흐름에 일정한 규칙이 있다면 각각 계산을 하지 않고 한꺼번에 계산할 수 있는 방법이 있다. 가장 간단한 예가 〈그림 5.4〉와 같이 모든 현금흐름이 똑같은 경우이다. 이와 같이 매 기간의 금액이 같은 현금흐름을 연금(annuity)이라 칭한다.

연금(annuity)
매 기간의 액수가 일정한 현금흐름

2.1 연금의 미래가치

다음과 같은 연금 현금흐름이 있다고 하자.

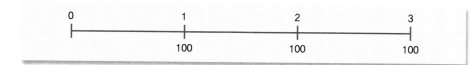

그림 5.4
규칙 현금흐름 예

이러한 연금에 대해서 위에 배운 방식으로 미래가치를 구하면 다음 그림과 같이 될 것이다.

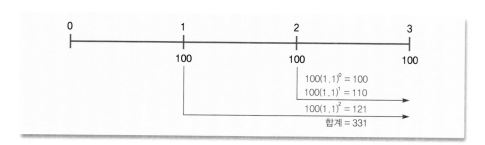

그림 5.5
규칙 현금흐름의 미래가치
계산

이 예에서 세 번의 현금흐름의 미래 시점 3에서의 미래가치는 331로 계산되는데 이 경우 매 시점의 현금흐름이 같기 때문에 다음과 같은 공식을 이용하여 좀 더 수월하게 미래가치를 계산할 수 있다.

공식 연금의 미래가치

$$FVIFA_{i,n} = \sum_{t=1}^{n} (1+i)^{n-t} = \frac{(1+i)^n - 1}{i} \qquad \text{(5.1)}$$

여기서 $FVIFA_{i,n}$은 연금미래가치요인(Future Value Interest Factor for Annuity; FVIFA)으로 0시점이 아닌 1시점부터 매 기간 1원씩 n년간 지속되는 현금흐름의 미래가치를 나타낸다. 각 이자율과 기간에 대한 FVIFA의 값이 부록 3에 나타나 있다.

연금미래가치요인(Future
Value Interest Factor for
Annuity ; $FVIFA_{i,n}$)
이자율 i로 n번 1원씩 발생
하는 연금의 미래가치

이제 위의 예를 공식을 사용하여 다시 계산하여 보자. 우선 연금미래가치요인은 다음과 같다.

$$FVIFA_{10\%, 3} = \sum_{t=1}^{3} (1.1)^{3-t} = \frac{(1.1)^3 - 1}{0.1} = 3.31$$

여기에 일정한 현금흐름 100을 곱하면 331이 계산되며 이는 위에서 계산한 것과 같다는 것을 알 수 있다.

문제 당신은 자녀의 대학 학비를 마련하기 위해 학자금 보험을 들려고 생각 중이다. 다음 달부터 연리 6%로 매월 20만원씩 10년간 불입하여야 한다.

답 여기서 매월 일정액을 납입하여야 하기 때문에 한 기간이 1개월이 된다. 따라서 모든 것이 다 1개월 단위로 조정이 되어야 한다. 이자율은 연 6%이기 때문에 월로 하면 0.5%가 되고 기간은 10년이기 때문에 월로 하면 120개월이 된다. 따라서 다음과 같이 계산이 될 것이다.

$$20 \times FVIFA_{0.5\%, 120} = 20 \times \frac{(1.005)^{120}-1}{0.005} = 20 \times 163.88 = 3,277.6 \text{ 만원}$$

참고로 총 납입액은 20×120 = 2,400만원이 된다. 차액인 877.6만원은 이자를 번 액수이다.

Excel

Excel을 이용하면 연금의 미래가치를 손쉽게 구할 수 있다. 이를 위한 함수 명령어는 다음과 같다.

FV(rate, nper, pmt, pv, type)

여기서,

pmt : 정기적으로 적립하는 금액으로서 전 기간 동안 변경되지 않는다.

type : 0 또는 1로 납입 시점을 나타낸다. '0'은 기말 납입, '1'은 기초 납입을 나타낸다. type 을 생략하면 '0'으로 간주한다.

기말납입이란 연금의 현금흐름이 지금 당장 시작되는 것이 아니고 기말 또는 다음 기의 초부터 시작된다는 뜻이다. 〈그림 5.4〉의 연금은 세 번의 현금흐름이 기말에 납입되는 예이다. 한편 기초납입이란 〈그림 5.4〉와 같은 현금흐름이 지금 바로 시작되는 경우를 말한다. 기말납입과 기초납입에 따른 현재가치, 미래가치의 차이에 대한 설명은 조금 후로 미룬다. 여타의 인수에 대한 설명은 이전과 동일하다.

위의 예를 Excel을 사용하여 풀어 보자. 즉, 당신은 자녀의 대학 학비를 마련하기 위해 학자금 보험을 들려고 생각 중이다. 다음 달부터 연리 6%로 매월 20만원씩 10년간 불입하여야 한다. 10년 후에 얼마를 마련할 수 있겠는가?

 Excel 결과는 다음과 같다.

	A	B	C	D
1	연이자	0.06	월이자	0.005
2	기간(년)	10	기간(월)	120
3	=FV(0.5%, 120, –20)	₩ 3,277.6		

한 기간이 월단위이기 때문에 모든 것이 이에 맞추어 변동되어야 한다. 또한 FV 함수의 인수 중에서 pv, type이 생략되었다. pv는 현재의 문제에서는 필요 없기 때문에 생략되었고, type은 기말 납입이기 때문에 '0'으로 명시하여도 되고 생략하여도 된다.

 이 정도면 자녀의 학비로 충분할 것인가? 물론 10년 후의 학비는 매년 대학 학비 상승률에 따라 달라질 것이다. 가령 현재의 학기당 학비가 400만원이고 학비 상승률이 연 6%라면 10년 후의 한 학기당 학비는 얼마가 될까?

 이는 연금 계산이 아니고 한 번의 현금흐름에 대한 미래가치 계산이다. 따라서 다음과 같이 간단히 계산할 수 있다.

$$400 \times (1.06)^{10} = 400 \times 1.7908 = 716.3 \text{ 만원}$$

따라서 위의 학자금 보험으로 받은 금액은 2년 남짓한 기간의 대학 학비를 댈 수 있을 것이다.

연금의 미래가치는 식 (5.1)을 이용하여 구한다.

2.2 연금의 현재가치

이제 연금의 현재가치 계산을 생각해 보자. 위와 동일하게 시점 1부터 세 번에 걸쳐 100의 현금흐름이 있는 연금을 생각한다. 이에 대한 계산은 다음 그림과 같이 될 것이다.

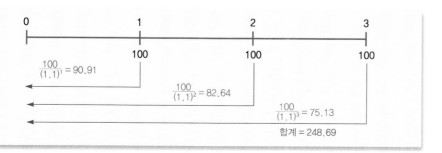

그림 5.6
규칙 현금흐름의 현재가치 계산

위에서 보는 바와 같이 각각의 현금흐름에 대한 현재가치를 계산한 후 이를 모두 더하면 연금의 현재가치는 248.69임을 알 수 있다. 이제 연금 공식을 사용하여 좀 더 편하게 계산하는 방법을 알아보자. 연금의 현재가치 공식은 다음과 같다.

(공식) 연금의 현재가치요인

$$PVIFA_{i,\,n} = \sum_{t=1}^{n} \frac{1}{(1+i)^t} = \frac{1 - \dfrac{1}{(1+i)^n}}{i}$$

(5.2)

연금현재가치요인(Present Value Interest Factor for Annuity; PVIFA$_{i,n}$)
이자율 i로 n 기간 동안 매 기 1원씩 발생하는 연금의 현재가치

여기서 PVIFA$_{i,n}$ 은 연금현재가치요인(Present Value Interest Factor for Annuity; PVIFA)으로 0시점이 아닌 1시점부터 매 기간 1원씩 n년간 지속되는 현금흐름의 현재가치를 나타낸다. 각 이자율과 각 기간에 상응하는 연금현재가치요인표가 부록 4에 첨부되어 있다.

〈그림 5.6〉의 예를 이 공식에 적용하면 다음과 같다.

$$PVIFA_{10\%,3} = \sum_{t=1}^{3} \frac{1}{(1.1)^t} = \frac{1 - \dfrac{1}{(1+0.1)^3}}{0.1} = 2.4869$$

따라서 연금의 현재가치는 $100 \times 2.4869 = 248.69$가 되며 이는 위의 그림에서 도출된 것과 같은 값이다.

문제 당신은 자동차를 사기 위해 은행에서 돈을 빌리려고 한다. 대출 조건은 연리 8.4%에 다음 달부터 매월 945,637원씩 3년간 갚는 것이다. 당신의 대출 액수는 얼마인가?

답 우선 당신이 현재 대출을 받으면 이후 매월 일정액을 갚아나가야 하기 때문에 현재의 대출액은 미래에 갚을 연금의 현재가치에 해당한다는 것을 파악해야 한다. 그리고 매월 갚아 나가야 하므로 모든 조건이 월별로 바뀌어야 한다. 따라서 금리는 월 0.7%이고 기간은 36개월이 된다. 연금의 현재가치 공식을 적용하면 다음과 같다.

대출액 $= 945,637 \times PVIFA_{0.7\%,\,36}$

$$= 945,637 \times \frac{1 - \dfrac{1}{(1+0.007)^{36}}}{0.007} = 945,637 \times 31.7247 = 30,000,000원$$

위의 예에서 총 불입액을 계산해 보면 945,637×36개월=34,042,932이다. 따라서 3년간 대출을 받는 이자 비용으로 4,042,932원이 소요됨을 알 수 있다.

Excel을 사용하면 위의 계산을 좀 더 간편하게 할 수 있다. 연금의 현재가치를 구하기 위한 Excel 함수는 다음과 같다.

                PV (rate, nper, pmt, fv, type)

인수의 설명은 이미 한 바와 같다.

Excel

문제

위의 대출액 계산을 Excel을 사용하여 다시 해 보라. 즉, 당신은 자동차를 사기 위해 은행에서 돈을 빌리려고 한다. 대출 조건은 연리 8.4%에 다음 달부터 매월 945,637원씩 3년간 갚는 것이다. 당신의 대출 액수는 얼마인가?

답 Excel 결과는 다음과 같다.

	A	B	C	D
1	연이자	0.084	월이자	0.007
2	기간(년)	3	기간(월)	36
3	=PV(0.7%,36,−945637)	₩30,000,011.6		

위의 결과에서 대출액이 3,000만원과 약간 차이가 나는 것은 계산 오차에 의한 것이다. 요인 중 fv, type이 생략되었는데 fv는 이 문제에서는 불필요하기 때문에 생략된 것이고, type은 기말 지급이기 때문에 '0'으로 명시해도 좋고 생략해도 무방하다.

요점

연금의 현재가치는 식 (5.2)를 이용하여 구한다.

고급질문

$PVIFA_{i,n}$ 와 $FVIFA_{i,n}$ 는 어떤 관계가 있는가?

 $FVIFA_{i,n} = PVIFA_{i,n} \times FVIF_{i,n}$

그 이유는 다음과 같다. 먼저 공식을 보면

$$FVIFA_{i,n} = \frac{(1+i)^n - 1}{i}$$

$$= \frac{1 - \dfrac{1}{(1+i)^n}}{i} \times (1+i)^n \qquad (5.3)$$

$$= PVIFA_{i,n} \times FVIF_{i,n}$$

이를 쉽게 이해하기 위해 연금의 현재가치를 계산한 〈그림 5.6〉을 다시 생각해보자. 이 연금의 현재가치는 위에서 살펴본 바와 같이 248.69이다.

$$100 \times PVIFA_{10\%,\,3} = 100 \times \frac{1 - \dfrac{1}{(1+0.1)^3}}{0.1} = 248.69$$

이제 다음과 같이 이 액수의 3년 후 미래가치를 구하면 이 연금의 미래가치와 동일하게 됨을 알 수 있다.

$$248.69 \times FVIF_{10\%,3} = 248.69 \times 1.1^3 = 331 = 100 \times FVIFA_{10\%,3}$$

2.3 영구현금흐름

앞에서 본 연금의 현재가치 계산은 일정 기간 동안 현금흐름이 동일한 경우에 대한 것이다. 만일 같은 현금흐름이 무한히 지속된다면 이러한 경우의 현재가치는 얼마인가? 이러한 경우의 현재가치는 다음과 같이 간단한 식에 의해 계산될 수 있다.

$$PV = \frac{CF}{(1+i)} + \frac{CF}{(1+i)^2} + \cdots = \frac{CF}{i} \tag{5.4}$$

 문제 영국에서는 consol이라는 특별한 채권을 발행한다. 당신이 이 채권을 구매하면 영원히 매년 100만원씩을 지급한다고 한다. 현재 시장의 할인율은 10%이다. 당신은 이 채권을 얼마에 구매하겠는가?

 답 영구현금흐름이므로 계산이 매우 간단하다. 채권의 가격은

$$\frac{100만}{0.1} = 1{,}000만\ 원$$

 문제 어떤 사람이 황금알을 낳는 거위를 판다고 한다. 거위는 매년 알 한 개씩을 낳으며 이 알의 가치는 1,000만원이라고 한다. 이 거위는 유전자 조작에 의해 영원히 죽지 않게 되어 있다. 따라서 영구히 매년 알 한 개씩을 낳을 것이다. 할인율이 10% 라고 하면 당신은 이 거위를 얼마에 사겠는가?

 답 역시 영구현금흐름이므로 다음과 같이 간단히 계산할 수 있다.

$$\frac{1{,}000만}{0.1} = 1억원$$

현실에서 영구현금흐름의 예를 찾아보면 어떤 것이 있을까? 우선주(preferred stock)는 매 기간 일정액의 배당을 받는다. 따라서 기업이 망하지 않는 한 영구현금흐름이라 할 수 있다. 물론 사후적으로는 기업이 망할 수도 있으나 사전적으로 기업의 가치 평가를 할 때에는 영업을 계속하는 것(going concern)으로 가정하므로 영구현금흐름 공식을 이용할 수 있다. 이에 대한 예는 주식의 평가를 다루는 장에서 설명한다.

2.4 기초연금

위에서 본 연금은 모두 첫 현금흐름이 다음 기에서부터 시작되었다. 그러나 첫 현금흐름이 0 시점부터 나타나는 연금도 있을 수 있다. 이러한 연금을 기초연금(annuity due)이라고 한다. 예를 들어 다음과 같은 연금 현금흐름이 있다고 하자.

그림 5.7
기초연금의 예

이에 대해서 위에 배운 방식으로 미래가치를 구하면 다음 그림과 같이 될 것이다.

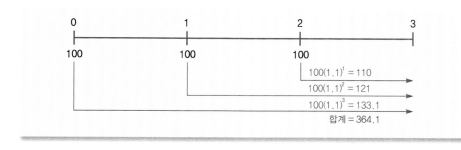

그림 5.8
기초연금의 미래가치 계산

기초연금이 아닌 보통연금(ordinary annuity)인 경우의 시점 3의 미래가치는 331로 계산되었는데 이 둘 사이에는 다음과 같은 관계가 있다.

$$364.1 = 331 \times 1.1$$

이제 왜 이러한 관계가 성립되는지를 다음의 식을 통해 생각해 보자.

$$364.1 = 100 \times 1.1^3 + 100 \times 1.1^2 + 100 \times 1.1$$
$$= 100 \times (1.1^2 + 1.1^1 + 1.1^0) \times 1.1$$
$$= 100 \times FVIFA_{10\%,3} \times 1.1$$

위의 식에서 기초연금의 3시점의 미래가치는 보통연금의 3시점의 미래가치에 1.1을 곱한 것과 같다. 이제 이를 일반화하면, 기초연금의 미래가치는 보통연금의 미래가치를 구한 후 $(1+i)$를 곱해주면 구할 수 있다.

공식   **기초연금의 미래가치**

기초연금의 미래가치 = 보통연금의 미래가치 $\times (1+i)$ **(5.5)**

문제   당신은 3년 후에 MBA를 취득하기 위해 미국으로 유학을 가려고 한다. 유학 자금을 마련하기 위해 지금부터 매달 당신이 받는 월급 중 200만원을 은행에 정기적금하려고 한다 (모자라는 생활비는 죄송하지만 부모님께 신세를 지기로 했다). 은행 이자율이 연 7.2%라면 3년 후 당신의 계좌에는 얼마의 자금이 모여 있겠는가?

답   지금부터 200만원 정기적금을 시작하므로 이는 기초연금에 해당한다. 따라서 식 (5.5)를 적용하면 다음과 같다. 단 매월 기준으로 모든 변수를 변환해야 한다.

$$FV = 200 \times FVIFA_{0.6\%,\,36개월} \times (1+0.006)$$
$$= 200 \times \frac{1.006^{36}-1}{0.006} \times (1+0.006)$$
$$= 8{,}058.11만원$$

따라서 3년 후 당신의 계좌에는 8,058.11만 원이 쌓여 있을 것이다.

Excel

요점

기초연금의 미래가치는 보통연금의 미래가치를 구한 후 $(1+i)$를 곱하면 된다.

위의 문제를 Excel을 사용하여 다시 계산해 보자. 결과는 다음과 같다.

	A	B	C	D
1	연이자	0.072	월이자	0.006
2	기간(년)	3	기간(월)	36
3	=FV(0.6%,36,-200,,1)	8,058.11		

함수식에서 유의할 점은 이 문제가 기초 납입을 가정하기 때문에 type 변수를 '1'로 하여야 한다는 것이다.

이제 기초연금의 현재가치를 계산해 보자. 설명의 편의를 위해 위와 동일하게 시점 0부터 세 번에 걸쳐 100의 현금흐름이 있는 연금을 생각한다. 그러면 이에 대한 계산은 다음 그림과 같이 될 것이다.

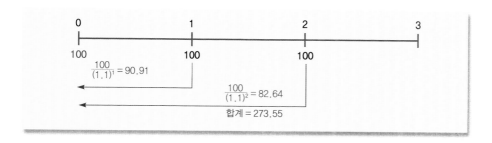

그림 5.9
기초연금의 현재가치 계산

기초연금이 아닌 보통연금(ordinary annuity)인 경우의 현재가치는 248.69로 계산되었는데 이 둘 사이에는 다음과 같은 관계가 있다.

$$273.55 = 248.69 \times 1.1$$

이제 왜 이러한 관계가 성립되는지를 다음의 식을 통해 생각해 보자.

$$
\begin{aligned}
273.55 &= 100 + \frac{100}{1.1} + \frac{100}{1.1^2} \\
&= 100 \times (\frac{1}{1.1} + \frac{1}{1.1^2} + \frac{1}{1.1^3}) \times 1.1 \\
&= 100 \times PVIFA_{10\%,3} \times 1.1 \\
&= 248.69 \times 1.1
\end{aligned}
$$

위의 식에서 기초연금의 현재가치는 보통연금의 현재가치에 1.1을 곱한 것과 같다. 이제 이를 일반화하면 기초연금의 현재가치는 보통연금의 현재가치를 구한 후 $(1+i)$를 곱해주면 구할 수 있다.

공식 기초연금의 현재가치

기초연금의 현재가치 = 보통연금의 현재가치 $\times (1+i)$ **(5.6)**

Y대학은 대학의 등록금 투쟁으로 인한 학내 갈등을 없애기 위하여 4년간 등록금을 동결하기로 했다. 학기당 등록금은 400만원이고 은행 금리는 6%이다. 당신은 매우 운이 좋은 사람으로 돈 많은 삼촌이 4년간의 등록금을 책임지신다고 한다. 삼촌은 일시불로 당신의 등록금 자금을 은행에 예치하고자 하는데 얼마를 예치하면 당신의 등록금을 감당할 수 있겠는가?

답 대학의 등록금은 먼저 내고 수업을 들으므로 기초연금의 형태이다. 따라서 다음과 같이 계산된다.

$$PV = 400 \times PVIFA_{3\%, 8} \times 1.03$$

$$= 400 \times \frac{1 - \dfrac{1}{(1+0.03)^8}}{0.03} \times 1.03$$

$$= 400 \times 7.0197 \times 1.03 = 2,892.11 \text{ 만원}$$

따라서 당신의 마음 좋으신 삼촌은 2,892.11 만원을 은행에 예치하면 당신에 대한 약속을 지킬 수 있다. 당신이 4학년 2학기 때 마지막으로 은행에서 400만원을 찾아 등록금을 납입하고 나면 계좌에는 아무 돈도 남지 않을 것이다.

Excel

요점

기초연금의 현재가치는 보통연금의 현재가치를 구한 후 (1+i)를 곱해 주면 된다.

위의 문제를 Excel을 사용하여 다시 풀어 보자. 결과는 다음과 같다.

	A	B	C	D
1	연이자	0.06	반기 이자	0.03
2	기간(년)	4	기간(학기)	8
3	=PV(3%,8,-400,,1)	2,892.11		

역시 기초연금이기 때문에 type 변수가 '1'로 들어가 있다.

3. 응용

3.1 응용 예

지금까지는 현금흐름, 이자율, 기간이 주어진 경우 연금의 현재가치와 미래가치를 계산하는 방법을 살펴보았다. 그러나 이러한 5개 변수 중 나머지 4개가 주어지면 다른 하나의 변수를 구할 수 있는 것이다. 이 장에서는 이러한 예를 살펴본다.

문제 당신은 은퇴 후의 여유로운 생활을 위하여 은퇴시점에 5억 원의 현금을 만들고자 한다. 이를 위하여 매달 일정액을 납입하는 정기적금을 들려고 한다. 이자율이 연 6%라면 다음 상황에서 매달 적립해야 하는 금액은 얼마인가?

1) 30년간 적립, 2) 20년간 적립, 3) 10년간 적립

답 이는 매월 적립하는 금액의 미래가치가 5억이 된다는 것이므로 다음과 같은 식을 세울 수 있다.

$$5억 = (월 적립액) \times FVIFA_{월이자율, 개월수}$$

따라서,

1) 5억 = (월 적립액) $\times$ FVIFA$_{0.5\%, 360}$ = (월 적립액) $\times$ 1,004.52 ; 월 적립액 = 497,752.6

2) 5억 = (월 적립액) $\times$ FVIFA$_{0.5\%, 240}$ = (월 적립액) $\times$ 462.04 ; 월 적립액 = 1,082,155.3

3) 5억 = (월 적립액) $\times$ FVIFA$_{0.5\%, 120}$ = (월 적립액) $\times$ 163.88 ; 월 적립액 = 3,051,025.1

이 예에서 알 수 있는 것은 노후준비를 하고자 하면 일찍 시작할수록 적은 금액으로 수월하게 목표액을 달성할 수 있다는 것이다. 이는 시간이 길어질수록 복리효과가 엄청나게 커지기 때문이다.

Excel

위의 문제를 Excel을 활용하여 다시 풀어보자. 이를 위한 함수의 식은 다음과 같다.

PMT(rate, nper, pv, fv, type)

여기서 PMT는 매 기간의 현금흐름으로 현재의 경우에는 월 적립액을 의미한다. 여타 인수에 대한 설명은 이전과 같다. 이 함수를 이용한 결과는 다음과 같다.

	A	B	C	D
1	연이자	6%	월이자	0.005
2	기간(년)	30	기간(월)	360
3	=PMT(0.5%,360,,-500000000)	497,752.6		
4	기간(년)	20	기간(월)	240
5	=PMT(0.5%,240,,-500000000)	1,082,155.3		
6	기간(년)	10	기간(월)	120
7	=PMT(0.5%,120,,-500000000)	3,051,025.1		

기간이 30년, 20년, 10년인 경우에 대한 결과가 위의 예에서 본 것과 같음을 알 수 있다.

 요점

연금계산에서 5가지 요인(이자율, 기간, 현금흐름, 현재가치, 미래가치) 중 4가지를 알면 나머지 한 가지를 계산할 수 있다.

3.2 은행대출

은행으로부터 돈을 빌리는 경우 두 가지 형식으로 갚아 나갈 수 있다. 첫째는 만기까지 매년 이자를 내고 만기에 원금을 갚는 방식이고, 둘째는 원금과 이자를 함께 갚아 나가는 방법이다. 원금과 이자를 함께 갚아 나가는 방식에서도 원금을 동일하게 갚아 나가는 방식이 있고, 원금과 이자를 합한 총액이 동일하게 갚는 방식이 있다. 여기서는 원금과 이자를 함께 갚아 나가는 두 가지 방법에 대해 설명한다.

3.2.1 원금을 동일하게 갚는 경우

가령 5년 만기로 하여 1억 원을 대출받았다고 하자. 적용 이자율은 8%이다. 이 경우 매년 갚아나가는 과정을 살펴보면 다음과 같다.

표 5.1
대출시 원금을 동일하게
갚는 방법

기간	기초잔고	원금	이자	원금+이자	기말잔고
1	100,000,000	20,000,000	8,000,000	28,000,000	80,000,000
2	80,000,000	20,000,000	6,400,000	26,400,000	60,000,000
3	60,000,000	20,000,000	4,800,000	24,800,000	40,000,000
4	40,000,000	20,000,000	3,200,000	23,200,000	20,000,000
5	20,000,000	20,000,000	1,600,000	21,600,000	0
총액		100,000,000	24,000,000	124,000,000	

〈표 5.1〉에서 보면 처음 빌려온 원금이 1억 원이므로 이를 5년간 동일하게 갚으려면 매년 2,000만원씩 갚아야 한다. 이자는 매년 달라지는데 예를 들어 첫 해는 차입한 1억 전체에 대해 8% 이자를 갚아야 하므로 이자가 800만원이 된다. 따라서 첫 해는 원금과 이자를 합하여 2,800만원을 갚아야 한다.

둘째 해는 전년에 원금 2,000만원을 갚았으므로 나머지 기초잔고 8,000만원에 대해 8% 이자를 갚아야 하며 이는 640만원이 된다. 따라서 둘째 해에 갚아야 할 총액은 2,640만원이 된다. 이와 같이 계속 갚아나가면 마지막 해에는 부채액이 0이 된다. 이 예에서 보면 원금은 매년 같은데 이자부분이 감소하므로 매년 갚아야 하는 총액은 감소함을 알 수 있다.

요점

원금을 일정하게 갚는 대출의 경우 매년 이자가 감소하므로 시간이 흐름에 따라 총액도 감소한다.

3.2.2 총액을 동일하게 갚는 경우

총액을 동일하게 하는 경우는 〈표 5.2〉에서 보는 바와 같이 원금과 이자를 합하여 매년 갚는 총액을 동일하게 하는 방식이다. 먼저 8% 이자율로 연금의 현가 공식을 사용하면 매년 갚아 나가야 하는 액수가 25,045,645원임을 알 수 있다. 첫해의 경우를 보면 이자가 빌려온 돈 1억 원의 8%인 800만원이므로 매년 갚는 금액에서 이자금액을 빼면 원금 갚는 액수는 17,045,645원이 된다.

둘째 해의 기초잔고는 전 해의 1억 원 중 원금 17,045,645원을 갚았으므로 나머지 원금인 82,954,355원이 된다. 이에 대한 8% 이자는 6,636,348원이 되고 이 금액을 매년 갚는 일정액 25,045,645원에서 빼면 둘째 해의 원금 갚는 부분은 18,409,297원임을 알 수 있다. 따라서 2기말 잔고는 82,954,355(2기 초 기초잔고) − 18,409,297 = 64,545,057 원이 되고 이것이 다음 기(3기)의 기초잔고가 된다. 이런 형식으로 계속 5년간 갚으면 최종적으로 잔고가 0이 되어 모든 이자와 원금을 갚게 되는 것이다.

기간	기초잔고	원금	이자	원금+이자	기말잔고
1	100,000,000	17,045,645	8,000,000	25,045,645	82,954,355
2	82,954,355	18,409,297	6,636,348	25,045,645	64,545,057
3	64,545,057	19,882,041	5,163,605	25,045,645	44,663,017
4	44,663,017	21,472,604	3,573,041	25,045,645	23,190,412
5	23,190,412	23,190,412	1,855,233	25,045,645	0
총액		100,000,000	25,228,227	125,228,227	

표 5.2
대출시 총액을 일정하게
갚는 방법

매년 일정액을 갚는 경우 매년 원금 부분이 증가하고 이자 부분이 감소함을 알 수 있다. 어떤 사람이 30년 일정액 상환 조건으로 주택담보대출을 받는다고 하자. 만일 이 사람이 5년 후 큰돈을 벌어서 일시에 잔금을 갚고자 하는 경우 그는 아직도 갚을 금액이 예상보다 많이 남아 있는 것에 놀랄 것이다. 그 이유는 초기에 갚는 액수에는 원금부분이 상대적으로 적고 이자 부분이 많기 때문이다.

총액을 일정하게 갚아나가는 대출의 경우 시간이 흐름에 따라 원금 부분은
증가하고 이자 부분은 감소한다.

1. 연리 8%로 매년 5,000만원씩 예금한다면 30년 후에는 얼마가 만들어지는가에 대해 다음에 답하라.

　　1) 매년 불입하는 금액의 총계는 얼마인가?

　　2) 30년 후에 얼마가 만들어지는가?

　　3) 위 1)과 2)의 차이는 얼마이며 왜 나는 것인가?

　　4) 만일 매년 5,000만원씩 예금을 하는 것이 아니라 매달 예금을 한다면 30년 후에 얼마가 만들어지는가?

　　5) 2)번과 4)번의 답이 차이가 나는 이유는 무엇인가?

2. '오솔길'씨는 자동차를 구입하기 위해 6,000만원을 차입하였다. 연리 6%로 매월 3년간 갚는다면 월 상환액은 얼마인가?

3. 당신의 친구는 매년 5,000만원씩 영구히 받을 수 있는 채권을 가지고 있다. 이 친구가 당신에게 30년 후부터의 현금흐름에 대한 권리를 3,000만원에 매각하겠다고 제안을 하였다. 할인율은 10%이다. 다음에 답하라.

　　1) 현재 이 영구채권의 가격은 얼마인가?

　　2) 30년 후의 영구채권의 가격은 얼마인가?

　　3) 오늘 시점으로 평가했을 때, 30년 후부터의 영구현금흐름에 대한 권리는 가치가 얼마인가?

　　4) 당신은 친구의 제안을 받아들일 것인가?

　　5) 친구가 받을 30번의 현금흐름의 현재가치는 얼마인가?

4. 당신은 오늘 돈이 급하게 필요하다. 당신이 지금 시점에서 유일하게 돈을 꿀 수 있는 친구는 아주 구두쇠 친구인 스크루지인데 그는 다음과 같은 조건을 제시했다. 앞으로 9개월간 월 2% 이자로 15만원씩 갚을 것, 그리고 그의 구두쇠 명성대로 오늘부터 갚을 것을 요구하였다. 당신은 도대체 그로부터 얼마를 꾸는 것인가?

5. '가보람'씨는 아이스크림 가게를 시작하려고 은행에서 3년 만기로 6,000만원을 차입하였다. 이자율은 6%이고 상환조건은 매년 이자와 원금을 함께 갚아나가는 방식인데 동일한 원금을 상환하는 방식으로 하였다.

1) 매년 갚아야 하는 원금액수는 얼마인가?

2) 첫 해의 이자는 얼마인가?

3) '가보람'씨는 첫 해에 이자와 원금을 합하여 얼마를 갚아야 하는가?

4) 둘째 해 기초의 부채 잔액은 얼마인가?

5) 둘째 해의 이자는 얼마인가?

6) 이자를 갚는 액수는 매년 증가하는가 감소하는가? 이유는?

6. '가보람'씨는 아이스크림 가게를 시작하려고 은행에서 3년 만기로 6,000만원을 차입하였다. 이자율은 6%이고 상환조건은 매년 이자와 원금을 포함하여 동일액을 갚아나가는 방식이다.

1) 매년 일정하게 갚아야 하는 액수는 얼마인가?

2) 첫 해의 이자는 얼마인가?

3) '가보람'씨는 첫 해에 얼마의 원금을 갚는 셈인가?

4) 둘째 해 기초의 부채 잔액은 얼마인가?

5) 둘째 해의 이자는 얼마인가?

6) '가보람'씨는 둘째 해에 얼마의 원금을 갚는 셈인가?

7) 둘째 해 기말의 부채 잔액은 얼마인가?

8) 이자를 갚는 액수는 매년 증가하는가 감소하는가? 이유는?

9) 원금 갚는 액수는 매년 증가하는가 감소하는가? 이유는?

Financial Management : Focusing on EVA

Part

증권의 가치 평가

앞의 두 장에서는 화폐의 미래가치와 현재가치를 계산하는 방법을 배웠다. 화폐의 시간가치 계산을 배우는 이유는 자산의 가치 평가를 하기 위해서이다. 자산에는 실물자산과 금융자산이 모두 포함된다. 어떤 형태의 자산이건 그 가치평가를 하기 위해서는 그 자산이 미래에 창출할 현금흐름을 알아야 하고 이를 적절한 할인율로 할인하여 현재가치를 구하여야 한다. Part 3에서는 화폐의 시간가치 개념을 이용하여 자본시장의 대표적 금융자산인 채권과 주식에 대한 가치 평가를 설명한다. 가치 평가를 위한 기본 틀은 화폐의 시간가치를 이용한 할인현금흐름법(discounted cash flow)이며 이에 부가하여 채권 및 주식과 관련된 기본 지식을 설명한다.

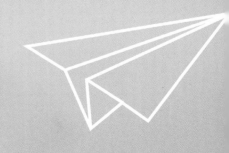

Financial
Management
Focusing on EVA

채권의 가치 평가

본 장에서는 채권(bond)의 가치 평가(valuation) 및 채권과 관련된 제반 지식을 설명한다. 채권은 다음 장에서 설명하는 주식(stock)과는 확연히 다른 증권이다. 여러 가지 다른 차이가 있으나 가장 기본적인 차이는 채권은 타인자본 증권이고 주식은 자기자본 증권이라는 것이다. 기업이 채권을 발행하여 자금을 조달하면 재무상태표상에 부채로, 주식으로 자금을 조달하면 자기자본으로 계상된다. 타인자본의 경우 약속한 원금과 이자를 갚지 못하면 소송 등 법적인 절차를 취할 수 있지만 자기자본의 경우는 배당을 지급하지 않는다고 해서 소송을 걸 수는 없다. 그리고 채권의 평가 방법은 이자율 구성 및 결정 등 재무관리뿐만 아니라 실제 경제 활동에서도 매우 중요한 지식을 다루므로 잘 정리해 놓아야 한다. 본 장에서 다룰 주된 내용은 다음과 같다.

- 채권의 정의와 종류
- 신용등급
- 채권의 평가 방법
- 채권의 가격과 할인율의 관계
- 채권의 가격과 만기와의 관계
- 만기수익률
- 만기수익률, 이자수익률, 자본차익수익률 사이의 관계
- 유효수익률

쉬어 가기

사회성과연계채권

사회성과연계채권(social impact bond; SIB)은 사회적 성과에 따라 수익률이 결정되는 채권이다. 즉 사회적으로 바람직한 목적을 달성하기 위해 공공조직이 자본시장의 메커니즘을 활용하는 것이다. SIB의 계약구조는 아래 그림과 같은데, SIB 발행기구(social impact bond issuing organization; SIBIO)가 민간투자자들에게 SIB를 발행한다. 이는 사회적 목적을 달성하기 위한 서비스 구매에 필요한 자금을 마련하기 위한 것이다. SIBIO는 사회적 서비스 제공자와 계약을 맺어 정부와 협의한 사회적 서비스가 수행될 수 있도록 하는데 이를 위하여 필요한 운영자금은 SIB 발행으로 조달한 재원으로 충당한다. 서비스 제공자가 사회적 서비스를 제공한 후 정부는 달성된 사회적 성과에 따라 SIBIO에게 성과보상을 지급하고 SIBIO는 이를 민간 투자자에게 투자수익으로 지급한다.

사회성과연계채권 구조

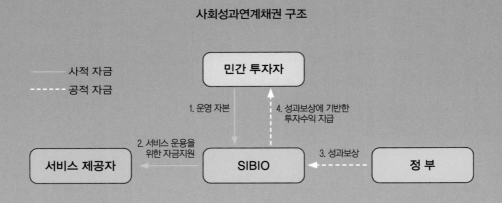

2010년 3월 영국 법무성이 민영 교도소인 Peterborough 교도소와 함께 수형자의 재범률을 낮추기 위한 프로젝트를 수행하면서 세계 최초의 SIB가 발행되었다. 영국 법무성은 Peterborough 교도소에 수감된 단기 수형자 3,000명을 대상으로 향후 6년간 사회복귀 서비스를 제공하고, 12개월 미만 단기수형자의 재범률을 낮추려는 계획을 가지고 있었다. 이를 실행하기 위해 영국 법무성은 민간부문의 SIBIO인 Social Finance와 계약을 체결하였고, Social Finance는 YMCA 등 다수의 서비스 제공자와 공급계약을 체결하여 단기재소자의 사회적응을 위한 프로그램을 제공하도록 하였다. 법무성은 달성된 사회성과에 따라 투자원금 및 이자의 상환을 약속했는데 이를 결정하는 지표는 재범률이다. 수형자의 재범률이 각 그룹별 10% 이상 낮아지면 투자자에게 재범 감소율에 비례하여 연리 최저 2.5%에서 최고 13.3%의 이자를 지급한다.[*]

* Disley, E., Rubin, J., Scraggs, E., Burrowes, N., Culley, D. M., Lessons learned from the planning and early implementation of the social impact bond at HMP Peterborough, Rand Europe Technical Report, 2011.

채권이란?

채권은 남으로부터 자금을 빌려 쓰고 이에 대한 증표로 발행해 주는 증권이다. 대표적인 것으로 회사채가 있는데 이는 다름 아닌 회사가 불특정 다수인으로부터 자금을 빌려 쓰는 것이다. 다시 말해 회사채를 사는 사람은 회사에 자금을 빌려 주는 것이다. 회사는 빌려 쓴 자금에 대해 만기까지 이자를 지급하고 만기에는 원금을 돌려주게 된다. 〈그림 6.1〉과 같은 회사채를 생각해 보자.

채권(bonds)
채무관계를 입증하는 증권으로 대표적인 타인자본 증권

그림 6.1
채권의 현금흐름

이 회사채의 조건들을 정리하면 다음과 같다.

액면가(face value) : 10,000원
만기(maturity) : 3년
이표이자율(coupon rate) : 9%

이 회사채는 만기가 3년이고 이표이자율이 9%이기 때문에 1년 후부터 매년 액면가의 9%인 900원의 이자를 세 번 받는다. 그리고 만기에는 원금 10,000원을 돌려받는다. 〈그림 6.2〉는 대한민국 정부가 발행한 외국환평형기금채권의 실물 모양인데 다음 절에서는 채권의 종류를 설명한다.

그림 6.2
외국환평형기금채권

2. 채권의 종류

2.1 발행주체에 따라

채권은 누가 발행하는가에 따라 국채, 지방채, 특수채, 금융채, 회사채 등으로 구분된다.

국채는 국회의 결의를 얻은 후에 정부가 발행하는 채권으로 국고채, 재정증권, 국민주택채권, 외국환평형기금채권 등이 있다. 정부가 원리금 지급을 보증하기 때문에 지명도와 신용도가 가장 높은 채권이다.

지방채는 지방 공공기관인 특별시, 도, 시, 군 등이 지방재정법에 의거하여 특정한 목적 달성을 위해 발행하는 채권으로 지역개발채권, 도시철도채권, 도로공채 등이 있다. 국채보다 발행액수가 적고 신용도가 떨어지기 때문에 유동성이 낮다.

특수채는 한국전력주식회사나 토지개발공사 등과 같이 특별한 법률에 의해 설립된 기관이 특별법에 의거하여 발행하는 채권으로 한국전력채권, 수자원공사채권, 토지개발채권, 가스공사채권 등이 있다. 공채 및 사채의 성격을 모두 갖추고 있으며 안정성과 수익성이 비교적 높다.

금융채는 한국은행, 한국산업은행, 중소기업은행 등 특수금융기관이 발행하는 채권이며, 통화안정증권, 산업금융채권, 중소기업금융채권 등이 있다.

회사채는 상법상 주식회사가 발행하는 채권으로 정해진 기간마다 이자를 지급하고 만기에 원금을 상환한다. 신용도와 부가 조건에 따라 다양한 채권이 존재한다.

2.2 지급방법에 따라

채권은 이자지급 방식에 따라 이표채, 할인채, 복리채, 단리채 등으로 구분된다.

이표채는 채권의 본채에 이표가 붙어 있어 이자지급일에 이를 떼어 제시하면 이자지급을 받을 수 있는 채권이다. 이표채의 대표적 예는 회사채인데, 한국은 3개월마다 이자를 지급하는 형태가 일반적이다.

할인채는 액면금액에서 상환기일까지의 이자를 단리로 미리 할인한 금액으로 발행하는 채권으로 통화안정증권 및 금융채의 대부분이 여기에 속한다.

복리채는 이자지급 기간 동안 이자가 복리로 재투자되어 만기에 원금과 이자를 동시에 받는 채권이다. 이에는 국민주택1종 채권, 국민주택2종 채권, 지역개발채권, 금융채 중 일부가 포함된다.

단리채는 할인채, 이표채와 달리 원금에 대해서만 이자가 단리로 계산되며 만기에 원금과 이자를 한꺼번에 받는다.

2.3 만기에 따라

채권은 만기에 따라 단기채, 중기채, 장기채, 영구채 등으로 구분된다.

단기채는 통상적으로 상환기간이 1년 이하인 채권을 말하는데, 만기 1년 이하인 국고채, 통화안정증권, 금융채 등이 이에 속한다.

중기채는 상환기간이 1년 초과 5년 이하의 채권을 말하는데 국민주택 1종, 지역개발채권, 금융채, 대부분의 회사채가 여기에 속한다.

장기채는 상환기간이 5년을 초과하는 채권으로 10년 만기 국고채, 국민주택 2종, 서울시도시철도공채 등이 여기에 속한다. 미국, 유럽에서는 1년 이하인 채권은 단기채(bill), 1년 초과 10년 이하인 채권은 중기채(note), 10년 초과인 채권은 장기채(bond)로 분류한다.

영구채는 만기가 없기 때문에 원금을 돌려받을 수 없다. 대신 이자를 영구히 받게 되는데 영국의 consol 채권이 이에 속한다.

2.4 보증유무에 따라

채권은 보증 유무에 따라 보증채와 무보증채로 구분한다.

보증채는 원금과 이자 지급을 발행회사 이외의 기관이 보장하는 채권이다. 정부보증채는 보증의 주체가 정부이며 국채가 이에 속한다. 일반보증채는 시중은행이나 기타 금융기관, 신용 보증기금 등이 지급을 보증하며 보증회사채가 이에 속한다. 또한 채권발행기관이 보유하고 있는 부동산이나 증권 등으로 지급을 보장하는 자산보증채권(asset-backed security; ABS)도 있다.

무보증채는 정부나 금융기관의 지급보증 없이 발행주체의 자체신용도에 의하여 발행·유통되는 채권이다.

> 자산보증채권(asset-backed security; ABS)
> 보유 부동산이나 증권으로 원리금의 지급을 보장하는 채권

2.5 이자의 변동여부에 따라

채권은 이자의 변동 여부에 따라 고정금리채와 변동금리채로 구분된다.

고정금리채는 가장 일반적 형태의 채권으로 발행 시점에 발행회사가 채권자에게 지급하는 이자율을 확정한 채권이다.

변동금리채는 LIBOR(London interbank offered rate)와 같이 시장에서 대표성을 갖는 금리나 인플레이션과 같은 주요 지표에 연동되어 매 이자지급이 변하는 채권이다. 이자는 기준금리와 가산금리(spread)의 합으로 결정되며 이자 지급 후 차기 지급이자율은 매 이자계산 기간 개시 전일에 결정된다. 금리가 급변하는 시기에 금리 변동 위험을 피하고 투자자산의 가치를 보전하는 데 유용하다.

2.6 모집방법에 따라

채권은 투자자의 모집방법에 따라 사모채와 공모채로 분류된다.

사모채는 발행기관과 인수기관이 인수계약을 체결한 후 발행총액을 인수기관이 전액 인수하는 채권이며, 발행기관이 중개인을 통하지 않고 제반절차를 직접 수행하는 직접발행의 형태를 취한다.

공모채는 불특정 다수에게 채권을 매각하는 방법으로 직접발행과 간접발행의 두 종류가 있다.

2.7 부가조건에 따라

채권은 채권에 추가하여 붙는 여러 가지 조건에 따라 전환사채, 신주인수권부사채, 교환사채, 수의상환권부채권, 조기변제요구권부채권, 감채기금부채권, 이익참가부사채, 수익사채 등이 존재한다.

전환사채(convertible bond; CB)는 채권자에게 일정기간 내에 미리 정해진 조건에 따라 주식으로 전환할 수 있는 권리가 부여된 채권으로, 전환권이 행사되면 채권자가 주주로 변하기 때문에 채권과 주식의 중간적 형태를 가지는 채권이다.

신주인수권부사채(bond with warrant; BW)는 채권 발행 이후 회사가 신주를 발행하는 경우 채권자에게 일정한 가격으로 발행회사의 주식을 살 수 있는 권리를 부여한 채권이다. 채권자는 신주인수권을 행사할 때 인수금액을 추가로 지불하기 때문에 발행회사는 유상증자의 효과를 얻을 수 있고, 채권자는 만기까지 채권자의 권리를 계속 유지할 수 있다.

교환사채(exchangeable bond)는 채권자가 사전에 정해진 조건으로 당해 사채를 발행회사가 보유하고 있는 상장 주식으로 교환할 수 있는 채권이다. 전환사채와 신주인수권부사채는 권리행사의 대상이 발행회사의 주식이지만, 교환사채는 발행회사가 이미 보유하고 있는 타기업의 주식이므로 교환할 주식이 미리 정해져 있어야 한다. 교환권이 행사되면 발행회사의 부채와 자산이 동시에 감소하게 된다.

수의상환권부채권(callable bond)은 만기일 이전에 발행회사가 채권을 상환할 수 있는 권리를 가진 사채이다.

조기변제요구권부채권(puttable bond)은 만기일 이전에 채권자가 발행회사에 대해 채권의 상환을 요구할 수 있는 채권이다.

감채기금부채권(sinking fund bond)은 발행회사가 채권상환의 안정성을 보장하기 위하여 원금의 전액, 또는 일부를 사채상환기금으로 연차적으로 적립하는 조건으로 발행한 사채이다. 투자자의 입장에서는 채무 불이행 위험이 낮아지고, 발행회사의 입장에서는 낮은 이자율로 자금을 조달할 수 있다는 이점이 있다.

이익참가부사채(participating bond)는 기업의 수익이 많이 발생하여 주주가 일정률 이상의 배당을 받을 때 사채권자도 배당에 참가할 수 있는 권리가 부여된 사채이다.

수익사채(income bond)는 기업의 영업이익이 적은 경우 이자를 지급하지 않아도 채무불이행이 되지 않는 채권이다. 그러나 기업의 이익이 회복되었을 경우에는 미지급된 이자를 지급하여야 한다. 수익사채는 투자자에게 매력적이지 않기 때문에 일반기업은 발행하지 않고 이익이 부족한 기업이 회사 갱생의 과정에서 발행하는 것이 일반적이다.

신용등급

채권은 발행주체와 조건에 따라 매우 다양한 신용도를 가진다. 가장 안전한 채권은 국채이며 원리금의 지급을 국가가 보장한다. 회사채의 경우에는 위험이 매우 낮아 신용도가 매우 높은 회사채부터 이미 부도가 난 상태인 회사채까지 매우 다양한 신용도의 채권이 존재한다. 〈표 6.1〉은 국제적 신용평가회사인 Standard and Poor's(S&P)와 Moody's의 신용등급 체계를 보이고 있다. 원리금 상환 능력이 최상위인 AAA 또는 Aaa부터 중간 정도 신용등급인 BBB 또는 Baa까지를 투자적격등급(investment grade)이라고 한다. 국민들의 생활에 중요한 영향을 미칠 수 있는 은행 등의 금융기관은 일반적으로 투자적격 등급 채권에 투자한다.

투자적격등급(investment grade)
투자하기에 적합한 신용도로 AAA에서 BBB 까지의 등급

신용도	신용등급		설명
	S&P	Moody's	
높음	AAA	Aaa	원리금을 상환할 수 있는 능력이 예외적으로 강하다 (extremely strong).
	AA	Aa	원리금을 상환할 수 있는 능력이 매우 강하다(very strong).
중간	A	A	원리금을 상환할 수 있는 능력이 강하나 (strong) 상황변화에 민감할 수 있다.
	BBB	Baa	원리금을 상환할 수 있는 능력이 적절하나 (adequate) 나쁜 상황이 발생하는 경우 원리금 상환 능력이 악화될 수 있다.
낮음	BB	Ba	원리금 상환 능력 측면에서 투기적으로 분류된다. 투기적 거래의 최저 신용도는 B등급까지이다.
	B	B	
	CCC	Caa	
	CC	Ca	
매우 낮음	C	C	이자가 지급되지 않은 수익사채
	D	D	원금과 이자가 미지급된 채무 불이행 상태

표 6.1
채권의 신용등급

출처: Ross et al., Corporate Finance Fundamentals, Asia Global edition.

4. 채권의 평가

당신이 채권의 가격을 결정하는 것은 가치 평가의 문제인데 이와 관련하여 가장 중요한 사고의 틀을 정리하면 다음과 같다.

〈그림 6.1〉의 3년 만기 채권의 경우 당신이 이 채권을 구입하면 그림과 같은 현금흐름이 발생할 것이기 때문에 채권의 가격은 이 현금흐름의 현재가치가 되는 것이다. 위 요점에서 자산의 범위를 '모든 자산'이라고 하였는데 이는 채권, 주식 등과 같은 금융자산뿐만 아니라 사업이나 프로젝트와 같은 실물 자산도 포함한다. 즉 어떤 사업의 경제적 타당성 검사를 하는 경우 그 사업의 가치는 그 사업이 미래에 창출하는 모든 현금흐름들의 현재가치가 되는 것이다. 이와 같이 미래의 현금흐름을 할인하여 현재가치를 구하는 방법을 할인현금흐름법(discounted cash flow; DCF)이라고 한다.

할인현금흐름법
(discounted cash flow;
DCF)
미래현금흐름을 할인하여
현재가치를 구하는 방법

요점
모든 자산의 가치는 그 자산이 미래에 창출하는 현금흐름의 현재가치와 동일하다.

이제 DCF법을 사용하여 〈그림 6.1〉의 3년 만기 채권의 현재가치를 구해 보자. 현재가치를 구하기 위해서는 할인을 하여야 하는데 이를 위해서는 할인율(discount rate)이 필요하다. 편의상 할인율을 9%로 가정해 보자.

현금흐름을 보면 세 번에 걸쳐 900원을 받고 만기에 한 번 원금 10,000원을 돌려받는다. 따라서 900원 이자부분에 대해서는 연금의 현재가치요인 공식을 적용하면 될 것이고 원금에 대해서는 한 번의 현금흐름에 대한 현재가치 공식을 적용하면 될 것이다.

요점

채권의 가격 = 이자의 현재가치 + 원금의 현재가치

$$
\begin{aligned}
B &= 900 \times PVIFA_{9\%,3} + 10{,}000 \times PVIF_{9\%,3} \\
&= 900 \times \frac{1 - \dfrac{1}{(1+0.09)^3}}{0.09} + 10{,}000 \times \frac{1}{(1+0.09)^3} \tag{6.1} \\
&= 10{,}000
\end{aligned}
$$

Excel

Excel을 활용하면 손쉽게 채권의 가격을 계산할 수 있다. 함수식은 다음과 같다.

PRICE(settlement,maturity,rate,yld,redemption,frequency,basis) **(6.2)**

여기서,

Settlement : 유가증권의 결산일로 증권이 팔린 날을 말한다. Excel의 날짜 표기 방식을 따라야 한다.

Maturity : 유가증권의 만기일로서 유가증권이 만기되는 날을 말한다.

Rate : 증권의 연이표이자율

Yld : 연 만기수익률

Redemption : 액면가의 100% 당 유가증권의 상환 비율

Frequency : 연간 이자 지급 횟수. 가령 해마다 지급하면 1, 6개월마다 지급하면 2.

Basis : 날짜 계산 기준으로 다음과 같다. 0 또는 생략(미국 30/360), 1(실제/실제), 2(실제/360), 3(실제/365), 4(유럽 30/360).

문제

오늘은 2023년 10월 1일이다. 오늘 발행된 이표이자율 9%, 액면가 10,000원, 30년 만기 채권의 가격은 얼마인가? 이자는 연 1회 지급되며, 현재 이 채권에 해당하는 시장이자율은 8%이다.

답 이 채권의 가격을 계산하기 위해 Excel을 사용한 결과가 〈그림 6.3〉에 나타나 있다.

그림 6.3
Excel을 사용한 채권가격
계산

	A	B	C
1	현재일자	2023-10-01	=DATE(2023,10,1)
2	만기일	2053-10-01	=DATE(2053,10,1)
3	이표이자율	9%	0.09로 표기하여도 됨
4	만기수익률	8%	0.08로 표기하여도 됨
5	액면가(%)	100	액면가 대비 %
6	이자지급회수	1	연 이자지급 회수
7	채권가격	111.26	=PRICE(B1,B2,B3,B4,B5,B6)

현재일자와 만기일은 Excel의 형식에 맞게 입력이 되어 있다. 이표이자율과 만기수익률은 연리로 표현이 되어야 한다. 이는 이자지급회수와도 관계되는 것으로 설사 이자지급이 1년에 두 번 되는 경우라도 이표이자율과 만기수익률을 6개월 단위로 하여 입력하는 것이 아니라 연리로 입력하여야 한다. 또한 이표이자율과 만기수익률은 소수로 표현해도 되고 %로 표현해도 된다. 액면가와 채권가격은 액면가 대비 %로 표현된다. 이 문제는 액면가 10,000원이므로 채권의 가격은 11,126원이 된다.

 문제

오늘은 2023년 10월 1일이다. 오늘 발행된 이표이자율 9%, 액면가 10,000원, 30년 만기 채권의 가격은 얼마인가? 이자는 연 4회 지급되며, 현재 이 채권에 해당하는 시장이자율은 8%이다.

답 이 문제는 위의 문제와 동일하고 다른 점은 연 이자지급 횟수가 1번이 아니고 4번이라는 것이다. 이 채권의 가격을 계산하기 위해 Excel을 사용한 결과가 다음에 나타나 있다.

그림 6.4
Excel을 사용한 채권가격
계산 (지급횟수 4회)

	A	B	C
1	현재일자	2023-10-01	=DATE(2023,10,1)
2	만기일	2053-10-01	=DATE(2053,10,1)
3	이표이자율	9%	0.09로 표기하여도 됨
4	만기수익률	8%	0.08로 표기하여도 됨
5	액면가(%)	100	액면가 대비 %
6	이자지급회수	4	연 이자지급 회수
7	채권가격	111.34	=PRICE(B1,B2,B3,B4,B5,B6)

채권의 가치평가를 위한 기본적인 방법은 알았으니 이제 이 예를 활용하여 좀 더 중요한 개념들을 공부해 보자. 자산의 평가를 하기 위해서는 어떤 자산이건 예외 없이 두 가지 요소가 주어져야 하는데 하나는 현금흐름이고 다른 하나는 할인율이다. 물론 현금흐름은 미래에 창출될 것이기 때문에 추정값이 될 것이다. 추정값은 구하기 쉬운 경우도 있을 것이고 어려운 경우도 있을 것이다. 채권의 경우는 미래의 현금흐름이 아주 쉽게 구해질 수 있으나 가령 공항을 건설하는 사업의 현금흐름은 추정하기가 대단히 어려울 것이다. 그러나 어찌되었건 현금흐름의 추정값이 있어야 가치평가를 할 수 있다.

다음으로 위의 예에서는 할인율을 편의상 9%로 가정하였는데 현실에서는 이를 구하는 것이 그리 수월하지 않다. 그러나 현금흐름과 더불어 할인율이 있어야 가치평가를 할 수 있으며 이를 구하는 방법은 자본비용을 다루는 장에서 자세히 설명한다.

요점

DCF법을 사용하여 자산의 가치를 평가하려면 두 가지 요소가 꼭 필요하다. 하나는 현금흐름이고 다른 하나는 할인율이다.

채권의 가격과 할인율의 관계　　5.

위의 예에서 채권의 할인율을 9%로 가정하였는데 이 할인율의 크기에 따라서 채권의 가치가 달라질 것이다. 가령 위의 예에서 채권의 할인율이 9%가 아니고 이보다 더 높은 10%라고 하자. 이 경우 채권의 가격은 다음과 같이 계산될 것이다.

$$
\begin{aligned}
B &= 900 \times PVIFA_{10\%,3} + 10{,}000 \times PVIF_{10\%,3} \\
&= 900 \times \frac{1 - \dfrac{1}{(1+0.1)^3}}{0.1} + 10{,}000 \times \frac{1}{(1+0.1)^3} \\
&= 9{,}751.3
\end{aligned}
$$

(6.3)

반면, 만일 할인율이 9%가 아니고 이보다 낮은 8%라면 채권가격은 다음과 같이 평가될 것이다.

$$B = 900 \times PVIFA_{8\%,3} + 10{,}000 \times PVIF_{8\%,3}$$

$$= 900 \times \frac{1 - \dfrac{1}{(1+0.08)^3}}{0.08} + 10{,}000 \times \frac{1}{(1+0.08)^3} \qquad \text{(6.4)}$$

$$= 10{,}257.7$$

만일 할인율이 9%라면 식 (6.1)에서 본 바와 같이 채권가격은 액면가와 동일하게 된다. 즉 채권의 가격은 이표이자율과 할인율과의 관계에 따라 결정되는데 할인율이 이표이자율과 같은 채권의 가격은 액면가와 동일해지고, 할인율이 이표이자율보다 높으면(낮으면) 채권가격은 액면가보다 낮아진다(높아진다). 요점을 정리하면 다음과 같다.

요점

채권가격과 할인율

채권가격과 할인율은 반대 관계에 있다. 즉,

할인율 = 이표이자율 ⇨ 채권가격 = 액면가

할인율 〉 이표이자율 ⇨ 채권가격 〈 액면가

할인율 〈 이표이자율 ⇨ 채권가격 〉 액면가

위험회피형(risk-averse) 위험을 회피하는 형으로 고위험 자산에 대해서는 고수익을 요구하는 인간형

여기서 알아야 할 것은 할인율은 자본시장에서 결정된다는 점이다. 그러면 어떤 기업의 할인율이 높을까? 대부분의 위험회피형(risk-averse) 사람들은 위험이 높은 투자안일수록 수익률을 높게 요구할 것이다. 즉 고위험-고수익, 저위험-저수익인 것이다. 채권의 경우 신용도가 낮은 기업이 채권을 발행하면 기업이 부도가 나지 않고 원리금을 제때에 돌려받을 확률이 낮아지므로 투자자들은 이러한 채권에 대한 수익률이 높지 않으면 채권을 사지 않을 것이다. 다시 말해 투자자들은 수익률을 높이 요구할 것인데 이들이 요구하는 수익률이 당해 채권의 할인율이 되는 것이다. 즉, 신용도가 낮아 위험한 기업은 할인율이 높아지고 따라서 채권의 가격은 낮아지게 된다. 반대로 신용도가 높아서 안전한 기업들은 할인율이 낮아지고 채권의 가격은 높아지게 된다.

한편, 기업은 새로 채권을 발행할 때 액면가보다 높거나, 같거나, 또는 낮게 발행할 수 있는데 이에 대해 생각해 보자. 할인율은 자본시장에서 결정이 되기 때문에 주어진 할인율 대비 이표이자율을 높게 책정하여 채권을 할증발행(issue at premium)할 수도 있고, 할인율 대비 이표이자율을 낮게 책정하여 할인발행(issue at discount)할 수도 있다. 물론 할인율과 똑같이 이표이자율을 설정하면 액면발행(issue at par)이 될 것이다.

채권의 가격과 만기의 관계

6.

이제 다른 조건은 모두 같고 만기만 다를 경우 채권의 가격과 만기(maturity)
와의 관계를 살펴보자. 이를 위해 두 가지 채권의 예를 비교하는데 두 채권의 조
건이 〈표 6.2〉에 정리되어 있다.

채권 A	채권 B
이표이자율 : 9% 만기 : 1년 액면가 : 10,000원	이표이자율 : 9% 만기 : 30년 액면가 : 10,000원

표 6.2
만기가 다른 두 채권

〈표 6.2〉에서 볼 수 있는 바와 같이 두 채권의 차이는 단지 만기이다. 이제 두
채권의 할인율이 공히 9%라고 한다면 현재 두 채권의 가격은 10,000원일 것이다.
그러나 시장 상황의 변화에 따라 두 채권의 할인율이 변화할 것인데 할인율의
변화에 따른 두 채권의 가격 변화를 정리한 것이 〈표 6.3〉과 〈그림 6.5〉에 나타나
있다.

할인율	채권가격		변화율	
	A(1년 만기)	B(30년 만기)	A(1년 만기)	B(30년 만기)
6%	10,283.0	14,129.4	0.94%	13.20%
7%	10,186.9	12,481.8	0.93%	12.19%
8%	10,092.6	11,125.8	0.93%	11.26%
9%	10,000.0	10,000.0	0.00%	0.00%
10%	9,909.1	9,057.3	−0.91%	−9.43%
11%	9,819.8	8,261.2	−0.90%	−8.79%
12%	9,732.1	7,583.4	−0.89%	−8.20%

표 6.3
만기와 채권가격

그림 6.5
만기와 채권가격

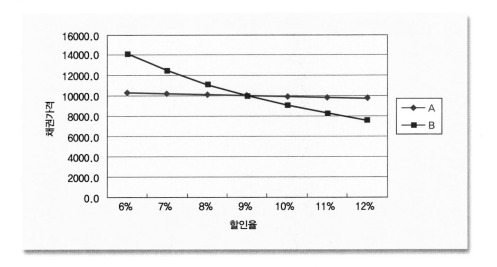

가령 할인율이 현재 9%에서 8%로 1% 하락한다면 〈표 6.3〉과 〈그림 6.5〉에서 보는 바와 같이 채권 A와 B 모두 가격이 오른다. 그러나 가격이 오르는 정도는 A는 0.93% B는 11.26%로 만기가 긴 B가 훨씬 많이 변하는 것을 알 수 있다. 반대로 할인율이 9%에서 10%로 1% 상승한다면 A와 B 모두 가격이 내린다. 그러나 가격이 내리는 정도가 매우 상이한데 A는 −0.91% B는 −9.43%로 역시 만기가 긴 B의 하락폭이 크다. 따라서 채권의 만기가 길수록 가격변동이 커지는 것을 알 수 있다.

만기와 채권가격
동일한 할인율의 변동에 대해 만기가 길수록 채권가격이 많이 변한다.

문제

나이가 젊은 사람과 나이가 많은 사람 중 누가 더 만기가 긴 채권에 투자하겠는가?

답 일반적으로 나이가 젊을수록 공격적인 투자를 하는 경향이 있기 때문에 나이가 젊을수록 가격 변동이 큰 장기 채권에 투자할 것이다.

고급질문

만기가 길수록 동일한 할인율의 변동에 대해 채권가격이 많이 변하는 이유는 무엇인가?

답 채권가격 평가모형을 자세히 생각해 보자.

$$B = \text{이자} \times PVIFA_{i,n} + \text{원금} \times PVIF_{i,n} \tag{6.5}$$

$$= \text{이자} \times \frac{1 - \dfrac{1}{(1+i)^n}}{i} + \text{원금} \times \frac{1}{(1+i)^n}$$

이 식에서 i가 동일하게 변한다 할지라도 만기가 긴 경우, 즉 n이 큰 경우 지수함수의 특성상 값의 변화가 매우 크다는 것을 알 수 있다. 따라서 채권의 만기가 길수록 가격의 변동성이 크게 될 것이라는 것을 예상할 수 있다.

만기수익률

7.1 만기수익률의 의미

채권의 평가에서는 흔히 만기수익률(yield to maturity; YTM)이라는 용어를 자주 접하게 된다. 만기수익률이란 다름 아닌 할인율이다. 〈표 6.2〉에서 이표이자율 9%, 30년 만기인 채권 B의 경우를 가지고 만기수익률의 의미를 살펴본다. 이 채권을 액면가 10,000원을 주고 산다면 만기수익률은 9%이고, 11,125.8원을 주고 산다면 만기수익률은 8%이다. 다시 말해 채권을 액면가에 구매하면 만기까지 평균적으로 이표이자율과 같은 수익률 9%를 벌 것으로 예상할 수 있다. 그러나 현재 액면가보다 비싼 11,125.8원에 구입한다면 만기까지 평균적으로 8% 수익률이 발생할 것으로 예상할 수 있다는 뜻이다.

만기수익률(yield to maturity; YTM)
현재 시장에서 형성된 가격으로 채권을 구입할 때 만기까지 평균적으로 발생할 것으로 예상되는 수익률로 할인율과 같은 개념

채권시장에서는 채권의 수요와 공급에 의해서 채권의 가격이 결정된다. 그러면 그 채권의 가격으로부터 만기수익률을 계산할 수 있다. 다음의 문제를 생각해 보자.

 '하늘' 회사의 채권은 액면가가 10,000원이고, 이표이자율은 9%이며, 만기는 30년이다. 현재 시장에서 이 회사의 채권은 12,481.8원에 가격이 형성되어 있다. 당신이 이 가격에 채권을 구입한다면 만기수익률은 얼마인가?

 〈표 6.3〉에서 본 바와 같이 만기수익률은 7%이다. 다시 말하면 '하늘' 회사의 채권을 7% 할인율로 할인하면 현재가치가 12,481.8원이 된다는 뜻이다.

그러면 채권의 가격이 주어졌을 때 만기수익률을 어떻게 계산하는가? 재무계산기나 엑셀을 사용하면 손쉽게 구할 수 있다. 그러나 시행착오를 거쳐서도 구할 수 있는데 이는 다음과 같은 과정을 거친다. 위의 '하늘' 회사 채권의 경우 만기수익률 7%로 할인을 하면 정확히 답이 채권의 현재 시장가격 12,481.8원이 된다. 그러나 처음부터 7%를 정확히 맞추기는 어려울 수도 있을 것이다. 이제 지금까지 배운 바를 활용해서 만기수익률을 구해 보자.

우선 채권의 가격과 할인율 즉 만기수익률은 반대 관계에 있음을 배웠는데 현재의 예의 경우 채권의 가격이 액면가보다 높으므로 만기수익률이 이표이자율 9%보다 낮음을 알 수 있다. 그래서 만일 할인율이 6%라고 가정하고 채권의 가격을 구해보면 〈표 6.3〉에서 보는 바와 같이 가격이 14,129.4원이 나올 것이다. 이는 현재 시장가격인 12,481.8원보다 크므로 당신은 너무 낮은 할인율을 적용했음을 알게 될 것이다. 이제 6%보다 큰 7%를 적용하면 채권의 현재가치가 현재 시장가격인 12,481.8원과 같게 되므로 당신은 만기수익률이 7%인 것을 알게 된다.

요점

만기수익률 계산
채권의 가격으로부터 만기수익률을 계산할 수 있는데 시행착오법으로 계산하는 경우 채권의 가격과 만기수익률이 반대의 관계에 있다는 점을 활용한다.

Excel

Excel을 사용하면 만기수익률을 쉽게 구할 수 있다. 만기수익률을 구하기 위한 함수는 다음과 같다.

YIELD(settlement, maturity, rate, pr, redemption, frequency, basis) **(6.6)**

여기서 모든 항목에 대한 설명은 식 (6.2)와 동일하다. 다른 점은 식 (6.2)의 yield 자리에 대신 'pr'이 들어가 있다. 이는 채권의 현재 가격을 말하는 것이다.

오늘은 2023년 10월 1일이다. 이표이자율 9%, 액면가 10,000원, 만기 25년인 채권의 시장가격이 9,500원이다. 동 채권은 1년에 이자를 두 번 지급한다. 이 채권의 만기수익률은 얼마인가?

답 Excel 함수식 (6.6)을 사용하여 만기수익률을 계산한 결과가 〈그림 6.6〉에 나타나 있다.

그림 6.6
Excel을 이용한
만기수익률의 계산

	A	B	C
1	현재일자	2023-10-01	=DATE(2023,10,1)
2	만기일	2048-10-01	=DATE(2048,10,1)
3	이표이자율	9%	0.09로 표기하여도 됨
4	채권가격(%)	95	액면가 대비 %
5	액면가(%)	100	액면가 대비 %
6	이자지급회수	2	연 이자지급 회수
7	만기수익률(YTM)	9.53%	=YIELD(B1,B2,B3,B4,B5,B6)

만기수익률은 9.53%로 이표이자율보다 높다. 따라서 채권의 가격은 액면가보다 낮은 9,500원에 형성되어 있는 것이다.

EVA

EVA를 구하기 위해서는 가중평균자본비용(weighted average cost of capital; WACC)을 구해야 한다. WACC는 타인자본비용과 자기자본비용의 가중평균이다. 채권 평가 모형에서의 만기수익률은 다름 아닌 세전타인자본비용이다. 타인자본비용은 절세효과가 있기 때문에 세전타인자본비용에서 세금을 빼면 다음 식에서 보는 바와 같이 세후타인자본비용이 된다.

$$세후타인자본비용 = 세전타인자본비용 \times (1 - 한계세율)$$
$$= 만기수익률 \times (1 - 한계세율) \tag{6.7}$$

요점

만기수익률은 세전타인자본비용이다.

7.2 만기수익률, 이자수익률, 자본차익수익률

만일 당신이 채권을 구입하면 수익의 원천이 두 가지이다. 하나는 이자로부터의 수익이고, 다른 하나는 구입한 채권을 매도할 때의 시세차익이다. 이 경우 이자로부터의 수익을 이자수익률(current yield)이라 부르고, 시세차익으로부터의 수익을 자본차익수익률(capital gains yield)이라 부르며, 만기수익률은 이 둘을 합한 총 수익률이다. 따라서 다음과 같은 관계가 성립한다.

이자수익률(current yield)
채권 투자시 이자로부터 발생하는 수익률

자본차익수익률(capital gains yield)
채권 투자시 시세차익으로부터 발생하는 수익률

$$만기수익률 = 이자수익률 + 자본차익수익률$$
$$= \frac{연간이자액}{기초가} + \frac{기말가 - 기초가}{기초가} \tag{6.8}$$

여기서 기초가는 현재의 시장 가격, 기말가는 지금부터 1년 이후의 예상 시장 가격이라고 보아도 무방하다.

 문제 '구름' 주식회사의 30년 만기, 액면가 10,000원, 9% 이표이자율 채권이 현재 시장에서 9,057.3원에 가격이 형성되어 있다. 1) 만기수익률은 얼마인가? 2) 이자수익률은 얼마인가? 3) 시장에서 만기수익률이 변하지 않는다면 자본차익수익률은 얼마인가?

답 같은 조건의 채권을 〈표 6.3〉에서 다룬 바 있다.

1) 〈표 6.3〉를 보면 만기수익률이 10%인 것을 알 수 있다. 물론 시행착오법이나 엑셀을 활용하여 계산을 할 수도 있다.

2) 이자수익률 = 900 / 9,057.3 = 0.0994 또는 9.94%

3) 자본차익수익률 = 만기수익률 − 이자수익률 = 10 − 9.94 = 0.06%

또는 기말가를 구하여 계산을 할 수도 있다. '구름' 주식회사의 채권은 1년 후에는 29년 만기 채권이 될 것이다. 만기수익률이 변하지 않는다고 가정하였으므로 1년 후의 가격은 다음 식에서 보는 바와 같이 9,063.04가 된다.

$$B = 900 \times PVIFA_{10\%,29} + 10,000 \times PVIF_{10\%,29}$$

$$= 900 \times \frac{1 - \dfrac{1}{(1+0.1)^{29}}}{0.1} + 10,000 \times \frac{1}{(1+0.1)^{29}}$$

$$= 9,063.04$$

따라서
자본차익수익률 = (9,063.04 − 9,057.3) / 9,057.3 = 0.06%

 요점
채권의 만기수익률은 이자수익률과 자본차익수익률을 합한 총수익률과 같다.

 고급질문

만기수익률은 자본예산에서의 내부수익률(internal rate of return; IRR)과 동일한 개념이다. 왜 그런가?

답 내부수익률의 개념은 자본예산(capital budgeting)을 다루는 장에서 자세히 설명할 것이다. 내부수익률은 순현재가치(net present value; NPV)를 0으로 만드는 할인율이다. 이제 다음과 같은 채권의 평가 모형을 생각해 보자.

내부수익률(internal rate of return ; IRR)
순현재가치(net present value; NPV)를 '0'으로 만드는 할인율.

$$B = 이자 \times PVIFA_{i,n} + 원금 \times PVIF_{i,n}$$

$$= 이자 \times \frac{1 - \dfrac{1}{(1+i)^n}}{i} + 원금 \times \frac{1}{(1+i)^n}$$

여기서 채권 가격 B는 미래에 나올 모든 현금유입, 즉 이자와 원금의 현재가치이다. 투자자는 이자와 원금을 받기 위해서는 현재 B만큼의 돈을 투자해야 한다. 따라서 우측은 들어오는 미래현금흐름의 현재가치이고 채권가격 B는 이를 위한 비용이다. 따라서 순현재가치는 '0'이 되며 위의 식에서의 만기수익률 i는 채권 투자의 내부수익률이 되는 것이다.

유효수익률

8.

지금까지의 논의는 한 기간을 1년으로 가정하였다. 그러나 채권의 이자는 반년마다 또는 분기마다 지급할 수도 있다. 가령 연 10%의 이자를 주는데 연말에 1회 10%를 주는 것과 반년마다 5%씩 주는 것 중 어느 것이 유리한가? 당연히 반년마다 5%씩 주는 것이 유리할 것이다. 그 이유는 첫 번째 5% 이자에 대해 연말까지 다시 이자를 벌 수 있기 때문이다. 따라서 반년마다 5%씩 이자지급을 하는 경우 실제 유효수익률(effective annual rate; EAR)은 명목이자율(nominal interest rate)인 연 10%보다 클 것인데 이는 다음과 같이 계산한다.

유효수익률(effective annual rate; EAR) 명목수익률이 아닌 실제로 벌어들이는 수익률

$$EAR = \left(1 + \frac{0.1}{2}\right)^2 - 1 = 0.1025 \text{ 또는 } 10.25\%$$

만일 이자를 분기마다 지급한다면 위의 식은 다음과 같이 바뀔 것이다.

$$EAR = \left(1 + \frac{0.1}{4}\right)^4 - 1 = 0.1038 \text{ 또는 } 10.38\%$$

위의 예에서 보는 바와 같이 유효수익률은 하부기간이 짧아질수록, 또는 1년당 하부기간의 수가 많아질수록 커진다. 즉 분기마다 이자를 지급하는 경우의 유효수익률이 반년마다 이자를 지급하는 경우의 유효수익률보다 높다. 이제 유효수익률에 대한 일반식을 정리하면 다음과 같다.

$$EAR = \left(1 + \frac{명목\ 연이자율}{n}\right)^n - 1 \tag{6.9}$$

여기서 n은 하부기간의 수이다.

유효수익률은 이자를 일 년에 여러 번 지급할 때 실제로 버는 수익률이며 명목수익률보다 높다. 명목수익률은 이자를 일 년에 한 번 지급할 때의 유효수익률이다.

9. 이자율의 구성

현실에서는 만기수익률이 이자율, 시장이자율, 타인자본비용 등 다양한 용어로 쓰인다. 본 절에서는 만기수익률, 즉 이자율을 구성하는 요인들에 대해 검토한다.

9.1 피셔 효과

기대인플레이션(expected inflation)
투자자들이 미래에 발생하리라고 기대하는 인플레이션

피셔 효과(Fisher effect)
기대인플레이션이 명목이자율에 미치는 효과

우선 향후의 인플레이션에 대한 기대, 즉 기대인플레이션(expected inflation)은 이자율의 주요 구성 요인이다. 인플레이션이 진행되면 화폐의 구매력이 낮아지기 때문에 채권투자자들은 낮아진 구매력에 대한 보상을 요구하게 되는데 이에 대한 대표적 이론이 피셔 효과(Fisher effect)이다. 이는 20세기 초 이자율에 대한 이론을 정립한 경제학자인 Irving Fisher의 이름을 딴 것으로 다음과 같은 식으로 표현된다.

$$1 + R = (1+r) \times (1+i)$$
$$= 1 + r + i + r \times i$$

(6.10)

실질이자율(real interest rate)
투자자들이 소비를 미래로 미루는 행위에 대한 보상

여기서, R은 명목이자율(nominal interest rate), r은 실질이자율(real interest rate), i는 기대인플레이션을 나타낸다. 실질이자율이란 인플레이션 등 여타 요인이 없는 상황에서 투자자들의 시간선호(time preference)에 대한 보상이다. 사람들은 가능하면 소비를 현재에 하고 싶기 때문에 이들이 투자를 하도록 유인하기 위해서는 소비를 미래로 미루는 행위에 대한 보상을 해야 하는데 이것이 실질이자율이다. 마지막 항인 r×i는 매우 작은 숫자가 되기 때문에 현실에서는 흔히 R = r + i, 즉 명목이자율은 실질이자율에 기대인플레이션을 합한 근사치를 사용한다.

실질이자율이 3%, 기대인플레이션이 4%라고 하자. 명목이자율은 얼마인가?

답 피셔가 제시한 식에 의해서

$R = r + i + r \times i$

$= 0.03 + 0.04 + 0.03 \times 0.04$

$= 0.07 + 0.0012 = 0.0712,$ 또는 7.12%

마지막 항인 실질이자율과 기대인플레이션을 곱한 것은 매우 작은 값이므로 근사값을 사용하면 7%가 명목이자율이 된다.

9.2 이자율의 구성 요인

현실에서 보는 이자율은 피셔 효과에서 언급한 기대인플레이션 이외에도 매우 다양한 요인에 의해 결정되는데 다음과 같이 나타낼 수 있다.

$$이자율 = 실질이자율 + 기대인플레이션 + 채무불이행 프리미엄$$
$$+ 만기 프리미엄 + 유동성 프리미엄 + 세금 프리미엄 \qquad \text{(6.11)}$$

채무불이행 프리미엄(default risk premium)은 채권을 발행하는 기업이 이자와 원금을 상환하지 못할 위험에 대한 보상이다. 기업의 신용도가 낮을수록 위험 프리미엄이 높아진다. 만기 프리미엄(maturity premium)은 만기가 긴 채권의 경우 단기 채권에 비해 자금이 장기적으로 묶이고, 가격 변동 폭도 커지기 때문에 이에 대해 보상을 하는 것이다. 만기가 길수록 만기 프리미엄이 높아진다. 유동성 프리미엄(liquidity premium)은 해당 채권의 유동성이 낮아서 채권을 매각하고자 할 때 현금화가 어려운 경우에 대한 보상으로, 유동성이 낮은 채권의 유동성 프리미엄이 높아진다. 세금 프리미엄은 지방채의 경우 이자소득에 대해 세금을 내지 않지만, 그 이외의 채권들은 세금을 내야 하므로 발생한다. 따라서 일반 채권에 대해서는 세금 프리미엄(taxability premium)이 발생하게 된다.

채무불이행 프리미엄
(default risk premium)
채권을 발행하는 기업이 이자와 원금을 상환하지 못할 위험에 대한 보상

만기 프리미엄(maturity premium)
만기가 길어짐에 따라 채권의 위험도가 높아지는 것에 대한 보상

유동성 프리미엄(liquidity premium)
채권의 유동성이 낮아서 채권을 매각하고자 할 때 현금화가 어려운 경우에 대한 보상

세금 프리미엄(taxability premium)
이자소득에 대한 세금을 내는 것에 대한 보상

10. 이자율 기간 구조

채권의 수익률과 가격은 정확히 반대의 관계가 성립하기 때문에 미래의 이자율에 대한 예측을 잘 한다는 것은 채권투자의 성과를 결정짓는 매우 중요한 요인이다. 향후 이자율 변동에 대한 예측을 가능하게 해 주는 이론이 이자율 기간 구조(term structure of interest rates)인데, 이자율 기간 구조란 만기수익률과 기간 즉 만기와의 관계를 나타낸다. 만기에 따라 채권의 수익률이 어떻게 변하는지 보여주는 것이다. 여기서 중요한 것은 만기 이외에는 여타의 요인이 동일한 채권을 비교해야 한다는 것이며 흔히 국채를 이용하여 기간 구조를 분석한다.

〈그림 6.7〉에 예가 나와 있는데 이자율 기간 구조를 그림으로 나타낸 것을 수익률 곡선(yield curve)이라고 부른다. 채권의 만기가 증가함에 따라 만기수익률이 증가하고 있다. 일반적으로 장기 채권의 만기 프리미엄이 단기 채권의 만기 프리미엄보다 높으므로 장기 채권의 만기수익률이 단기 채권의 만기수익률보다 높다. 그러나 경제 상황에 따라 단기 채권의 만기수익률이 장기 채권의 만기수익률보다 높은 경우도 나타날 수 있다. 예를 들어, 현재의 인플레이션이 지나치게 높은 경우 시장 참여자들은 시간이 지남에 따라 인플레이션이 낮아질 것으로 예상할 것이므로 단기 채권의 인플레이션 프리미엄이 장기 채권의 인플레이션 프리미엄보다 높다. 따라서 장기 채권의 수익률이 단기 채권의 수익률보다 낮은 우하향의 수익률 곡선이 나타난다.

이자율 기간 구조는 향후 이자율이 어떻게 변할지를 가늠할 수 있게 해주는데 이를 이해하기 위해 다음 두 가지 전략을 생각해보자. 설명의 단순화를 위해 투자 기간은 2년으로 가정한다.

> 1) 장기 전략: 장기 채권, 즉 만기가 2년인 채권을 한 번 매입한다.
> 2) 단기 전략: 단기 채권, 즉 만기가 1년인 채권을 두 번 매입한다.

이자율 기간 구조(term structure of interest rates)
만기와 만기수익률 사이의 관계

수익률 곡선(yield curve)
이자율 기간 구조를 그림으로 나타낸 것

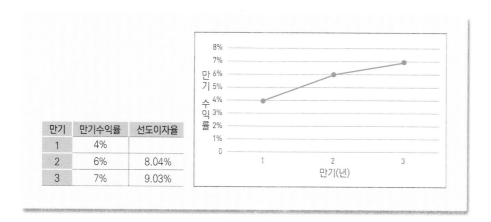

그림 6.7
이자율 기간 구조

만기	만기수익률	선도이자율
1	4%	
2	6%	8.04%
3	7%	9.03%

〈그림 6.7〉의 자료를 사용하여 두 가지 전략의 수익률을 살펴보면 다음과 같다.

1) 장기 전략

2) 단기 전략

여기서, $_0r_1$과 $_0r_2$는 각각 1년 만기, 2년 만기 채권의 만기수익률을 나타내며 현재 시장에서 관측할 수 있다. 그러나 $_1f_2$는 위의 두 만기수익률로부터 계산되는 것으로 내년의 이자율에 대한 시장참여자들의 예상을 반영하는 연 수익률이며 특별히 선도이자율(forward rate)이라고 불린다. 현재 1년 만기 채권의 수익률이 4%, 2년 만기 채권의 수익률이 6%로 형성되었다는 것은 시장참여자들이 내년 이자율이 약 8% 정도로 올라갈 것으로 예상하고 있다는 사실을 반영한다. 일반적으로 수익률 곡선이 우상향하면 미래에 이자율이 높아질 것을 예상하는 것이고 우하향하면 시간이 지남에 따라 이자율이 낮아질 것을 예상하는 것이다.

선도이자율(forward rate)
시장참여자들의 예상을 반영하는 미래의 연수익률

만일 지금 100만원을 투자한다면 2년 후의 원리금은 다음과 같이 계산된다.

- 장기 전략

$$100 \times (1 + {}_0r_2)^2 = 100 \times (1.06)^2 = 112.36 \text{ 만원}$$

- 단기 전략

$$100 \times (1 + {}_0r_1) \times (1 + {}_1f_2) = 100 \times 1.04 \times 1.0804 = 112.36 \text{ 만원}$$

이와 같이 채권시장의 균형 상태에서는 어느 전략을 사용하건 2년 후의 원리금은 동일하다. 만일 동일하지 않다면 이를 이용하여 수익을 얻고자 하는 활동이 일어날 것이며 이로 인해 다시 장기 전략과 단기 전략의 원리금 합이 동일해지는 균형 상황이 나타날 것이다.

균형상태의 조건을 이용하여 선도이자율을 구하는 과정은 다음과 같다.

$$100 \times (1 + {}_0r_2)^2 = 100 \times (1 + {}_0r_1) \times (1 + {}_1f_2) \tag{6.12}$$

$${}_1f_2 = \left[\frac{(1 + {}_0r_2)^2}{1 + {}_0r_1} \right] - 1 = \left[\frac{(1 + 0.06)^2}{1 + 0.04} \right] - 1 = 0.0804, \text{ 또는 } 8.04\%.$$

이를 n-기로 확장하면 다음과 같은 식이 될 것이며 이로부터 미래 모든 연도의 선도이자율도 구할 수 있다.

$$(1 + {}_0r_n)^n = (1 + {}_0r_1) \times (1 + {}_1f_2) \times (1 + {}_2f_3) \times \cdots \times (1 + {}_{n-1}f_n) \tag{6.13}$$

여기서 ${}_0r_n$은 만기 n-년인 채권의 만기수익률, ${}_{n-1}f_n$은 n-년의 선도이자율이다. 예를 들어, 내후년, 즉 3년의 선도이자율은 다음과 같이 계산된다.

$${}_2f_3 = \left[\frac{(1 + {}_0r_3)^3}{(1 + {}_0r_2)^2} \right] - 1 = \left[\frac{(1 + {}_0r_3)^3}{(1 + {}_0r_1)(1 + {}_1f_2)} \right] - 1$$

$$= \left[\frac{(1 + 0.07)^3}{(1 + 0.06)^2} \right] - 1 = \left[\frac{(1 + 0.07)^3}{(1 + 0.04)(1 + 0.0804)} \right] - 1 = 0.0903, \text{ 또는 } 9.03\%.$$

1. 채권의 가격과 만기수익률 사이의 관계에 대해 설명하라.

2. 이표이자율, 만기수익률, 액면가, 채권 가격 사이의 관계에 대해 설명하라.

3. 만기가 긴 채권과 만기가 짧은 채권 중 어느 것이 가격 위험이 더 높은가? 이유는?

4. 이표이자율 10%, 만기수익률 9%, 만기 20년, 액면가 10,000원인 채권이 있다. 이자는 반년마다 지급한다.

1) 이 채권의 가격을 공식을 사용하여 구하시오.
2) 이 채권의 가격을 엑셀을 사용하여 구하시오.

5. 이표이자율 10%, 만기 20년, 액면가 10,000원인 채권이 있다. 현재 이 채권의 가격이 10,920.08원이며, 이자는 반년마다 지급한다.

1) 시행착오법의 채권의 만기수익률을 구하라.
2) 엑셀을 사용하여 채권의 만기수익률을 구하라.

6. 연 이표이자율이 8%이고 분기마다 이자를 지급하는 5년 만기 채권이 있다. 이 채권의 유효이자율(effective annual rate; EAR)은 얼마인가?

7. 이표이자율 10%, 만기 20년, 만기수익률 8%, 액면가 10,000원인 채권이 있다. 다음에 답하라. 이자는 반년마다 지급한다.

1) 현재 이 채권의 가격은 얼마인가?
2) 이자수익률(current yield)은 얼마인가?
3) 만기수익률에 변동이 없다면 내년의 채권가격은 얼마로 예상되는가?
4) 현재와 내년 사이의 예상되는 자본차익수익률은 얼마인가?
5) 2)와 4)의 합은 얼마인가?

Financial
Management
Focusing on EVA

Chapter 7

주식의 가치 평가

주식은 채권과는 달리 자기자본을 형성하는 증권이다. 주식 평가의 경우에도 화폐의 시간가치(time value of money) 장에서 배운 할인현금흐름(discounted cash flow; DCF)법 방식이 그대로 적용된다. 주식의 경우 미래의 현금흐름은 배당 흐름으로 볼 수 있기 때문에 주식의 가치는 미래에 발생하는 모든 배당의 현재가치이다. 본 장에서 설명할 내용은 다음과 같다.

- 주식평가의 기본 틀
- 배당이 일정한 경우의 주식 평가
- 배당 성장률이 일정한 경우의 주식 평가
- 불규칙 성장의 경우 주식 평가
- 주식평가모형의 적용
- 비교 평가 모형
- 주식과 채권의 차이

아래 표는 2023년 6월 기준 시가총액으로 전 세계에서 가장 큰 기업들을 보이고 있다. 15개 기업 중 사우디아라비아 기업이 1개, 대만 기업이 1개, 프랑스 기업이 1개이고 나머지는 다 미국기업들이다. 가장 큰 기업은 스마트폰을 생산하는 애플인데 시가총액이 2조 9,579억 달러(3,868조원)이다. 그 다음을 마이크로소프트, 구글, 아마존, 엔비디아, 테슬라가 뒤따르고 있다. 외국 기업으로는 사우디아라비아의 아람코(3위), 대만의 TSMC(10위), 프랑스의 루이비통(12위)이 포함되어 있고, 한국 기업으로는 표에는 나타나지 않았지만, 삼성전자가 20위에 이름을 올렸다. 특이사항은 아람코를 제외하고는 IT기업들이 1위에서 6위까지를 모두 차지했다는 점이다. 또한 일반적으로 뉴욕증권거래소(NYSE)에서는 큰 기업들이 거래되고 작은 기업들은 나스닥(NASDAQ)에서 거래된다는 통념을 깨고, 미국의 세계 최대기업 1-8위가 모두 NASDAQ에서 거래되고 있다.

시가총액 최상위 기업 (2023년 6월 기준)

순위	기업	시가총액(₩)	시가총액($)	영문이름	주가	통화거래소	업종
1	애플	3,868조원	2조9,579억달러	Apple Inc.	188.06	USD	NASDAQ
2	마이크로소프트	3,253조원	2조4,877억달러	Microsoft Corporation	334.57	USD	NASDAQ
3	아람코	2,721조원	2조810억달러	Saudi Arabian Oil Co	32.25	SAR	TADAWUL
4	구글	1,970조원	1조5,063억달러	Alphabet Inc	119.01	USD	NASDAQ
5	아마존	1,733조원	1조3,254억달러	Amazon.com, Inc.	129.18	USD	NASDAQ
6	엔비디아	1,353조원	1조343억달러	NVIDIA Corporation	418.76	USD	NASDAQ
7	테슬라	1,025조원	7,840억달러	Tesla Inc	250.21	USD	NASDAQ
8	메타	962조원	7,356억달러	Meta Platforms, Inc	287.05	USD	NASDAQ
9	버크셔해서웨이	960조원	7,341억달러	Berkshire Hathaway Inc.	510,580	USD	NYSE
10	TSMC	626조원	4,788억달러	Taiwan Semiconductor Manufacturing	574	TWD	TPE
11	비자카드	609조원	4,659억달러	Visa Incorporation	227.34	USD	NYSE
12	루이비통	604조원	4,618억달러	LVMH	839.6	EUR	EPA
13	유나이티드헬스	588조원	4,493억달러	UnitedHealth Group Incorporated	482.56	USD	NYSE
14	일라이릴리	577조원	4,409억달러	Eli Lilly and Company	464.5	USD	NYSE
15	존슨앤존슨	555조원	4,243억달러	Johnson & Johnson	163.29	USD	NYSE

기본 틀

1.

할인현금흐름법에 의하면 자산의 가격은 미래에 창출되는 모든 현금흐름의 현재가치이다. 주식의 경우도 예외가 아니다. 〈그림 7.1〉은 롯데하이마트주식회사의 주권인데 액면가는 5,000원으로 되어 있으나 실제 구입가격, 즉 주식의 시장가치는 이 주식의 구매자가 미래에 받을 현금흐름에 의해 결정된다. 다음의 예를 생각해 보자.

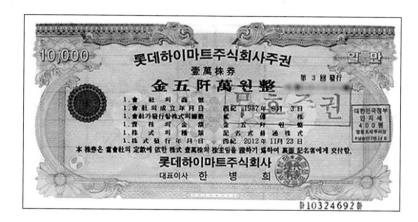

문제 어떤 사람이 오늘 주식을 사고 1년간 보유한 후 배당을 받고 주식을 매도 한다고 한다. 1년 후 배당은 800원, 주가는 21,200원으로 예상된다. 할인율이 10%라면 이 주식의 오늘 가격은 얼마일까?

답 이 주식을 오늘 사면 미래에 창출될 현금흐름은 800원과 21,200원이 전부이다. 따라서 오늘 주식의 가격은 다음과 같이 계산된다.

$$P = \frac{800 + 21{,}200}{1 + 0.1} = \frac{800}{1.1} + \frac{21{,}200}{1.1} = 20{,}000원$$

즉, 오늘의 주가는 배당의 현재가치와 1년 후 처분시점의 주가의 현재가치의 합이 된다.

문제 어떤 사람이 오늘 주식을 사고 2년간 보유하면서 두 번의 배당을 받고 2년 후 주식을 매도하기로 한다. 1년 후 배당은 800원, 2년 후 배당은 848원, 2년 후 주가는 22,472원으로 예상된다. 할인율이 10%라면 이 주식의 오늘 가격은 얼마일까?

📝 이 주식을 오늘 사면 미래에 창출될 현금흐름은 배당 800원, 848원과 2년 후 주가 22,472원이 전부이다. 따라서 오늘 주식의 가격은 다음과 같이 계산된다.

$$P = \frac{800}{1.1} + \frac{848}{1.1^2} + \frac{22,472}{1.1^2} = 20,000원$$

즉, 오늘의 주가는 배당의 현재가치와 2년 후 처분시점의 주가의 현재가치의 합이 된다.

문제

어떤 사람이 오늘 주식을 사고 3년간 보유하면서 세 번의 배당을 받고 3년 후 주식을 매도하기로 한다. 1년 후 배당은 800원, 2년 후 배당은 848원, 3년 후 배당은 899원, 3년 후 주가는 23,820원으로 예상된다. 할인율이 10%라면 이 주식의 오늘 가격은 얼마일까?

📝 이 주식을 오늘 사면 미래에 창출될 현금흐름은 배당 800원, 848원, 899원과 3년 후 주가 23,820원이 전부이다. 따라서 오늘 주식의 가격은 다음과 같이 계산된다.

$$P = \frac{800}{1.1} + \frac{848}{1.1^2} + \frac{899}{1.1^3} + \frac{23,820}{1.1^3} = 20,000원$$

즉, 오늘의 주가는 배당의 현재가치와 3년 후 처분시점의 주가의 현재가치의 합이 된다.

이 예와 같은 과정을 계속하면 결국 주식의 가격은 모든 미래의 배당의 현재가치임을 알 수 있다. 즉, 주가는 다음과 같이 표현할 수 있다.

$$P = \frac{d_1}{(1+r)} + \frac{d_2}{(1+r)^2} + \cdots + \frac{d_n}{(1+r)^n} + \cdots = \sum_{t=1}^{\infty} \frac{d_t}{(1+r)^t} \qquad \textbf{(7.1)}$$

여기서 미래의 배당액이 규칙이 없이 모두 제 각각이라면 주가를 계산하기 위해서는 모든 배당의 현재가치를 구해야 하며 이 계산은 끝이 나지 않을 것이다. 그러나 배당에 일정한 규칙이 있다면 손쉽게 주가를 구할 수 있는 방법이 있는데 이에 대해 하나씩 알아 보자.

> **요점**
>
> 주가는 모든 미래 배당의 현재가치이다.

배당이 일정한 경우

2.

배당에 대한 규칙이 있다면 가장 단순한 경우는 매 기간 배당액이 동일한 것이다. 즉,

$$d = d_1 = d_2 = \cdots = d_n = \cdots$$

이 경우는 연금의 계산에서 배운 영구 현금흐름과 같기 때문에 주가는 다음과 같이 쉽게 구할 수 있다. 이를 일정 배당액 모형(constant dividend model)이라 한다.

$$P = \frac{d}{(1+r)} + \frac{d}{(1+r)^2} + \cdots + \frac{d}{(1+r)^n} + \cdots = \sum_{t=1}^{\infty} \frac{d}{(1+r)^t} = \frac{d}{r} \qquad \text{(7.2)}$$

문제 매년 1,000원의 배당을 하는 우선주가 있다. 이 우선주의 할인율이 10%라면 우선주의 가격은 얼마인가?

답 우선주는 매년 일정액의 배당을 지급한다. 또한 우선주는 기업이 망하지 않는 한 계속적으로 배당을 지급할 것이기 때문에 식 (7.2)를 이용하여 가격을 계산할 수 있다. 매년 1,000원의 배당을 지급하고 할인율이 10%이기 때문에 다음과 같이 우선주의 가격은 10,000원으로 계산된다.

$$P = \frac{1,000}{0.1} = 10,000원 \qquad \text{(7.3)}$$

요점
우선주의 가격은 배당액이 일정하므로 영구 현금흐름 공식으로 구할 수 있다.

배당성장률이 일정한 경우

3.

배당성장률(dividend growth rate)이 일정한 경우라는 것은 가령 올해의 배당이 100원이고 성장률이 10%라면 내년의 배당은 110원, 내후년의 배당은 121원 등으로 배당이 일정하게 성장하는 경우이다. 수식으로 표현하면 다음과 같다.

$$d_1 = d_0(1+g)$$
$$d_2 = d_1(1+g) = d_0(1+g)^2$$
$$d_3 = d_2(1+g) = d_1(1+g)^2 = d_0(1+g)^3 \tag{7.4}$$
$$\vdots$$

여기서 g가 배당성장률이다. 이 배당을 일반식인 식 (7.1)에 대입하면 다음과 같은 식이 도출된다.

$$P = \frac{d_0(1+g)}{(1+r)} + \frac{d_0(1+g)^2}{(1+r)^2} + \cdots + \frac{d_0(1+g)^n}{(1+r)^n} + \cdots = \sum_{t=1}^{\infty} \frac{d_0(1+g)^t}{(1+r)^t} \tag{7.5}$$

이 경우 무한등비수열 수학 공식을 활용하면 주가는 다음과 같이 매우 간단히 구할 수 있다.

$$P = \frac{d_1}{r-g} \tag{7.6}$$

이를 일정배당성장모형(constant dividend growth model)이라 한다. 여기서 유의할 점은 일정 성장의 경우 주가가 지금, 즉 시점 0부터 일정하게 성장하며 주식을 매입 후 가장 처음 받는 배당은 d_0가 아니고 d_1이라는 점이다.

문제 어떤 사람이 주식을 사고자 하는데 이 주식은 바로 전 배당이 1,000원이었으며 배당이 매년 6%씩 증가한다고 하자. 이 주식의 할인율이 10%라면 가격은 얼마인가?

답 배당이 일정하게 성장하므로 식 (7.6)의 일정성장모형을 적용하면 다음과 같다.

$$P = \frac{d_1}{r-g} = \frac{d_0(1+g)}{r-g} = \frac{1,000 \times 1.06}{0.1-0.06} = 26,500원 \tag{7.7}$$

위의 문제를 앞의 배당액이 일정한 문제와 비교해 보자. 배당액이 일정한 경우의 주가는 식 (7.3)에서 보는 바와 같이 10,000원이었다. 배당이 연 6%로 일정하게 성장하는 경우의 주가는 26,500원으로 차이는 16,500원이다. 이 주가 차이는 배당이 성장하기 때문에 발생한 것이다.

요점

배당이 일정하게 성장하는 경우 주식의 가치는 식 (7.6)과 같이 구한다. 즉 차기의 예상 배당액을 할인율과 배당성장률의 차이로 나누면 그것이 주가이다.

할인율, 배당수익률, 자본차익수익률   **4.**

일정배당성장모형의 식 (7.6)을 변형해 보면 다음과 같은 식을 도출할 수 있다.

$$r = \frac{d_1}{P} + g$$

(7.8)

이 식의 의미는 할인율은 배당수익률과 배당성장률의 합이라는 뜻이다. 당신이 주식을 구입하면 두 가지 원천에서 수익이 발생한다. 하나는 배당으로부터의 수익이고, 다른 하나는 시세차익으로부터의 수익이다. 위의 식을 이러한 생각에 대입시켜 보면 d_1/P 는 배당수익률이고 g는 시세차익으로부터의 수익률이다.

배당수익률은 쉽게 이해할 수 있으나 왜 g가 주식가격 차이로부터의 자본차익수익률인가? 그 이유는 일정성장모형을 잘 생각해 보면 이해할 수 있다. 주가는 모든 미래 배당의 현재가치라고 했다. 그렇다면 배당이 매년 g로 성장한다면 주가도 매년 g로 성장할 것이다. 따라서 g가 자본차익수익률이 되는 것이다.

식 (7.8)의 관계는 채권의 경우에 만기수익률은 이자수익률과 자본차익수익률의 합과 같다는 것과 일맥상통하는 것이다. 즉 식 (6.8)과 식 (7.8)을 대비시켜 보면 채권의 경우 이자수익률이 배당수익률에 해당하는 것이고 이에 자본차익수익률을 더하면 그것이 총수익률 또는 만기수익률이 되는 것이다.

EVA

경제적 부가가치를 구하기 위해서는 투하자본이익률(return on invested capital; ROIC)에서 가중평균자본비용(weighted average cost of capital; WACC)을 빼야 하는데 가중평균자본비용을 구하기 위해서는 타인자본비용과 자기자본비용을 먼저 구해야 한다. 식 (7.8)은 자기자본비용을 구하는 방법 중의 하나이다.

문제 현재 주가가 26,500원이고, 배당성장률이 6%, 내년에 기대되는 배당액이 1,060원인 주식이 있다. 이 주식의 자기자본비용은 얼마인가?

답 이 문제에서 자기자본비용이라 함은 주식평가의 할인율과 동일한 것이다. 따라서 식 (7.8)을 이용하여 다음과 같이 계산할 수 있다.

$$r = \frac{1,060}{26,500} + 0.06 = 0.1 \text{ 또는 } 10\%$$

5. 불규칙 성장의 경우

일정성장모형과는 달리 초기에는 성장이 불규칙하다가 산업이 균형 상태에 도달한 후에 배당의 성장률이 일정해지는 경우가 있을 수 있다. 예를 들어, 초기에는 경쟁기업이 없어 독점 이윤이 창출되어 성장성이 높다가 점차 경쟁 기업들이 산업에 진입하게 되어 독점이윤이 사라지고 정상 성장을 하게 되는 경우이다.

이런 경우의 주식가치 평가도 기본 원칙은 똑같다. 즉, 주가는 미래의 모든 배당의 현재가치라는 것이다. 이 경우는 성장이 불규칙한 기간의 배당이 있고 성장이 일정한 기간의 배당이 있는데 주가는 이 모든 배당의 현재가치이다. 다시 말해 〈그림 7.2〉에서 보는 바와 같이 주가는 불규칙한 기간의 배당의 현재가치에 규칙적인 기간의 배당의 현재가치를 합하여 계산한다.

그림 7.2
**불규칙 성장 배당의 경우
주식 평가**

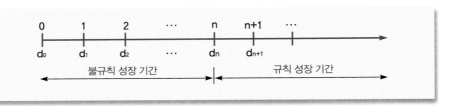

 '월광' 기업의 배당은 처음 1년은 20%, 2년째는 15%, 3년째는 10%로 성장을 하고 4년째부터는 연 6%로 영구히 일정하게 성장한다고 한다. 최근의 배당은 1,000원이었고 할인율은 10%이다. 이 기업의 주가는 얼마인가?

답 먼저 배당액수를 계산하면 다음과 같다.

$$d_0 = 1,000$$
$$d_1 = 1,000 \times 1.2 = 1,200$$
$$d_2 = 1,200 \times 1.15 = 1,380$$
$$d_3 = 1,380 \times 1.1 = 1,518$$
$$d_4 = 1,518 \times 1.06 = 1,609$$

이를 그림으로 나타내면 다음과 같다.

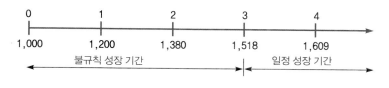

위의 그림에서 보다시피 시점 3부터는 일정하게 성장하기 때문에 그 이후의 모든 배당은 일정성장모형을 이용하여 시점 3의 주가를 구하여 반영시킬 수 있다. 다시 말해

$$P_3 = \frac{d_4}{r-g} = \frac{1,609}{0.1-0.06} = 40,227원$$

시점 3의 주가가 d_4 를 포함하여 그 이후의 모든 배당을 포함하고 있는 것이다. 이제 현재의 주가는 다음과 같이 구할 수 있다.

$$P_0 = \frac{1,200}{1.1} + \frac{1,380}{1.1^2} + \frac{1,518}{1.1^3} + \frac{40,227}{1.1^3} = 33,595원$$

이를 일반식으로 표현하면 다음과 같다. 여기서 d_n까지는 배당이 불규칙 성장을 하고 그 이후는 규칙성장을 한다. 주가는 모든 배당의 현재가치인데 불규칙 성장 기간인 d_n까지의 현재가치와 그 이후 배당의 현재가치를 구하여 합을 구하면 그것이 현재의 주가가 되는 것이다.

$$P_0 = \frac{d_1}{(1+r)} + \frac{d_2}{(1+r)^2} + \cdots + \frac{d_n}{(1+r)^n} + \frac{d_{n+1}}{(1+r)^{n+1}} + \frac{d_{n+2}}{(1+r)^{n+2}} + \cdots \qquad \text{(7.9)}$$

$$= \frac{d_1}{(1+r)} + \frac{d_2}{(1+r)^2} + \cdots + \frac{d_n}{(1+r)^n} + \frac{1}{(1+r)^n}\left(\frac{d_{n+1}}{1+r} + \frac{d_{n+2}}{(1+r)^2} + \cdots\right)$$

$$= \frac{d_1}{(1+r)} + \frac{d_2}{(1+r)^2} + \cdots + \frac{d_n}{(1+r)^n} + \frac{P_n}{(1+r)^n}$$

요점

배당이 처음에는 불규칙하게 성장하다가 나중에 안정이 되어 규칙적으로 성장하는 경우는 불규칙성장 모형을 적용한다. 주가는 모든 미래 배당의 현재가치이므로 불규칙성장 기간의 배당의 현재가치와 규칙 성장기간의 배당의 현재가치를 합하면 주가를 구할 수 있다. 규칙성장기간의 배당의 현재가치를 구하기 위해서는 일정배당성장모형을 응용한다.

6. 주식평가모형의 적용

주식평가모형을 사용하여 주가를 산출하고자 하면 먼저 그 기업의 배당이 어떠한 패턴을 보이는지 확인해야 한다. 배당액이 매년 같은지, 일정하게 성장하는지, 또는 불규칙하게 성장하다가 일정하게 되었는지를 파악하여 이에 맞는 모형을 적용하여야 한다. 물론 거의 대부분의 기업이 이론에서 가정하는 것과 똑같은 패턴으로 배당을 지급하지는 않을 것이다. 그러므로 대체적인 추세를 보아 어느 모형이 적절한지를 판단하여야 한다.

다음의 예를 살펴보자. 〈표 7.1〉에는 어느 기업의 실제 배당액이 나타나 있다. 〈그림 7.3〉에는 실제 배당액을 그래프로 보이고 있는데 실제 배당액의 시간의 흐름에 따른 변화 패턴을 파악할 수 있다. 그림에서 보다시피 배당이 증가하는 패턴을 보이고 있으므로 일정 배당액 모형(constant dividend model)을 적용하기는 어렵다는 것을 쉽게 알 수 있다. 또한 배당이 매우 불규칙하다가 규칙적으로 변화하는 형태도 아니므로 일정배당성장모형(constant dividend growth model)을 적용하는 것이 합리적이다. 〈표 7.1〉에는 일정 배당성장률이 10%인 경우의 이론 배당액도 보이고 있는데 이의 그래프가 〈그림 7.3〉에 나타나 있다. 보는 바와 같이 비록 정확하게 이론적 배당액을 따르지는 않지만 주식의 평가를 위하여 일정배당성장모형을 사용하는 것이 그리 나쁜 근사치는 아닌 것을 알 수 있다.

표 7.1
배당모형의 추정 예

기간	이론 배당	실제 배당
1	1000.0	1000
2	1100.0	1050
3	1210.0	1300
4	1331.0	1300
5	1464.1	1400
6	1610.5	1550
7	1771.6	1850

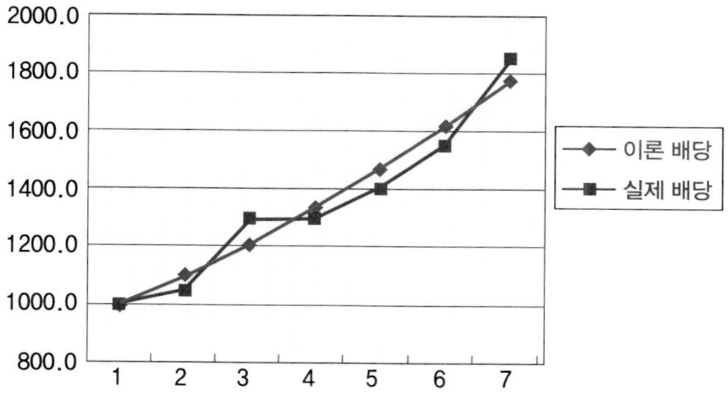

그림 7.3
배당모형의 추정 예

문제 〈표 7.1〉과 같은 실제 배당액이 관측되었을 때 배당성장률은 어떻게 계산하는가?

답 여러 가지 방법이 있겠으나 가장 손쉬운 방법은 각 해의 성장률을 구하여 이를 평균하는 것이다. 〈표 7.2〉에는 각 해의 이론배당과 실제배당의 성장률과 이의 평균을 보이고 있다. 이론 성장률은 10%이나 실제성장률의 평균은 11%로 약간의 오차가 있음을 알 수 있다.

기간	이론 배당	배당성장률	실제 배당	배당성장률
1	1000.0		1000	
2	1100.0	0.10	1050	0.05
3	1210.0	0.10	1300	0.24
4	1331.0	0.10	1300	0.00
5	1464.1	0.10	1400	0.08
6	1610.5	0.10	1550	0.11
7	1771.6	0.10	1850	0.19
평균		0.10		0.11

표 7.2
배당 성장률 추정 예

모형을 실제에 적용하는 데에는 항상 오차가 발생하게 되며 문제는 이러한 오차를 얼마나 줄이면서 정확히 이론 주가를 도출하는가 하는 것이다. 현장에서 보면 같은 주식에 대해서도 증권회사마다 예상 주가가 매우 상이한 것을 볼 수 있는데 모형에 사용하는 변수들의 값을 달리 사용하면 이러한 결과가 나타날 수 있다. 따라서 모형 적용에 있어 각 모형의 가정을 잘 살펴 적절한 모형을 선정하여야 하고 선정된 모형에 사용되는 변수들의 추정치들에 대한 오차를 줄이는 것이 중요하다.

7. 비교 평가 모형

배당에 근거한 주식 평가모형은 할인현금흐름법에 근거한 것이다. 그러나 실무에 적용하기에는 배당성장 모형이 전제하는 바와 같이 배당이 규칙성을 띠지 않을 수도 있고, 모형에 포함되는 할인율이나 배당성장률의 추정이 쉽지 않을 수도 있다. 따라서 실무에서는 이론적으로 정교하지는 않지만 사용하기 편리한 상대평가 방식이 쓰이는 경우도 많다. 그 대표적인 예가 수익배수모형(earnings multiplier model)이다. 이는 다음과 같이 주당순이익(earnings per share; EPS)에 주가수익비율(price-earnings ratio; PER)을 곱하여 주가를 산정하는 방식이다.

수익배수모형(earnings multiplier model)
해당 회사의 수익에 비교 대상의 PER을 곱하여 주가를 산정하는 모형

$$EPS_i \times PER_j = EPS_i \times \frac{주가_j}{EPS_j} = 주가_i \qquad \text{(7.10)}$$

여기서 첨자 i는 주가를 산정하고자 하는 기업을 나타내고, j는 비교대상을 의미한다. 따라서, EPS_i는 주가를 산정하고자 하는 기업의 주당순이익인데 경제적 이익을 추정하는 것이 옳으나 현실적으로 이를 추정하는 것이 어렵기 때문에 회계적 이익인 당기순이익을 이용하여 계산한다. PER_j는 해당 기업의 주가를 산정하는 목적에 맞게 경쟁회사, 동종산업, 또는 과거 일정 기간 동안의 평균 PER 등이 사용될 수 있을 것이다. 또는 다음 식에서 보는 바와 같이 배당성향을 할인율과 배당성장률의 차이로 나누어 추정할 수도 있다.

배당성향
배당금을 당기순이익으로 나눈 수치

$$PER = \frac{주가}{EPS} = \frac{\frac{d_1}{r-g}}{EPS} = \frac{d_1}{EPS} \times \frac{1}{r-g} = \frac{배당성향}{r-g} \qquad \text{(7.11)}$$

문제
갑을 기업은 비상장회사로 주가 자료가 없다. 최근 다른 기업과의 합병을 고려하고 있는데 합병비율을 결정하기 위해서 주가를 추정해야 한다. 갑을 기업은 동일 산업에서 경쟁하고 있는 유사기업이 있는데 이 회사의 과거 5년간 배당성향은 40%, 할인율은 12%, 배당성장률은 8% 정도임을 확인했다. 한편, 갑을 기업의 동 기간의 평균 EPS는 4,000원이다. 갑을 기업의 주가는 얼마로 추정되는가?

답 먼저 경쟁기업의 PER은 다음과 같이 구할 수 있다.

$$PER = \frac{0.4}{0.12-0.08} = 10$$

따라서, 갑을 기업의 주가는 4,000원 × 10 = 40,000원으로 추정된다.

수익배수모형 사용시 주의할 점은 직전년도의 EPS나 PER은 비정상적인 상황에 따른 결과가 포함되어 있을 수도 있기 때문에 이를 보완하여 정상 상태의 EPS와 PER을 추정하여 사용해야 한다는 것이다. 또한, EPS에 따라 PER이 민감하게 변하는데 EPS는 회계처리방법에 따라 자의적으로 변경될 수 있고, 적자 기업은 PER이 음이 되는 문제도 존재한다. 그럼에도 불구하고 비교평가모형은 쉽고 실무적으로 적용하기가 용이해서 시장 전체의 평균주가, 특정 산업의 평균주가를 추정하여 경제 전체 또는 산업에 대한 분석을 하는 경우, 주가 수준의 국제 간 비교를 하여 국제적 투자 포트폴리오를 구성하는 경우 등 다양한 측면에서 활용되고 있다.

주식과 채권의 차이

8.

주식과 채권은 금융자산이라는 공통점이 있으나 이를 제외하면 완전히 다른 증권이다. 이에 대한 비교가 〈표 7.3〉에 나타나 있다.

채 권	주 식
1. 타인자본증권으로 기업의 부채이다.	1. 자기자본증권으로 기업의 지분이다.
2. 원리금을 상환하지 못하면 법적 소송으로 문제를 해결한다.	2. 배당을 지급하지 못해도 법적 소송대상이 아니다.
3. 이익분배시 배당지급보다 선순위이다.	3. 이익분배시 이자지급보다 후순위이다.
4. 이자는 경영활동상 필요한 경비로 인정되므로 과세 전에 차감된다.	4. 배당은 경영상 필요경비가 아닌 투자에 대한 보상으로 해석되어 과세 전에 차감되지 않는다.
5. 주식보다 안전한 증권이다.	5. 위험도가 높은 증권이다.

표 7.3
주식과 채권의 차이

먼저 채권은 남의 돈을 빌려온 것에 대한 증표이다. 따라서 약속한 원금과 이자를 상환하지 못하게 되면 채권자가 법적 소송을 통하여 이의 상환을 강제할 수 있다. 상환하지 못하면 기업이 부도가 나게 되며 기업은 채권자의 소유로 넘어가게 된다. 반면 주식은 기업의 주인임을 나타내는 증권이기 때문에 설사 주주가 배당을 받지 못하게 되더라도 법적인 소송의 대상이 되지 않는다.

주주들은 잔여재산청구권(residual claim)을 가지고 있다. 다시 말해 주주들은 기업의 다른 이해관계자들에 대한 지급이 다 이루어진 후에 남은 재산에 대한 청구권을 가진다는 말이다. 따라서 채권에 대한 이자는 주주에 대한 배당보다 우선하여 지급된다. 그리고 이자는 경영 활동에 필요한 경비로 인식되어 과세 전

잔여재산청구권(residual claim)
기업의 다른 이해관계자들에 대한 보상을 다 마친 후 남은 재산을 지급받는 권리

에 차감되지만, 배당은 과세 전에 차감되지 않는다. 이유는 배당은 경영 활동상 필요 경비로 보지 않고 투자에 대한 수익을 지급하는 것으로 보기 때문이다. 또한 채권은 향후 현금흐름, 이자의 지급과 시간이 알려져 있기 때문에 매 기간 지급액이 불확실한 배당에 대한 권리인 주식보다 안전한 증권이다.

> **요점**
>
> 채권은 타인자본증권이며 지분은 자기자본증권이다. 채권의 원리금을 상환하지 못하면 기업은 부도가 난다. 채권에 대한 이자는 배당보다 먼저 지급되며, 채권은 주식보다 안전한 증권이다. 채권에 대한 이자는 과세 전에 차감되나, 배당은 과세 후에 지급된다.

9. 보통주와 우선주

주식에는 크게 보통주(common stock)와 우선주(preferred stock) 두 가지가 있다. 흔히 사람들이 말하는 주식은 보통주이며, 보유한 주식의 수에 비례하여 배당을 받을 권리, 회사가 청산하여 잔여 재산 처분 시 비율적으로 재산을 할당받을 권리, 기업 간 합병과 같이 중요한 경영의사결정에 참여할 권리를 가진다. 주주의결권을 행사할 때는 1주 1의결권이 원칙이다. 즉 주주는 회사의 주인이기 때문에 중요 의사 결정에 참여할 권리를 가지는데 1주당 의결권 1개를 가지는 것이다. 따라서 주식을 많이 가지고 있는 사람의 의견이 더 중요하며, 이는 1인 1표인 민주주의 선거 원칙과는 다른 점이다. 외국의 경우에는 1주당 여러 개의 의결권이 부여된 보통주도 존재하지만, 우리나라의 경우는 재벌 체제와 같은 기업지배구조 문제가 존재하기 때문에 1주 1의결권을 고수하고 있다.

보통주주들은 자신들의 의사가 경영에 반영되도록 하기 위해 이사를 선임하는데, 일반 투표제(straight voting)와 집중 투표제(cumulative voting)가 있다. 예를 들어, 4명의 이사를 선출한다고 하자. 일반 투표제는 이사 각 1명씩에 대해 자신이 가지고 있는 의결권을 행사하는 것이다. 그러나 집중투표제는 자신의 의결권의 4배에 해당하는 만큼까지 몰아서 한 이사에게 투표할 수 있는 방식이다. 따라서 소액주주들이 자신들이 원하는 이사를 선출할 수 있는 가능성이 높아진다.

소액주주들은 자연스레 기업의 경영에는 크게 관심이 없고, 설사 관심이 있다 하더라도 이들의 의견은 무시되기 쉽다. 이러한 문제점을 해결하기 위한 방법의 하나로 위임장 대결(proxy fight)을 들 수 있다. 이는 주주들이 자신이 직접 주

집중투표제(cumulative voting)
선출할 이사의 수에 해당하는 배수까지 의결권을 증가시켜 의결권 행사에 유연성을 부여한 방식

주총회에 참석하지 않더라도 다른 주주에게 자신의 의결권을 위임하는 위임장(proxy)을 활용하여 대신 투표할 수 있도록 하는 제도이다. 소액주주 각자는 힘이 약하더라도 이들의 위임장이 모이면 상당한 의결권을 행사할 수 있게 되므로 회사의 경영에 대한 주주들의 관심을 높일 수 있다.

우선주는 보통주에 비해 배당을 먼저 받으며, 회사 청산 시 잔여 재산의 처분에 있어서도 보통주주에 우선하여 잔여 재산을 지급 받는다. 보통주의 배당은 경영 상황에 따라 액수가 달라지지만 우선주 배당은 일정액으로 정해져 있다. 우선주 배당을 하지 못하게 되는 경우, 미래에 배당을 지급할 때 이전의 미지급 배당을 합산하여 지급하는 누적적 우선주(cumulative preferred stock)와 그렇지 않은 비누적적 우선주(noncumulative preferred stock)이 있다. 같은 조건이라면 당연히 누적적 우선주의 가격이 높을 것이다. 기업들은 대부분 누적적 우선주를 발행한다. 우선주는 일반적으로 의결권이 없다.

우선주는 과세 목적상 주식에 해당하여 배당이 과세 전에 차감되지 않지만, 일정액을 지급해야 한다는 측면에서 채권과 비슷하다. 그래서 채권과 주식의 성격을 함께 가지고 있는 혼성증권(hybrid security)이라고도 한다. 우선주는 투자자에게 전환사채와 같이 회사의 보통주로 전환할 수 있는 권리가 부여된 전환우선주(convertible preferred stock)도 있고, 회사가 원하는 경우 명시된 청산 가치(stated value)를 지급하고 상환할 수 있는 수의상환우선주(callable preferred stock)도 있다.

주식시장

10.

주식시장은 1차시장(primary market)과 2차시장(secondary market)이 있다. 1차시장은 주식이 회사에 의해 처음 발행되는 시장으로 발행시장이라고도 한다. 2차시장은 1차시장에서 발행된 증권이 투자자들 사이에서 매매되는 시장으로 유통시장이라고도 한다. 이 두 시장은 서로 보완관계에 있으며 양 시장이 모두 잘 발달되어야 경제발전을 지원하는 자본시장 본연의 임무를 달성할 수 있다.

기업이 창업을 하여 비상장주식회사로 존재하다가 더 큰 회사로 성장하려면 상장이라는 과정을 거치게 된다. 증권거래소는 건전한 자본시장의 발전과 투

상장요건
회사가 주식을 자본시장에 상장시키기 위해 충족시켜야 하는 최소한의 조건

최초공모(Initial Public Offering; IPO)
비상장주식회사가 증권거래소에 주식을 처음 상장하는 것

자자 보호를 위하여 규모나 수익성 등 최소한의 상장요건을 제시하고 있는데 상장하고자 하는 기업들은 이 요건을 충족시켜야 상장심사 대상이 된다. 비상장주식회사가 증권거래소에 주식을 처음 상장하는 것을 최초공모(Initial Public Offering; IPO)라고 한다.

주식에 투자하기 위해서는 해당 기업의 상황을 잘 알아야 하는데 〈그림 7.4〉는 투자자들이 손쉽게 인터넷 사이트에서 얻을 수 있는 주요 정보를 보이고 있다. 특히, 해당 기업과 주식에 관한 다양한 용어 및 약자들이 쓰이고 있는데, 이들은 주식 거래를 하기 위해서는 기본적으로 알아야 하는 것으로 그 의미는 다음과 같다.

- EPS(Earnings Per Share): 당기순이익을 발행주식수로 나눈 것이다. 즉, 1주당 당기순이익을 의미한다.
- BPS(Book value Per Share): 재무상태표 상의 총자기자본을 발행주식수로 나눈 것이다. 즉, 1주당 자기자본의 장부가치를 말한다.
- PER(Price Earnings Ratio): 장부가가 아닌 시장가, 즉 주가를 EPS로 나눈 것이다. 가격이 1주당 순이익의 몇 배에 해당하는가를 나타내는 지표이다.
- 업종 PER: 기업이 속한 산업의 평균 PER를 의미한다. 해당 기업의 PER가 업종 PER보다 높은 경우 흔히 주가가 고평가되어 있다는 신호로 해석된다.
- PBR(Price to Book Ratio): 주식의 시가를 장부가로 나눈 것으로 시장대장부가비율이라고 한다. 이 비율이 1보다 작다는 것은 주가가 장부가보다 낮다는 것이며, 여타의 조건이 같다면 기업이 시장에서 부정적으로 받아들여지고 있다는 의미이다.
- 현금배당수익률: 현금배당액을 주식의 시가로 나눈 값이다. 고배당주식에 투자를 하려는 경우 중요하게 봐야 하는 지표이다.
- 주가/전일대비/수익률: '주가'는 해당일의 종가, '전일 대비'는 그 전날과 비교한 가격 변동폭, '수익률'은 %로 표현한 전일 대비 가격 변동폭을 의미한다. 이 예에서는 당일 종가는 73,400원으로 전일의 71,900원 대비 1,500원 증가하였으며 이는 2.09% 포인트 증가한 것이다. 시가는 장 시작 가격, 고가는 당일 중 최고 가격, 저가는 당일 중 최저 가격이다.
- 52Weeks 최고/최저: 해당일 기준 이전 52주, 약 1년간의 최고가와 최저가를 의미한다.
- 액면가: 주식의 액면가를 의미하며 주식의 시가와 매우 다를 수 있다. 액면가가 서로 다른 기업의 주가는 액면가를 고려하여 비교 판단하여야 한다.

- **거래량/거래대금**: 해당 일자의 주식 거래량과 거래대금의 규모를 의미한다.
- **시가총액**: 주가에 발행주식수를 곱한 값이다.
- **52주 베타**: 이전 약 1년간의 자료를 사용하여 계산한 체계적 위험의 척도 이다.
- **발행주식수/유동비율**: 발행한 주식의 수를 의미하며, 이중 기업의 소유주나 주요주주 등이 고정적으로 보유하여 거의 거래가 되지 않는 주식을 제외하고 투자자들 사이에서 유통되고 있는 주식의 비율이 '유동비율'이다.
- **외국인 지분율**: 외국인이 보유하고 있는 주식의 비율로, 이 비율이 높은 기업들은 상대적으로 지배구조가 우수하고 신뢰성이 높은 것으로 판단할 수 있다.
- **수익률(1M/3M/6M/1Y)**: 최근 한 달, 석 달, 반년, 1년 기간의 수익률을 의미한다.

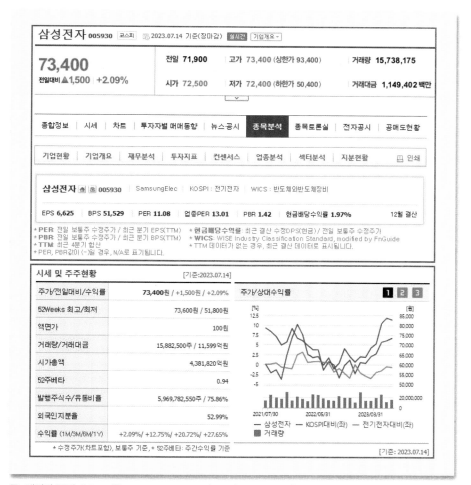

그림 7.4
주식 관련 기업 정보

주: 네이버 증권, https://finance.naver.com/item/main.naver?code=005930

1. '경하늬'씨는 주식 투자를 시작해 보려고 한다. 일단 1년간 보유하고 배당을 받은 후 매각하려고 한다. 고려하고 있는 주식의 내년도 배당은 1,060원, 내년도 가격은 16,051.43원으로 예상된다. 이 회사의 상황을 볼 때 할인율은 13% 정도가 적당할 것으로 판단된다. '경하늬'씨는 이 주식을 얼마에 구입하겠는가?

2. 매 분기 500원을 지급하는 우선주가 있다. 이 우선주의 할인율이 12%라면 우선주의 가격은 얼마인가?

3. 연 평균 6%로 일정 성장을 하는 주식이 있다. 직전 배당은 1,000원이었고 이 주식의 할인율은 13%이다.

   1) 이 주식의 현재 가격 P_0은 얼마인가?
   2) 이 주식의 4년 후 가격 P_4는 얼마인가?
   3) 현재부터 4년 후까지 주식의 수익률은 얼마인가?
   4) 3)에서 주식의 수익률이 배당성장률과 동일한 이유는 무엇인가?

4. 연 평균 7%로 일정 성장을 하는 주식이 있다. 직전 배당은 1,000원이었고 이 주식의 할인율은 13%이다.

   1) 현재 주가는 얼마인가?
   2) 배당수익률은 얼마인가?
   3) 이 주식의 1년 후 가격 P_1은 얼마인가?
   4) 현재 이 주식의 예상 시세차익 수익률은 얼마인가?
   5) 배당수익률과 시세차익 수익률의 합은 얼마인가?

5. '오성' 기업의 첫 해 배당성장률은 20%, 둘째 해 배당성장률은 15%이고 그 이후부터는 배당이 매년 7%로 일정하게 성장한다. 이 기업의 직전 배당은 1,000원이다. '오성' 고딕 기업의 주가는 얼마인가? 할인율은 13%이다.

1) '오성' 기업의 내년과 내 후년, 그리고 3년째 배당액은 얼마인가?

2) '오성' 기업의 2년 후 주가는 얼마인가?

3) '오성' 기업의 현재 주가는 얼마인가?

Financial Management : Focusing on EVA

Part

투자안의 가치 평가

　기업의 가장 중요한 활동은 수익성 높은 사업을 많이 추진함으로써 기업의 가치와 주주의 가치를 높이는 것이다. 이는 1장에서 언급한 자본예산 의사결정(capital budgeting decision)으로 장기투자 의사결정이라 할 수 있다. 이 후 세 장에서는 이러한 장기투자 의사결정과 관련된 내용을 소개한다.

　장기투자 의사결정에서 투자안의 평가는 가장 핵심적인 내용이다. 투자안을 평가하기 위해서는 언제나 두 가지 정보가 확보되어야 한다. 하나는 투자안이 창출할 것으로 예상되는 현금흐름이고 다른 하나는 투자안의 위험도를 반영하는 할인율이다. 먼저 8장에서는 현금흐름과 할인율을 포함한 투자안에 대한 모든 정보가 주어진 상태에서 어떠한 사업을 선정할 것인가의 문제를 고찰한다. 9장에서는 현금흐름의 추정치가 주어진 8장에서와는 달리 현금흐름 자체의 추정 방법에 대해 설명한다. 10장에서는 9장의 현금흐름 추정치에 대한 위험도를 검토한다. 즉 투자의사결정은 미래에 대한 것이기 때문에 현금흐름을 추정하여야 하나 10장에서는 9장과는 달리 하나의 현금흐름을 추정하는 것이 아니라 상황에 따라 현금흐름을 달리 추정하여 사업의 위험도를 평가하고자 하는 것이다.

　전체적으로 볼 때 9장·10장은 장기투자 의사결정에서 현금흐름과 관련된 장들이고 또 하나의 주요 변수인 할인율에 대한 것은 자본비용을 다루는 12장에서 설명한다.

Financial
Management
Focusing on EVA

자본예산 기법

기업의 의사결정 중 가장 중요한 것이 장기 투자에 대한 의사결정이다. 장기투자는 투자 규모가 클 뿐만 아니라 그 영향이 장기간에 걸쳐 나타나므로 이것의 성패에 따라서 기업의 가치 창출이 심각하게 영향을 받을 수 있을 뿐만 아니라 이로 인해 기업의 존폐가 결정될 수도 있다. 본 장에서는 여러 가지 투자 대안 중 어느 투자안에 투자할 것인가를 결정하는 방법을 설명한다. 구체적으로 다음과 같은 의사결정 기법을 설명한다.

- 현금회수기간(Payback period)
- 할인현금회수기간(Discounted payback period)
- 순현재가치(Net present value; NPV)
- 내부수익률(Internal rate of return; IRR)
- 수익성지수(Profitability index; PI)

영화 수익률

　성공한 영화들의 수익률은 얼마나 될까? 아래의 표는 외국영화 중 역대 최고의 수익률을 올린 10편의 영화들이다. 제작비 대비하여 매출 기준 수익률과 수익 기준 수익률을 보이고 있다. 1위는 2007년에 개봉된 'Paranormal Activity'라는 공포영화인데 수익으로 보면 제작비 대비 무려 19,851%, 약 199배의 수익을 올렸고, 매출은 제작비의 479배에 달했다. 그러나 제작비가 낮기 때문에 실제 수익금은 다른 대작보다 낮다. 수익금 기준으로 보면 1977년 개봉된 'Star Wars Episode IV: A New Hope'가 3억 2,300백만 달러를 벌어 가장 흥행에 성공했다. 쉽게 환율을 달러당 1,000원이라고 하면 3,230억 원의 수입을 올린 것이다.

외국영화 수익률 순위

(단위: 백만 달러, %)

순위	영화명	제작비	수익률	수익	수익률	매출
10	It's a Wonderful Life (1946)	3.2	2,091	66.5	2,342	74.5
9	Insidious (2011)	1.5	2,317	34.8	7,621	114.3
8	Paranormal Activity 2 (2010)	3.0	2,571	77.1	6,585	197.6
7	Star Wars Episode IV: A New Hope (1977)	11.0	2,937	323.0	7,406	814.7
6	God's Not Dead (2014)	2.0	1,735	34.7	3,130	62.6
5	Grease (1978)	6.0	3,091	185.5	6,859	411.6
4	Peter Pan (1953)	4.0	3,494	139.8	5,145	205.8
3	The Devil Inside (2012)	1.0	3,731	37.3	10,584	105.8
2	The Gallows (2015)	0.1	6,790	6.8	42,950	43.0
1	Paranormal Activity (2007)	0.5	19,851	89.3	47,927	215.7

자료: The Numbers, https://www.the-numbers.com/movie/budgets/

한국 영화의 경우 수익률 1위는 2014년에 개봉된 '님아 그 강을 건너지 마오'이다. 두 노인이 삶의 마지막까지 서로 사랑하고 의지하는 모습을 그린 다큐멘터리 형식의 영화로 12,433%의 수익률을 올렸다. 다만 이는 매출 대비이어서 제작비 대비 124배의 매출을 올렸다는 의미로 미국의 1위인 479배의 약 1/4 정도에 해당한다. 아무래도 미국 영화산업은 전 세계를 시장으로 활동하기 때문인 것으로 판단된다. 역시 금액 기준으로는 제작비가 적기 때문에 다른 영화가 1위인데, 같은 해 개봉된 임진왜란과 이순신 장군을 그린 '명량'이 1,357억 원의 매출을 올렸다. 관객 수로도 1,761만 명이 관람하여 최고이다. 흥미 있는 영화들이어서 안 본 영화들은 한 번씩 보는 것도 좋을 것 같다.

한국영화 수익률 순위

(단위: 억 원, %, 만 명)

순위	영화명	제작비	수익률	매출	관객수
10	국제시장 (2014)	180	616	1,109	1,426
9	도둑들 (2012)	145	646	937	1,298
8	명량 (2014)	180	754	1,357	1,761
7	완득이 (2011)	47	819	385	531
6	과속스캔들 (2008)	47	1,145	538	822
5	변호인 (2013)	70	1,183	828	1,137
4	7번방의 선물 (2013)	58	1,576	914	1,281
3	부러진 화살 (2012)	15	1,720	258	346
2	워낭소리 (2009)	2	9,500	190	293
1	님아 그 강을 건너지 마오 (2014)	3	12,433	373	480

자료: 영화진흥위원회

재무관리에서는 장기투자에 대한 의사 결정을 자본예산(capital budgeting)이라는 항목으로 다루고 있다. 자본예산이라는 것은 희소한 자본에 대한 예산을 세워 가장 효과적으로 자본이 집행될 수 있도록 해야 한다는 의미에서 붙여진 명칭이다. 자본예산 의사결정의 핵심은 투자안에 대한 평가인데 이를 위해서는 두 가지 요소에 대한 정보가 꼭 필요하다. 하나는 현금흐름이고 다른 하나는 할인율이다. 본 장에서는 일단 현금흐름과 할인율이 주어져 있다고 가정하는 경우 어떻게 의사결정을 하는가를 공부한다.

> **요점**
>
> 자본예산 의사결정을 하기 위해서는 두 가지 요소, 즉 현금흐름과 할인율에 대한 정보가 필수불가결하다.

구체적으로 여러 가지 의사결정 기법을 설명하기 위하여 〈표 8.1〉과 같은 두 가지 사업을 생각해보자. 표에는 두 사업 L과 S의 현금흐름이 나타나 있는데 두 사업의 위험도를 감안한 할인율은 10%라고 가정한다.

표 8.1
투자안의 예

연도	기대현금흐름		(단위 : 억원)
	사업 L	사업 S	
0	−100	−100	
1	10	70	
2	60	50	
3	80	20	

당신은 사업 L과 S 중에 어느 사업을 선택하겠는가? 또는 사업 L과 S 모두를 선택하겠는가, 모두를 기각하겠는가? 이러한 질문에 대한 답을 하기 위해서는 나름대로 논리적 기준을 가진 방법이 필요하다. 이러한 기법들을 하나하나 살펴보자.

1. 현금회수기간(Payback period)

현금회수기간이란 투자비용을 모두 회수하기까지 걸리는 기간을 말한다. 아주 쉬운 예를 들어 가령 투자비용이 1억 원인데 이 투자로 인한 현금유입이 매년 2,000만원이라고 하자. 그러면 1억 원을 모두 회수하기까지 걸리는 기간, 즉 현금회수기간은 5년이다. 이제 〈표 8.1〉의 예를 들어 현금회수기간을 계산해 보자.

표 8.2
현금회수기간의 계산

사업 L 기대현금흐름		(단위:억원)
연도	연간	누적
0	−100	−100
1	10	−90
2	60	−30
3	80	50

사업 L의 초기투자비용 100억 원을 회수하기 위한 과정이 〈표 8.2〉에 나타나 있다. 첫 해에 10억이 회수되므로 아직 90억을 더 회수해야 한다. 2년 째 60억이 회수되므로 누적 회수액은 70억이고 아직 30억이 더 회수되어야 한다. 3년째는 80억이 회수되는데 이중 아직 미회수된 30억을 회수하려면 3/8년이 필요하다. 따라서 사업 L의 현금회수기간은 다음과 같이 계산된다.

$$L의 현금회수기간 = 2 + 30/80 년$$
$$= 2.4 년$$

문제 | 사업 S의 현금회수기간은 얼마인가?

 답 | 〈표 8.3〉에 사업 S의 현금회수기간을 구하는 방식이 나타나 있다.

표 8.3
현금회수기간의 계산

사업 S 기대현금흐름		(단위: 억원)
연도	연간	누적
0	−100	−100
1	70	−30
2	50	20
3	20	40

사업 S의 현금회수기간은 다음과 같이 계산된다.

$$S의 현금회수기간 = 1 + \frac{30}{50} 년$$
$$= 1.6 년$$

현금회수기간법의 의사결정 방법은 다음과 같다. 기업이 내부적으로 기준 기간을 정해 놓고 현금회수기간이 이 기준 기간보다 짧으면 사업을 수행하고 길면 기각하는 것이다.

위의 예에서 기준기간이 2년이라고 하면 사업 L은 기각되고 사업 S는 선정될 것이다.

이제 현금회수기간의 장단점을 살펴보자. 장점은 우선 이해하기가 쉽다는 것이다. 둘째 가능한 한 기간이 짧은 사업을 수행하기 때문에 사업 후반부의 불확실성으로 인한 경제적 손실을 미연에 방지할 수 있다. 셋째 대부분의 기업은 항상 자금 문제로 어려움을 겪는데 이 방법은 자금회전이 빠른 사업을 추진함으로써 유동성 문제 해결에 도움이 된다.

단점으로는 첫째 현재의 현금흐름의 가치와 미래의 현금흐름의 가치를 동일하게 취급하면서 계산하기 때문에 화폐의 시간가치를 무시한다는 것이다. 둘째 기준기간의 설정이 자의적이라는 것이다. 위의 예에서 만일 기업이 기준기간을 3년으로 정해 놓으면 두 사업이 모두 선정이 되지만 2년으로 정해 놓으면 L은 기각이 되고 S만 선정이 된다.

셋째 기준기간 이후의 현금흐름은 무시한다는 것이다. 가령 사업 L과 S의 현금흐름을 〈표 8.4〉와 같이 수정해 보자. 즉 사업 L은 4년째에 매우 큰 현금흐름이 발생하지만 사업 S는 종전과 동일하다. 이러한 상황에서 현금회수기간을 계산해보면 이전과 동일하게 L은 2.4년, S는 1.6년이 나온다. 직관적으로는 당연히 L을 수행하여야 함에도 불구하고 현금회수기간이 S가 짧기 때문에 S를 수행하는 의사결정을 내리게 된다. 그 이유는 본 예에서 보는 바와 같이 현금회수기간법은 회수기간 이후의 현금흐름은 무시하기 때문이다.

요점

현금회수기간법의 의사결정 방법
현금회수기간 〈 기준기간 ⇨ 선정
현금회수기간 〉 기준기간 ⇨ 기각

표 8.4
현금회수기간법의 단점

연도	기대현금흐름		(단위 : 억원)
	사업 L		사업 S
0	-100		-100
1	10		70
2	60		50
3	80		20
4	10,000		0

또한 현금회수기간법은 기업의 가치를 높일 수 있는 장기투자를 기각하는 경향이 높기 때문에 문제가 많다.

근본적으로 현금회수기간법이 문제가 되는 이유는 이 방법이 사업의 수익성에 대한 판단을 제공하기보다는 현금을 회수하는 시간에 대한 판단을 제공하는 방법이기 때문이다. 〈표 8.5〉에 현금회수기간법의 장단점이 요약되어 있다.

표 8.5
현금회수기간법의 장단점

장 점	단 점
이해하기 쉽다	화폐의 시간가치를 무시한다.
사업 후반의 불확실성을 줄인다.	기준기간 설정이 자의적이다.
유동성을 확보한다.	기준기간 이후의 현금흐름을 무시한다.
	R&D투자나 새로운 장기투자를 기각하는 경향이 있다.

할인현금회수기간(Discounted payback period)

2.

할인현금회수기간법은 현금회수기간법과 동일하나 화폐의 시간가치를 고려하는 점만 다르다. 할인율을 10%로 가정하고 사업 L의 연간 현금흐름의 현재가치를 구한 것이 〈표 8.6〉에 나타나 있다. 이제 이에 근거하여 회수기간을 구하면 다음과 같이 계산된다.

할인현금회수기간
(discounted payback
period)
현재가치 기준으로 초기투
자비용을 회수할 때까지
걸리는 기간

표 8.6
할인현금회수기간의 계산

	사업 L 기대현금흐름		(단위 : 억원)
	연 간		누 적
연도	미래가치	현재가치	현재가치
0	−100	−100.00	−100.00
1	10	9.09	−90.91
2	60	49.59	−41.32
3	80	60.11	18.78

L의 할인현금회수기간 = 2 + 41.32/60.11 년
= 2.7 년

할인현금회수기간의 의사결정 방법은 현금회수기간의 그것과 같다. 계산된 할인현금회수기간이 기업이 정한 기준기간보다 짧으면 사업을 수행하고 길면 기각하는 것이다. 위의 예에서 기준기간이 2년이라고 하면 사업 L은 기각될 것이다.

요점

할인현금회수기간 의사결정 방법
할인현금회수기간 〈 기준기간 ➡ 선정
할인현금회수기간 〉 기준기간 ➡ 기각

할인현금회수기간과 현금회수기간은 어느 것이 더 긴가?

답 할인현금회수기간 〉 현금회수기간. 현재가치는 미래가치보다 작기 때문에 주어진 초기투자액을 회수하기까지 걸리는 시간은 더 길어진다.

할인현금회수기간법의 장단점은 현금회수기간법의 장단점과 동일하다. 다만 화폐의 시간 가치를 고려하였다는 점만 다를 뿐이다. 따라서 현금회수기간법의 단점을 모두 가지고 있으며 의사결정기준으로 사용시 이러한 단점을 잘 알고 사용하여야 한다.

표 8.7
할인현금회수기간법의 장단점

장 점	단 점
이해하기 쉽다	기준기간 설정이 자의적이다.
사업 후반의 불확실성을 줄인다.	기준기간 이후의 현금흐름을 무시한다.
유동성을 확보한다.	R&D투자나 새로운 장기투자를 기각하는 경향이 있다.

3. 순현재가치(Net present value; NPV)

순현재가치(net present value; NPV)
현금유입의 현재가치에서 현금유출의 현재가치를 뺀 것

자본예산 기법 중 가장 결함이 적고 기업의 가치 증감을 직접적으로 측정할 수 있도록 해 주는 방법이 순현재가치(net present value; NPV)법이다. 기업이 어떤 사업을 하건 현금흐름은 두 가지 밖에 없다. 하나는 기업 안으로 들어오는 현금흐름인 현금유입(cash inflows)이고 다른 하나는 기업 밖으로 나가는 현금흐름인 현금유출(cash outflows)이다. 일반적으로 볼 때 기업 안으로 들어오는 현금흐름은 기업의 가치를 증가시키므로 긍정적이라 볼 수 있고 기업 밖으로 나가는 현금흐름은 비용요인이므로 부정적이라 볼 수 있다. 순현재가치라는 것은 들어오는 현금흐름의 현재가치에서 나가는 현금흐름의 현재가치를 뺀 것이다. 또는 현금유입의 부호는 (+), 현금유출의 부호는 (−)으로 하고 모든 순현금흐름의 현재가치를 구해도 순현재가치를 구할 수 있다. 이를 수식으로 표현하면 다음과 같다.

$$NPV = \sum_{t=0}^{n} \frac{CF_t}{(1+k)^t}$$

(8.1)

그림 8.1
순현재가치의 계산

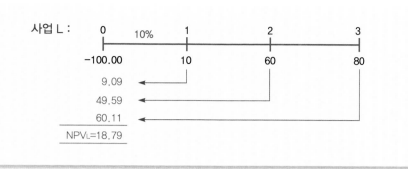

사업 L에 대해서 순현재가치를 구하는 과정이 〈그림 8.1〉에 나타나 있다. 할인율이 10%라면 사업 L의 현금 유입의 현재가치는 118.79이고 현금유출의 현재가치는 100이다. 따라서 둘의 차이를 구하면 순현재가치는 18.79가 되는 것이며 이것이 양수이기 때문에 사업 L은 수행되어야 한다. 즉, 순현재가치 방법의 의사결정 기준은 순현재가치가 양이면 사업을 수행하고 음이면 사업을 기각하는 것이다.

순현재가치(net present value; NPV)법
= 현금유입(cash inflows)의 현재가치 − 현금유출(cash outflows)의 현재가치
사업수행조건 : NPV ⟩ 0

 사업 S의 순현재가치는 얼마인가?

 사업 L과 같은 방식으로 계산하면 사업 S의 순현재가치는 다음과 같다.

$$NPV_S = PV(현금유입) - PV(현금유출)$$

$$= \frac{70}{1.1} + \frac{50}{1.1^2} + \frac{20}{1.1^3} - 100$$

$$= 119.98 - 100$$

$$= 19.98$$

Excel을 이용하면 순현재가치를 손쉽게 구할 수 있다. 이를 위한 함수는 다음과 같다.

NPV(rate, value1, value2, ...)

여기서,
 rate : 일정 기간 동안의 할인율
 value1, value2, ... :
  지출과 수입을 표시하는 인수로서, 29개까지 사용할 수 있다. 또한, value1,

value2, ... 는 시간 간격이 같아야 하며 각 기간의 끝에 발생해야 한다. 인수가 배열이나 참조 영역이면 배열이나 참조 영역의 숫자만 계산된다.

주의 | NPV 투자는 value1 현금 흐름 날짜에서 한 기간 전에 시작하여 목록의 마지막 현금 흐름에서 끝난다. 즉 NPV 계산은 앞으로의 현금 흐름을 기초로 한다. 따라서 첫째 현금 흐름이 첫째 기간 초에 발생하면 첫째 값은 value 인수에 포함되지 않고 NPV 결과에 추가되어야 한다(다음의 문제를 참고하라).

 문제 위 사업 L과 S의 NPV를 Excel로 구하라.

답 결과는 다음과 같다.

	A	B	C
1	연도	사업 L	사업 S
2	0	(100.00)	(100.00)
3	1	10.00	70.00
4	2	60.00	50.00
5	3	80.00	20.00
6	NPV	18.78	19.98
7		=NPV(10%,B3:B5)+B2	=NPV(10%,C3:C5)+C2
8	할인율	10%	

사업 L과 S의 순현재가치는 각각 18.78, 19.98이다. 유의할 점은 0연도의 현금흐름이 첫째 기간 초에 발생하기 때문에 NPV 함수의 배열(사업 L의 경우 B3:B5)에 포함되지 않고 B2로 따로 떼어 계산되었다는 점이다. 다시 말해 함수식을 NPV(10%, B2:B5)로 하면 계산값은 나오나 틀린 답을 구한다는 것이다.

이제 사업 L과 S 중 어느 사업을 수행하여야 하는지 결정해 보자. 아마도 대부분 사업 S의 NPV가 높으므로 S를 수행해야 한다고 할 것이다. 그러나 둘 다 하면 더 좋지 않을까? 이에 대한 답은 두 사업 사이의 관계에 따라 달라진다. 만일 두 사업이 상호배타적(mutually exclusive)이라면 S를 수행하는 것이 옳다. 상호배타적이라 함은 둘 중의 하나를 선택하면 다른 하나는 기각해야 하는 상황이다. 반면 두 사업이 상호독립적(independent)이라면 두 사업을 모두 수행하는 것이 옳다. 독립적인 경우는 한 사업에 대한 의사결정이 다른 사업에 영향을 미치지 않는다. S건 L이건 독립적으로 평가하여 NPV가 양이면 선택, 음이면 기각하는 것이다.

가령 기업의 총투자 금액이 150억 원이라면 L과 S 두 사업을 다 수행할 수가 없다. 따라서 사업 L을 선택하면 사업 S를 기각하여야 하고, 사업 S를 선택하면 사업 L을 기각하여야 한다. 따라서 두 사업의 관계는 상호배타적이 된다. 그러나

상호 배타적(mutually exclusive) 사업
서로 동시에 추진될 수 없는 사업

상호 독립적(independent) 사업
한 사업에 대한 의사결정이 다른 사업에 대한 의사결정에 영향을 미치지 않는 사업

만일 기업의 총투자 금액이 300억 원으로 충분하다면 각각의 사업은 그 자체로 NPV가 양이면 투자하고 그렇지 않으면 기각하며 다른 사업의 투자 여부가 당해 사업의 투자 여부에 영향을 미치지 않는다. 다시 말해 두 사업이 상호독립적이 되는 것이다.

순현재가치법에서 유의해야 할 점은 할인율이 높아지면 NPV가 작아지고 할 인율이 낮아지면 NPV가 커진다는 것이다. 따라서 할인율의 추정이 매우 중요해 지는데 할인율은 자본비용을 다루는 장에서 자세히 설명한다.

순현재가치법은 가장 좋은 의사결정 방법이다. 그 이유는 〈표 8.8〉에 나타나 있는 바와 같이 첫째 화폐의 시간가치를 고려하고 있다는 점이다. 둘째, 사업과 관련된 모든 현금흐름을 고려한다는 것이다. 앞의 현금회수기간법은 그 기간 이 후의 현금흐름은 전적으로 고려대상에서 제외되는데 이는 매우 중대한 단점이며 순현재가치법은 이러한 단점이 없다. 셋째, 순현재가치법은 사업의 위험도를 반 영할 수 있다. 이는 할인율에 반영이 되는데 위험도가 높은 사업은 할인율이 높 을 것이고 낮은 사업은 할인율이 낮을 것이다. 마지막으로 순현재가치는 그것 자체가 그 사업 을 수행함으로써 추가로 창출하는 기업의 가치 이다. 따라서 직접적으로 가치 창출을 측정할 수 있으므로 매우 유용한 방법이다.

 요점

여러 자본예산 기법 중 가장 단 점이 적은 방법은 순현재가치법 이다.

장 점	단 점
화폐의 시간가치를 고려한다. 사업과 관련된 모든 현금흐름을 고려한다. 사업의 위험도를 반영한다. 그 자체가 가치 창출의 측정치이다.	–

표 8.8
순현재가치법의 장단점

내부수익률(Internal rate of return ; IRR)

4.

NPV와 함께 가장 많이 사용되는 방법이 내부수익률법이다. 내부수익률이라 는 것은 순현재가치를 0으로 만드는 할인율이다. 수식으로 표현하면 다음과 같다.

내부수익률(internal rate of return ; IRR)
순현재가치를 '0'으로 만 드는 할인율

$$\sum_{t=0}^{n} \frac{CF_t}{(1+IRR)^t} = 0 = NPV \qquad \text{(8.2)}$$

앞의 사업 L에 대해 내부수익률을 구하는 과정이 〈그림 8.2〉에 나타나 있다. 어떤 수익률을 할인율로 사용하면 NPV가 '0'이 될 것인지를 알아야 한다. 이는 재무계산기나 Excel 또는 채권의 평가에서 설명한 시행착오법을 사용할 수 있는데 이는 할인율이 높으면 NPV가 낮고, 할인율이 낮으면 NPV가 높은 성질을 이용하는 것이다. 사업 L의 내부수익률은 다음과 같다.

$$IRR_L = 18.1\%$$

그림 8.2
내부수익률의 계산

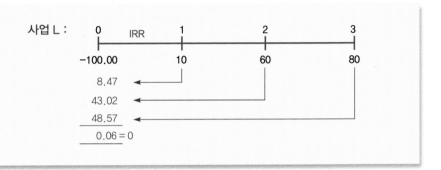

 사업 S의 내부수익률은 얼마인가?

답 사업 S의 NPV를 0으로 만드는 할인율로 $IRR_S = 23.6\%$ 이다.

Excel

Excel을 사용하면 내부수익률을 손쉽게 구할 수 있다. 이를 위한 함수는 다음과 같다.

IRR(values)

여기서,
  values : 내부수익률을 계산하려는 숫자를 포함하는 배열 또는 셀의 참조 영역이다.
        내부수익률을 계산하려면 한 개 이상의 양수와 음수 값을 포함해야 한다.

문제 Excel을 사용하여 사업 L과 S의 IRR을 구하라.

답 Excel의 결과는 다음과 같다.

	A	B	C
1	연도	사업 L	사업 S
2	0	(100.00)	(100.00)
3	1	10.00	70.00
4	2	60.00	50.00
5	3	80.00	20.00
6	IRR	18.1%	23.6%
7		=IRR(B2:B5)	=IRR(C2:C5)

이제 의사결정을 해야 하는데 의사결정의 방법은 내부수익률이 할인율보다 크면 사업을 수행하고 그렇지 않으면 기각하는 것이다. 이에 대한 이해를 돕기 위해 용어를 정리하자.

기대수익률(expected return)과 요구수익률(required return)

내부수익률과 할인율 이전에 좀 더 근본적으로 기대수익률과 요구수익률이라는 용어를 이해해야 한다. 기대수익률(expected return)이란 말 그대로 사업으로부터 기대되는 수익률이다. 좋은 사업은 기대수익률이 높을 것이고 나쁜 사업은 기대수익률이 낮을 것이다. 따라서 이는 객관적인 객체이며 투자자의 신용도나 상황과는 전혀 관계가 없는 것이다. 흔히 사람들이 말하는 투자수익률(return on investment ; ROI)은 기대수익률이다.

반면 요구수익률(required return)이란 투자자가 요구하는 수익률이다. 투자자는 위험한 사업에 대해서는 높은 수익률을, 안전한 사업에 대해서는 낮은 수익률을 요구할 것이다. 따라서 이는 기대수익률과 같이 객관적인 것이 아니며 투자자의 생각이나 상황과 관련된 문제이다. 가령 투자자가 당해 사업을 추진하기 위한 자금을 조달하는데 10%의 비용이 들었다면 어떠한 사업을 하든지 10% 이상의 수익이 발생되어야 손해를 보지 않을 것이다. 이 경우 투자자는 10% 이상의 수익률을 요구할 것이며 이 10%가 요구수익률이 된다. 따라서 자본비용(cost of capital)은 요구수익률과 동일한 개념이다.

그리고 지금까지 미래현금흐름을 현재화하기 위하여 할인율을 사용하였는데 이 역시도 요구수익률이다. 가령 A, B 두 사업이 있다고 하자. 두 사업의 미래현금흐름은 같을 것으로 추정된다. 그러나 사업 A의 불확실성이 더 높다면 사업 A의 가치는 사업 B보다 낮을 것이다. 이를 다른 말로 표현하면 사업 A의 위험도가 높으므로 투자자들이 높은 수익률을 요구하고 할인율이 높게 되므로 따라서

기대수익률(expected return)
사업으로부터 기대되는 수익률로 투자수익률과 같은 개념

요구수익률(required return)
투자자들이 요구하는 수익률로 자본비용과 같은 개념

현재가치가 작게 되는 것이다.

흔히 기대수익률과 요구수익률은 구분
없이 쓰인다. 그 이유는 균형상태에서는 기
대수익률과 요구수익률이 동일하기 때문이
다. 어떤 사업의 기대수익률이 요구수익률
보다 높다면 많은 사람들이 그 사업을 수
행하고자 할 것이고 이 과정에서 경쟁이 심

기대수익률과 요구수익률
기대수익률은 사업으로부터 기대할 수 있
는 수익률이며, 요구수익률은 투자자가
요구하는 수익률이다. 투자자는 기대수익
률 〉요구수익률 조건이 성립되어야 사업
을 추진한다.

화되고 수익이 낮아질 것이므로 기대수익률이 낮아지고 결국 기대수익률과 요구
수익률이 같아지게 된다.

문제 내부수익률은 기대수익률인가 요구수익률인가?

  내부수익률은 기대수익률이다. IRR은 현금흐름의 NPV를 0으로 만드는 할인율
이기 때문에 현금흐름이 다르게 예상되면 IRR도 바뀌게 된다. 좋은 사업은 현금흐
름이 높을 것이기 때문에 IRR이 높을 것이고 나쁜 사업은 현금흐름이 낮기 때문에
IRR이 낮게 된다. 사업의 현금흐름이 높을 것이라고 기대한다는 말은 IRR이 높을
것이라고 기대하는 것과 마찬가지 의미이다.

이제 내부수익률법에 의한 의사결정 방법은 간단하다. IRR은 사업으로부터의
기대수익률이기 때문에 투자수익률과 동일한 개념이다. 따라서 IRR이 투자자가
요구하는 수익률 즉 요구수익률보다 높으면 투자를 수행할 것이고 그렇지 않으
면 기각할 것이다.

위의 사업 L과 S의 예를 들어 보자. 이 경우 요구수익률 10%는 자본비용과 동
일한 것이다. 투자자가 조달한 자금의 자본비용
은 투자안이 L이 되건 S가 되건 변하지 않는다.
다만 투자안의 기대수익률이 자본비용 또는 요
구수익률보다 높아야 투자안이 선택될 것이다.

내부수익률법
IRR 〉요구수익률 ⇒ 선택
IRR 〈 요구수익률 ⇒ 기각

문제 할인율이 10%라면 사업 L과 S는 수행하여야 하는가, 기각하여야 하는가?

답 두 사업의 IRR은 다음과 같다.

$$IRR_L = 18.1\%, \quad IRR_S = 23.6\%$$

할인율 10%는 요구수익률이다. 만일 두 사업이 서로 독립적이라면 둘 다 'IRR 〉 요구수익률' 조건을 충족하므로 두 사업을 모두 수행하여야 한다. 만일 두 사업이 상호배타적이라면 'IRR_S 〉 IRR_L'이므로 IRR이 큰 S가 선택될 것이다.

EVA

경제적 부가가치는 식 (15.1)과 같이 표현된다.

$$경제적부가가치 = (투하자본수익률 - 가중평균자본비용) \times 투하자본 \tag{15.1}$$

여기서 투하자본수익률(return on invested capital; ROIC)은 투하자본에 대한 수익률로서 개념상 투자수익률과 같은 것이다. 그렇다면 ROIC는 이 장에서 설명한 IRR과 개념상 같은 것이라고 볼 수 있다. 내부수익률법에 의하면 IRR이 요구수익률보다 큰 경우에만 사업을 수행하게 되는데 여기서 요구수익률이란 다름 아닌 가중평균자본비용(weighted average cost of capital; WACC)인 것이다. 결론적으로 내부수익률법에 의하면 경제적부가가치가 (+)인 사업만 투자한다는 뜻이 되며 결국 이것이 기업가치를 극대화하는 방법이다.

NPV와 IRR의 비교

5.

NPV와 IRR은 가장 많이 쓰이는 자본예산 기법이다. 대부분 두 가지 방법에 근거한 의사결정이 같으나 다음과 같은 경우에는 두 방법이 다른 의사결정으로 유도할 수 있다.

첫째, 사업이 상호배타적인 경우

둘째, 현금흐름의 부호가 여러 번 바뀌는 경우

이를 설명하기 위해 먼저 순현재가치도(NPV profile)라는 개념을 설명한다. 순현재가치도는 할인율과 순현재가치와의 관계를 나타낸 그림이다. 〈표 8.1〉의 사업 L과 S의 경우 만일 할인율 0%를 적용하면 〈그림 8.3〉에서 보는 바와 같이 순현재가치가 50과 40이 될 것이다. 만일 할인율이 10%라면 이미 본 바와 같이 순현재가치가 18.79, 19.98이 될 것이다. 이를 표로 정리하고 이에 근거하여 그림

순현재가치도(NPV profile) 할인율과 순현재가치 사이의 관계를 나타낸 그림

을 그린 것이 〈그림 8.3〉의 순현재가치도이다.

이 그림에서 교차점(crossover point)은 8.7%인데 즉 할인율이 8.7%이면 두 사업의 순현재가치가 동일하게 된다. 순현재가치도를 보면 IRR도 알 수 있는데 사업 L과 S의 IRR은 그림에서 보는 바와 같이 NPV가 0이 되는 점인 18.1%, 23.6%이다.

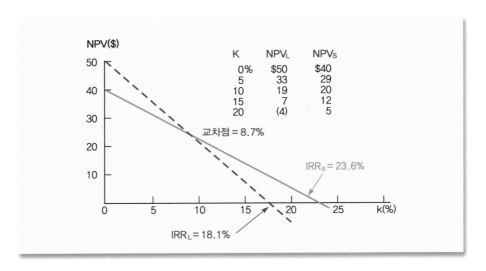

그림 8.3
순현재가치도

이제 순현재가치도에 대한 해석을 해 보자. 먼저 할인율은 사업을 수행하고자 하는 투자자의 신용도에 따라 결정될 것이다. 가령 같은 철강사업을 하는 사업체라도 POSCO와 한보철강은 그 사업에 대한 기술, 인력, 자금력이 모두 다르고 신용도가 다르기 때문에 자금을 조달하는데 드는 자본비용이 다를 것이다. 예를 들어 POSCO가 은행에서 자금차입을 한다면 낮은 대출금리를 적용받을 것이며 한보철강과 같은 부실기업은 높은 대출금리를 적용받을 것이다. 이와 같이 기업의 상태에 따라서 자본비용 즉 할인율이 다르게 된다.

이제 할인율의 크기에 따라 세 기업 A, B, C를 생각해 보자. 편의상 A, B, C의 할인율을 각각 5%, 15%, 25%로 가정하자. 기업 A의 경우 사업 L과 S 중 어떤 사업을 수행해야 할까? 할인율이 5%이므로 〈그림 8.3〉에서 보는 바와 같이 NPV_L > NPV_S이고 따라서 사업 L을 수행해야 한다고 할 것인가? 이에 대한 답은 두 사업이 서로 배타적인가 독립적인가에 따라 달라진다. 배타적이라면 L을 선택하겠지만 독립적이라면 둘 다 모두 NPV > 0 이기 때문에 두 사업을 모두 수행하는 것이 옳다. 따라서 먼저 독립적인 경우를 생각해 보면 기업 A와 B는 두 사업 모두를 수행하는 것이 옳고 기업 C는 두 사업 모두 수행하지 않는 것이 옳다.

만일 두 사업이 상호 배타적이라면 교차점 8.7%보다 낮은 할인율을 가지는 기업은 사업 L을 수행해야 할 것이고, 교차점보다 높은 할인율을 가지는 기업은 사업 S를 수행해야 할 것이다. 물론, NPV < 0 인 경우는 사업을 수행하지 않아야 할 것이다. 따라서 기업 A는 L, 기업 B는 S, 기업 C는 아무 사업도 수행해서는 안되는 것이다.

이와 같이 수행할 수 있는 사업이 기업의 할인율과 관계되어 결정되어야 함에도 불구하고 IRR 방법을 사용하면 IRR_L < IRR_S 이기 때문에 항상 S를 선택하게 된다. 이것이 IRR 방법의 단점 중의 하나이며 이는 두 사업이 상호배타적인 상황에서 발생한다. 즉 기업의 할인율에 따라서는 사업 L이 더 좋은 사업임에도 불구하고 사업 S를 선택하는 우를 범할 수 있는 것이다.

IRR 방법의 또 다른 단점은 현금흐름의 부호가 여러 번 바뀌는 경우 여러 개의 IRR이 발생한다는 점이다. 다음 예와 같은 현금흐름이 있다면 부호가 음에서 양으로, 그리고 양에서 음으로 두 번 바뀌었다. 이 경우 IRR이 두 개 발생하게 된다.

연도	현금흐름(단위 : 만원)
0	−800
1	5,000
2	−5,000

이를 보기 위해 순현재가치도를 그려 보면 〈그림 8.4〉와 같다. 그림에서 보는 바와 같이 IRR이 두 개 발생한다. 즉, IRR = 25% 그리고 400%이다. 어느 IRR을 사용해야 하는가? 애매하다. 이러한 상황이 발생된 이유는 현금흐름이 두 번 부호가 바뀌었기 때문이다. 따라서 IRR 방법은 현금흐름의 부호가 여러 번 바뀌는 상황에서는 사용할 수 없다. 이 경우 NPV 방법을 사용하면 명확하게 의사결정을 할 수 있다. 즉 할인율이 10% 이므로 NPV = −386,777이다. 따라서 사업을 기각하면 된다.

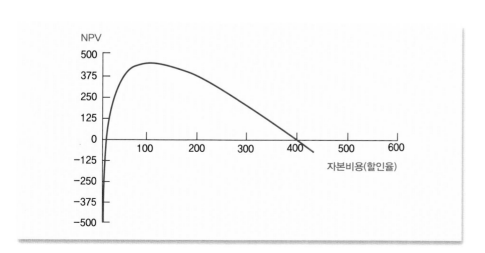

그림 8.4
여러 개의 내부수익률

〈표 8.9〉는 내부수익률의 장단점을 정리하고 있다. 먼저 내부수익률은 투자수익률과 같은 개념이기 때문에 이해하기가 쉽다. 둘째, 요구수익률을 구하는 것은 쉽지 않은 과정이다. IRR이 예를 들어 50%와 같이 충분히 크다면 일반적인 상황에서 요구수익률이 높다고 해도 이 정도는 아니기 때문에 요구수익률을 구하지 않고도 사업을 진행할 수 있다. 그러나 상호배타적인 사업의 경우나 현금흐름의 부호가 한 번 이상 바뀌는 사업의 경우 위에 설명한 단점이 존재한다.

요점

NPV와 IRR은 통상 같은 의사결정을 하게 한다. 그러나 다음과 같은 두 가지 경우에는 NPV를 사용하여야 한다.
- 사업이 서로 배타적인 경우
- 현금흐름의 부호가 한 번 이상 바뀌는 경우

표 8.9
내부수익률법의 장단점

장 점	단 점
투자수익률이므로 직관적으로 이해하기 쉽다. IRR이 충분히 크면 요구수익률을 몰라도 의사결정을 할 수 있다.	상호배타적인 사업들의 경우 잘못된 의사결정을 유도한다. 현금흐름의 부호가 한 번 이상 바뀌는 경우 여러 개의 IRR이 나온다.

6. 수익성지수(Profitability Index ; PI)

수익성지수(profitability index)
현금유입의 현재가치를 현금유출의 현재가치로 나눈 값

수익성지수는 순현재가치법과 비슷한 개념인데 순현재가치가 현금유입의 현재가치에서 현금유출의 현재가치를 빼는 것인데 비해, 수익성지수는 현금유입의 현재가치를 현금유출의 현재가치로 나누는 것이다. 즉,

$$PI = \frac{PV(\text{현금유입})}{PV(\text{현금유출})}$$

(8.3)

 문제 위의 사업 L과 S에 대해 PI를 구하라.

답 $PI_L = \dfrac{PV(\text{현금유입})}{PV(\text{현금유출})} = \dfrac{118.78}{100} = 1.1878$

$PI_S = \dfrac{PV(\text{현금유입})}{PV(\text{현금유출})} = \dfrac{119.98}{100} = 1.1998$

독립적인 사업의 경우 PI에 의한 의사결정 기준은 다음과 같다.

$$PI > 1 \implies 선택$$
$$PI < 1 \implies 기각$$

그러나 두 사업이 배타적인 경우에는 PI에 의한 의사결정이 잘못된 의사결정으로 유도할 수 있다. 이를 설명하기 위하여 위의 사업 L과 S의 현금흐름을 다음과 같이 수정한 예를 살펴본다.

연도	기대현금흐름 사업 L	(단위:억원) 사업 S
0	(100,000)	(100)
1	10,000	70
2	60,000	50
3	80,000	20
NPV	18,783	19.98
PI	1.1878	1.1998

표 8.10
수익성지수의 단점

〈표 8.10〉에서 보는 바와 같이 사업 S의 현금흐름은 이전과 같고 단지 사업 L의 현금흐름만이 각각 1,000배가 되었다. 이제 두 사업의 NPV를 구해보면 NPV$_L$ = 18,783, NPV$_S$ = 19.98 이고 따라서 두 사업이 상호배타적이라면 L을 수행하여야 한다. 그러나 이 경우 PI를 구하면 이전과 동일하므로 PI가 더 높은 사업 S를 수행하게 된다. 따라서 두 사업이 상호배타적인 경우에는 PI의 사용이 그릇된 의사결정을 유도할 수 있다.

그러나 수익성지수는 NPV 방법과 가장 개념상 유사하고 따라서 이해하기 쉽다는 장점이 있다. 특히 투자할 자본이 충분하지 않은 상황(capital rationing) 하에서 여러 사업을 고려하고 있는 경우에는 가장 좋은 방법이다. 가령 기업이 A, B, C, D, E 5개 사업의 조합 중 예산이 허용하는 범위 내에서 가장 기업의 가치를 올릴 수 있는 사업의 조합을 선택하려 한다고 해보자. 이 때에는 예산이 허용하는 한도 내에서 수익성지수가 가장 높은 사업부터 수행을 하면 된다. 그 이유는 수익성지수의 의미가 투자되는 1원당 총수익이기 때문에 이것이 큰 순서로 사업을 수행하면 가장 수익성을 높일 수 있기 때문이다. 수익성 지수의 장단점이 〈표 8.11〉에 정리되어 있다.

	장 점	단 점
표 8.11 **수익성지수의 장단점**	NPV 방법과 가장 가깝고 통상 NPV와 같은 의사결정을 하게 한다. 이해하기 쉽다. 투자예산이 한정되어 있는 경우 가장 좋은 방법이다.	상호배타적인 사업의 경우 잘못된 의사결정을 유도할 수 있다.

수익성지수는 NPV와 개념상 유사하고 좋은 방법이나 상호배타적인 사업을 고려하는 경우는 잘못된 의사결정으로 유도할 수 있다. 수익성지수는 여러 사업 중 가장 수익을 올릴 수 있는 사업의 조합을 선정하는 경우 좋은 방법이다.

1. 다음과 같은 두 사업이 있다. 이에 근거하여 다음에 답하라. 할인율은 10%이다.

시점	A	B
0	−1,000	−1,500
1	700	100
2	500	1,000
3	300	1,000,000

1) 두 사업의 현금회수기간을 구하라.

2) 현금회수기간으로 의사결정을 한다고 하자. 두 사업이 서로 배타적이라면 어느 사업을 선택해야 하는가?

3) 두 사업의 할인현금회수기간을 구하라.

4) 계산 결과를 보면 할인현금회수기간은 현금회수기간보다 긴가 짧은가? 왜 그런지 설명하라.

5) 두 사업이 서로 배타적이라 하자. 할인현금회수기간법을 사용한다면 A와 B 중 어느 사업을 수행하여야 하는가?

6) A와 B의 현금흐름을 보면 직관적으로 B를 선택해야 함에도 불구하고 할인회수기간법에 의하면 A를 선택하게 된다. 이러한 오류의 원인은 무엇인가?

2. 다음과 같은 두 사업이 있다. 할인율은 10%이다. 다음에 답하라.

시점	A	B
0	−1,000	−5,000
1	700	1,000
2	500	5,500
3	300	800

1) 엑셀을 사용하여 두 사업의 순현재가치를 구하라.

2) 엑셀을 사용하여 두 사업의 내부수익률을 구하라.

3) 엑셀을 사용하여 두 사업의 수익성지수를 구하라.

4) 두 사업이 서로 독립적이다. 순현재가치 방법에 의하면 어느 사업을 수행해야 하는가?

5) 두 사업이 서로 독립적이다. 내부수익률 방법에 의하면 어느 사업을 수행해야 하는가?

6) 두 사업이 서로 독립적이다. 수익성지수 방법에 의하면 어느 사업을 수행해야 하는가?

7) 두 사업이 서로 배타적이다. 순현재가치 방법에 의하면 어느 사업을 수행해야 하는가?

8) 두 사업이 서로 배타적이다. 내부수익률 방법에 의하면 어느 사업을 수행해야 하는가?

9) 두 사업이 서로 배타적이다. 수익성지수 방법에 의하면 어느 사업을 수행해야 하는가?

10) 7), 8), 9)의 답은 서로 상충된다. 어떻게 의사결정을 하여야 하는가?

3. IRR 방법은 일반적으로 NPV와 같은 의사결정을 내리게 해 준다. 그러나 어느 경우에는 두 방법이 서로 다른 결과를 보일 수 있는데 어느 경우인가?

현금흐름의 추정

　모든 자본예산(capital budgeting) 의사결정에는 두 가지 요소가 꼭 주어져야 한다. 하나는 현금흐름(cash flow)이고 다른 하나는 할인율(discount rate)이다. 전 장에서는 투자안의 현금흐름과 할인율이 주어졌을 때 사업을 수행할 것인가 기각할 것인가에 대한 의사결정방법을 공부했다. 이 장에서는 현금흐름을 어떻게 산출해 내는가를 살펴본다. 할인율의 결정은 자본비용을 다루는 장에서 공부한다. 이 장의 주요 주제는 다음과 같다.

- 현금흐름의 산출시 유의할 사항
- 현금흐름의 추정
- 신규사업의 현금흐름 추정과 의사결정
- 교체사업의 현금흐름 추정과 의사결정
- 입찰가 결정
- 경제수명이 다른 경우의 의사결정

매몰비용

　한국에서 미국을 가 본 사람은 너무 긴 비행시간 때문에 힘이 든 경험이 있을 것이다. 좀 빠른 비행기를 만들 수는 없을까? 이런 고민 끝에 1969년 3월 2일 영국과 프랑스는 최대 속도 마하 2.04, 시속 2,179km인 초음속 여객기 콩코드를 개발하였다. 그 이후 총 12대가 생산되었는데 1976년 1월 21일부터 정식 여객기로 인가를 받아 상업비행을 시작하여 런던의 히스로 공항과 파리의 샤를 드골 공항에서 뉴욕의 존 F. 케네디 국제공항과 워싱턴 덜레스 국제공항 사이를 정기 운항했다.

　일반적으로 비행기는 고도가 지상 10km 정도일 때 가장 빠른 속력을 낼 수 있다. 고도가 너무 낮으면 공기의 저항이 크고, 고도가 너무 높으면 공기가 희박해져서 제트엔진이 연료와 압축공기를 섞어 폭발시키기가 어렵기 때문이다. 여객기의 경우 대개 시속 900km까지 속력을 낼 수 있는데, 런던에서 뉴욕까지 가는 경우 거리가 5,585km이므로 약 7시간이 걸린다. 그러나 콩코드 여객기는 3시간 정도면 이 거리를 주파할 수 있어 꿈의 여객기로 기대를 모았었다.

　그러나 콩코드기는 과도한 연료 소비로 비용이 많이 들었고, 이를 보충하기 위해 대부분의 좌석을 1등석으로 판매하다 보니 비행기 요금이 너무 비쌌다. 더구나 승객들은 비행기가 운항할 때 소리가 너무 커서 매우 불편을 겪을 수밖에 없었다. 이런 요인으로 기대와는 달리 수요가 매우 저조하여 막대한 손실을 입게 되었고, 콩코드 여객기 사업은 일찌감치 경제성이 없는 것으로 판정이 났다. 그리하여, 1979년부터 생산이 중단되었고 2003년 11월 26일 기존에 운항하던 여객기마저도 마지막 운항을 하면서 콩코드 사업이 중단된다.

　이 사례는 매몰 비용의 함정에 빠진 대표적인 예이다. 이미 사업 초기에 경제성이 없는 것으로 판정이 났다면 바로 사업을 중단해야 했다. 그러나 투입된 비용이 너무 막대하다 보니 이에 연연하면서 27년이나 더 운항하다가 결국 문을 닫게 된 것이다. 좀 더 일찍 포기했더라면 손실을 줄일 수 있었을 것이고, 지금쯤 단점을 개선한 또 다른 초음속 여객기가 나타났을지도 모른다.

현금흐름의 산출시 유의할 점　　　1.

투자안에 대한 현금흐름의 산출시 유의할 점은 당해 투자안을 선택함으로써 발생하는 현금흐름만 고려해야 한다는 것이다. 즉, 당해 투자안과 관련된 현금흐름만 포함해야 하고 관련이 없는 현금흐름은 제외해야 한다는 것이다. 당연하면서도 간단한 내용이나 현실에서 현금흐름을 추정할 때는 이에 대한 오류를 범하는 상황이 종종 발생한다. 이를 좀 더 구체적으로 살펴보자.

1.1 기회비용

어떤 기업이 투자 대안 A를 고려하고 있는데 이 대안을 수행하게 되면 다른 투자 대안 B를 수행하지 못한다고 하자. 이 경우 A를 수행함으로써 잃어야 하는 B의 수익을 기회비용(opportunity cost of capital)이라 한다. 즉, 기회비용이란 당해 사업을 수행함으로써 잃게 되는 다른 사업으로부터의 수익을 말하는 것이다. 흔히 개념을 잘 이해하는 것 같지만 실제로 자본예산의 활용을 하는 데 있어서는 실수를 자주 한다. 다음 예를 생각해 보자.

기회비용(opportunity cost of capital)
당해 사업을 수행함으로써 잃게 되는 다른 사업의 수익

문제 김빛나 씨는 현재 연봉 4,000만원을 받는 은행원이다. 은행원이라는 직업도 매력적이지만 자신의 사업체를 갖기를 희망한 김씨는 마침 좋은 건강식품 사업을 발견했다. 김씨의 분석에 의하면 동 사업의 연매출은 2억 원 정도로 예상되고, 각종 재료비 등 매출원가는 1억 2천만 원, 2명의 직원 인건비는 모두 5,000만 원 정도이다. 따라서 매년 3,000만 원 정도의 영업이익이 날 것으로 예상한다. 김씨는 이 사업을 시작해야 할까?

 매출 대비 비용이 적어 연 3,000만 원 정도의 수익이 발생될 것으로 예상되므로 나쁘지 않은 사업이다. 그러니 시작해야 할까? 그렇지 않다. 김씨는 은행원으로 있으면 매년 4,000만원의 수익이 발생하므로 사업을 위해 은행을 그만둔다면 실제 수익은 -1,000만원이 되는 것이다. 따라서 이 사업은 김씨에게는 좋은 대안이 될 수 없다.

위의 예에서 이 사업의 기회비용은 현재 은행원으로서의 연봉 4,000만원이다. 이를 고려하지 않으면 마치 매년 3,000만원의 수익이 발생하는 것으로 착각할 수 있다. 흔히 저지를 수 있는 오류이다. 실제 자본예산 상황은 이보다 더 복잡하므로 기회비용을 감안하는 것을 놓칠 수 있다.

기회비용(opportunity cost of capital)은 실질적으로 들어가는 비용이므로 자본예산 의사결정시 이를 포함시켜야 한다.

1.2 매몰비용

매몰비용(sunk cost)
이미 과거에 집행된 비용으로 현재의 사업과는 관련이 없는 현금흐름

　매몰비용(sunk cost)이란 이미 과거에 발생된 비용으로서 당해 투자안과는 관련이 없는 비용이다. 따라서 당해 투자안의 현금흐름을 추정할 때 제외되어야 한다. 그러나 이 역시 사업과 관련된 현금흐름의 추정시 오류를 일으킬 가능성이 높은 항목이다. 다음과 같은 예를 생각해 보자.

문제 제주도와 같은 관광지에 가면 짓다 만 콘크리트 구조물들이 여기 저기 눈에 띈다. 건설 회사들이 공사 시작 후 자금난 등으로 인해 공사를 포기한 건물들이다. 만일 당신 기업이 그러한 미완성 건물을 가지고 있다고 하자. 이 건물에 현재까지 투자된 금액은 10억 원이다. 이제 자금이 돌기 시작하여 이 사업을 재개할 것인가 말 것인가 의사결정을 해야 한다. 이 때 기존에 투자된 10억은 비용에 포함되어야 하는가, 포함되지 말아야 하는가?

　답 비용에 포함되지 말아야 한다. 현재의 의사결정을 할 때에는 사업을 재개하는 경우 추가로 투입되어야 하는 비용과 사업 재개로 인해 발생되는 향후 현금흐름만 포함되어야 한다. 다시 말하면, 기존의 10억과는 관계없이 지금으로부터의 현금유입과 유출의 순현재가치를 계산하여 그 값이 양이면 사업을 재개하고 음이면 사업을 기각하는 것이다. 만일 순현재가치가 음임에도 불구하고 기존에 이미 투입된 10억 원이 아까워서 사업을 재개하면 이 10억 원에다 추가로 손해를 더 보게 되는 것이다.

　좀 더 판단이 어려운 경우를 생각해 보자.

문제 외환위기 이후 은행에 공적자금이 많이 투입되었다. 가령 모 은행에 공적자금이 2조원 투입되었는데 이 은행의 인수자로 나선 외국계 기업이 구매가격 5,000억 원을 제시하여 정부가 이를 허가하였다고 하자. 이는 국부유출이고 정부가 직무유기를 한 것인가?

잘 생각해 보자. 구매하고자 하는 외국기업은 이 은행에 2조원이 투입되었건 10조원이 투입되었건 관심이 없다. 그것은 이미 매몰비용이기 때문이다. 그들의 관심은 이 은행을 매입함으로 인한 지금으로부터의 현금유입과 현금유출, 그리고 이에 근거한 순현재가치에 있다. 그 가치가 5,000억 원 정도밖에 되지 않기 때문에 매수가로 그 정도를 제시한 것이다.

따라서 정부의 입장은 만일 은행을 외국 기업에게 팔지 않고 그대로 운영하였을 때 5,000억 원 이상의 가치를 창출할 수 있다고 판단되면 매도하지 않는 것이고, 직영을 하는 경우 부실이 더 쌓여 추가 공적자금을 투입하게 생겼으면 기존에 투입한 공적자금과는 관계없이 매도해야 하는 것이다. 왜냐하면 기존의 공적자금 투입은 매몰비용이기 때문이다.

요점 매몰비용은 자본예산 의사결정시 현금흐름에서 제외되어야 한다.

1.3 부수효과

어떤 사업을 새로이 수행함으로써 기존 사업이 영향을 받는다면 이러한 부수효과를 고려하여 현금흐름을 추정해야 한다. 부수효과에는 긍정적인 것과 부정적인 것이 있다. 긍정적인 것의 대표적 예는 시너지 효과인데, 예를 들어 컴퓨터 하드웨어와 소프트웨어 사업부가 있는 기업이 있다고 하자. 이 경우 새로운 하드웨어를 만드는 사업을 한다면 이로 인해 새 하드웨어를 사용하는 소프트웨어의 판매가 늘어 해당 사업이 다른 사업부의 현금흐름에 긍정적인 영향을 미치게 된다. 따라서 새로운 하드웨어 사업의 현금흐름을 추정할 때 소프트웨어 사업부의 증가된 현금흐름도 함께 추정하여 반영하여야 한다. 부정적인 부수효과의 예로는 가령 어느 대학에서 학생들을 위한 커피숍을 하나 더 개설하려고 한다고 하자. 이 경우 새로운 커피숍의 현금흐름을 추정할 때 이로 인해 기존의 커피숍의 매출이 줄어드는 효과를 감안해야 한다.

특히, 점차 세계적으로 환경, 사회, 지배구조(Environment, Society, and Governance; ESG)에 대한 관심이 높아지는 추세이기 때문에 부수효과를 더욱 정교하게 추정하고 관리해야 한다. 과거에는 기업이 사업을 하는 과정에서 공해 등을 발생시키더라도 사회가 그 비용을 부담하였으나 이제는 이를 기업에 내재화시켜 기업이 부담하도록 하는 경향이 강해지기 때문에 이러한 비용들을 추정하여 현금흐름에 반영하여야 한다.

ESG(Environment, Society, and Governance) 환경, 사회, 지배구조에 대한 영향을 측정하고 이를 의사결정에 반영하는 것

2. 현금흐름 추정

영업현금흐름(operating
cash flow)
영업과 관련하여 상시적으
로 발생하는 현금흐름

비영업현금흐름(non-
operating cash flow)
영업과 직접적 관계없이 비
정기적으로 발생하는 현금
흐름

이제 현금흐름의 추정을 고려해 보자. 현금흐름에는 영업현금흐름(operating cash flow; OCF)과 비영업현금흐름(non-operating cash flow; NOCF)이 있다. 영업현금흐름은 기업의 영업과 관련하여 매년 상시적으로 발생하는 현금흐름이고 비영업현금흐름은 비정기적으로 발생하는 현금흐름이다. 비영업현금흐름은 대체로 사업의 초기와 말에 발생하며 영업현금흐름은 사업의 수행이후 매년 발생하게 된다. 또는 2장에서 배운 현금흐름 관계를 나타내는 식 (2.6)을 활용하여 설명하면 다음과 같다.

현금흐름에는 영업현금흐름(operating cash flow)과 비영업현금흐름(non-operating cash flow)이 있다. 비영업현금흐름에는 순자본투자와 순운전자본 변화가 포함된다.

자산으로부터의 현금흐름(cash flow from assets; CFFA)
= 영업현금흐름(operating cash flow; OCF)
  − 순자본투자(net capital spending; NCS)
  − 순운전자본 변화(change in net working capital; NWC)   **(2.6)**

위 식에서 순자본투자(NCS)와 순운전자본 변화(NWC)가 비영업현금흐름에 해당하는 것이며 이것과 영업현금흐름(OCF)의 합이 총현금흐름인 자산으로부터의 현금흐름(CFFA)인 것이다.

2.1 영업현금흐름 추정

2.1.1 세 가지 추정 방법

영업현금흐름은 제품을 생산 판매하는 기업의 영업활동 결과로 매년 발생하는 현금흐름을 말한다. 영업현금흐름을 추정하기 위한 방법은 세 가지가 있는데 설명을 쉽게 하기 위해 부채가 없는 기업을 상정한다. 다음과 같은 손익계산서의 예를 가지고 세 가지 방법을 설명한다.

매출(sales; S)	200,000,000
비용(costs; C)	137,000,000
감가상각(depreciation; D)	30,000,000
영업이익(earnings before interest and taxes; EBIT)	33,000,000
세금(T=25%)	8,250,000
당기순이익(net income; NI)	24,750,000

표 9.1
손익계산서의 예

첫 번째 방법은 상향법(bottom-up approach)으로 영업현금흐름을 아래에서 위로 계산하는 방식이다. 즉 가장 아래에 있는 항목인 당기순이익(net income ; NI)에 비현금성지출(non-cash expenses)인 감가상각비를 합하여 영업현금흐름을 계산한다. 즉,

$$OCF = NI + D$$
$$= 2,475만 + 3,000만 = 5,475만원 \tag{9.1}$$

두 번째 방법은 하향법(top-down approach)으로 위에서부터 아래로 계산하는 방식이다. 즉,

$$OCF = S - C - 세금$$
$$= 2억 - 1억 3,700만 - 825만 = 5,475만원 \tag{9.2}$$

세 번째 방법은 감가상각절세효과에 근거한 절세효과법(tax shield approach)이다. 즉,

$$OCF = (S-C)(1-T) + T \times D$$
$$= (2억-1억 3,700만)(1-0.25)+0.25 \times 3,000만 = 5,475만원 \tag{9.3}$$

위의 식에서 T×D는 감가상각을 세금 계산 전에 차감함으로써 발생하는 세금절감액이다.

요점

영업현금흐름 계산 방법

상향법 : OCF = NI + D
하향법 : OCF = S - C - 세금
절세효과법 : OCF = (S - C)(1-T) + TD

2.1.2 감가상각

감가상각(depreciation)
취득원가를 내용연수에 따
라 배분하는 과정

유동자산과 달리 장기투자 자산은 감가상각(depreciation)을 한다. 감가상각이란 취득원가의 기간 배분을 위해 원가를 내용연수에 걸쳐 배분하는 과정이다.

현금흐름의 추정과 관련하여 감가상각이 중요한 이유는 감가상각비는 회계장부상에만 비용으로 처리될 뿐 실제로 돈이 기업 외부로 나가는 것은 아니므로 현금흐름과는 차이가 있을 수 있기 때문이다. 기업에서 현금흐름표를 살펴보는 이유는 감가상각비와 같은 비현금성 비용의 회계처리에 의해 순이익이 왜곡될 수 있기 때문이다. 현금흐름을 계산하려면 위에서 살펴본 바와 같이 손익계산서로부터 이를 추정하는데 감가상각을 제대로 처리하여야 올바른 현금흐름을 구할 수 있다.

감가상각을 하는 방법은 여러 가지가 있는데 다음과 같은 예를 기초로 설명한다. 기계를 1천만 원에 구입했는데 수명이 5년이고 5년 후 잔존가치가 100만 원이라고 하자.

● 정액법 :

매년 동일한 금액을 상각하는 방법으로 다음과 같이 계산한다.

$$감가상각비 = \frac{취득원가 - 잔존가액}{내용연수} \tag{9.4}$$

$$= \frac{1,000 - 100}{5} = 180만원$$

정액법은 보통 건물이나 무형자산 등, 초기에 자산가치가 크게 감소하지 않는 자산에 적용하는 것이 일반적이다.

● 정률법

자산은 처음 샀을 때 생산성이 높고 시간이 지남에 따라 노화되어 생산성이 떨어진다. 이러한 점을 감안해서 초기에 감가상각비를 많이 계상하고 뒤로 갈수록 적게 계상하는 방법이 정률법이다. 이는 기계, 공구, 비품 등 초기에 그 가치가 많이 감소하는 제품에 적용한다. 일반적으로 전통적인 제조업체들은 대규모 설비투자가 이루어지고 난 다음 정률법을 적용한다. 즉, 초기에 상각을 많이 하게 되는데, 이는 설비투자의 효과가 바로 이익으로 직결되지 않기 때문이다. 매년의 감가상각액은 다음과 같이 계산한다.

$$감가상각비 = 기초장부가액 \times 상각률(r) \tag{9.5}$$

여기서 기초장부가액은 취득원가에서 당해 시점까지의 감가상각누계액을 차감한 잔액을 의미하며, 상각률은 다음과 같이 계산한다.

$$상각률 = 1 - \sqrt[내용연수]{\frac{잔존가치}{취득원가}} \tag{9.6}$$

마지막 연도에는 잔존가치만 남기고 모두 상각한다.

예 위의 정액법과 같은 상황을 가정하고 상각률과 매년의 상각액을 계산하면 다음과 같다.

$$상각률 = 1 - \sqrt[5]{\frac{100}{1000}} = 0.369$$

따라서 각 해의 감가상각액은 다음과 같이 계산된다.

표 9.2
정률법

연도	1	2	3	4	5	합계
계산	(1,000−0) × 0.369	(1,000−369.0) ×0.369	(1,000−369.0 −232.9)×0.369	(1,000−369.0 −232.9−146.9) ×0.369	1,000−369.0 −232.9−146.9 −92.7	100%
감가상각비	369.0	232.9	146.9	92.7	58.5	(1,000− 100)=900

● 연수합계법

정률법과 마찬가지로 초기에 감가상각비를 많이 계상하는 방법이며 다음과 같이 계산된다.

$$감가상각비 = (취득원가 - 잔존가치) \times \frac{잔존내용연수}{연수합계} \tag{9.7}$$

여기서, 잔존내용연수는 앞으로 기계를 사용할 연수를 말하는데, 만약 기계의 내용연수가 4라면 첫해는 4, 다음 해는 3...등으로 계산한다. 연수합계는 4+3+2+1 = 10이 된다.

연수합계법으로 위의 예를 상각하면 다음과 같다.

표 9.3
연수합계법

연도	1	2	3	4	5	합계
상각비율	5/15 = 33.33%	4/15 = 26.67%	3/15 = 20.00%	2/15 = 13.33%	1/15 = 6.67%	100.00%
감가상각비	300	240	180	120	60	(1,000−100)=900

- 생산량비례법

전체 생산량 중에서 각 회계연도에 생산한 부분에 비례하여 감가상각하는 방법으로 다음과 같이 계산한다.

$$\text{감가상각비} = (\text{취득원가}-\text{잔존가치}) \times \frac{\text{회계연도 생산량}}{\text{내용연수기간 동안 총생산량}} \tag{9.8}$$

 문제 다음과 같은 사업이 있다고 하자. 당해 연도의 감가상각비는 얼마인가?

취득원가	300,000원	추정잔존가액	0원
추정총생산량	5,000개	당기생산량	1,200개
추정내용연수	5년		

답 감가상각비 = (취득원가 − 잔존가치) × $\dfrac{\text{회계연도 생산량}}{\text{내용연수기간 동안 총생산량}}$

$$= (300,000 - 0) \times \frac{1,200}{5,000} = 72,000원$$

요점

감가상각은 실제 현금유출이 아니며, 재무제표를 이용하여 현금흐름을 추정시 이를 감안하여야 한다.

2.2 비영업현금흐름 추정

비영업현금흐름(non-operating cash flow)이란 영업흐름과는 달리 상시적으로 발생하지 않는 현금흐름을 말한다. 자본예산과 관련하여 비영업현금흐름은 대체로 사업의 처음 시점과 마지막 시점에 발생하는데 이에는 다음과 같은 것이 포함된다.

2.2.1 비유동자산투자

사업을 하기 위해서는 초기에 상당한 비유동자산투자(net capital spending; NCS)가 이루어져야 하는데 이는 매년 발생하는 현금흐름이 아니기 때문에 비영업현금흐름이다.

2.2.2 운전자본투자

비유동자산 투자만으로 사업을 수행할 수는 없다. 모든 사업은 비유동자산과 운전자본(net working capital; NWC)이 함께 있어야 수행가능하다. 예를 들어, 새로운 사업을 시작하여 매출이 늘어난다면 자연히 재고자산이 늘어날 것이다. 왜냐하면 재고자산이 늘어야 증가된 매출을 지지할 수 있을 것이고 이러한 재고자산의 증가는 현금유출을 수반하기 때문이다. 따라서 사업에 대한 계획을 마련할 때는 신규 비유동자산투자뿐만 아니라 이로 인해 발생하는 순운전자본(net working capital) 투자도 함께 고려해야 한다.

순운전자본 투자는 초기에는 현금유출로 계상되나 사업의 최종시점에서는 다시 현금유입으로 계상된다. 그 이유는 가령 당해 사업의 추진으로 증가한 재고자산 규모는 사업이 종료되면 더 이상 재고자산이 존재하지 않을 것이기 때문에 그만큼 재고자산 규모가 줄며 이는 현금유입이 되는 것이다.

2.2.3 잔존가치

잔존가치(salvage value)는 사업의 가장 최종시점에 발생하게 되며 이는 통상 사업의 수행에 필요했던 비유동자산의 중고 시장가치이다. 자본예산을 위한 현금흐름을 계산하기 위해서는 세후잔존가치를 구해야 하는데 이는 다음과 같이 계산된다.

 요점

비영업현금흐름은 대체로 사업의 초기와 말기에 발생한다.

세후잔존가치(after-tax salvage value)
잔존가치에서 장부가치와의 차이에 대한 세금을 차감한 가치

$$\text{세후잔존가치} = \text{세전잔존가치} - T \times (\text{세전잔존가치} - \text{장부가치}) \qquad \textbf{(9.9)}$$

세금을 부과하는 이유는 장부가치보다 시장가치가 높다는 것을 자산처분이익으로 인식하기 때문이다.

3. 신규사업 의사결정

우리가 실제 접하는 의사결정은 몇 가지 형태로 나누어 볼 수 있다. 가장 간단한 예는 신규로 사업을 추진하는 경우일 것이고, 조금 복잡한 예는 기존의 사업이나 장비를 매각하고 새로운 사업이나 장비를 구입하는 교환의사결정일 것이다. 이외에도 다양한 상황에서 자본예산 의사결정이 이루어질 것인데 이제부터는 여러 가지 다른 상황에서 현금흐름을 추정하는 방법을 살펴본다. 먼저 이 절에서는 가장 간단한 예로 신규 사업을 수행하기 위한 현금흐름의 추정을 설명한다.

3.1 예 1

다음과 같은 예를 상정해 보자.

예 '청풍' 기업은 휴대용 선풍기 사업을 추진하고자 한다. 이를 위해서 장비를 구입하여야 하는데 그 가격은 9,000만원이며 3년간 정액법으로 상각을 한다. 장비구입비용 이외에 순운전자본 투자가 2,000만원 필요하다. 이 장비를 이용하여 제조한 제품의 단가는 4,000원이며 50,000개를 판매할 수 있을 것으로 예상된다. 개당 변동비는 2,500원이고, 고정비는 1,200만원이며 세율은 25%이다. 이 사업의 위험도를 감안할 때 할인율은 20%가 적정한 것으로 판단된다. 이 사업을 추진해야 하는가?

답 먼저 주어진 정보를 일목요연하게 정리하면 다음과 같다.

표 9.4
'청풍' 기업 신규 투자

판매량	50,000개
가격	4,000원
개당 변동비	2,500원
고정비	12,000,000원
투자장비가격	90,000,000원
감가상각	정액법(3년)
순운전자본 투자(NWC)	20,000,000원
세율	0.25
할인율	0.20

우선 현금흐름을 계산해야 의사결정을 할 수 있다. 먼저 영업현금흐름을 구하기 위해 위의 정보를 이용하여 추정손익계산서를 구해보면 다음과 같다.

연도	0	1	2	3
매출		200,000,000	200,000,000	200,000,000
변동비		125,000,000	125,000,000	125,000,000
고정비		12,000,000	12,000,000	12,000,000
감가상각		30,000,000	30,000,000	30,000,000
EBIT		33,000,000	33,000,000	33,000,000
세금		8,250,000	8,250,000	8,250,000
당기순이익		24,750,000	24,750,000	24,750,000

표 9.5
'청풍' 기업 신규투자의
추정손익계산서

이제 영업현금흐름을 구하기 위해 식 (9.1)의 상향법을 사용하는데 당기순이익에 감가상각을 더하면 되므로 영업현금흐름은 매년 54,750,000원이 된다. 이 액수가 〈표 9.6〉에 연도 1-3의 영업현금흐름으로 나타나 있다.

영업현금흐름을 구했으니 이제 비영업현금흐름을 계산해야 하는데 이는 주로 사업의 초기와 말에 발생된다. 우선 시점 0에서는 장비를 구입하기 위한 자본투자로 9,000만원이 들어가고 순운전자본투자로 2,000만원이 들어간다. 그리고 최종시점에는 사업이 종료되므로 2,000만원의 순운전자본투자 회수가 나타나게 된다. 잔존가치는 없으므로 무시하면 된다.

이제 영업현금흐름과 비영업현금흐름을 정리하면 자산으로부터의 모든 현금흐름(cash flow from asset; CFFA)을 구할 수 있는데 이는 다음과 같다.

	0	1	2	3
영업현금흐름(OCF)		54,750,000	54,750,000	54,750,000
순운전자본투자(NWC)	(20,000,000)			20,000,000
자본투자(NCS)	(90,000,000)			
자산으로부터의 현금흐름(CFFA)	(110,000,000)	54,750,000	54,750,000	74,750,000

표 9.6
'청풍' 기업 신규투자의
총현금흐름

〈표 9.6〉과 같이 모든 현금흐름을 구하였고, 할인율은 20%로 주어져 있으므로 다음과 같이 순현재가치와 내부수익률을 구할 수 있다.

$$NPV = 16,903,935원$$
$$IRR = 29.1\%$$

이 사업은 NPV가 양수이고, IRR이 요구수익률 20%보다 크므로 수행할 가치가 있다.

3.2 예 2

신규 사업의 또 다른 예로 비용절감의 경우를 생각해 본다.

예 '태양' 기업은 새로운 자산관리시스템 도입을 고려중이다. 이 시스템을 도입하면 연간 자산관리비용을 3억원 줄일 수 있다. 이 시스템의 가격은 10억이며 5년간 사용할 수 있을 것으로 예상된다. 그러나 감가상각은 4년 기준 연수합계법으로 계산하며 잔존가액은 0원이다. 5년 후 이 시스템의 예상 시장가치는 5,000만원이고 순운전자본투자는 발생하지 않는다. 세율이 25% 요구수익률이 8%라면 이 기업은 이 시스템을 도입하여야 하는가?

답 먼저 주어진 정보를 보기 좋게 정리하면 다음과 같다.

(단위 : 천 원)

표 9.7
'태양' 기업 신규 투자

초기투자비	1,000,000
비용절감	300,000
감가상각방법	4년 연수합계법
세율	25%
5년 후 시장가치	50,000
할인율	8%

먼저 영업현금흐름을 구해보자. 이를 위해서 감가상각액을 구해야 하는데 이는 다음과 같이 계산된다.

표 9.8
'태양' 기업 신규 투자
감가상각 계산

연도	1	2	3	4
상각비율	40.00%	30.00%	20.00%	10.00%
감가상각비	400,000	300,000	200,000	100,000

이제 식 (9.3) 감가상각 절세방법에 의해 1년째의 영업현금흐름을 계산해보자.

공식은 $(S-C)(1-T)+T \times D$인데 주어진 문제가 비용절감이므로 매출의 변화는 없고 따라서 현금흐름은 $[0-(-300,000)](1-0.25)+0.25 \times 400,000 = 325,000$이다. 다른 해에 대해서도 같은 방식으로 계산하면 되며 결과는 〈표 9.9〉에 나타나 있다.

　다음으로 비영업현금흐름을 계산해 보면 초기에 자본투자는 10억 원이고 순운전자본의 변화는 없다. 5년째는 자산의 시장가치가 5천만 원인데 4년까지 상각을 다하여 5년의 장부가액은 '0'이므로 이에 대해 세금을 납부해야 한다. 따라서 세후 가치는 다음과 같다.

$$50,000 - 0.25 \times (50,000 - 0) = 37,500$$

　이제 영업현금흐름과 비영업현금흐름을 정리하여 총현금흐름인 CFFA를 구하면 다음 〈표 9.9〉와 같다.

연도	0	1	2	3	4	5
OCF		325,000	300,000	275,000	250,000	225,000
NCS	−1,000,000					37,500
NWC	0					0
CFFA	−1,000,000	325,000	300,000	275,000	250,000	262,500

표 9.9
'태양' 기업 신규투자의 총현금흐름

　CFFA에 근거하여 NPV와 IRR을 구하면 다음과 같다.

NPV = 138,841.99 〉 0
IRR = 13.38% 〉 8%(요구수익률)

　NPV〉0 이고 IRR이 요구수익률 8%보다 크므로 비용절감의 효과가 크다고 할 수 있으며 사업을 수행하여야 한다.

교체사업 의사결정　　　4.

　흔히 현실에서 많이 발생하는 의사결정 유형 중에 교체(replacement) 의사결정이 있다. 즉 현재 기계를 사용하고 있는데 새로운 기계가 나오는 경우, 현재의 기계를 교체하고 새로운 기계를 사용할 것인가 아니면 현재의 기계를 그대로 사용할 것인가 하는 의사결정이다. 다음과 같은 예를 생각해 보자.

예   '바꿔' 주식회사는 5년 전에 구입한 기계를 사용하고 있다. 구입가는 1억 원이었고 매년 900만원씩 감가상각을 한다. 이 기계를 현재 시장에서 매각하면 6,500만원을 받을 것으로 예상된다. 최근 동일한 작업을 위한 새 기계가 출시되었는데 '바꿔' 주식회사는 헌 기계를 매각하고 새 기계를 구입하는 방안을 고려하고 있다. 새 기계는 경제수명이 5년으로 가격은 1억 5,000만원이다. 구매하면 감가상각은 정액법으로 할 것이며 5년 후 잔존가치는 없는 것으로 예상된다. 새 기계의 장점은 헌 기계에 비해 연간 5,000만원의 비용절감 효과가 있다는 것이다. 이 회사의 요구수익률은 10%이고 세율은 25%이다. 이 회사는 헌 기계를 새 기계로 교체해야 하는가?

답 먼저 주어진 정보를 일목요연하게 정리해 보면 다음과 같다.

표 9.10
교체 의사결정의 예

헌 기계	새 기계
5년 전에 구입 기계 값 : 1억 원 연간 감가상각 : 900만원 현재 장부가 : 5,500만원 현재 중고 기계시세 : 6,500만원 5년 후 예상 잔존 가치 : 1,000만원	경제 수명 : 5년 기계 값 : 1.5억 원 5년 후 예상 잔존가치 : 0원 감가상각 : 정액법 연간 비용절감 : 5,000만원 요구수익률 : 10% 세율 : 25%

〈표 9.10〉에서 헌 기계의 5년 후 예상 잔존 가치가 1,000만원인 이유는 매년 900만원씩 10년을 상각하므로 총 9,000만원이 상각되고 따라서 기계 값 1억 원 중 1,000만원이 남기 때문이다.

어떻게 이 교체 의사결정을 해야 할까? 쉽게 해결 방안이 나오지 않는다. 따라서 가장 기본적인 수준에서부터 시작해보자.

  1) 일단 상황이 어찌 되었건 간에 현금흐름의 추정치와 할인율이 없으면 의사결정을 할 수 없다. 할인율은 주어져 있으므로 현금흐름을 추정해야 한다.

  2) 교체 의사결정의 경우에는 헌 기계뿐만 아니라 새 기계도 의사결정에 포함되기 때문에 두 기계의 현금흐름을 모두 구해야 한다.

  3) 새 기계로부터의 현금흐름과 헌 기계로부터의 현금흐름을 비교하여 새 기계로부터의 현금흐름이 충분히 클 때 기계를 교체할 것이다. 따라서 새 기계와 헌 기계의 현금흐름을 구해 다음과 같이 그 차이를 구하면 될 것이다.

새 기계의 현금흐름($CFFA_N$) =   **(9.10)**
    새 기계의 영업현금흐름(OCF_N)+ 새 기계의 비영업현금흐름($NOCF_N$)

헌 기계의 현금흐름($CFFA_O$) =   **(9.11)**

헌 기계의 영업현금흐름(OCF_O)+ 헌 기계의 비영업현금흐름($NOCF_O$)

$$(CFFA_N - CFFA_O) = (OCF_N - OCF_O) + (NOCF_N - NOCF_O) \tag{9.12}$$

먼저 감가상각 절세효과법을 활용하여 각 기계의 영업현금흐름을 구해 보면 다음과 같다.

$$OCF_N = (S_N - C_N)(1-T) + D_N \times T \tag{9.13}$$
$$OCF_O = (S_O - C_O)(1-T) + D_O \times T \tag{9.14}$$

두 영업현금흐름의 차이를 구하면 다음과 같다.

$$\Delta OCF = (\Delta S - \Delta C)(1-T) + \Delta D \times T \tag{9.15}$$

이를 각 연도별로 구하는 과정이 〈표 9.11〉에 나타나 있다.

(단위 : 천원)

연 도	0	1	2	3	4	5
매출의 차이(ΔS)		0	0	0	0	0
비용절감(ΔC)		−50,000	−50,000	−50,000	−50,000	−50,000
새 기계의 감가상각(D_N)		30,000	30,000	30,000	30,000	30,000
헌 기계의 감가상각(D_O)		9,000	9,000	9,000	9,000	9,000
감가상각 차이(ΔD)		21,000	21,000	21,000	21,000	21,000
영업현금흐름의 차이(ΔOCF)		42,750	42,750	42,750	42,750	42,750

표 9.11
교체 의사결정의
영업현금흐름 추정

위의 주어진 상황에서 비용절감 효과만 있을 뿐 매출의 증감은 없으므로 ΔS = 0이고, 매년 비용이 절감되므로 ΔC = −5,000만원이다. 감가상각은 매년 정액법으로 상각되므로 쉽게 구할 수 있다.

이제 비영업현금흐름의 차이(식 (9.12)에서 $NOCF_N - NOCF_O$)를 구해 보자. 비영업현금흐름은 사업의 초기와 말기에 발생한다. 단위는 천원이다.

 t = 0
  새 기계의 구입 가격 = −150,000
  헌 기계의 매도 가격 = 65,000
  세금 = −0.25 × (65,000 − 55,000) = −2,500

따라서 초기의 비영업현금흐름의 차이는 다음과 같다.

$$-150,000 + 65,000 - 2,500 = -87,500$$

t = 5
 새 기계의 세후 잔존가치 = 0
 헌 기계의 세후 잔존가치 = 10,000 − 0.25 × (10,000 − 10,000)
 잔존 가치 차이 = −10,000

이제 영업현금흐름의 차이와 비영업현금흐름의 차이를 모두 포함하여 정리하면 〈표 9.12〉와 같이 현금흐름의 차이를 구할 수 있다.

표 9.12
교체 의사결정 예의 현금흐름 정리

연 도	0	1	2	3	4	5
매출의 차이(ΔS)		0	0	0	0	0
비용절감(ΔC)		−50,000	−50,000	−50,000	−50,000	−50,000
새 기계의 감가상각(D_N)		30,000	30,000	30,000	30,000	30,000
헌 기계의 감가상각(D_O)		9,000	9,000	9,000	9,000	9,000
감가상각 차이(ΔD)		21,000	21,000	21,000	21,000	21,000
영업현금흐름의 차이(ΔOCF)		42,750	42,750	42,750	42,750	42,750
비영업현금흐름의 차이($\Delta NOCF$)	−87,500					−10,000
현금흐름의 차이($\Delta CFFA$)	−87,500	42,750	42,750	42,750	42,750	32,750

이제 현금흐름의 차이가 주어졌으므로 NPV, IRR 등을 구할 수 있다.

NPV = 68,347 〉 0
IRR = 38.36% 〉 10% (요구수익률)

따라서 새 기계로 교체하는 것이 기업의 가치를 더 상승시키는 의사결정임을 알 수 있다.

요점

교체 의사결정은 헌 기계와 새 기계의 현금흐름을 모두 구하여야 한다. 즉 새 기계의 영업현금흐름과 비영업현금흐름, 헌 기계의 영업현금흐름과 비영업현금흐름을 구하여 이들의 차이에 근거하여 의사결정을 한다.

위의 과정을 Excel로 요약하면 다음 그림과 같다.

	A	B	C	D	E	F	G	H
1	기계 값	150000				단위	1,000원	
2	내용연수	5						
3	세 율	25%						
4	할인율	10%						
5								
6	연 도	0	1	2	3	4	5	
7	매출의 차이	0	0	0	0	0	0	
8	비용절감		50,000	50,000	50,000	50,000	50,000	
9	새 기계의 감가상각		30,000	30,000	30,000	30,000	30,000	
10	헌 기계의 감가상각		9,000	9,000	9,000	9,000	9,000	
11	감가상각 차이		21,000	21,000	21,000	21,000	21,000	
12	영업현금흐름의 차이		42750	42750	42750	42750	42750	
13	비영업현금흐름의 차이	-87500					-10000	
14		-87500	42750	42750	42750	42750	32750	
15								
16	NPV	₩68,347						
17	IRR	38.36%						
18								
19	영업현금흐름의 차이		=(C7+C8)*(1-B3)+C11*B3					
20								

입찰가 결정

5.

입찰가를 결정하는 문제도 우리가 흔히 현실에서 접하는 경우이다. 너무 입찰가를 낮게 하면 기업이 손해를 볼 것이고, 너무 입찰가를 높게 하면 수주를 할 수 없을 것이다. 따라서 기업이 손해를 보지 않으면서 가능한 한 낮게 입찰가를 결정해야 한다. 기업이 손해를 보지 않는다는 것은 NPV=0인 것을 의미한다. 이러한 조건을 만족시키는 입찰가 결정 문제를 고려해 보자.

예 주식회사 '바람'은 환경보호 차원에서 정부에서 입찰 공고한 저가형 풍력발전 장치를 만드는 사업을 고려중이다. 현재 입찰에 참가하고자 하는 경쟁업체들이 많기 때문에 가능한 한 입찰가격을 낮게 쓰고자 한다. 동 사업은 3년 계약으로 매년 4대의 발전장치를 생산하여 공급한다. 생산을 위해서는 발전장치 1대당 인건비 및 자재비로 1,000만원이 들고 생산을 위한 공간 임차 비용으로 1,200만원이 필요하다. 또한 이 장치를 만들기 위해서는 특수 기계를 구입해야 하는데 가격은 7,000만원이며 잔존가치는 1,000만원이다. 감가상각은 정액법을 사용한다. 이 사업을 위한 순운전자본의 증가는 1,500만원이고, 세율은 25%, 할인율은 12%이다. 이 사업을 위하여 회사가 제시할 수 있는 가장 낮은 대당 가격은 얼마인가?

🔲 먼저 주어진 정보를 일목요연하게 정리해 보자.

(단위 : 천 원)

표 9.13
최저입찰가 산정 예

연 생산대수	4대
계약연수	3년
1대당 인건비 및 자재비	10,000
연간 생산 공간 리스 비용	12,000
생산 기계 가격	70,000
감가상각	정액법
잔존가치	10,000
순운전자본 증가	15,000
세 율	25%
요구수익률	12%

이 사안의 분석을 위해서는 역시 현금흐름과 할인율을 구해야 하는데 할인율은 주어져 있으므로 현금흐름을 구해보자. 이를 정리해 보면 〈표 9.14〉와 같다.

(단위 : 천 원)

표 9.14
최저입찰가 결정 예의
현금흐름 정리

	0	1	2	3
영업현금흐름(OCF)		OCF	OCF	OCF
비영업현금흐름(NOCF) 생산기계 구입 세후 잔존가치 순운전자본	−70,000 −15,000			 10,000 15,000
총현금흐름(CFFA)	−85,000	OCF	OCF	OCF+25,000

먼저 영업현금흐름은 발전장치 한 대당 가격을 모르므로 미지수 OCF로 설정한다. 비영업현금흐름으로는 먼저 생산기계 구입과 관련하여 $t=0$ 시점에 7,000만원 투자가 일어나고 $t=3$ 시점에 잔존가치 1,000만원이 발생한다. 그리고 초기 순운전자본 투자가 $t=0$ 시점에서 1,500만원 발생하고 $t=3$ 시점에서 이의 회수가 일어난다. 따라서 총현금흐름은 〈표 9.14〉에서 보는 바와 같다.

이 회사의 문제는 가장 낮은 입찰가를 결정하는 것이므로 이를 위해서는 입찰가가 NPV=0인 조건을 만족시키면 된다. NPV=0인 조건은 다음과 같이 구할 수 있다.

$$
\begin{aligned}
NPV &= -85{,}000 + OCF \times PVIFA_{12\%,\,3년} + 25{,}000 \times PVIF_{12\%,\,3년} \\
&= -85{,}000 + OCF \times 2.4018 + 25{,}000 \times 0.7118 \\
&= 0
\end{aligned}
$$

(9.16)

위의 조건을 만족시키는 영업현금흐름의 값은 다음과 같다.

$$OCF = 27,980.94$$

영업현금흐름은 당기순이익에 감가상각을 더한 것이므로 다음과 같이 정리할 수 있다.

$$
\begin{aligned}
OCF &= NI + D \\
&= (4 \times P - C - D)(1-T) + D \\
&= (4 \times P - \text{인건비 및 자재비} - \text{리스비} - D)(1-T) + D \\
&= [4 \times P - 4 \times 10,000 - 12,000 - (70,000 - 10,000)/3](1 - 0.25) \\
&\quad + (70,000 - 10,000)/3 \\
&= 27,980.94
\end{aligned}
$$

이를 만족시키는 발전설비 1대의 가격 P는 다음과 같다.

$$P = 20,660.31 \ (\text{단위 : 천 원})$$

따라서 이 기업은 대당 2,066만원 정도를 받으면 손익분기가 되고 그 이상을 받으면 수익이 발생되게 된다.

요점
최저입찰가를 결정하는 것은 NPV를 '0'으로 만드는 영업현금흐름을 구하는 것이며 이 영업현금흐름의 가치를 달성하는 가격을 구하는 것이다.

경제수명이 다른 경우

6.

지금까지의 예는 비교대상 사업의 경제수명이 같은 경우만 살펴보았다. 그러나 경제수명이 다른 경우는 한 가지 더 고려해야 할 사항이 발생한다. 다음의 예를 살펴보자.

예 아래와 같이 경제 수명이 다른 두 사업 A와 B가 있다. 두 사업이 상호배타적이라면 어느 사업을 선택해야 하는가?

표 9.15
경제수명이 다른 두 사업

	0	1	2	3	4
사업 A	−100,000	70,000	70,000		
사업 B	−100,000	40,000	40,000	40,000	40,000

할인율을 10%로 가정하면 두 사업의 NPV는 다음과 같다.

$$NPV_A = 21,488$$
$$NPV_B = 26,795$$

위에서 계산한 NPV를 고려한다면 당연히 사업 B를 선정해야 할 것이다. 그러나 문제가 있다. 4년의 기간 동안 사업 B는 한 번 수행할 수 있는 반면에 사업 A는 다음에 보는 바와 같이 두 번 수행할 수 있다.

표 9.16
경제수명이 짧은 사업의 반복 수행

	0	1	2	3	4
사업 A	−100,000	70,000	70,000		
			−100,000	70,000	70,000
현금흐름	−100,000	70,000	−30,000	70,000	70,000

이렇게 된다면 사업 A의 순현재가치는 NPV_A = 39,246이 되어 사업 B의 순현재가치보다 크게 된다. 따라서 4년 기간 동안의 순현재가치가 사업 A가 크므로 이를 선택해야 한다.

요점

경제수명이 다를 경우 이를 무시하고 단순 순현재가치를 계산하여 의사결정을 하여서는 안 된다.

동등연가치(Equivalent Annual Value; EAV)
사업의 현금흐름의 현재가치와 동일한 현재가치를 발생시키는 연간 연금의 가치

이제 동등연가치(Equivalent Annual Value; EAV)라는 개념을 사용하여 위와 같은 문제에 대한 의사결정을 좀 더 체계적으로 수행해 보자. 위의 예에서 사업 A의 순현재가치는 NPV_A = 21,488인데 동일한 현재가치를 발생시키는 연금의 연간 현금흐름을 생각해보자. 이는 다음과 같이 구할 수 있다.

$$EAV_A = 21,488 \div PVIFA_{10\%,2년} = 12,381$$

따라서 사업 A를 2년마다 반복한다면 〈표 9.17〉에서 보는 바와 같이 매년 12,381의 동일한 현금흐름이 영구히 발생될 것인데 이를 사업 A의 동등연가치라 한다. 사업 B에 대해서도 매 4년마다 사업을 반복한다는 가정 하에 같은 방식으로 동등연가치를 구해보면 다음과 같다.

$$EAV_B = 26,795 \div PVIFA_{10\%,4년} = 8,453$$

	0	1	2	3	4
사업 A	−100,000	70,000	70,000		
			−100,000	70,000	70,000
	−100,000	70,000	−30,000	70,000	70,000
EAV$_A$		12,381	12,381	12,381	12,381
사업 B	−100,000	40,000	40,000	40,000	40,000
EAV$_B$		8,453	8,453	8,453	8,453

표 9.17
경제수명이 다른 사업의 동등연가치

결과적으로 사업 A는 영구히 매년 EAV$_A$ = 12,381의 현금흐름을 발생시키고, 사업 B는 영구히 매년 EAV$_B$ = 8,453의 현금흐름을 발생시키므로 사업 A가 더 우월함을 알 수 있다. 이와 같이 두 사업의 경제수명이 다를 경우는 동등연가치를 구해서 비교하면 적절한 의사결정을 할 수 있다.

 요점
사업의 경제 수명이 다른 경우는 동등연가치를 구하여 의사결정을 하여야 한다.

예 새로운 신종 사업으로 잔디정리 서비스업을 생각 중인 '한아름'씨는 잔디깎이 기계 구입을 검토하고 있다. 두 기계를 생각하고 있는데 한 기계는 싸지만 오래 쓰지 못하고 다른 기계는 비싸지만 오래 쓴다. 두 기계의 조건은 다음과 같다.

	값싼 하품	비싼 상품
구매가	35만원	60만원
운영비	100만원	90만원
기계수명	3년	5년
잔존가치	5만원	5만원

표 9.18
값싼 하급품 대 비싼 상등품

위의 표에서 보는 바와 같이 값싼 기계는 비싼 기계에 비해 구매가는 싸지만 수명이 짧고 또한 사용하는 데 드는 비용이 더 많다. '한아름'씨의 회사는 어느 기계를 사는 것이 더 경제적인가? 세율은 25%, 할인율은 15%이다. 정액법으로 감가상각한다.

답 어떠한 의사결정이든지 현금흐름과 할인율이 나와야 의사결정을 할 수 있다. 할인율은 주어져 있으므로 현금흐름을 계산해야 한다. 또한 두 기계의 경제수명이 다르므로 동등연가치를 구해야 한다. 현금흐름과 이에 근거한 분석 결과가 다음 표에 나타나 있다.

표 9.19
값싼 하급품 대 비싼
상등품의 동등연가치

	연도	0	1	2	3	4	5	결 과
값싼 하품	OCF		−72.50	−72.50	−72.50			NPV −197.25 EAC −86.39
	NCS	−35.00			5.00			
	CFFA	−35.00	−72.50	−72.50	−67.50			
비싼 상품	OCF		−64.75	−64.75	−64.75	−64.75	−64.75	NPV −274.57 EAC −81.91
	NCS	−60.00					5.00	
	CFFA	−60.00	−64.75	−64.75	−64.75	−64.75	−59.75	

경제수명에 대한 고려 없이 순현재가치만 본다면 값싼 제품의 비용이 덜 들므로 이를 택하겠으나 동등연가치로 보면 비싼 상품이 비용이 더 저렴하므로 이 예에서는 비싼 상품을 선정하는 것이 합리적이다.

1. '소양'기업은 새로운 재고관리시스템 도입을 고려중이다. 이 시스템을 도입하면 연간 재고관리비용을 4억 원 줄일 수 있다. 이 시스템의 가격은 15억 원이며 5년간 사용할 수 있을 것으로 예상된다. 그러나 감가상각은 4년 기준 연수합계법으로 계산하며 추정잔존가액은 '0'원이다. 5년 후 이 시스템의 예상 시장가치는 5,000만원이고 순운전자본투자는 발생하지 않는다. 세율은 25%, 요구수익률은 10%이다.

   1) 각 해의 감가상각비를 구하라.

   2) 각 연도의 영업현금흐름을 구하라.

   3) 5년의 세후 잔존가치는 얼마인가?

   4) '소양'기업은 이 시스템을 도입하여야 하는가?

2. '북풍' 주식회사는 5년 전에 구입한 기계를 사용하고 있다. 구입가는 1억 원이었고 매년 900만원씩 감가상각을 한다. 이 기계를 현재 시장에서 매각하면 6,500만원을 받을 것으로 예상된다. 최근 동일한 작업을 위한 새 기계가 출시되었는데 '북풍' 주식회사는 헌 기계를 매각하고 새 기계를 구입하는 방안을 고려하고 있다. 새 기계는 경제수명이 5년으로 가격은 2억 원이다. 구매하면 감가상각은 정액법으로 할 것이며 5년 후 잔존가치는 없는 것으로 예상된다. 새 기계의 장점은 헌 기계에 비해 연간 6,000만원의 비용절감 효과가 있다는 것이다. 이 회사의 요구수익률은 12%이고, 세율은 25%이다.

   1) 헌 기계와 새 기계 사이의 영업현금흐름의 차이를 구하라.

   2) 헌 기계와 새 기계 사이의 비영업현금흐름의 차이를 구하라.

   3) 이 회사는 헌 기계를 새 기계로 교체해야 하는가?

3. 주식회사 '해님'은 환경보호 차원에서 정부에서 입찰 공고한 저가형 태양열 발전 장치를 만드는 사업을 고려중이다. 현재 입찰에 참가하고자 하는 경쟁업체들이 많기 때문에 가능한 한 입찰가격을 낮게 쓰고자 한다. 동 사업은 3년 계약으로 매년 4대의 발전장치를 생산하여 공급한다. 생산을 위해서는 발전장치 1대당 인건비 및 자재비로 1,000만원이 들고 생산을 위한 공간 임차 비용으로 1,200만원이 필요하다. 또한 이 장치를 만들기 위해서는 특수 기계를 구입해야 하는데 가격은 9,000만원이며 잔존가치는 1,000만원이다. 감가

상각은 정액법을 사용한다. 이 사업을 위한 순운전자본의 증가는 2,000만원이고, 세율은 25%, 할인율은 10%이다. 이 사업을 위하여 회사가 제시할 수 있는 가장 낮은 대당 가격을 계산하고자 한다. 이에 대해 다음에 답하라.

1) 이 사업의 순현재가치를 '0'으로 만드는 영업현금흐름은 얼마인가?

2) 이 기업의 최저입찰가는 얼마인가?

4. '강물결'씨는 환경친화 전기 발전을 위해 조력 발전 장치를 설계 중이다. 이 장치의 주요 부품으로 터빈이 들어가는데 두 가지 상품을 놓고 구입을 검토하고 있다. 두 기계의 조건은 다음과 같다.

	터빈 A	터빈 B
구매가	7,000만원	1억 2,000만원
운영비	2억원	1억 8,000만원
기계수명	3년	5년
잔존가치	1,000만원	1,000만원

터빈 A는 구매가가 7,000만원이고 터빈 B는 1억 2,000만원이다. 이를 작동시키기 위해서는 연 운영비로 터빈 A가 연 2억원, 터빈 B가 연 1억 8,000만원 들어간다. 잔존가치는 1,000만원으로 동일하고 기계수명은 3년과 5년이다. 감가상각은 매년 정액법으로 상각되며, 세율은 25%, 할인율은 15%이다.

1) 터빈 A와 B의 영업현금흐름을 구하라.

2) '강물결'씨는 어느 터빈을 사는 것이 더 경제적인가?

사업의 위험도 평가

전 장에서는 여러 가지 다양한 상황에서 현금흐름의 추정방법에 대해 살펴보았다. 그러나 이러한 현금흐름은 확실한 숫자가 아니고 다만 미래의 현금흐름에 대한 추정치일 뿐이다. 따라서 추정치의 정확도뿐만 아니라 추정치가 변동할 가능성에 대한 검토가 필요하다. 이 장에서는 이에 대한 다양한 분석 방법을 살펴본다. 구체적인 내용은 다음과 같다.

- 시나리오 분석(scenario analysis)
- 민감도 분석(sensitivity analysis)
- 시뮬레이션 분석(simulation analysis)
- 손익분기분석(break-even analysis)
- 영업 레버리지(operating leverage)

경제성 분석

  한국 정부는 향후 자원의 중요성을 인식하여 해외의 주요 자원을 확보하기 위한 노력을 기울여 왔다. 그 일환으로 니켈, 코발트, 황산암모늄 등을 확보하기 위하여 마다가스카르의 암바토비 광산에 투자를 수행하였다. 일반적으로 자원과 관련된 투자는 투자 기간이 매우 장기이기 때문에 경제성 분석의 정확도가 많이 떨어진다. 아래 표에서 보는 바와 같이 사업의 수행 결정을 한 때에는 순현재가치가 1,100만 달러이고 내부수익률이 10.14%로 할인율 10%를 초과하고 있다. 사업 개시 이후 최근 수정된 추정치는 순현재가치가 -11억 6,400만 달러이고, 내부수익률 2.28%도 요구수익률 9.65%에 비해 절대적으로 낮아 엄청난 적자 사업을 수행하게 된 셈이다. 회수기간도 당초의 9.3년에서 23.4년으로 2배 이상 길어졌다. 현실적으로 사업의 수명이 장기인 경우에는 어차피 정확도가 많이 떨어지기 때문에 당시의 정치적 지형에 따라 정권 수뇌부의 의중을 만족시키는 형태로 의사결정이 이루어지는 경향이 있다.

경제성 분석 추정치의 변화

(단위: 백만 달러)

일자	내부수익률	순현재가치	회수기간
2012. 6.	10.14%	11 (@10.0%)*	9.3년
2013. 9.	5.46%	−476 (@9.47%)	13.5년
2016. 5.	2.28%	−1,164 (@9.65%)	23.5년

* 괄호 안의 숫자는 할인율

아래의 표는 사업 개시 이후 2016년에 사업에 대한 시나리오 분석을 수행한 것이다. 기본의 경우 위의 표에서 보는 최근의 추정치를 보이고 있고, 생산량이 상하 10%씩 움직이는 경우와 니켈 가격이 1달러씩 상하로 움직이는 경우를 상정하여 시나리오 분석을 수행하였다. 이 분석의 가장 큰 문제점은 최초 사업을 개시한 시점부터의 모든 현금흐름을 분석에 포함시켰다는 것이다. 그러나 의사결정을 위한 분석시점은 2016년이므로 그 이전의 현금흐름은 모두 매몰비용이 되어 분석에서 제외되어야 한다. 2016년 이후 발생하는 현금흐름에 근거하여 분석해보면 내부수익률은 13.5%이어서 할인율 9.65%보다 크고, NPV도 2억 3,600만 달러로 양호한 사업이므로 사업을 중단 없이 지속해야만 한다.

시나리오 분석

(단위: 백만 달러)

니켈가 \ 생산량	10% 상승	기본	10% 하락
$1 상승/lb	5.79%, − 652*	4.15%, − 900	2.39%, −1,141
기본	3.86%, − 942	2.28%, −1,164	0.43%, −1,415
$1 하락/lb	1.75%, −1,248	0.12%, −1,464	−1.72%, −1,705

* 각 숫자는 내부수익률과 순현재가치임.

1. 시나리오 분석

시나리오 분석(scenario analysis)
평균, 최상, 최악의 상황을 상정하고 NPV를 구하여 사업의 위험도를 분석하는 방법

시나리오 분석(scenario analysis)이란 말 그대로 상황이 변하는 시나리오를 상정하고 분석을 시도하는 것이다. 통상 평균적인 상황에 더하여 최악의 상황과 최선의 상황을 상정하여 분석한다. 다음과 같은 예를 들어 보자.

예 초기에 장비구매 비용이 2억원인 사업이 있다. 이 장비의 경제수명은 5년이고 잔존가치는 없으며 정액법으로 감가상각 한다. 요구수익률은 12%이며 세율은 25%이다. 이 사업에 대해 회사는 다음과 같이 주요 변수들에 대한 세 가지 추정치를 마련하였다.

표 10.1
시나리오 분석 예

	중	하	상
판매량	6,000 개	5,000 개	7,000 개
가격	8 만원	7 만원	9 만원
단위당 변동비	6 만원	5 만원	7 만원
고정비	5,000 만원	4,000 만원	6,000 만원

이제 시나리오 분석을 하기 위해서는 기본적 경우인 '중'에 대한 분석을 수행하고, 최상, 최하의 경우에 대한 분석을 수행한다. 최상의 경우는 모든 변수 값을 NPV가 가장 크게 되는 방향으로 선택하고, 최하의 경우는 모든 변수 값을 NPV가 가장 적게 되는 방향으로 선택한다. 〈표 10.1〉에서 최상(최하)의 분석을 하기 위해서는 판매량 7,000개(5,000개), 가격 9만원(7만원), 단위당 변동비 5만원(7만원), 고정비 4,000만원(6,000만원)을 선택해야 한다.

문제 〈표 10.1〉의 예에 대해 시나리오 분석을 수행하시오.

답 현금흐름을 구하기 위해 먼저 추정손익계산서를 구해보면 다음 표와 같다.

(단위 : 천원)

표 10.2
시나리오 분석을 위한
추정손익계산서

	기 준	최상의 경우	최악의 경우
매출	480,000	630,000	350,000
변동비	360,000	350,000	350,000
고정비	50,000	40,000	60,000
감가상각	40,000	40,000	40,000
EBIT	30,000	200,000	−100,000
세금	7,500	50,000	−25,000
NI	22,500	150,000	−75,000

위의 추정손익계산서를 작성할 때 '기준' 경우는 모든 변수 값을 위의 '중'의 경우를 선택하였고, 최상의 경우는 모든 변수 값을 최상의 결과가 나오도록 선택하였다. 다시 말해 판매량과 가격은 높고, 변동비와 고정비는 낮게 선택하였다. 이제 추정손익계산서에 근거하여 현금흐름을 정리하면 〈표 10.3〉과 같다.

표 10.3
시나리오 분석에 의한
현금흐름 및 순현재가치

연도	기 준			최상의 경우			최악의 경우		
	OCF	NCS	CFFA	OCF	NCS	CFFA	OCF	NCS	CFFA
0		−200,000	−200,000		−200,000	−200,000		−200,000	−200,000
1	62,500		62,500	190,000		190,000	−35,000		−35,000
2	62,500		62,500	190,000		190,000	−35,000		−35,000
3	62,500		62,500	190,000		190,000	−35,000		−35,000
4	62,500		62,500	190,000		190,000	−35,000		−35,000
5	62,500		62,500	190,000		190,000	−35,000		−35,000
	NPV = 25,299 IRR = 16.99%			NPV = 484,907 IRR = 91.29%			NPV = −326,167 IRR = 정의 안됨		

〈표 10.3〉을 보면 기준이 되는 경우의 NPV = 25,299임에 비해 최상의 경우와 최악의 경우가 매우 변동 폭이 심함을 알 수 있다. 이는 IRR을 보아도 알 수 있는데 최상의 경우는 91.29%의 수익이 나지만 최악의 경우는 IRR이 정의가 되지 않을 정도로 좋지 않다. IRR은 NPV를 0으로 만드는 할인

요점

시나리오 분석은 최상, 평균, 최하의 상황을 가정하고 NPV를 구해보는 것이다. 최상(최하)의 경우는 모든 변수의 값을 가장 유리(불리)하게 설정하고 분석한다.

율인데 투자 이후 현금흐름이 모두 음수이므로 정의가 되지 않는 것이다. 따라서 이 사업은 각 변수의 위험도에 대해 더 정밀한 분석이 요구된다 하겠다.

2. 민감도 분석

위의 예에서 보면 동 사업의 NPV 변동 폭이 매우 심한 것을 알 수 있다. 그렇다면 여러 가지 변수 중에 어떤 변수가 NPV에 중대한 영향을 미치는지 파악해 보는 것이 필요하다. 이를 위해 민감도 분석을 수행한다. 민감도 분석(sensitivity analysis)이란 특정 변수가 NPV에 얼마나 민감하게 영향을 미치는가를 파악하는 것이다. 이를 위해서는 당해 변수의 값만 변화시키고 여타 변수의 값은 기준 값으로 고정시켜야 한다. 이 점이 민감도 분석이 시나리오 분석과 다른 점이다.

민감도 분석(sensitivity analysis)
다른 변수의 값이 고정된 상태에서 어떤 변수가 순현재가치에 미치는 민감도를 분석하는 기법

> **문제** 위의 예에 대하여 판매량 변수에 대한 민감도 분석을 수행하라.
>
> **답** 모든 다른 변수의 값은 기준 값으로 고정시키고 판매량 변수만 상·하로 10% 변화시킨다. '상'인 경우는 판매량이 6,600개이고 '하'인 경우는 판매량이 5,400개가 된다. 먼저 추정손익계산서를 보면 〈표 10.4〉의 판매량 변화 부분과 같다.

표 10.4
민감도 분석을 위한 추정 손익계산서

	판매량 변화			가격 변화		
	기 준	−10%	+10%	기 준	−10%	+10%
매출	480,000	432,000	528,000	480,000	432,000	528,000
변동비	360,000	324,000	396,000	360,000	360,000	360,000
고정비	50,000	50,000	50,000	50,000	50,000	50,000
감가상각	40,000	40,000	40,000	40,000	40,000	40,000
EBIT	30,000	18,000	42,000	30,000	−18,000	78,000
세금	7,500	4,500	10,500	7,500	−4,500	19,500
NI	22,500	13,500	31,500	22,500	−13,500	58,500

즉 판매량을 상하로 10% 변화시켰을 때 당기순이익의 변화를 보이고 있다. 이제 이에 근거하여 현금흐름 및 NPV, IRR을 구하면 〈표 10.5〉와 같다.

연 도	판매량 변화			가격 변화		
	기 준	−10%	+10%	기 준	−10%	+10%
0	−200,000	−200,000	−200,000	−200,000	−200,000	−200,000
1	62,500	53,500	71,500	62,500	26,500	98,500
2	62,500	53,500	71,500	62,500	26,500	98,500
3	62,500	53,500	71,500	62,500	26,500	98,500
4	62,500	53,500	71,500	62,500	26,500	98,500
5	62,500	53,500	71,500	62,500	26,500	98,500
NPV	25,299	−7,144	57,741	25,299	−104,473	155,070
IRR	16.99%	10.55%	23.11%	16.99%	−12.32%	40.14%

표 10.5
민감도 분석에 의한 현금흐름 및 순현재가치

기준인 경우는 NPV = 25,299인데 판매량이 10% 감소하면 NPV = −7,144, 판매량이 10% 증가하면 NPV = 57,741이 된다. 동일한 방법으로 가격이 상하로 10% 변했을 경우의 민감도 분석을 수행한 결과가 〈표 10.4〉와 〈표 10.5〉의 '가격 변화'에 나타나 있다.

판매량과 가격, 두 변수의 민감도 분석 결과를 그림으로 표시하면 〈그림 10.1〉과 같다. 횡축에는 변수들의 증감을 나타내고 종축에는 이에 따른 순현재가치의 값을 나타낸다. 같은 10% 비율로 변수의 값이 변동하더라도 순현재가치에 미치는 민감도는 다른 것을 알 수 있다. 이는 기울기로 알 수 있는데 기울기가 높은 '가격' 변수가 순현재가치에 미치는 영향이 더 큰 것을 알 수 있다. 따라서 이 기업은 가격 변수의 변동폭에 대해 좀 더 깊은 분석을 수행해야 할 것이다.

요점

민감도 분석은 어떤 변수가 NPV에 미치는 민감도를 측정한다. 시나리오 분석과 달리 민감도 분석은 다른 변수들의 값은 변화시키지 않고 분석 대상 변수의 값만 변화시킨다. 민감도가 높은 변수에 대해서는 좀 더 깊은 분석이 이루어져야 한다.

그림 10.1
민감도 분석

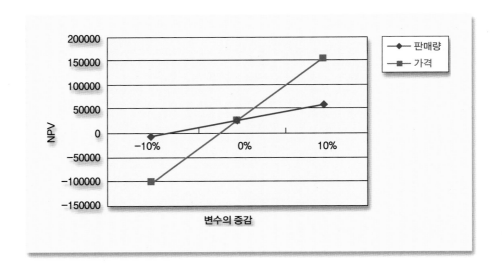

3. 시뮬레이션 분석

시뮬레이션 분석
(simulation analysis)
각 변수의 확률분포와 각 변수 사이의 관계를 설정한 후 반복적으로 NPV를 구하여 NPV의 분포를 도출하고 이에 근거하여 사업의 타당성을 분석하는 기법

시나리오 분석이나 민감도 분석은 최악 또는 최선, 일정 비율 증가 또는 감소 등의 경우에 대해서만 순현재가치를 구하여 사업의 위험도를 평가하였다. 그러나 현실의 상황에서는 모든 경우가 다 가능하므로 이를 감안한 분석을 수행해야 하는데 이것이 시뮬레이션 분석(simulation analysis)이다.

위의 예를 가지고 이를 쉽게 이해해 보자. 먼저 〈그림 10.2〉와 같이 각 변수에 해당하는 바구니가 있다고 하자. 각 바구니에는 발생 가능한 숫자를 적은 구슬들이 들어 있다. 예를 들어, 판매량 바구니에는 발생 가능한 판매량을 나타내는 숫자가 적혀 있는 구슬들이 들어 있다. 이제 눈을 감고 각 바구니에서 구슬 하나씩을 꺼내 적혀 있는 숫자들을 사용하여 위에 분석한 바와 같이 NPV를 구할 수 있다. 사용한 구슬을 원래의 바구니에 다시 넣고 다시 구슬 하나씩을 꺼내 두 번째 NPV를 구할 수 있다.

그림 10.2
Simulation 분석을 위한
변수들의 분포

　이와 같은 과정을 가령 1,000번을 반복하면 다음 그림과 같이 NPV에 대한
분포를 구할 수 있다.

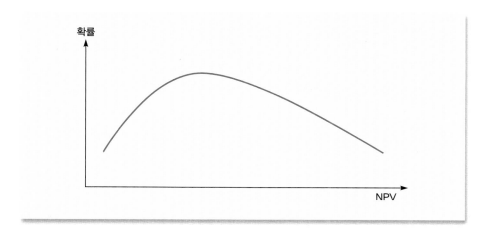

그림 10.3
Simulation 분석으로
도출된 NPV의 분포

　이 분포를 이용하여 평균, 표준편차 등을 구하여 사업의 위험도를 평가할 수
있다.

　설명의 편의를 위해 바구니에 숫자를 적은 구슬들이 들어 있다고 하였으나
각 바구니는 해당 변수의 확률분포(probability distribution)를 나타낸다. 각 바
구니의 확률분포가 정해지면 컴퓨터를 활용해 위에 설명한 과정을 여러 번 반복
하여 NPV의 확률분포를 구할 수 있는 것이다.

　시뮬레이션 방법은 시나리오 분석이나 민감도 분석과는 달리 좀 더 현실적인
분석을 할 수 있다는 장점이 있다. 그러나 단점도 여러 가지 있는데 우선 다른
방법에 비해 비용이 많이 든다는 단점이 있다. 비용과 관련하여 만일 컴퓨터에 입
력하는 정보가 잘못 되었다면 이에 근거한 산출물도 잘못되기 때문에 비용만 낭
비하게 된다. 이를 흔히 GIGO(garbage in garbage out) 문제라고 한다. 가령 입
력 자료인 각 변수의 확률분포가 지나치게 낙관적이거나 비관적으로 되어 있다
면 결과 또한 이에 의해 영향을 받을 것이다. 그리고 위에서는 설명하지 않았으
나 가령 변동비가 가격의 40%라고 하면 둘째 변수의 값은 첫째 변수의 값에 의

해 결정된다. 이 때 만일 두 변수 사이의 관계를 나타내는 40%가 적절하지 않다면 역시 결과는 엉터리가 될 것이다. 따라서 시뮬레이션 분석은 이에 투입되는 입력 자료 및 각 변수들의 관계가 제대로 되어 있어야 그 진가를 발휘할 수 있다.

시뮬레이션 분석은 매우 다양한 상황의 NPV를 구할 수 있다는 장점이 있으나, 비용이 비싸고 변수의 분포 및 각 변수 사이의 관계에 대한 가정이 틀린 경우 잘못된 결과를 도출할 수 있다.

4. 손익분기분석

손익분기점(break-even point)
손해도 이익도 발생하지 않는 생산량

손익분기분석(break-even analysis)
손해도 이익도 보지 않는 생산량에 대한 분석

손익분기라는 것은 손해도 이익도 아니라는 말이다. 그리고 손익분기점(break-even point)이라는 것은 기업이 손해도 이익도 보지 않는 생산량을 의미한다. 즉 기업이 손익분기점보다 많이 생산을 하면 이익을 볼 수 있으나 그보다 적게 생산하면 손해를 본다는 말이다. 따라서 어떠한 사업의 위험도에 대한 평가를 할 때 손익분기점은 매우 중요한 정보를 제공한다. 손익분기분석(break-even analysis)을 할 때 어떠한 기준에 근거하여 이익과 손해를 따지는가에 따라 세 가지 손익분기점 개념이 있는데 이에 대해 알아보자. 지금부터 설명의 편의를 위해 다음의 부호를 사용한다.

S : 매출	F : 고정비
C : 비용	D : 감가상각비
P : 가격	Q : 판매량
v : 단위당 변동비	T : 세율

4.1 회계손익분기

회계손익분기점
(accounting break-even point)
당기순이익이 '0'이 되는 생산량

회계손익분기점(accounting break-even point)이란 당기순이익이 '0'이 되는 생산량을 말한다. 이를 설명하기 위해 부채를 하나도 쓰지 않은 기업을 가정한다. 그 이유는 직관을 좀 더 명확하게 전달하기 위해서이다.

만일 부채를 하나도 쓰지 않아 이자 지급이 없는 기업의 당기순이익은 다음과 같이 계산할 수 있다.

$$NI = (\text{매출} - \text{변동비} - \text{고정비} - \text{감가상각})(1-T) \qquad \text{(10.1)}$$

이것이 '0'이 되도록 하는 판매량이 회계손익분기점이다. 이를 구하기 위해 식 (10.1)을 다시 표현하면 다음과 같다.

$$NI = (P \times Q - v \times Q - F - D)(1-T) = 0 \qquad \text{(10.2)}$$

여기서 'NI = 0' 조건이 만족되기 위해서는 'P × Q − v × Q − F − D = 0'이 되어야 한다. 이를 만족시키는 판매량인 Q는 다음과 같이 계산할 수 있으며 이것이 회계손익분기점이다.

$$Q = \frac{F+D}{P-v} \qquad \text{(10.3)}$$

문제

'보람' 기업은 복부 지방을 줄일 수 있는 복부 맛사지기를 개발하고자 한다. 이 상품을 생산하기 위해서는 특수 장비를 구매해야 하는데 가격이 6,000만원이다. 이 장비의 내용연수는 5년이고 정액법으로 상각하며 잔존가치는 없다.'보람' 기업은 이 맛사지기를 대당 25만원에 판매할 계획이다. 상품의 생산에 드는 변동비는 대당 15만원이고 고정비는 1,000만원이다. '보람' 기업이 적자를 보지 않기 위해서는 몇 대 이상을 판매해야 하는가?

답 적자라고 하는 것은 당기순이익이 음수일 때 하는 말이다. 따라서 적자를 보지 않기 위해서는 판매량이 회계손익분기점 이상이 되어야 한다.

$$Q = \frac{F+D}{P-v} = \frac{10,000,000 + 12,000,000}{250,000 - 150,000} = 220\text{개}$$

따라서 '보람' 기업은 시장의 수요가 220 개 이상 될 때만이 당기순이익 적자를 면할 수 있다.

4.2 현금손익분기

현금손익분기라는 말은 영업현금흐름(operating cash flow ; OCF)을 기준으로 하는 손익분기 개념이다. 즉 현금손익분기점에서는 영업현금흐름이 '0'이 된다. 현금손익분기점에서는 다음의 조건이 충족되어야 한다. 설명의 편의를 위해서 세금은 없다고 가정한다.

현금손익분기점(cash break-even point) 영업현금흐름(OCF)이 '0' 이 되는 판매량

$$OCF = NI + D = [Q(P-v) - F - D] + D = 0 \qquad \text{(10.4)}$$

세금은 없다고 가정했으므로 대괄호 안의 부분이 당기순이익이 되고 이에 감가상각비를 더한 값이 영업현금흐름이 된다. 위의 조건을 만족시키는 판매량이 현금손익분기점이며 이는 다음과 같다.

$$Q = \frac{F}{P-v}$$ (10.5)

문제 위 '보람' 기업의 현금손익분기점을 구하라.

답 '보람' 기업의 현금손익분기점은 다음과 같이 구할 수 있다.

$$Q = \frac{F}{P-v} = \frac{10,000,000}{250,000-150,000} = 100개$$

4.3 재무손익분기

재무손익분기점(financial break-even point)
순현재가치가 '0'이 되는 판매량

재무손익분기(financial break-even)는 손익분기 개념 중에 기업 가치의 증가와 가장 관계가 깊은 개념이다. 그 이유는 재무손익분기 개념 자체가 순현재가치를 기준으로 손익분기를 따지기 때문이다. 순현재가치가 '0'이 되는 판매량이 재무손익분기점이다. 따라서 재무손익분기 이상으로 판매를 하면 기업의 가치가 증가되지만 그 이하로 판매하면 기업의 가치가 감소된다. 재무손익분기점의 공식은 다음과 같다.

$$Q = \frac{F+OCF^*}{P-v}$$ (10.6)

위 식에서 OCF^*는 순현재가치를 '0'으로 만드는 현금흐름을 말한다.

문제 '보람' 기업의 재무손익분기점을 계산하라. 할인율은 10%로 가정한다.

답 '보람' 기업의 당해 사업의 현금흐름은 〈표 10.6〉과 같다.

	0	1	2	3	4	5
OCF		OCF	OCF	OCF	OCF	OCF
NCS	−60,000,000					
CFFA	−60,000,000	OCF	OCF	OCF	OCF	OCF

표 10.6
'보람' 기업의 현금흐름

NPV=0인 현금흐름을 구하기 위해서는 다음의 조건이 만족되어야 한다.

$$NPV = -60,000,000 + OCF \times PVIFA_{10\%,5년}$$
$$= -60,000,000 + OCF \times 3.7908 = 0$$

그러므로 $OCF^* = 15,827,849$이다. 따라서 재무손익분기점은

$$Q = \frac{F+OCF^*}{P-v} = \frac{10,000,000+15,827,849}{250,000-150,000} = 258.28$$

따라서 '보람' 기업은 259개 이상 판매를 하여야 기업의 가치를 증가시킬 수 있다.

4.4 세 가지 손익분기 개념 사이의 관계

위의 세 가지 손익분기점을 크기순으로 나열하면 다음과 같은 관계가 성립한다.

현금손익분기(100 개) 〈 회계손익분기(220 개) 〈 재무손익분기(259 개)

'보람' 기업의 예를 가지고 손익분기분석을 도표로 그려 보면 〈그림 10.4〉와 같다.

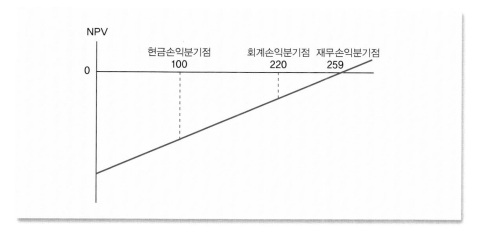

그림 10.4
세 가지 손익분기점
사이의 관계

판매량이 259개 이전까지는 순현재가치가 음수인 것을 알 수 있다.

이제 세 가지 손익분기점의 기본적인 개념에 대해서는 이해를 했으니 조금 더 심도 있는 논의를 해 보자. 우선 세 가지 손익분기 개념의 일반식은 다음과 같다.

$$Q = \frac{F+OCF}{P-v}$$

(10.7)

이 공식에 대해 위의 세 가지 손익분기 개념을 적용해 보면 우선 현금손익분기점은 정의상 현금흐름이 '0'이 되는 점이므로 'OCF=0'을 위 식에 대입하면 위에서 본 현금손익분기점 공식 (10.5)와 동일해짐을 알 수 있다. 회계손익분기점은 'NI = 0'이므로 'OCF = NI + D = D'이다. 따라서 OCF 대신 D를 대입하면 위에서 본 식 (10.3)과 동일한 식을 얻을 수 있다. 마지막으로 재무손익분기점은 'NPV = 0'을 만드는 현금흐름 OCF*를 위 식에 대입하면 역시 위에서 본 재무손익분기점 공식 (10.6)을 얻을 수 있다.

다음으로 각 손익분기점의 특성을 요약하면 다음 〈표 10.7〉과 같다.

표 10.7
각 손익분기점의 특성

	정의	OCF	NPV	IRR	현금회수 기간	할인현금 회수기간
현금손익분기점	OCF = 0	OCF = 0	(−)	−100%	∞	∞
회계손익분기점	NI = 0	OCF = D	(−)	0	= 내용연수	〉 내용연수
재무손익분기점	NPV = 0	OCF = OCF*	0	IRR = 요구수익률	〈 내용연수	= 내용연수

〈표 10.7〉에서 정의와 OCF는 위에서 이미 설명한 바 있다. IRR에 대해 알아보자. IRR의 정의는 'NPV=0' 조건을 만족시키는 할인율이다. 따라서 'IRR=할인율=요구수익률' 조건이 성립하면 'NPV=0'이므로 재무손익분기점에서 IRR은 요구수익률과 동일하게 된다.

그러면 회계손익분기점에서는 왜 'IRR=0'이 되는가? '보람' 기업의 예를 보면 초기투자가 6,000만원이었고 회계손익분기점에서는 5년간 매년 감가상각액인 D=1,200만원씩 OCF가 발생하므로 이를 만족시키는 할인율은 다음의 식에서 보는 바와 같이 '0'이다.

$$NPV = -6,000 + \frac{1,200}{1+0} + \frac{1,200}{(1+0)^2} + \frac{1,200}{(1+0)^3} + \frac{1,200}{(1+0)^4} + \frac{1,200}{(1+0)^5} = 0$$

직관적으로 설명하자면 6,000만원 투자해서 5년간 매년 1,200만원씩 창출하여 정확히 그 투자한 액수만 회수한 것이므로 수익이 없다. 따라서 수익률은 0인 것이다. 현금손익분기점에서는 매년 'OCF=0'이므로 결국 투자한 돈을 하나도 건지지 못한 셈이고 따라서 투자수익률은 −100%인 것이다.

현금회수기간을 이해하기 위해서 회계손익분기점을 생각해 보자. '보람' 기업의 예에서 볼 수 있는 바와 같이 투자한 액수 6,000만원이 매년 1,200만원씩 회수되어 내용연수인 5년이 지나면 다 회수된다. 따라서 회계손익분기점에서는 현금회수기간이 내용연수와 같아지게 된다.

현금손익분기점에서는 영업현금흐름(OCF)이 매년 '0'이므로 현금회수 자체가 되지 않는다. 이를 굳이 기간으로 표현한다면 현금회수기간은 무한대가 될 것이다. 재무손익분기점에서는 OCF가 회계손익분기점보다 많으므로 당연히 현금회수기간이 내용연수보다 짧을 것이다.

할인현금회수기간을 이해하기 위하여 재무손익분기점을 생각해 보자. '보람' 기업의 예에서 보는 바와 같이 5년간 매년 OCF*=15,827,849원만큼 현금흐름이 발생하고 이를 할인한 값을 모두 더하면 5년째에 6천만 원을 모두 회수하게 되므로 결국 할인현금회수기간이 내용연수와 동일하게 된다. 회계손익분기점에서는 OCF가 감가상각과 동일하고 재무손익분기에 비해 작으므로 할인된 기준으로는 투자액 회수에 내용연수보다 더 긴 기간이 소요된다. 현금손익분기점에서는 OCF가 '0'이므로 전혀 회수가 되지 않아 할인현금회수기간이 무한대이다.

요점

현금손익분기점, 회계손익분기점, 재무손익분기점 사이의 관계는 다음과 같다.
현금손익분기점 〈 회계손익분기점 〈 재무손익분기점
각 손익분기점의 특성은 〈표 10.7〉에 요약되어 있다.

영업레버리지

5.

영업레버리지(operating leverage)란 매출이 변할 때 영업이익은 더 민감하게 변하는 현상을 나타내는 것이며, 영업레버리지도(degree of operating leverage: DOL)는 이러한 민감도를 나타낸다. 즉 영업레버리지도는 다음과 같이 정의된다.

$$DOL = \frac{영업이익의\ 변화(\%)}{매출의\ 변화(\%)}$$

(10.8)

영업레버리지(operating leverage)
영업이익이 매출의 변화보다 더 민감하게 변하는 현상

영업레버리지도(degree of operating leverage : DOL)
영업이익의 매출에 대한 민감도

왜 영업이익이 매출의 변화보다 민감하게 되는가는 다음 식 (10.9)를 통해 이해할 수 있다. 우리의 현재까지의 논의에서는 설명의 편의를 위해 이자와 세금이 없다고 가정했으므로 영업이익(EBIT)은 다음과 같다.

$$EBIT = 매출 - 변동비 - 고정비 - 감가상각비 \qquad \text{(10.9)}$$
$$= (P-v)Q - F - D$$

만일 매출이 10% 늘었는데 위의 EBIT도 10% 변화한다면 'DOL = 1'이 될 것이다. 그러나 EBIT의 구성부분 중에서 F와 D는 변화하지 않으므로 EBIT의 변화는 10% 이상이 되고 따라서 DOL은 1보다 크게 된다. 이를 위의 '보람' 기업의 예를 가지고 이해해 보자. 만일 '보람' 기업의 현재 판매량이 300개라고 하자. 그러면 매출과 EBIT는 다음과 같다.

$$S \quad = 300 \times 250,000 = 75,000,000$$
$$EBIT = (250,000 - 150,000) \times 300 - 10,000,000 - 12,000,000 = 8,000,000$$

이제 매출이 10% 늘어서 330개를 판매한다고 하자. 그러면 매출과 EBIT는 다음과 같이 계산된다.

$$S \quad = 330 \times 250,000 = 82,500,000$$
$$EBIT = (250,000 - 150,000) \times 330 - 10,000,000 - 12,000,000 = 11,000,000$$

따라서 DOL은 다음과 같이 계산된다.

$$DOL = \frac{\dfrac{11,000,000-8,000,000}{8,000,000}}{\dfrac{82,500,000-75,000,000}{75,000,000}} = \frac{0.375}{0.1} = 3.75$$

즉 매출이 10% 증가함에 따라 영업이익은 37.5%가 증가한다는 것이다. 이러한 영업레버리지가 발생하는 이유는 고정비 부분 때문이다. 따라서 비유동자산 투자가 많이 되어 있는 기업일수록 고정비가 클 것이고 레버리지도가 클 것이다. 이러한 기업은 경기가 좋은 때에는 영업이익이 많이 상승하지만 반대로 경기가 좋지 않은 때에는 영업이익이 많이 하락하는 경향을 보인다.

이제 330개 판매량에서 다시 10% 판매량 증가가 있어서 판매량이 363개가 되었다고 하자. 그러면 매출과 영업이익은 다음과 같다.

S = 363 × 250,000 = 90,750,000

$EBIT$ = (250,000 − 150,000) × 363 − 10,000,000 − 12,000,000 = 14,300,000

그러면 영업레버리지도는 다음과 같이 계산된다.

$$DOL = \frac{\frac{14,300,000-11,000,000}{11,000,000}}{\frac{90,750,000-82,500,000}{82,500,000}} = \frac{0.3}{0.1} = 3$$

왜 같은 10% 판매량 증가인데 DOL은 차이가 나는 것일까? 즉 판매량이 300에서 330으로 변한 경우의 DOL은 3.75인데 330에서 363으로 변한 경우는 3으로 더 작아진 이유는 무엇인가? 그 이유는 판매량이 증가할수록 고정비의 영향력이 줄어들기 때문이다. 예를 들어 판매량이 1에서 2로 늘면 고정비는 1/2로 줄어들지만 판매량이 2에서 3으로 늘면 고정비는 1/2에서 1/3로 줄어들어 고정비의 변화 정도가 줄어들기 때문이다.

레버리지도는 기업이 고려하는 사업의 위험도를 평가하는데 중요한 평가요소이다. 만일 사업이 비유동자산 투자가 많이 들어간다면 영업레버리지도가 높을 것이고 따라서 매출의 변화에 따른 영업이익의 변화가 많을 것이기 때문에 사업의 평가를 할 때 좀 더 신중한 분석이 필요해진다.

비유동자산에 대한 투자가 많을수록 영업레버리지도가 높아지고 따라서 경기변동에 민감해진다. 영업레버리지도는 매출이 증가함에 따라 낮아진다.

1. '홍초록' 씨는 중저가 제초기 판매 사업을 시작하고자 한다. 이 사업을 위해서는 특수한 장비를 구입해야 하는데 장비의 가격이 3억 원이다. 이 장비의 경제수명은 5년이고 잔존가치는 없으며 정액법으로 감가상각 한다. 요구수익률은 12%이며 세율은 25%이다. 이 사업에 대한 시나리오 분석을 위해서 '홍초록' 씨는 다음과 같이 주요 변수들의 추정치를 마련하였다.

	기본	하	상
판매량	6,000 개	5,400 개	6,600 개
가격	8.0 만원	7.2 만원	8.8 만원
단위당 변동비	6.0 만원	5.0 만원	7.0 만원
고정비	5,000 만원	4,000 만원	6,000 만원

1) 기본, 하, 상 각 세 가지 경우에 대한 추정손익계산서를 작성하라.

2) '기본'인 경우의 영업현금흐름을 계산하라.

3) 세 가지 경우에 대한 현금흐름과 순현재가치, 내부수익률을 구하라.

4) 이 사업은 투자할 가치가 있는 사업인가?

2. 문제 1의 판매량 변수를 사용하여 민감도 분석을 수행한다. 다음에 답하라.

1) 판매량을 상하 10% 변동시켰을 때 당기순이익을 구하라.

2) 판매량을 상하 10% 변동시켰을 때 현금흐름 및 NPV, IRR을 구하라.

3) 가격을 상하 10% 변동시켰을 때 당기순이익을 구하라.

4) 가격을 상하 10% 변동시켰을 때 현금흐름 및 NPV, IRR을 구하라.

5) 판매량 변수와 가격 변수 중 어느 것이 NPV에 더 큰 영향을 미치는가?

3. 문제 1의 제초기 판매 사업에 대해 다음에 답하라.

1) 기준이 되는 '기본' 경우의 회계손익분기점을 계산하라.

2) 기준이 되는 '기본' 경우의 현금손익분기점을 계산하라.

3) 기준이 되는 '기본' 경우의 재무손익분기점을 계산하라.

4) 왜 재무손익분기점에서는 할인현금회수기간이 사업의 수명과 동일한가? 질문 3)에 대한 답을 근거로 하여 설명하라.

4. 문제 1에 근거하여 다음에 답하라. 현재 판매량은 6,600개이고, 나머지 변수는 '기본'의 경우를 가정한다.

1) 현재 매출은 얼마인가?

2) 현재 영업이익은 얼마인가?

3) 매출이 현재 상태에서 10% 증가한다면 영업레버리지도는 얼마인가?

Financial Management : Focusing on EVA

Part

자본구조와 자본비용

Part 4에서는 자본예산(capital budgeting) 의사결정에 대해 공부하였다. 특히 장기 투자안의 평가에 대해 살펴보았는데 장기 투자안의 평가를 하기 위해서는 두 가지 요소가 항상 준비되어야 한다. 하나는 사업의 수행으로 인해 발생하는 현금흐름(cash flow)이고 다른 하나는 사업의 위험도를 반영한 할인율(discount rate)이다. 신규 투자안, 교체 투자안, 경제수명이 다른 투자안 등 여러 가지 다른 상황에서 현금흐름을 추정하는 방법에 대해서는 Part 4에서 살펴보았다. 이제 다른 하나인 할인율에 대해 알아보아야 하는데 이것이 Part 5의 핵심 주제이다.

경제의 균형 상태에서는 모든 자산이 고위험-고수익, 저위험-저수익의 위험-수익 관계를 가지게 된다. 사업이나 기업의 평가에서도 이러한 원칙은 그대로 적용된다. 이러한 맥락에서 11장에서는 위험과 수익률간의 상반관계(trade-off) 및 위험 대비 공정한 수익률을 측정하는 방법을 공부한다. 12장에서는 자본비용을 추정하는 방법에 대해 살펴본다. 위험도가 높은 사업을 추진하는 기업의 자본비용은 위험도가 낮은 사업을 추진하는 기업에 비해 낮을 것이다. 자본비용에는 자기자본비용과 타인자본비용이 있는데 이의 가중평균을 구하면 가중평균자본비용이 되며 이것이 사업과 기업의 평가를 위한 할인율의 역할을 하는 것이다. 마지막으로 13장에서는 기업의 자본구조와 자본비용과의 관계를 공부한다. 기업은 각기 최적자본구조를 가지고 있는데 최적자본구조에서는 자본비용이 최소화되고 기업가치가 극대화된다. 따라서 기업은 최적자본구조를 달성하기 위해 노력해야 하는데 최적자본구조에서는 가중평균자본비용이 최소화되므로 경제적 부가가치도 극대화된다.

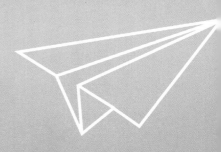

Financial
Management
Focusing on EVA

위험과 수익률

본 장에서는 위험과 수익률 사이의 상관관계에 대해 살펴본다. 상식적으로 위험이 높으면 수익률이 높아야 한다. 이 때 수익률이라 함은 요구수익률(required return)을 의미한다. 그 이유는 위험이 높기 때문에 사람들은 수익률을 높게 요구하기 때문이다. 자본예산을 다루는 장(8장)에서 기대수익률(expected return)과 요구수익률의 개념을 설명하였다. 두 개념은 엄밀하게 보면 다른 개념이지만 균형상태에서는 기대수익률 = 요구수익률의 조건이 성립하므로 통상 서로 혼용하여 쓰곤 한다. 이 장에서는 위험과 수익률에 관해 다음과 같은 내용을 공부한다.

- 개별 자산의 기대수익률 측정
- 개별 자산의 위험도 측정
- 포트폴리오의 기대수익률 측정
- 포트폴리오의 위험도 측정
- 분산투자의 효과
- 분산투자시 위험의 개념
- 분산투자시 위험도와 수익률
- 자본자산가격결정모형
- 효율적 시장 가설

쉬어가기

전설적인 투자자들

1. 벤자민 그레이엄(Benjamin Graham)

1894년 영국에서 출생하였고 30년간 콜롬비아 대학에서 투자론을 강의하였다. 그 후 10년간 UCLA에서 재무론 겸임교수로 근무했다. 벤저민 그레이엄은 워런 버핏의 스승으로 흔히 가치투자의 아버지로 불린다. 1936-56까지 그레이엄-뉴먼코퍼레이션은 연평균 수익률 20%를 기록하는데, 동 기간 S&P 수익률은 연평균 12%에 불과했다.

2. 워런 버핏(Warren Buffett)

1930년 미국 오마하에서 출생했으며 오마하의 현인으로 불린다. 여섯 살 때 이미 코카콜라 세트를 25센트에 사서 30센트에 팔았다고 한다. 수년간 세계의 최고 부자 1, 2위를 다투었다. 2006년 7월에 버핏은 버크셔 해서웨이의 주식 85%를 5개 자선기관에 차례로 기부할 예정이며, 370억 달러는 게이츠 재단에 할당되었다고 발표하여 사회적 책임을 다하는 모습을 보인다. 가치투자의 귀재이며 32년간 연평균 24%의 수익률을 기록하였다.

3. 피터 린치(Peter Lynch)

1944년 미국 매사추세츠주 뉴턴에서 출생했으며, 보스턴 대학에서 재무론을 전공하고, 1968년 펜실베이니아 와튼 스쿨 MBA를 졸업했다. 대학 4년 때 골프장 캐디를 하던 중 피델리티 회장 조지 설리번과 인연이 되어 피델리티 여름 인턴십 기회를 잡으면서 투자의 길로 들어선다. 그는 평소 쇼핑하는 곳, 사는 물건, 몸담고 있는 업종, 살고 있는 곳 등 자신이 잘 아는 종목에 투자하길 권한다. 1977-90 기간 동안 마젤란펀드를 운용하면서 29.2%라는 경이로운 수익률을 내었는데 이는 동 기간 15.8%의 수익률을 보인 S&P의 거의 두 배에 달하는 것이다.

4. 조엘 그린블라트(Joel Greenblatt)

1957년생이며, 펜실베니아 대학 와튼 스쿨을 졸업하였고, 뉴욕의 헤지펀드 회사 '고담 캐피탈'의 창립자이다. 가치 투자를 추구하며, 자본수익률과 이익수익률 두 가지만 보는 가장 간단한 전략을 구사한다. 즉 시가총액 상위 3,500개 회사 중 자본수익률과 이익수익률 순위의 합이 가장 낮은 20개 종목을 선정한다. 핵심은 무조건 싼 기업, 무조건 우량한 기업을 사는 것이 아니라 염가와 우량의 양 측면에서 최상의 조합을 보여주는 기업을 사는 것이다. 1988-2004 기간 동안 연평균 30.8%의 수익률을 올렸는데, 동기간 S&P는 12.4%에 불과했다.

5. 조셉 피오트로스키(Joseph Piotroski)

1989년 일리노이대학에서 회계학으로 학부를 마쳤고, 1994년 인디애나대학에서 MBA를 받았으며, 1999년 미시간대학에서 회계학 박사학위를 취득했다. 같은 해 시카고대학의 경영대학원에 교수로 임용되었고, 스탠퍼드 대학 교수이다. 그는 장부가액 대비 시가총액이 낮은 주식과 비인기 주식을 구별하는 전략을 구사하는데, 장부가액 대비 시가총액이 시장의 상위 20% 이내에 드는 종목을 대상으로 수익성, 재무레버리지, 영업 효율성을 본다. 그의 방법을 따르면 1976-96 기간 동안 23%의 수익률을 기록한다.

1. 개별 자산의 수익률

개별 자산의 수익률 측정을 위해 다음과 같은 예를 생각해 보자. 투자자 '한 아름' 씨는 주식투자를 생각하고 있는데 현재 고려중인 주식 A와 B에 대해 다음과 같은 예상을 하고 있다.

표 11.1
각 경기 상황에 따른 주식수익률

경기 상황	각 경기 상황이 발생할 확률 (1)	주식 A 수익률 (2)	주식 B 수익률 (3)
호경기	0.25	40%	−10%
보통	0.40	10%	5%
불경기	0.35	−20%	15%

경기가 좋을 확률은 25%인데 경기가 좋으면 주식 A의 수익률은 40%, 주식 B의 수익률은 −10%로 예상된다. 다른 경기 상황의 경우에도 마찬가지로 각 경기 상황이 발생될 확률과 그 경기 상황 하에서의 두 주식의 수익률이 나타나 있다. 이제 각 개별 주식의 기대수익률을 계산해보자. 기대수익률은 투자자가 미래에 발생할 것으로 기대하는 수익률이다. 따라서 각 경기 상황이 발생할 확률과 그 경기 상황 하에서의 수익률을 곱한 것의 합을 구하면 기대수익률을 도출할 수 있다. 즉,

$$A의\ 기대수익률 = E(R_A) = 0.25 \times 40\% + 0.4 \times 10\% + 0.35 \times (-20\%) = 7\%$$

이를 표로 나타내면 다음과 같다.

표 11.2
주식 A의 기대수익률 계산

경기 상황	각 경기 상황이 발생할 확률 (1)	주식 A 수익률 (2)	(1)×(2)
호경기	0.25	40%	10.00%
보통	0.40	10%	4.00%
불경기	0.35	−20%	−7.00%
기대수익률 = E(R_A)			7.00%

기대수익률은 일종의 평균 개념인데 이를 좀 더 직관적으로 이해하기 위해 세 숫자 40, 10, −20의 평균을 구한다고 하여 보자. 이 숫자들은 주식 A의 수익률

과 같은 숫자들로 이의 단순평균은 다음과 같이 구해진다.

$$평균 = \frac{40+10-20}{3} = 10$$

단순평균은 각 숫자들의 가중치가 모두 같은 평균이다. 이 예에서는 다음에 보는 바와 같이 각각 1/3 이다.

$$평균 = \frac{1}{3} \times 40 + \frac{1}{3} \times 10 + \frac{1}{3} \times (-20) = 10$$

기대수익률은 단순평균이 아니라 가중평균이다. 가중평균은 더 중요한 숫자에 가중치가 높게 부여된다. 위의 예에서는 경기가 보통일 확률이 0.4로 더 높으므로 다른 두 상황에 비해 높은 가중치가 부여되는 것이다. 이러한 가중치로 가중평균을 구하면 위에서 본 바와 같이 기대수익률이 7%가 된다. 이제 기대수익률을 계산하는 일반식을 도출하면 다음과 같다.

기대수익률(expected return)
자산에 대해 기대하는 수익률. 각 경기상황의 발생 확률과 그 경기상황에서의 수익률의 곱의 합

$$E(R) = \sum_{i=1}^{n} p_i R_i \tag{11.1}$$

여기서, i = 각 경제 상황을 나타내는 지수
p_i = 각 경제 상황이 발생할 확률
R_i = 각 경제 상황에서의 수익률

문제 주식 B의 기대수익률을 구하라.

 답 주식 B의 기대수익률은 다음 표와 같이 구할 수 있다.

표 11.3
주식 B의 기대수익률 계산

경기 상황	각 경기 상황이 발생할 확률 (1)	주식 B 수익률 (3)	(1)×(3)
호경기	0.25	−10%	−2.50%
보통	0.40	5%	2.00%
불경기	0.35	15%	5.25%
기대수익률 = E(R_B)			4.75%

다시 말해,

B의 기대수익률 = $E(R_B)$
= 0.25×(−10%) + 0.4×5% + 0.35×15% = 4.75%

2. 개별 자산의 위험도

표준편차(standard
deviation)
분산의 제곱근

자산의 수익률에 대해 살펴보았으니 이제 자산의 위험도에 대해 알아보자. 자산의 위험도라 함은 여러 가지 측면에서 정의할 수 있다. 그러나 현대 재무관리에서 위험도의 측정치로 사용하는 것은 표준편차(standard deviation)와 베타가 있다. 베타(beta)는 포트폴리오(portfolio) 개념을 공부한 이후에 설명하는 것이 효과적이므로 뒤로 미루고 일단 표준편차를 먼저 설명한다. 표준편차는 분산에 루트(root)를 취한 것으로 다시 〈표 11.1〉의 자산 A의 예를 가지고 표준편차를 도출해 본다.

표 11.4
주식 A의 표준편차의 계산

경기 상황	각 경기 상황이 발생할 확률 (1)	주식 A 수익률 (2)	(3)=(2)−E(R$_A$)	(4) = (3)^2	(1)×(4)
호경기	0.25	40%	33.00%	0.1089	0.0272
보통	0.40	10%	3.00%	0.0009	0.0004
불경기	0.35	−20%	−27.00%	0.0729	0.0255
E(R$_A$)		7.00%		분산(σ^2)	0.0531
				표준편차(σ)	0.2304

분산(variance)
수익률들이 기대수익률로부터 떨어진 거리의 척도. 각 수익률이 기대수익률로부터 떨어진 거리의 제곱에 확률을 곱하여 구함.

위의 표에서 열 (3)의 값들은 각 경기 상황에서의 수익률에서 기대수익률을 뺀 것이다. 기대수익률은 일종의 평균 개념이므로 열 (3)의 값들은 평균으로부터 떨어진 거리를 나타낸다. 이를 제곱한 값이 열 (4)에 나타나 있고 열 (4)의 값에 확률을 곱한 후 이를 다 더하면 분산(variance)을 구할 수 있다. 즉 분산은 평균으로부터 떨어진 거리를 제곱한 값의 평균이다. 다시 말해 열 (4)의 값들의 가중평균이 분산이다.

따라서 분산이 크다면 변수들의 값이 대체로 평균으로부터 많이 떨어져 있다고 볼 수 있다. 만일 각 경기 상황에 따라 발생하는 수익률이 평균으로부터 많이 떨어져 있다면 그 자산은 더 위험한 자산이라고 할 수 있다. 그 이유는 상황에 따라서는 매우 낮은 수익률이 발생할 수도 있기 때문이다.

분산의 제곱근을 구하면 표준편차를 얻게 되는데 주식 A의 표준편차는 위의 표에서 보는 바와 같이 23.04%이다. 분산보다는 표준편차가 직관적으로 이해하기 쉽다. 그 이유는 분산은 평균으로부터 떨어진 거리를 제곱한 것들에 대한 평균이지만 표준편차는 분산의 제곱근을 구한 것이기 때문에 단위가 변수 자체와 같아지기 때문이다. 이제 분산을 구하기 위한 일반식을 도출하면 다음과 같다.

분산과 표준편차는 위험의 한 척도이다. 분산과 표준편차가 클수록 위험도가 높다고 할 수 있다.

$$분산 = \sigma^2 = \sum_{i=1}^{n} p_i [Ri - E(R)]^2 \tag{11.2}$$

이것의 제곱근을 구하면 표준편차를 구할 수 있다.

 주식 B의 표준편차를 구하라.

> **답** 주식 A를 구한 것과 같은 방식으로 주식 B의 표준편차를 구하면 다음 표에서 보는 바와 같이 9.55%를 구할 수 있다.

경기 상황	각 경기 상황이 발생할 확률 (1)	주식 B 수익률 (2)	(3) =(2)−E(R_B)	(4) = (3)²	(1)×(4)
호경기	25%	−10%	−14.75%	0.0218	0.0054
보통	40%	5%	0.25%	0.0000	0.0000
불경기	35%	15%	10.25%	0.0105	0.0037
E(R_B)		4.75%		분산(σ^2)	0.0091
				표준편차(σ)	0.0955

표 11.5
주식 B의 표준편차 계산

이제 횡축에는 표준편차, 종축에는 기대수익률을 나타내는 다음과 같은 그림을 생각해 보자.

그림 11.1
자산 A와 B의 수익률과
위험도

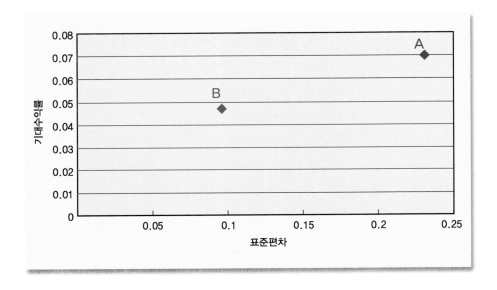

위의 그림을 보면 자산 A는 위험이 높은 대신 기대수익률도 높다. 반면 자산 B는 위험이 낮은 만큼 수익률도 낮다. 따라서 두 자산 사이에 어느 것이 좋다고 확신하여 말하기가 어렵다. 그러나 이 장의 후반부의 자본자산가격결정(capital asset pricing model; CAPM) 모형에 대한 설명 이후에는 이러한 경우에도 어느 자산이 더 우월한지 판단할 수 있게 된다.

 요점

분산과 표준편차는 위험의 한 가지 척도이다. 분산이나 표준편차가 크면 위험도가 높다고 할 수 있다. 분산은 각 경기 상황에서의 수익률과 기대수익률의 차이를 제곱한 값들의 평균이며, 표준편차는 분산의 제곱근이다.

3. 포트폴리오의 기대수익률

포트폴리오(portfolio)
2개 이상의 자산의 조합

지금까지는 개별 자산의 기대수익률과 위험도를 측정하는 방법을 공부하였다. 이제부터는 포트폴리오(portfolio)의 기대수익률과 위험도를 계산하는 방법을 공부한다. 포트폴리오란 무엇인가? 간단히 말해 두 개 이상의 자산의 조합을 말한다. 따라서 가장 간단한 포트폴리오는 2개의 자산으로 이루어진 포트폴리오가 될 것이다. 두 자산에 대한 이해를 하게 되면 그보다 더 많은 수의 자산으로 이루어진 포트폴리오도 자동적으로 이해를 하게 된다. 다시 〈표 11.1〉의 자산 A와 B를 가지고 설명을 해 보자.

포트폴리오의 기대수익률을 구하는 방법은 두 가지가 있다. 설명을 위해 현재 당신이 투자하고자 하는 총 금액이 1,000만원이고 위의 두 자산에 각각 500만원씩 투자한다고 하자. 그러면 각 자산에 투자하는 가중치는 각각 0.5가 될 것이다.

포트폴리오의 기대수익률을 구하는 첫 번째 방법은 각 자산의 기대수익률을 구한 후 가중평균을 구하는 것이다. 이를 식으로 표현하면 다음과 같다.

$$E(R_p) = \sum_j w_j E(R_j)$$

(11.3)

〈표 11.2〉와 〈표 11.3〉에서 구한 자산 A와 B의 기대수익률을 다시 써 보면 다음과 같다.

$$E(R_A) = 7.00\%$$
$$E(R_B) = 4.75\%$$

가중치는 각각 0.5이므로 포트폴리오의 기대수익률은 다음과 같이 계산된다.

$$E(R_p) = w_A \times E(R_A) + w_B \times E(R_B)$$
$$= 0.5 \times 7.00 + 0.5 \times 4.75 = 5.875\%$$

지금까지 설명한 포트폴리오 기대수익률 계산 방식은 개별 자산의 기대수익률을 계산하고 이에 근거하여 가중평균을 구하는 방식이었다. 이제 또 다른 방식을 소개한다. 이 방식은 포트폴리오를 구성한 후 각 경제 상황에서 발생되는 포트폴리오의 수익률을 구한 다음 개별 자산의 기대수익률 계산 방식과 동일하게 포트폴리오 기대수익률을 계산하는 방식이다.

위의 자산 A, B를 예로 들어 설명한 것이 〈표 11.6〉에 나타나 있다. 포트폴리오 가중치가 각각 0.5이므로 호경기일 때 포트폴리오 수익률은 다음과 같이 계산된다.

$$R_p = 0.5 \times 40\% + 0.5 \times (-10\%) = 15\%$$

같은 방식으로 보통 상황일 때 수익률은 다음과 같이 계산된다.

$$R_p = 0.5 \times 10\% + 0.5 \times 5\% = 7.5\%$$

불경기일 때의 수익률도 같은 방식으로 계산하면 되는데 이를 정리하면 〈표 11.6〉과 같다. 이제 각 경기 상황에서의 포트폴리오 수익률을 알았으니 개별 기업의 기대수익률을 구하는 것과 동일한 방식으로 포트폴리오의 기대수익률을 구할 수 있다.

$$E(R_p) = 0.25 \times 15\% + 0.4 \times 7.5\% + 0.35 \times (-2.5\%) = 5.875\%$$

표 11.6
각 경기 상황에서의
포트폴리오 수익률

경기상황	각 경기 상황이 발생할 확률 (1)	주식 A 수익률 (2)	주식 B 수익률 (3)	포트폴리오 수익률(R_p) (4)
호경기	0.25	40%	−10%	15.000%
보통	0.40	10%	5%	7.500%
불경기	0.35	−20%	15%	−2.500%
포트폴리오 기대수익률 ($E(R_p)$)				5.875%

요점

포트폴리오의 기대수익률을 구하는 방법에는 두 가지가 있다.
1. 각 개별자산의 기대수익률을 구한 후 투자비중으로 가중평균하는 방법
2. 포트폴리오의 상황별 투자수익률을 구한 후 상황 발생 확률로 가중평균하여 구하는 방법

4. 포트폴리오의 위험도

포트폴리오의 위험도 역시 두 가지 방식으로 계산된다. 먼저 〈표 11.6〉에 나타난 바와 같이 각 경제 상황에서의 포트폴리오 수익률을 계산하고 이에 근거하여 개별 자산의 경우와 같은 방식으로 분산과 표준편차를 구하는 방식이다. 이를 표로 정리하면 다음과 같다.

경기 상황	각 경기 상황이 발생할 확률 (1)	주식 A 수익률 (2)	주식 B 수익률 (3)	포트폴리오 수익률 (R_p) (4)	$R_p - E(R_p)$ (5)	(6) = (5)²
호경기	0.25	40%	−10%	15.000%	9.13%	0.00833
보통	0.40	10%	5%	7.500%	1.63%	0.00026
불경기	0.35	−20%	15%	−2.500%	−8.38%	0.00701
포트폴리오 기대수익률 ($E(R_p)$)				5.875%	분산(σ_p^2)	0.00464
					표준편차(σ_p)	0.06813

표 11.7
각 상황의 포트폴리오 수익률과 포트폴리오 위험도 계산

열 (5)는 각 경기상황에서의 포트폴리오 수익률과 포트폴리오 기대수익률의 차이이고 열 (6)은 이를 제곱한 값들이다. 열 (6)의 값들을 경기 발생 확률로 가중평균하면 다음과 같이 포트폴리오의 분산을 구할 수 있으며 분산의 제곱근을 구하면 그것이 포트폴리오의 표준편차이다.

$$\sigma_p^2 = 0.25 \times 0.00833 + 0.4 \times 0.00026 + 0.35 \times 0.00701 = 0.00464$$
$$\sigma_p = 0.0681 \text{ 또는 } 6.81\%$$

(11.4)

또 다른 방식으로 포트폴리오의 분산과 표준편차를 구하는 방법을 설명하기 위해 다음과 같은 2×2 행렬을 생각해 보자.

	자산 A	자산 B
자산 A	$w_A w_A \sigma_{AA}$	$w_A w_B \sigma_{AB}$
자산 B	$w_B w_A \sigma_{BA}$	$w_B w_B \sigma_{BB}$

표 11.8
공분산과 가중치로 포트폴리오 위험도를 계산하는 방법

각 셀에 각 자산의 가중치와 두 자산 사이의 공분산의 곱을 위의 표에 보는 바와 같이 계산한다. 예를 들어, 자산 A와 자산 B의 경우는 각각의 가중치와 공분산을 곱하면 $w_A w_B \sigma_{AB}$이 된다. 그리고 모든 셀을 더하면 그것이 포트폴리오의 분산이 된다.

이를 식으로 표현하면 다음과 같다.

$$\sigma_p^2 = \sum_i \sum_j w_i w_j \sigma_{ij}$$

(11.5)

$$= w_A^2 \sigma_A^2 + w_B^2 \sigma_B^2 + 2 w_A w_B \sigma_{AB}$$
$$= w_A^2 \sigma_A^2 + w_B^2 \sigma_B^2 + 2 w_A w_B \rho_{AB} \sigma_A \sigma_B$$

이 식을 이해하기 위해서는 다음 몇 가지 사항을 알아야 한다. 먼저 $w_A w_A \sigma_{AA}$ = $w_A^2 \sigma_A^2$이다. 그 이유는 어떤 자산이 그 자산 스스로와 맺는 공분산은 분산이기 때문이다. 또한 $w_A w_B \sigma_{AB} = w_B w_A \sigma_{BA}$이다. 그 이유는 자산 A가 B와 맺는 공분산이나 자산 B가 A와 맺는 공분산이나 마찬가지이기 때문이다. 그리고 두 자산 사이의 공분산은 두 자산 사이의 상관계수(ρ_{AB})에 각 자산의 표준편차를 곱한 것과 동일하다. 즉,

$$\sigma_{AB} = \rho_{AB} \sigma_A \sigma_B \tag{11.6}$$

상관계수는 최대치가 +1이고 최소치가 −1이다. 즉,

$$-1 \leq \rho_{AB} \leq +1 \tag{11.7}$$

상관계수가 음수이면 두 자산의 수익률이 서로 반대 방향으로 움직이는 경향이 있음을 나타낸다. 즉 한 자산의 수익률이 높으면 다른 자산의 수익률은 낮게 되는 상황을 말하는 것이다. 상관계수가 '0'이면 이는 두 자산 사이에 아무런 관계도 없다는 의미가 된다.

이제 자산 A와 B의 예를 가지고 식을 이용하여 포트폴리오 분산과 표준편차를 구해보자. 개별자산의 분석에서 각각의 분산은 이미 구하였다(〈표 11.4〉 〈표 11.5〉). 이를 정리하면 다음과 같다.

$$\sigma_A^2 = 0.0531$$
$$\sigma_B^2 = 0.0091$$

그러나 공분산은 아직 구하지 않았으므로 이에 대해 살펴본다. 공분산은 〈표 11.9〉에서 보는 바와 같이 각 개별자산의 평균으로부터 떨어진 거리를 곱한 값을 확률로 가중평균하여 구한다.

표 11.9
공분산의 계산

경기 상황	각 경기 상황이 발생할 확률 (1)	주식 A 수익률 (2)	주식 B 수익률 (3)	$R_A - E(R_A)$ (4)	$R_B - E(R_B)$ (5)	(4)×(5)
호경기	0.25	40%	−10%	33.00%	−14.75%	−0.04868
보통	0.40	10%	5%	3.00%	0.25%	0.00008
불경기	0.35	−20%	15%	−27.00%	10.25%	−0.02768
		$E(R_A)$=7.0%	$E(R_B)$=4.75%		σ_{AB}	−0.02183

위의 표에서 보는 바와 같이 열 (4)와 (5)는 각각 자산 A와 B의 수익률이 기대수익률로부터 떨어진 거리를 나타낸다. 이 둘을 곱한 것을 확률로 가중평균하면 공분산 값이 나오는데 이는 다음과 같다.

$$\sigma_{AB} = -0.02183$$

이제 식을 이용하여 포트폴리오의 분산값을 구해보면 다음과 같다.

$$\begin{aligned}
\sigma_p^2 &= w_A^2 \sigma_A^2 + w_B^2 \sigma_B^2 + 2w_A w_B \sigma_{AB} \\
&= (0.5)^2(0.0531) + (0.5)^2(0.0091) + 2(0.5)(0.5)(-0.02183) \\
&= 0.00464 \\
\sigma_p &= 0.0681
\end{aligned}$$

이는 식 (11.4)에서 구한 분산 및 표준편차와 동일함을 알 수 있다.

지금까지는 두 개의 자산으로 구성된 포트폴리오에 대해 설명하였으나 같은 논리를 다수의 자산의 경우에 적용하면 기초자산의 수가 많은 포트폴리오의 분산을 구할 수 있다.

	자산 1	자산 2	$\cdots$	자산 n
자산 1	$w_1^2 \sigma_1^2$	$w_1 w_2 \sigma_{12}$	$\cdots$	$w_1 w_n \sigma_{1n}$
자산 2	$w_2 w_1 \sigma_{21}$	$w_2^2 \sigma_2^2$	$\cdots$	$w_2 w_n \sigma_{2n}$
$\vdots$	$\vdots$	$\vdots$	$\vdots$	$\vdots$
자산 n	$w_n w_1 \sigma_{n1}$	$w_n w_2 \sigma_{n2}$	$\cdots$	$w_n^2 \sigma_n^2$

표 11.10
n-자산 포트폴리오
분산의 계산

위의 모든 셀의 값을 모두 더하면 포트폴리오의 분산을 구할 수 있는데 식으로 표현하면 다음과 같다.

$$\begin{aligned}
\sigma_p^2 &= \sum_i \sum_j w_i w_j \sigma_{ij} \\
&= \sum_i w_i^2 \sigma_i^2 + \sum_{i \neq j} \sum w_i w_j \sigma_{ij}
\end{aligned} \tag{11.8}$$

식 (11.8)의 마지막 줄에서 앞의 항은 대각선 셀의 합이고 뒤의 항은 대각선 이외의 셀의 합을 말한다. 대각선 셀들은 각 자산의 분산 항들이고 그 이외의 셀들은 공분산 항들이다.

5. 분산투자와 위험도

위의 예에서 보면 포트폴리오의 표준편차는 개별자산의 표준편차보다 매우 작음을 알 수 있다. 즉 〈표 11.4〉와 〈표 11.5〉에서 보듯이 개별자산의 표준편차는 $\sigma_A = 23.04\%$, $\sigma_B = 9.55\%$ 이나 포트폴리오의 표준편차는 6.81%이다. 이는 분산투자의 효과가 나타난 것으로 이에 대해 살펴본다.

이해를 쉽게 하기 위해 당신이 삼성전자와 SK하이닉스 주식을 보유하고 있다고 생각해 보자. 가령 SK하이닉스가 최근에 반도체의 불량률을 획기적으로 줄일 수 있는 기술을 개발했다고 하자. 그러면 SK하이닉스의 주가는 상승할 것이고 이와 경쟁관계에 있는 삼성전자의 주가는 하락할 것이다. 이 두 주식 중 한 주식만 보유하고 있는 투자자라면 주가가 매우 오르거나 내리는 상황을 접하게 될 것이다. 그러나 당신은 두 주식을 모두 가지고 있기 때문에 상승과 하락이 서로 상쇄되어 당신이 가지고 있는 전체 부의 등락이 크지 않을 것이다. 이것이 분산투자의 효과이다.

그러나 두 주식을 모두 가지고 있는 경우라 할지라도 경기가 전반적으로 좋다면 두 주식의 주가가 대체로 상승할 것이고 경기가 나쁘다면 두 주식의 주가가 함께 내릴 것이다. 따라서 두 주식을 가지고 있다고 할지라도 경기의 변동으로 인한 전체 부의 등락폭을 감소시킬 수는 없다.

이 예에서 볼 수 있는 바와 같이 우리가 접하는 위험에는 두 가지가 있다. 하나는 분산투자를 하면 상당히 줄이거나 없앨 수 있는 위험이고, 다른 하나는 분산투자를 하더라도 줄이거나 없앨 수 없는 위험이다. 전자의 것을 분산 가능한 위험(diversifiable risk), 비체계적 위험(unsystematic risk), 또는 기업의 고유위험(firm-specific risk)이라고 부르고, 후자의 것을 분산 불가능한 위험(non-diversifiable risk), 체계적 위험(systematic risk), 또는 시장 위험(market risk)이라고 부른다. 따라서 모든 자산의 위험은 다음과 같이 두 가지로 구분된다.

총위험(total risk)
자산으로부터 발생하는 전체 위험이며 분산 가능한 위험과 분산 불가능한 위험의 합

체계적 위험 (systematic risk)
분산 투자를 하여도 제거할 수 없는 위험

비체계적 위험 (non-systematic risk)
분산 투자를 하면 제거할 수 있는 위험

$$\text{총위험} = \text{분산 불가능한 위험} + \text{분산 가능한 위험}$$
$$= \text{체계적 위험} + \text{비체계적 위험}$$
$$= \text{시장 위험} + \text{기업의 고유 위험} \qquad (11.9)$$

위에서 설명한 포트폴리오의 분산이나 표준편차는 총위험이며 이 안에는 위의 두 가지 형태의 위험이 내재되어 있는 것이다. 총위험 중 비체계적인 위험은 분산투자를 하는 과정에서 제거할 수 있으므로 결국 투자자들이 지는 위험은 체계적 위험이 되는 것이며 이 체계적 위험의 척도가 베타(β)이다.

 요점

총위험 = 분산 불가능한 위험 + 분산 가능한 위험
　　　 = 체계적 위험 + 비체계적 위험
　　　 = 시장 위험 + 기업의 고유 위험

총위험의 척도는 분산 또는 표준편차이며 체계적 위험의 척도는 베타(β)이다.

〈그림 11.2〉는 포트폴리오에 포함되는 자산의 수가 증가함에 따라 분산투자 효과가 나타나는 것을 보인다. 자산의 수가 적을 때에는 총위험이 매우 높으나 자산의 수가 증가함에 따라 분산투자의 효과가 급격하게 나타나는 것을 알 수 있다. 그러나 아무리 자산의 수가 많이 증가한다고 하여도 제거되지 않는 위험이 있는데 이것이 체계적 위험인 것이다.

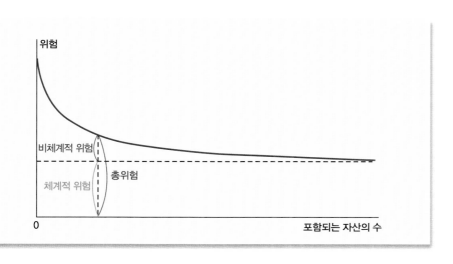

그림 11.2
자산의 수와 분산투자 효과

증권특성선
(characteristic line)
어떤 자산의 수익률과 시
장포트폴리오 수익률 사이
의 관계를 나타내는 회귀
선

베타(beta ; β)
체계적 위험의 척도. 증권
특성선의 기울기

체계적 위험의 척도는 베타인데 이는 다음과 같이 구할 수 있다. 가령 과거 5년간 삼성전자, SK하이닉스, 종합주가지수의 월별 수익률 자료를 수집한다고 하자. 이 자료에 근거하여 종축에는 삼성전자와 SK하이닉스 수익률, 횡축에는 종합주가지수 수익률을 놓고 〈그림 11.3〉과 같은 회귀선(regression line)들을 그릴 수 있는데 이를 증권특성선(characteristic line)이라고 한다. 증권특성선은 시장포트폴리오의 변화에 대한 어떤 자산의 변화를 나타낸다. 따라서 횡축은 시장포트폴리오의 수익률을 나타내는데 현실에서 시장포트폴리오의 가까운 대용치로 종합주가지수를 사용할 수 있다.

그림 11.3
증권특성선

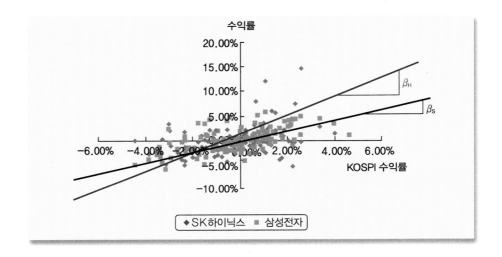

체계적 위험의 척도인 베타는 바로 증권특성선의 기울기이다. 가령 기울기가 1.5라면 시장이 10% 상승하거나 하락할 때 당해 자산은 15% 상승하거나 하락하게 된다. 기울기가 더 크다면 그만큼 시장의 변화에 민감하게 변화한다는 뜻이다. 〈그림 11.3〉에서 보면 SK하이닉스의 수익률이 삼성전자의 수익률보다 훨씬 민감하게 변하는 것을 알 수 있다.

그러면 시장포트폴리오의 기울기는 무엇일까? 이를 보기 위하여 〈그림 11.3〉과 같은 그림의 종축에 종합주가지수 수익률을 놓고 이를 그 자신에 대해 회귀시키면 회귀선이 원점을 통과하는 45도 선이 된다. 45도 선의 기울기는 1이므로 시장포트폴리오의 기울기는 '1'임을 알 수 있다. 그렇다면 어떤 자산의 수익률이 평균적으로 시장이 움직이는 정도로 변화한다면 그 자산의 베타는 '1'이라고 할 수 있고 다음과 같은 관계를 도출할 수 있다.

β > 1 수익률이 시장보다 민감하게 변화하는 자산

β = 1 수익률이 시장이 움직이는 정도만큼 변화하는 자산

β < 1 수익률이 시장보다 둔감하게 변화하는 자산

 문제 무위험자산의 베타는 무엇인가

 답 무위험자산이라는 것은 시장의 변화에도 불구하고 수익률이 항상 일정하기 때문에 증권특성선의 기울기가 '0'이 된다. 따라서 무위험자산의 베타는 '0'이다.

 요점

베타는 증권특성선의 기울기이다. 베타가 클수록 시장의 변화에 민감하다. 시장포트폴리오의 베타는 '1'이고 무위험자산의 베타는 '0'이다.

자본자산가격결정모형

6.

이성적인 투자자라면 분산투자의 효과를 알기 때문에 절대로 한 종목의 자산에 100% 투자를 하지 않을 것이다. 그렇다면 이들은 여러 종목에 분산 투자하는 포트폴리오를 선택할 것인데 이 경우 적절한 위험의 척도는 총위험인 표준편차가 아닌 체계적 위험인 베타이다. 이제 이러한 상황에서 위험과 수익률 사이의 관계를 나타내는 이론인 자본자산가격결정모형(capital asset pricing model ; CAPM)을 생각해 보자.

자본자산가격결정모형
(capital asset pricing model ; CAPM)
불확실성 하에서 자산의 위험과 수익률 사이의 관계를 설명하는 모형

먼저 위험자산(risky asset)의 수익률과 무위험자산(risk-free asset)의 수익률 사이의 관계를 생각해 본다. 상식적으로 위험자산의 수익률은 무위험자산의 수익률보다 높을 것이다. 위험자산의 수익률과 무위험자산의 수익률의 차를 무엇이라 부르면 좋을까? 위험프리미엄(risk premium)이라 하면 좋을 것 같다. 그 이유는 위험한 자산이 위험이 없는 자산보다 더 수익률이 높아야 하기 때문이다. 따라서 다음의 관계식이 성립한다.

위험프리미엄
(risk premium)
위험을 진 대가로 받는 추가 수익률

 요점

자산의 요구수익률은 무위험자산의 수익률에 위험프리미엄을 더하여 구할 수 있다.

$$위험자산의 수익률(E(R_p)) = 무위험자산의 수익률(R_f) + 위험프리미엄 \quad \textbf{(11.10)}$$

모든 사람이 포트폴리오를 구성할 수 있는 상황에서는 위험의 척도가 베타가 되는데 식 (11.10)의 위험프리미엄은 체계적 위험인 베타를 진 대가라고 할 수 있다. 이를 간단한 척도로 나타내기 위하여 다음과 같은 수익-위험 비율(reward to risk ratio)을 생각할 수 있다.

$$수익 - 위험 \ 비율 \ = \ \frac{E(R_p) - R_f}{\beta} \qquad \textbf{(11.11)}$$

수익–위험 비율이 높은 자산은 위험 대비 수익이 높은 자산이므로 투자자들이 선호할 것이며 이 비율이 낮은 자산은 투자자들이 기피할 것이다. 다음과 같은 예를 살펴보자.

표 11.11
수익–위험 비율

	자산 A	자산 B	무위험수익률
수익률	20%	12%	5%
베타	1.2	0.9	
위험프리미엄	15%	7%	
수익–위험 비율	0.125	0.078	

위의 표는 자산 A와 B의 수익률과 위험에 대한 정보를 나타내고 있으며 수익–위험 비율 계산 결과를 보이고 있다. 이를 도표로 나타내면 다음 그림과 같다.

그림 11.4
수익–위험 비율

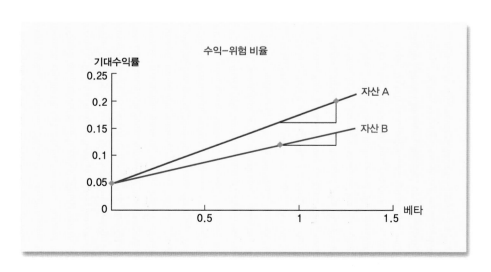

그림에서 수익–위험 비율은 자산 A와 자산 B의 기울기로 나타나 있는데 자산 A의 수익–위험 비율이 자산 B의 그것보다 높은 것을 알 수 있다. 따라서 이성적인 투자자들은 자산 A를 구매하고자 할 것이며 이에 따라 자산 A의 가격이 오르게 되고, 가격이 오르면 기대수익률이 낮아지므로 균형상태에서는 두 자산의 기울기가 동일하게 된다. 따라서 경제가 균형상태를 이루려면 어느 자산도 열등하거나 우등하지 않아야 하기 때문에 이 기울기가 모두 동일해야 하므로 다음과 같은 균형조건이 도출된다.

$$\frac{E(R_A) - R_f}{\beta_A} = \frac{E(R_B) - R_f}{\beta_B} = \frac{E(R_m) - R_f}{\beta_m} = E(R_m) - R_f \qquad \text{(11.12)}$$

여기서, m은 시장포트폴리오를 나타내는 첨자이다.

즉, 균형상태에서는 시장포트폴리오를 포함한 모든 자산의 수익–위험 비율이 동일해야 한다는 뜻이다. 맨 마지막 관계식이 성립하는 이유는 시장포트폴리오의 베타는 '1'이기 때문이다.

이제 위의 식으로부터 자산의 위험과 수익률 사이의 균형식을 도출할 수 있는데 이는 다음과 같다.

> **요점**
> 균형 상태에서는 어떠한 자산도 우월하거나 열등할 수 없다. 따라서 수익–위험 비율이 동일하게 되며 이는 식 (11.12)와 같다.

$$E(R_i) = R_f + [E(R_m) - R_f]\beta_i \qquad \text{(11.13)}$$

이 식이 CAPM의 핵심이라고 할 수 있으며 이를 〈그림 11.5〉와 같이 그래프로 나타낸 선을 증권시장선(security market line; SML)이라고 부른다. 증권시장선의 의미는 식 (11.13)에서 보는 바와 같이 어떤 자산 i의 기대수익률은 두 부분으로 이루어진다는 것이다. 하나는 무위험수익률(risk-free rate; R_f)이고 다른 하나는 그 자산의 위험프리미엄(risk premium)인데 위의 식 (11.10)에서 이를 설명한 바 있다. 그 자산의 위험프리미엄은 시장위험프리미엄(market risk premium)과 베타의 곱으로 나타내진다. 여기서 시장위험프리미엄은 대괄호 안에 있는 표현인데 그 의미는 시장포트폴리오의 위험프리미엄이라는 뜻이다. 전체적으로 볼 때 어떤 자산의 기대수익률을 알기 위해서는 그 자산의 체계적 위험의 척도인 베타만 알면 된다는 뜻이 된다. 다른 변수들의 값은 모든 자산에 공통적으로 적용된다.

증권시장선(security market line; SML)
체계적 위험 베타와 요구수익률 사이의 관계를 나타내는 선

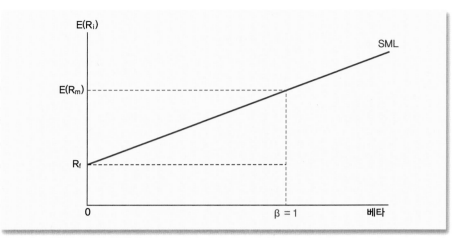

그림 11.5
증권시장선

$$E(R_i)=R_f+[E(R_m)-R_f]\beta_i$$

 요점

자본자산가격결정모형은 SML로 표현된다. SML의 의미는 어떤 자산의 요구수익률은 무위험수익률에 위험프리미엄을 합한 값인데 위험프리미엄은 그 자산의 베타에 의해 결정된다는 것이다.

문제 다음 두 자산의 기대수익률은 얼마인가?

	자산 A	자산 B
베타	1.2	0.9
R_f = 5% ;	E(R_m) = 13%	

 답 식 (11.13)의 SML 공식을 이용하면 다음과 같이 계산된다.

$$E(R_A) = R_f +[E(R_m) - R_f]\beta_A = 5\% + [13\% - 5\%] \times 1.2 = 14.6\%$$
$$E(R_B) = R_f +[E(R_m) - R_f]\beta_B = 5\% + [13\% - 5\%] \times 0.9 = 12.2\%$$

EVA

경제적 부가가치를 계산하기 위해서는 가중평균자본비용(weighted average cost of capital; WACC)을 구해야 한다. WACC는 자기자본비용과 타인자본비용의 가중치인데 식 (11.13)은 자기자본비용을 추정하는 방법으로 활용될 수 있다. 즉 기업의 주식에 대한 위험도인 베타를 안다면 자기자본비용을 계산할 수 있다.

베타와 더불어 필요한 자료는 무위험 수익률과 시장위험프리미엄인데 무위험 수익률의 대용치로는 통상 1년 만기 국채수익률을 사용한다. 그 이유는 국채의 경우 채무불이행 위험이 없고 또한 만기가 1년 이하인 국채는 유동성이 매우 높아 유동성 프리미엄도 없으며 만기에 따른 위험프리미엄도 없기 때문이다.

시장위험프리미엄을 구하기 위해서는 시장포트폴리오의 수익률을 알아야 하는데 경제가 균형 상태를 이룬 기간의 종합주가지수 수익률을 그 대용치로 하면 무난할 것이다. 경제가 균형이 아닌 경우는 시장위험프리미엄이 오히려 음수가 되는 경우도 있으므로 유의하여야 한다.

시장효율성과 초과수익률

CAPM은 주어진 위험 수준에서 공정하게 벌 수 있는 수익률, 즉 공정수익률 (fair rate of return) 또는 요구수익률(required rate of return)을 계산하는 방법을 제시한다. 실제의 수익률은 이러한 사전적(ex ante)인 공정수익률과 다를 수 있는데 실제수익률과 공정수익률의 차이를 초과수익률(excess return)이라 한다.

그렇다면 투자자들은 초과수익률을 올릴 수 있을 것인가? 이에 대한 대답은 시장의 효율성 여부에 따라 달라진다. 시장이 효율적이라면 초과수익률을 올릴 수 없고 시장이 비효율적이라면 초과수익률을 올릴 수 있다.

효율적 시장에서는 많은 사람들이 서로 경쟁적으로 주식이나 채권 등 자산에 대한 정보를 수집하고 이에 대한 분석을 수행하여 이를 근거로 거래를 하기 때문에 초과수익률을 올리기가 쉽지 않다. 그러나 시장이 비효율적이라면 초과수익률을 올릴 수 있는 여지가 존재한다. 다음에서는 시장 효율성의 의미를 좀 더 구체적으로 설명하는데 약형, 준강형, 강형 효율성이 그것이다.

> **요점**
> 시장이 효율적이라면 평균적으로 초과수익률을 올릴 수 없다.

7.1 약형 효율적 시장

약형 효율적(weak form efficient) 시장을 설명하기 위해서는 몇 가지 가정이 필요하다. 먼저 시장 참가자들은 과거의 주가자료나 거래량 자료 이외의 어떤 정보도 가지지 못한다. 그리고 시장 참가자들은 동질적(homogeneous)이다. 다시 말해 지적인 능력이 서로 비슷하고 누구도 독점적 지위를 가지지 않는다는 것이다. 이러한 시장 참가자들이 주어진 정보로 서로 경쟁을 한다면 누구도 초과수익을 올릴 수 없을 것이다. 물론 운이 좋아서 몇 번 초과수익을 올릴 수는 있겠으나 장기에 걸쳐 지속적으로 초과수익을 올릴 수는 없다는 것이다. 이러한 시장을 약형 효율적 시장이라고 한다.

7.2 준강형 효율적 시장

준강형 효율적(semi-strong form efficient) 시장은 모든 조건이 약형 효율적

공정수익률
(fair rate of return)
주어진 위험에 합당한 보상을 제공하는 수익률

초과수익률(excess return)
실제수익률 − 공정수익률

약형 효율적(weak form efficient) 시장
과거의 주가나 거래량 자료를 분석해서는 초과수익을 올릴 수 없는 시장

준강형 효율적(semi-strong form efficient) 시장
어떠한 공공자료를 분석하더라도 초과수익을 올릴 수 없는 시장

시장과 같으나 정보의 양만 다른 경우 성립한다. 즉 시장참가자들이 주가자료나 거래량 자료를 포함한 모든 공공정보(public information)를 알고 있다는 것이다. 공공정보란 예를 들어, 신문, 잡지, 인터넷 사이트, 공시정보 등 일반 대중이 접할 수 있는 모든 정보를 말한다. 시장참가자들이 동질적인 상황에서 이들이 이러한 정보를 가지고 서로 시장에서 경쟁적으로 거래를 한다면 누구도 초과수익을 올릴 수 없을 것이다. 이러한 시장을 준강형 효율적 시장이라고 한다.

7.3 강형 효율적 시장

강형 효율적(strong form efficient) 시장은 다른 조건은 위의 두 시장과 같으나 역시 정보의 범위가 확대되는 것이 다르다. 즉 시장 참가자들이 모든 공공정보뿐만 아니라 내부정보(private information)에도 접근이 가능하며 이에 근거하여 경쟁적으로 거래를 하는 시장이다. 이러한 시장에서는 당연히 초과수익을 올릴 수 없을 것이다. 여기서 내부정보라 함은 아직 일반 대중에게 알려지지 않는 정보를 말한다. 예를 들어 인수합병 논의가 진행되는데 아직 일반 대중에게 알려지지 않았다면 이는 내부정보이며 이에 근거한 거래는 불법이다.

7.4 세 가지 효율적 시장의 관계

위에서 설명한 약형, 준강형, 강형 효율적 시장은 정보효율성(informational efficiency)에 근거하여 시장을 구분한 것으로 주어진 정보의 양이 다음 그림과 같다.

그림 11.6
효율적 시장 가설

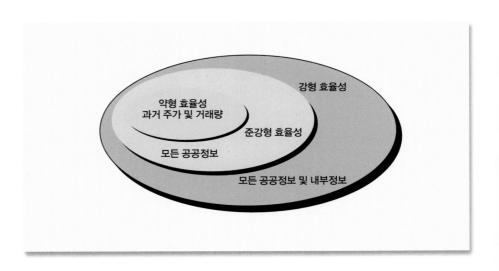

즉 강형 효율적 시장과 관련된 정보의 집합이 가장 크고, 그 다음이 준강형, 가장 정보의 양이 적은 것이 약형 효율적 시장이다.

문제 시장이 준강형 효율적이면 역시 강형 효율적인가?

 답 그렇지 않다. 준강형 효율적 시장에서는 모든 공공정보를 가지고 초과수익을 올릴 수 없다. 그러나 어떤 사람이 공공정보와 함께 내부정보를 가지고 있다면 초과수익을 올릴 가능성이 있으므로 강형 효율적은 아니다.

문제 시장이 강형 효율적이면 준강형 효율적인가?

 답 그렇다. 강형 효율적 시장에서는 모든 공공정보와 내부정보를 가지고도 초과수익을 올릴 수 없다. 그러므로 공공정보만 가지고서는 당연히 초과수익을 올릴 수 없을 것이므로 준강형도 효율적이 된다.

따라서 효율적 시장의 관계는 강형 효율적 시장은 역시 준강형 그리고 약형 효율적 시장이 되지만 반대 방향의 관계는 성립되지 않는다는 것을 알 수 있다.

요점

강형 효율적 시장은 당연히 준강형 효율적 시장이며, 준강형 효율적 시장은 당연히 약형 효율적 시장이다. 그러나 반대는 성립하지 않는다.

7.5 효율적 시장 가설의 의미

시장이 약형 효율적이면 과거의 주가나 거래량 자료를 가지고는 초과수익을 올릴 수 없다. 따라서 기술적 분석(technical analysis)은 의미가 없다. 여기서 기술적 분석이라 하는 것은 도표(chart)에 근거한 분석을 일컫는데 예를 들어 다음과 같은 분석을 하는 것이다. 과거 주가 움직임을 관찰했더니 3일 상승하면 2일 하락하는 경향이 있다고 하자. 오늘이 만일 3일째라고 하면 위의 분석에 의해 주식을 매각해야 할 것이다. 그러나 시장이 효율적이라면 이러한 주가 움직임은 이미 모든 사람이 알고 있을 것이고 따라서 사람들은 3일째 되는 날 주식을 매각하고자 할 것이며 그러면 3일째 주가는 상승하는 것이 아니고 오히려 하락하게 될 것이다. 이러한 주가 패턴의 자기파괴적인 성질 때문에 설사 시장에서 어떤 주가의 패턴이 나타났다고 할지라도 이는 곧 사라지게 되며 따라서 주가의 움직임

기술적 분석
(technical analysis)
특별한 이론적 배경 없이 단순히 과거의 주가나 거래량의 규칙성을 찾는 분석

은 예측할 수가 없게 된다. 따라서 효율적 시장에서는 기술적 분석이 의미가 없게 된다.

그럼에도 불구하고 실제 주식시장에서는 이동평균선, 이격도 등 다양하고 복잡한 기술적 분석들이 이루어지고 있다. 시장이 효율적이라면 이러한 분석들은 시간 낭비에 불과하다. 물론 시장이 약형 비효율적인 경우에는 이러한 분석을 수행하여 초과수익을 올릴 수 있다.

그렇다면 자본시장은 약형 효율적인가? 현재까지의 대부분의 연구는 주식시장이 약형 효율적인 것으로 판단하고 있다. 따라서 기술적 분석은 초과수익을 올리는데 별 도움이 되지 않을 것이다.

기본적 분석
(fundamental analysis)
공공정보를 이용한 모든
형태의 분석

만일 시장이 준강형 효율적이라면 기본적 분석(fundamental analysis)이 효과를 발휘할 수 없다. 기본적 분석이란 공공정보를 이용한 분석을 의미하는데 가령 증권분석가의 주가 예측도 기본적 분석의 일종이다. 이러한 분석은 이미 공공정보의 영역에 포함되기 때문에 누구나 그 분석 내용에 접할 수 있으므로 효율적 시장에서는 이를 이용하여 초과수익을 올릴 수 없다. 따라서 시장이 준강형 효율적이라면 이러한 분석을 시도하는 것은 시간 낭비이며 그냥 현재의 주가를 받아들이는 것이 현명한 일이다.

그렇다면 자본시장은 준강형 효율적인가? 그렇지 않은 경우를 보고하는 논문도 있으나 전반적으로는 선진국의 자본시장은 준강형 효율적이라고 보는 것이 중론이다. 따라서 기본적 분석을 하여 고평가 저평가된 주식을 찾기보다는 그냥 지수펀드(index fund)에 투자하는 것이 현명한 전략이다.

다음으로 만일 자본시장이 강형 효율적이라면 내부자거래(insider trading)를 단속하는 법령을 유지할 필요가 없다. 어차피 내부정보를 가지고 있더라도 초과수익을 올릴 수 없기 때문이다. 그러나 대부분의 국가들이 내부자 거래를 금지하는 규정을 두고 있는데 이는 자본시장이 강형 효율적은 아니라는 반증일 수 있다. 실증연구의 결과도 자본시장이 강형 효율적은 아니라는 것을 보이고 있다.

시장이 약형 효율적이면 기술적 분석은 의미가 없다. 시장이 준강형 효율적이면 기본적 분석은 의미가 없다. 시장이 강형 효율적이면 내부자 거래를 금지하는 법규는 의미가 없다. 따라서 각 분석의 효과 여부는 시장이 어느 정도 효율적인지에 달려 있다.

7.6 행동금융

전통적으로 경제학이나 금융론에서는 이성적 인간을 가정한다. 그러나 이성적 인간관에 근거한 모델로는 설명할 수 없는 이상현상(anomalies)들이 존재하는데 최근 인간의 다양한 비이성적 측면을 검토하는 행동금융(behavioral finance)이 주목을 받고 있다. 심리적 요인이 투자자의 행동과 시장의 가격결정에 미치는 영향을 분석하여 이를 투자에 활용하면 초과수익이 가능하다는 주장이다.

행동금융에 의하면 투자자들은 항상 객관적이고 합리적이지는 않은데, 투자 실수를 초래하는 대표적 행동편의에는 다음과 같은 것들이 있다.

행동금융(behavioral finance)
심리적 요인이 투자자의 행동과 시장의 가격결정에 미치는 영향을 분석하여 투자에 활용하는 이론

- **과신(overconfidence)**: 자신의 능력을 지나치게 과대평가하여 잘못된 의사 결정을 하는 것이다.
- **확증 편의(confirmation bias)**: 자기의 생각이나 주장과 맞는 정보만 찾음으로써 자신의 생각을 점점 강화시키고 이로 인해 객관성을 현저히 잃게 되는 것이다.
- **보수 편의(conservation bias)**: 시장이 기존의 상황과 많이 달라졌음에도 불구하고 자신의 생각을 바꾸지 않으려 하거나 늦게 반응하는 것을 말한다.
- **손실/후회 회피(loss aversion)**: 자신의 잘못된 의사 결정을 용인하기 싫어하는 성향을 의미하며, 그 결과 손실이 난 종목을 장기간 보유하는 오류를 범한다.
- **쏠림 현상(herding)**: 객관적 분석이나 주관 없이 군중심리에 휩쓸려 의사결정을 하는 경향을 말한다.
- **통제 착각(illusion of control)**: 이미 상황이 통제가 어렵게 되었음에도 불구하고 통제가 가능하다고 착각하거나 그렇게 믿고 싶어 하는 성향을 말한다.

인간의 비이성적 측면은 자본시장에서의 투자뿐만 아니라 전체 경제에도 상당한 영향을 미칠 수 있다. 가령 시장참여자들의 비이성적 과열(irrational exuberance)은 자원의 비효율적 배분이나 금융위기를 초래할 수 있다. 2000년대 초의 닷컴 붐이 좋은 예이다. 인터넷 관련 분야가 성장하면서 상당수의 시장 참여자들이 IT 분야의 사업에 뛰어들었고 관련 기업들의 주가가 폭등했다. 그러나 시간이 지남에 따라 결국 거품이 빠지면서 많은 기업이 파산하거나 주가가 폭락하는 사태를 맞았다. 또 다른 예로 모기지 붐과 2008년 세계금융위기를 들 수 있다. 모기지론(mortgage loan)은 주택을 담보로 자금을 빌려주는 미국의 주택담

보대출상품인데, 경기를 활성화시키기 위해 정부가 저금리 정책을 펴자 신용도가 낮은 차주들도 은행에서 대출을 받기가 용이해졌다. 늘어난 대출은 주택 및 부동산에 대한 수요를 늘렸고 부동산 시세가 오르자 이를 담보로 하여 다시 대출을 받는 버블경제가 형성되었다. 그러나 결국 금리가 오르면서 거품이 빠지자 대출 이자와 원금을 갚지 못하는 서민들의 파산이 광범위하게 퍼지면서 미국 경제가 심각한 타격을 입게 되었고, 미국과 연계된 세계 경제가 금융발 위기에 봉착하게 된 사건이다. 모두 사람들의 비이성적 판단과 쏠림 현상이 만들어 낸 현상들이다.

1. 두 주식 A와 B가 있다. 각 경기 상황에서의 수익률이 다음 표와 같다. 다음에 답하라.

경기 상황	각 경기 상황이 발생할 확률	주식 A 수익률	주식 B 수익률
호경기	15%	50%	−10%
보통	50%	10%	5%
불경기	35%	−20%	20%

1) 주식 A와 B의 기대수익률을 구하라.

2) 주식 A와 B의 분산과 표준편차를 구하라.

3) 주식 A와 B 중 어느 것이 우월한가?

4) 투자자 '금광산'씨는 투자금 1,000만원이 있다. 주식 A에 600만원, 주식 B에 400만원을 투자하였다. 이 포트폴리오의 기대수익률을 계산하라.

5) 투자자 '금광산'씨는 투자금 1,000만원이 있다. 주식 A에 600만원, 주식 B에 400만원을 투자하였다. 이 포트폴리오의 표준편차를 계산하라.

6) 5)에서 계산한 포트폴리오 표준편차는 개별 주식 표준편차에 비해 큰가 작은가? 그 이유는?

2. 다음과 같은 두 자산이 있다. 무위험수익률은 5%이다.

	자산 A	자산 B
수익률	24%	16%
표준편차	10%	12%
베타	1.2	0.9
위험프리미엄		
수익−위험 비율		

1) 표준편차를 위험의 척도로 사용한다면 두 자산 중 어느 것이 우월한가?

2) 베타를 위험의 척도로 사용한다면 두 자산 중 어느 것이 우월한가?

3) 위 표의 빈 칸을 채우라.

4) 현재 자본시장은 균형 상태에 있는가?

5) SML을 사용하여 자산 A와 B의 균형수익률을 계산하라. 시장포트폴리오의 요구수익률은 12%이다.

6) 두 자산은 고평가 되어 있는가, 저평가 되어 있는가?

3. '한국내'씨는 40대 가장으로 한국에 아파트, 토지, 주식 등에 투자를 하고 있다. 얼마 전 중국에 근무하는 친구가 여유 자금이 있다면 중국 주식에 투자할 것을 권유하였다. '한국내'씨는 이 자금으로 국내 주식을 더 살 수도 있다. 중국 주식과 한국 주식 중 어느 것을 사는 것이 더 나을까?

4. 시장효율성에 대한 다음 설명에 대해 맞으면 'O', 틀리면 'X'를 표시하고 이유를 설명하시오.

1) 약형 효율적 시장은 역시 준강형 효율적 시장이기도 하다.

2) 시장이 약형 효율적이라면 기본적 분석(fundamental analysis)으로 초과수익을 올릴 수 없다.

3) 효율적 시장에서는 모든 거래가 수월하게 이루어지기 때문에 초과수익을 올리기 쉽다.

4) 준강형효율적 시장(semi-strong form efficient market)에서는 기본적 분석을 수행함으로써 초과수익을 올릴 수 있다.

5) 시장이 효율적이면 모든 거래가 신속하고 효과적으로 이루어지기 때문에 수익을 올리기 위해 적극적(aggressive) 투자전략을 구사해야 한다.

6) 시장이 효율적이면 모든 거래가 신속하고 효과적으로 이루어지기 때문에 수익을 올리기 위해 소극적(passive) 투자전략을 구사해야 한다.

자본비용

사업을 하기 위해서는 자본이 필요하다. 자본은 크게 두 가지로 나누어 생각할 수 있는데 하나는 내 돈인 자기자본(equity)이고 다른 하나는 남의 돈인 타인자본(debt)이다. 이러한 자본을 사용할 때는 사용료를 지불해야 하는데 이를 자본비용(cost of capital)이라 한다. 본 장은 이러한 자본비용에 대해 공부하는데, 다룰 내용은 다음과 같다.

- 타인자본비용의 추정
- 자기자본비용의 추정
- 가중평균자본비용의 계산
- 가중평균자본비용의 활용

위의 내용을 다루는데 있어 우선 개념적으로 쉬운 타인자본비용에 대해서 살펴보고 다음으로 자기자본비용에 대해서 설명한다. 타인자본비용과 자기자본비용이 구해지면 이의 평균인 가중평균자본비용을 계산할 수 있는데 이에 대해서 알아본다.

쉬어 가기

금융경제학 분야 노벨상 수상자

1. 리차드 테일러(Richard Thaler) 20x7

시카고 경영대학 교수이며, 인간의 비이성적인 측면을 경제학에 도입하여 행동경제학을 체계화하였다.

2. 유진 파마(Eugen Fama) 2013

시카고 대학교 금융학 교수이며, 자본시장이 효율적인 경우 초과수익을 올릴 수 없다는 효율적 시장 가설의 대가이다.

3. 마이런 숄즈(Myron Scholes), 로버트 머튼(Robert Merton) 1997

숄즈는 스탠포드 대학교 교수이고, 머튼은 MIT 교수이다. 옵션평가모형의 대가들이다. 사실 업적으로 볼 때 블랙-숄즈 모형으로 잘 알려진 피셔 블랙(Fischer Black)도 노벨상을 받았어야만 한다. 그러나 그는 1995년에 인후암으로 사망하였다. 노벨상은 산 자에게만 수여한다.

4. 윌리엄 샤프(William Sharpe), 해리 마코비츠(Harry Markowitz) 1990

샤프는 워싱톤주립대학교, 스탠포드 대학교 교수를 역임했고 교단에서 물러난 후 직접 투자자문회사를 설립 운영하였다. 마코비츠는 샌디에이고에 위치한 캘리포니아 대학 교수를 역임했고, 이 둘은 자본자산가격결정모형(CAPM)을 개발한 학자들이다.

5. 머튼 밀러(Merton Miller) 1990

카네기 멜론 대학, 시카고 대학 교수를 역임했으며, 배당정책, 자본구조, 자본비용과 기업가치의 관계에 지대한 이론적 기여를 하였다. 1990년에 노벨경제학상이 처음으로 금융경제이론 대가에게 수여되었는데 샤프, 마코비츠와 함께 공동 수상하였다.

타인자본비용

자본비용(cost of capital)은 기업이 자본을 사용한 것에 대한 대가인데 먼저 쉽게 이해할 수 있는 것은 타인자본비용이다. 타인자본비용(cost of debt)은 다른 사람으로부터 자금을 빌려서 사용할 때 지불해야 하는 비용이다. 쉬운 예로 은행의 대출금리를 생각할 수 있다. 또는 기업이 불특정다수인에게 회사채를 발행하여 자금을 조달하는 경우 이를 위한 금융비용도 타인자본비용이다. 기본적으로 은행으로부터 자금을 차입하는 것이나 불특정다수인에게 채권을 발행하는 것이나 돈을 꾼다는 점에서 같은 행위인 것이다. 그러면 타인자본비용은 어떻게 결정되는가?

1.1 타인자본비용의 추정

만일 은행으로부터 차입을 한다면 차입금리가 타인자본비용이 된다. 이 경우 유의할 점은 기존의 차입에 대한 금리가 아니라 신규로 차입할 경우의 대출금리를 말한다는 것이다. 가령 A회사가 5년 전에 은행으로부터 연 8%로 차입을 하여 현재까지 갚고 있다고 하더라도 이것은 현재의 타인자본비용은 아니다. 왜냐하면 만일 기업이 어떤 사업을 하기 위하여 지금 은행에 가서 자금을 조달하고자 한다면 8%가 아닌 현재의 기업 상황을 반영한 금리를 은행에서 요구할 것이기 때문이다. 우리가 타인자본비용을 알고자 하는 것은 앞으로 수행할 사업에 대한 자금조달을 위해서 치러야 할 비용을 알고자 하는 것이기 때문에 현재의 대출금리를 알아야 하는 것이다.

회사채를 발행하는 경우는 현재의 만기수익률(yield to maturity; YTM)이 타인자본비용이 된다. 예를 들어 보자. 가장 간단한 예를 들기 위하여 만기 1년인 회사채를 발행한다고 하자. 액면가는 10,000원, 이표이자는 연 10%이다.

시장에서 투자자들이 회사채를 구매할 때는 항상 두 가지를 고려한다. 하나는 자신에게 돌아오는 현금흐름이고 다른 하나는 그 기업의 할인율이다. 우선 현금흐름을 보면 1년 후에 원금 10,000원과 10% 이자 1,000원을 합하여 11,000원을 받을 것이다. 이것은 1년 후의 가치이기 때문에 투자자들이 현재 구입 결정을 하기 위해서는 현재가치를 구해야 하고 이를 위해서는 할인율이 필요하다. 할인율은 시장이 결정할 것인데 만일 이 회사가 우량한 기업이라면 할인율이 낮을 것이고 위험한 기업이라면 할인율이 높을 것이다. 이러한 할인율을 적용하여 시장이 결정한 현재가치가 우리가 실제로 관측할 수 있는 채권의 시장가격이 되는 것이다.

가령 시장에서 결정된 채권의 가격이 액면가와 같은 10,000원이라고 하자. 그러면 채권평가모형에 의해 다음과 같이 정리할 수 있다.

$$B = 10,000 = \frac{11,000}{(1+R_D)} \tag{12.1}$$

그러면 할인율(R_D)은 10%임을 알 수 있다. 다시 말해 시장은 이 기업에 대해 10% 할인율을 적용한 것이고 그래서 채권가격이 10,000원으로 결정된 것이다. 이 할인율은 채권평가에서 배운 만기수익률(yield to maturity)과 같은 것이다. 이 예에서 이 기업의 타인자본비용은 R_D = 10%임을 알 수 있다.

1.2 타인자본비용 계산시 유의점

위의 예에서 타인자본비용은 시장이 결정하는 것이고 기업은 단지 이표이자를 이보다 높게 또는 낮게 하여 채권을 발행할 수 있는 것이다. 기업이 이표이자를 타인자본비용인 10%보다 높게 준다고 약속하면 채권은 할증발행될 것이고, 10%보다 낮게 준다고 약속하면 할인발행될 것이다.

고급질문

만일 이 기업이 이표이자율을 8%로 하여 발행한다면 채권가격은 9,818.2원이 되어 할인 발행된다. 이 경우 타인자본비용은 이표이자율인 8%인가 아니면 만기수익률인 10%인가?

답 타인자본비용은 만기수익률인 10%이다.

그 이유를 쉽게 알고자 한다면 이표이자율이 '0'인 순수할인채(pure discount bond)를 생각해 보자. 그러면 채권의 가격은 다음과 같이 9,090.9원이 된다.

$$B = \frac{10,000}{(1 + 0.1)} = 9,090.9원$$

이 경우 이표이자를 타인자본비용이라고 생각하면 이 기업의 타인자본비용은 '0'이다. 물론 말이 되지 않는다. 이 경우도 타인자본비용은 할인율인 10%인 것이다. 그 이유는 기업이 이표이자율을 '0'으로 함에 따라 갚아야 할 이자는 없지만 대신 채권을 상당히 낮은 가격인 9,090.9원에 발행해야 하기 때문이다. 그래서 종합적으로는 결국 10%의 비용이 드는 것이다.

 요점
타인자본비용은 이표이자율(coupon interest rate)이 아니고 만기수익률(yield to maturity)이다.

고급질문

손익계산서의 이자비용은 엄밀한 의미에서 타인자본비용의 추정치라 할 수 있는가?

 답 그렇지 않다. 위의 문제에서 본 바와 같이 손익계산서에 나타나는 이자비용은 이표이자율로 계산된 이표이자(coupon payment)이기 때문에 타인자본의 추정치인 만기수익률과는 다르다. 다만 기업이 액면발행을 하는 경우라면 이표이자율이 만기수익률과 동일해지므로 손익계산서의 이자지급이 타인자본비용이라고 말할 수 있을 것이다.

이제 다시 간단한 경우인 액면발행의 경우로 되돌아가자. 식 (12.1)의 예에서 기업의 타인자본비용은 이표이자율인 10%와 같아지는데 이를 세전타인자본비용(R_D)이라고 한다. 기업이 실제로 부담하는 타인자본비용은 세전이 아닌 세후 타인자본비용이므로 다음과 같이 나타낼 수 있다.

세전타인자본비용
채권평가의 할인율이나 은행 차입금리로 추정하며 절세효과가 감안되지 않은 자본비용

$$세후타인자본비용 = R_D \times (1 - T)$$ **(12.2)**

본 예의 경우 기업의 한계세율이 25%라고 하면 세후타인자본비용은 다음과 같이 계산된다.

$$10\% \times (1-0.25) = 7.5\%$$

이와 같이 자본비용이 줄어드는 이유는 이자비용은 사업을 영위하기 위한 필요경비로 인정되어 세전에 차감되고 따라서 세금을 적게 내는 절세효과가 발생하기 때문이다.

 요점
타인자본비용 = 세후타인자본비용
= 세전타인자본비용(R_D) × (1-한계세율)

EVA

경제적 부가가치를 계산하기 위해서는 가중평균자본비용(weighted average cost of capital; WACC)을 알아야 하는데 이는 자기자본비용과 타인자본비용의 가중평균이다. 식 (12.2)는 WACC를 구하기 위한 타인자본비용을 계산하는 방법이다.

2. 자기자본비용

자기자본비용(cost of equity)
자기자본을 사용하는 대가로 지불해야 하는 비용

타인자본비용의 의미와 이의 추정에 대해 이해하였으니 이제 조금 더 복잡한 자기자본비용에 대해 살펴본다. 자기자본비용(cost of equity)이란 자기자본을 사용하는 대가로 지불하는 비용인데 이에 대하여 잘못 이해하고 있는 경우가 상당히 많다. 자기자본비용에 대해 하나씩 살펴보자.

2.1 자기자본비용은 '0'인가?

자기자본비용의 추정에 앞서 먼저 이해해야 하는 것은 자기자본비용의 의미이다. 쉬운 말로 하면 자기자본이란 남의 돈이 아닌 내 돈이라는 뜻인데 여기서 내 돈이라는 것은 개인적인 나의 돈이라는 뜻이 아니고 주식회사의 경우와 같이 타인의 돈일지라도 법적으로 지분에 해당하는 다른 주주들의 출자금은 자기자본이 되는 것이다.

다음으로 자기자본을 쓰는데도 비용이 드는 것인가? 주인이 자신의 돈을 쓰는 데에는 이자비용을 내는 것도 아니므로 비용이 없다고 생각할 수 있다. 그러나 자신의 돈을 쓰는 데에도 비용이 드는데 이를 기회비용(opportunity cost)이라 한다. 다음의 예를 생각해 보자.

예 갑이라는 사람이 현재 버섯을 키우고 있는데 이를 팔아서 생계를 유지하고 있다고 하자. 이제 새로운 사업인 수퍼마켓을 시작하고자 하는데 자금이 모자라서 기존의 버섯 사업을 정리하여 투자를 하려고 한다. 그러면 버섯 사업을 정리한 자금은 자기자본인데 이 자금을 수퍼마켓 사업에 투입하면 비용이 없는 것인가?

답 그렇지 않다. 기존의 버섯을 판매하여 나오던 생활자금이 없어졌으므로 이것이 자본비용이 되는 것이다.

이는 기회비용 개념인데 그러면 이 버섯으로부터의 자본비용은 실제적인 것인가 개념적인 것인가? 당연히 실제적인 비용이다. 가령 버섯 재배로부터 수입이 5,000만원이었는데 수퍼마켓으로부터의 수익이 4,000만원이라면 이 사람은 실질적인 손해 1,000만원을 보기 때문이다.

요점

자기자본비용은 기회비용(opportunity cost) 개념이며 이는 실제로 드는 비용이다.

2.2 자기자본비용의 추정

이제 자기자본비용을 추정하는 방법을 살펴보자. 자기자본비용을 추정하는 방법은 여러 가지가 있으나 여기서는 대표적인 방법인 자본자산가격결정모형 (capital asset pricing model ; CAPM)을 활용하는 방법과 배당성장모형(dividend growth model)을 활용하는 방법을 설명한다.

2.2.1 CAPM 방법

자본자산가격결정모형(capital asset pricing model ; CAPM)에 의하면 자기자본비용(R_E)은 다음과 같이 정의된다(11장 참조).

$$R_E = R_f + \beta_E(R_m - R_f)$$ (12.3)

여기서, R_f = 무위험이자율
$R_m - R_f$ = 시장위험프리미엄
β_E = 주식의 체계적 위험

따라서, 자기자본비용을 계산하기 위해서는 무위험이자율(R_f), 시장위험프리미엄($R_m - R_f$), 주식의 체계적위험(β_E)을 알아야 한다.

먼저 무위험이자율을 구해야 하는데 자산가격결정이론에서 상정하는 무위험자산은 실제에는 존재하지 않는다. 무위험자산이라는 뜻은 자산으로부터의 수익률의 변동이 전혀 없어 위험이 없다는 것인데 실제에 있어서는 아무리 부도 위험이 없더라도 확실하게 수익률을 보장할 수는 없다. 부도 위험이 전혀 없는 국채라고 할지라도 경제적 요인의 변화로 물가상승률이 변하면 실질수익률이 변하게 된다. 현실적으로 가장 무위험자산에 가까운 것은 단기 국채이다. 따라서 무위험이자율의 대용치로 만기 1년인 국채수익률을 사용한다.

둘째, 시장위험프리미엄은 종합주가지수 수익률에서 위에서 구한 1년 만기 국채수익률을 차감하여 계산한다. 유의할 점은, 이론적으로는 시장위험프리미엄이 양이어야 하나 실제 자료를 적용해보면 음수가 얻어질 가능성도 높다는 것이다. 예를 들어, 전년도의 자료를 사용했는데 공교롭게 전년도의 주식시장 상황이 좋지 않았다면 종합주가지수 수익률이 음수가 나오고 따라서 시장위험프리미엄이 음수가 나오게 된다. 이러한 문제를 극복하기 위해서는 시장위험프리미엄을 구하기 위한 적절한 기간을 선택해야 한다. 대표성이 있는 기간을 선정하거나 5년 이상 장기의 기간을 검토하여 시장위험프리미엄을 구해야 할 것이다.

셋째, 체계적 위험은 당해 주식의 수익률을 종합주가지수 수익률에 회귀분석한 선, 즉 증권특성선(characteristic line)의 기울기로 계산한다. 이 경우에도 역시 자료의 대표성이 문제가 된다. 어느 기간을 선정하여 분석하는가에 따라 베타 값이 달라질 수 있기 때문에 대표성이 있는 기간이나 상당히 긴 분석기간에 근거하여 베타 값을 구해야 한다.

문제 '초록' 기업 주식의 베타계수는 0.8이고 현재 국채수익률은 4.7%이다. 시장위험프리미엄은 8.3%이다. 이 기업의 자기자본비용은 얼마인가?

답
$$R_E = R_f + \beta_E(R_m - R_f)$$
$$= 4.7 + 0.8 \times 8.3$$
$$= 11.34\%$$

2.2.2 배당성장모형 방법

배당성장률이 일정한 경우 배당성장모형을 이용한 주가는 다음과 같이 계산된다(7장).

$$P_0 = \frac{D_1}{R_E - g} \tag{12.4}$$

여기서, P_0 = 주가
D_1 = 다음 기의 배당
R_E = 할인율 또는 자기자본비용
g = 배당성장률

이 식을 할인율에 대하여 다시 정리하면 다음과 같다.

$$R_E = \frac{D_1}{P_0} + g \tag{12.5}$$

여기서, 할인율 R_E가 자기자본비용이다. 즉 주식에 투자함으로부터의 총이익은 배당수익률(dividend yield)과 시세차익으로부터의 자본수익률(capital gains yield)의 합인데 배당이 일정하게 성장하므로 주가도 같은 비율로 일정하게 성장하고 자본수익률은 배당성장률과 동일하게 된다.

이 식을 활용하는데 유의할 점은 다음과 같다. 첫째, 식 (12.5)는 배당이 일정하게 성장하는 기업에 적용된다. 따라서 특정 기업의 자기자본비용을 구하기 위해 과거 배당 자료를 분석한 결과 일정하게 성장하는 패턴과 너무 다르다면 이 모형을 적용해서는 안 된다. 이 때에는 CAPM 방식을 적용하는 것이 나을 것이다.

둘째, 식 (12.5)에서 자기자본비용을 구하기 위해서는 다음 기의 예상 배당액과 배당성장률을 구해야 하는데 배당성장률은 과거 배당성장률의 평균을 구하면 될 것이다. 예상 배당액을 구할 때에도 수치의 대표성을 감안하여야 한다. 가령 내년도의 배당이 예년과 매우 다르게 높을 것이라든지 낮을 것이라고 예상되면 대표성을 가질 수 있도록 적절한 조정을 하여야 한다.

문제 '한라' 기업의 현재 주가는 25,000원이고 과거 6년간의 배당 자료는 다음과 같다. 이 기업의 배당성장률은 몇 %인가?

연도	주당배당
20x2	1170
20x3	1230
20x4	1300
20x5	1370
20x6	1440
20x7	1500

답 각 연도의 성장률을 구하면 다음과 같다.

연도	주당배당	성장률
20x2	1170	
20x3	1230	0.0513
20x4	1300	0.0569
20x5	1370	0.0538
20x6	1440	0.0511
20x7	1500	0.0417

표 12.1
배당성장률의 추정

이 성장률의 평균을 구하면 당해 기업의 성장률 g는 다음과 같이 5.10%가 됨을 알 수 있다.

$$\frac{5.13 + 5.69 + 5.38 + 5.11 + 4.17}{5} = 5.10\%, \text{ 또는 } 0.051$$

문제 위의 자료에 더하여 '한라' 기업은 내년에 주당 1,570원의 배당을 지급할 것으로 예상된다. 그렇다면 자기자본비용은 얼마인가?

답 $R_E = \dfrac{D_1}{P_0} + g = \dfrac{1,570}{25,000} + 0.051 = 0.1138$, 또는 11.38%

동일 기업에 대해 CAPM을 적용한 자기자본비용과 배당성장모형을 적용한 자기자본비용을 구해본다면 거의 대부분 수치가 다르게 나올 것이다. 이럴 때는 어떻게 하는 것이 합리적일까? 만일 두 수치가 너무 다르다면 모형의 적용상 문제점이 있는지를 파악하여 다시 추정하는 것이 필요하다. 그러나 두 수치가 크게 다르지 않다면 두 수치의 평균을 구하여 사용하는 것이 합리적일 것이다.

이제 타인자본비용과 자기자본비용을 측정하는 방법을 배웠으므로 둘 중 어느 것이 더 비싼 자금인가를 생각해보자. 위에서 자기자본비용을 흔히 비용이 없는 것으로 아는데 그렇지 않음을 밝힌 바 있다. 그러면 자기자본비용은 타인자본비용보다 낮은가? 정답은 그 반대이다. 왜 그런가 생각해 보자.

첫째, 어떤 기업이 자금을 조달하기 위해 주식과 회사채 두 가지를 발행한다고 하자. 투자자 입장에서는 어느 것이 더 위험한 증권인가? 당연히 주식이 회사채보다 위험한 증권이다. 왜냐하면 채권은 매 기간 받을 이자가 정해져 있으나 주식은 배당이 불확실하고 가격 변동도 훨씬 크기 때문이다. 그렇다면 요구수익률(required return)은 주식과 채권 중 어느 것이 높을까? 당연히 위험도가 높은 주식의 요구수익률이 더 높다. 결론적으로 투자자 입장에서는 요구수익률이지만 발행하는 기업 입장에서는 비용이 되므로 주식의 자본비용, 즉 자기자본비용이 채권의 자본비용, 즉 타인자본비용보다 높음을 알 수 있다.

둘째, 주식은 잔여재산청구권이기 때문에 지급 순위에서 채권자보다 후순위이다. 따라서 매 기간 영업이익의 배분에 있어 채권자가 이자의 형태로 먼저 지불받고, 그 이후 만일 남는 부분이 있으면 이를 주주들이 받게 된다. 또한 회사가 청산(liquidation)을 할 경우에도 채권자들에게 먼저 의무를 다하고 남는 재산이 있으면 주주들이 받아 가게 된다. 그렇다면 주주들은 이러한 불리한 위치에 있는 것을 알면서도 왜 주식을 사는 것일까? 그 이유는 수익률을 높게 기대하고 있기 때문이다. 역시 자기자본비용이 타인자본비용보다 높은 근거이다.

셋째, 손익계산서를 생각해 보면 채권에 대한 이자는 사업을 위한 비용으로 간주되어 과세 전에 차감되기 때문에 절세효과가 있다. 하지만 주식에 대한 배당은 과세 이후 당기순이익으로부터 지급되어 절세효과가 없다. 같은 조건이라면 당연히 자기자본비용이 타인자본비용보다 비싸다는 것을 알 수 있다.

 요점

자기자본비용이 항상 타인자본비용보다 높다.

자기자본비용은 경제적 부가가치를 구하는데 있어 가중평균자본비용을 구하기 위해 필요하다. 경제적 부가가치의 가장 큰 장점이 명시적으로 자기자본비용을 인식한다는 점이다. 반면 당기순이익을 기준으로 흑자 적자를 판단하는 경우는 설사 흑자일지라도 자기자본비용이 아직 반영되지 않았으므로 실제로 기업의 가치가 창출되고 있는지는 알 수가 없다.

가중평균자본비용

3.

가중평균자본비용(weighted average cost of capital; WACC)은 자본비용을 가중 평균한 것이다. 위에서 타인자본비용과 자기자본비용을 구했으므로 이를 적절한 가중치로 가중 평균한 값을 구하는 것이다. 직관적으로 볼 때 가중평균자본비용이란 자금을 사용하는 평균적인 자본비용을 의미하는 것이다. 이를 식으로 표현하면 다음과 같다.

가중평균자본비용
(weighted average cost of capital; WACC)
자기자본비용과 타인자본비용을 가중 평균한 자본비용

$$WACC = \frac{E}{V}R_E + \frac{D}{V}R_D(1-T)$$

(12.6)

여기서, E = 지분의 가치   D = 부채의 가치
        V = 기업의 가치 R_E = 자기자본비용
        R_D = 세전타인자본비용

현재 1억 원이 투자되어야 하는 사업이 있다. 이 사업은 만기가 1년인 사업으로 내년에 1억 5천만 원의 순현금유입이 발생한다. 현재 투자할 1억 원 중 4천만 원은 은행에서 연리 12%로 차입하였고 나머지 6천만 원은 주식을 발행하여 조달하였다. 주식의 자기자본비용은 16%이고 한계세율은 25%이다. 이 사업의 가중평균자본비용은 얼마인가?

 1억 원 중 6,000만원은 주식을 발행하고, 4,000만원은 은행에서 차입하였으므로 자기자본과 타인자본의 가중치가 각각 0.6, 0.4가 된다. 따라서 WACC는 다음과 같이 계산된다.

WACC = 0.6 × 16% + 0.4 × 12% × (1−0.25)   (12.7)

        = 13.2%

가중평균자본비용의 계산에 있어 가중치는 기업의 자본구조와 관련이 있다. 기업의 가치를 극대화시키는 자본구조를 최적자본구조라 하는데 최적자본구조에서는 WACC가 최소화된다. 이에 대한 설명은 자본구조를 설명하는 장으로 미룬다.

 요점

자기자본비용, 타인자본비용, 가중치를 알면 가중평균자본비용을 구할 수 있다.

4. 가중평균자본비용의 활용

기업이 특정 프로젝트를 하기 위해 자금을 조달할 때 통상 자기자본과 타인자본을 함께 사용하게 된다. 만일 현재 기업의 자본구조가 최적자본구조라면 기업은 신규 사업을 위해 자금을 조달할 때도 기존의 자본구조와 동일한 비율로 자기자본과 타인자본을 조달할 것이다. 그렇다면 이러한 자본의 평균 조달비용은 위의 WACC와 동일하게 될 것이다.

이제 기업은 조달된 자금을 사용하여 프로젝트를 수행할 것인바 동 프로젝트에 대한 순현재가치를 구하고자 한다면 추정된 미래 현금흐름을 적정 할인율로 할인해야 할 것이다. 이 할인율로 사용하는 것이 바로 WACC가 된다. 그 이유는 할인율은 요구수익률인데 프로젝트가 수익성이 있기 위해서는 최소한 WACC 이상의 수익률이 나와야 하므로 WACC가 바로 요구수익률이 되기 때문이다.

 문제 현재 1억 원이 투자되어야 하는 사업이 있다. 이 사업은 만기가 1년인 사업으로 내년에 1억 5천만 원의 순현금유입이 발생한다. 현재 투자할 1억 원 중 4천만 원은 은행에서 연리 12%로 차입하였고 나머지 6천만 원은 주식을 발행하여 조달하였다. 주식의 자기자본비용은 16%이고 한계세율은 25%이다. 이 사업의 NPV는 얼마인가?

답 이 문제는 위의 문제와 동일하다. 식 (12.7)에서 WACC = 13.2%로 구해졌으니 NPV는 다음과 같이 계산할 수 있다.

$$\text{NPV} = -1억 + \frac{1.5억}{1+0.132} = 3,250.9 \text{ 만 원} \tag{12.8}$$

위의 문제를 경제적 부가가치 개념 틀로 설명해 보자. 위의 문제에서 내부수익률은 다음과 같이 구할 수 있다.

$$NPV = -1억 + \frac{1.5억}{1+IRR} = 0 \qquad \text{(12.9)}$$

식 (12.9)를 만족시키는 내부수익률은 IRR = 0.5 이다. 8장에서 설명한 바와 같이 내부수익률은 투자수익률과 같은 개념이므로 EVA에서는 투하자본수익률(ROIC)에 해당한다. 가중평균자본비용은 WACC=13.2%로 계산되었으므로 본 사업은 수행하는 것이 마땅하다. 투하자본이 1억이므로 경제적 부가가치는 다음과 같이 계산된다.

$$EVA = (ROIC - WACC) \times IC$$
$$= (0.5 - 0.132) \times 1억 = 3,680만\ 원 \qquad \text{(12.10)}$$

결국 EVA는 개념상 NPV와 비슷하다는 것을 알 수 있다. 이를 확인하기 위해 식 (12.8)을 다음과 같이 변형해 보자.

$$NPV = -1억 + \frac{1.5억}{1+WACC}$$
$$= 1억 \times \left(-1 + \frac{1.5}{1+WACC}\right) \qquad \text{(12.11)}$$
$$= IC \times \left(\frac{ROIC-WACC}{1+WACC}\right)$$

식 (12.11)에서 할인율은 WACC이고 내부수익률 0.5는 ROIC와 같은 것이다. 따라서 식 (12.10)과 (12.11)을 비교해 보면 할인을 한 사실만 빼고는 두 식이 동일함을 알 수 있다.

개별 사업의 자본비용 5.

지금까지의 예는 사업의 위험도가 기업 전체의 위험도와 동일하다는 가정 하에 진행되었다. 즉, 기업의 재무제표와 자본시장 자료에 근거하여 식 (12.6)과 같이 WACC를 구하면 이를 해당 사업의 할인율로 사용하여 NPV를 구했다.

그러나 기업이 수행하는 사업들이 모두 전체 기업의 위험도와 같다고 할 수는 없다. 전체 기업은 개별 사업이나 사업부의 포트폴리오라고 볼 수 있는데 개별 사업이나 사업부의 위험도는 기업 전체의 종합적 위험도와 다를 가능성이 높다. 지금까지 우리가 구한 WACC는 전체 기업의 위험도에 근거한 자본비용이라 할 수 있는데 사업부나 사업의 평가에 이를 사용하면 문제가 발생할 수 있다.

좀 더 체계적으로 사업에 따른 위험도를 반영하기 위해서는 각 사업의 위험도를 파악하여 이에 걸맞은 자본비용을 적용하여야 한다. 〈그림 12.1〉은 증권시장선을 이용한 자본비용의 적용을 설명하고 있다. 기업이 모든 사업에 대해 기업 전체의 자료에 근거한 WACC를 적용한다면 두 가지의 오류를 범할 수 있다.

첫째는 수행하여야 하는 사업을 기각하는 오류이다. 〈그림 12.1〉의 사업 A가 이러한 경우인데, 사업 A의 자본비용으로 WACC를 적용한다면 사업 A의 기대수익률은 WACC보다 작으므로 기각이 될 것이다. 그러나 사업 A는 위험도가 낮은 사업이기 때문에 요구수익률도 낮다. 따라서 주어진 위험도에 합당한 공정수익률보다 기대수익률이 높기 때문에 사업을 수행하는 것이 옳다.

둘째는 수행하지 말아야 하는 사업을 수행하는 것이다. 사업 B가 이에 해당하는데 비록 사업 B의 기대수익률이 WACC보다 높지만 위험도가 매우 높기 때문에 이를 감안한 공정 수익률은 기대수익률을 초과한다. 따라서 사업 B는 기각되어야 한다.

그림 12.1
사업의 위험도와 자본비용

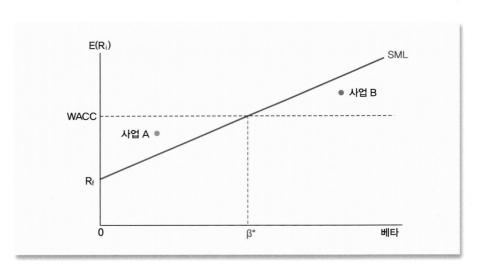

기업 전체를 대상으로 계산한 WACC는 기존 사업과 비슷한 사업을 하는 경우에 적용한다. 기존 사업에 비해 위험도가 다른 사업이라면 해당 위험도를 감안한 자본비용을 계산하여 의사결정을 하여야 한다.

문제는 개별 사업부나 사업의 경우는 WACC을 구할 수 있는 자료가 없거나 구하기가 매우 힘들다는 것이다. 예를 들어, 체계적 위험인 베타를 측정하려고 해도 개별 사업부나 사업의 경우 주식이 존재하지 않기 때문에 측정이 불가능하다. 이 경우 취할 수 있는 방법은 시장에서 해당 사업부나 사업과 동일한 사업만 수행하는 기업을 찾아 이 기업의 자료를 대용치로 삼아 WACC를 구하는 것이다.

예를 들어, 어떤 기업이 여러 사업부로 이루어져 있는데 이 중 가전 사업부의 WACC을 구하고자 한다고 하자. 이 경우 시장에서 가능한 한 가전 사업만 하는 기업들을 조사하여 이 기업들의 자료를 활용하는 것이다. 가령 평균적으로 이 기업들의 베타는 1.1, 부채 신용등급은 AA, 자본구조는 자기자본 60%, 타인자본 40%라고 하자. 그러면 이러한 자료를 이용하여 WACC을 계산하여 그 결과를 해당 사업부에 적용하는 것이다.

그러나 실제 현실에서는 위의 방법을 시도하려해도 막상 적절한 대상 기업을 찾기가 어려운 경우가 발생한다. 이 때는 매우 주관적이기는 하나 〈표 12.2〉의 예와 같이 사업이나 사업부의 위험도를 분류하여 적당한 위험 프리미엄을 가감하는 방법을 사용한다.

분류	예	조정요인	WACC
고위험	신제품 개발	+ 5.0%	18.2%
보통위험	비용절감 사업, 기존 사업의 확장	+ 0.0%	13.2%
저위험	기존 장비의 교체	− 3.5%	9.7%
의무 사업	공해제어기구 설치	−	−

표 12.2
사업의 위험도에 따른
조정요인 반영

주: 의무 사업의 경우 필수로 해야 하기 때문에 자본비용을 고려하지 않음.

예를 들어 신제품을 개발하는 사업은 전체 기업의 위험도보다 훨씬 위험이 높을 것이다. 또는 통상적인 유지 보수를 위한 사업이나 기존 장비를 바꾸는 사업은 상대적으로 위험도가 낮을 것이다. 이러한 사업들의 경우 위험도에 따라 일정 수치를 더하거나 빼는 것이다. 가령 고위험의 사업은 기업 전체의 WACC에 5%를 추가하고 덜 위험한 사업은 WACC로부터 3.5%를 차감하는 식이다. 더하거나 차감하는 조정요인의 수치는 기업의 경험치를 활용하면 될 것이다.

문제 현재 1억 원이 투자되어야 하는 사업이 있다. 이 사업은 새로운 시장을 개척하는 사업으로 만기가 1년이며 내년에 1억 5천만 원의 순현금유입이 발생한다. 현재 투자할 1억 원 중 4천만 원은 은행에서 연리 12%로 차입하였고 나머지 6천만 원은 주식을 발행하여 조달하였다. 주식의 자기자본비용은 16%이고 한계세율은 25%이다. 만일 이 기업이 신시장을 개척하는 사업에는 기존 사업보다 3% 높은 할인율을 적용한다면 이 사업의 NPV는 얼마인가?

답 이 문제는 신시장 개척이라는 상황 이외에는 식 (12.8)의 문제와 동일하다. 따라서 WACC = 13.2%이다. 이 기업이 신시장 개척과 같이 좀 더 위험한 사업의 평가에는 3% 높은 할인율을 적용한다고 하였으므로 이 사업의 할인율은 16.2%가 된다. 따라서 NPV는 다음과 같이 계산된다.

$$NPV = -1억 + \frac{1.5억}{1+0.162} = 2,908.8만 원$$

요점 기업 전체의 위험도와 다른 사업의 경우는 기업 전체의 가중평균자본비용을 구한 후 적절한 조정 수치를 가감하여 할인율로 사용한다.

6. 기업의 가치 평가

가중평균자본비용을 사용하여 기업의 가치를 평가하는 방식은 개별 사업의 가치를 평가하는 것과 대동소이하다. 다만, 유의할 점은 기업의 경우 부채를 가지고 있다면 이로 인한 이자비용이 세금 전에 차감되기 때문에 과세소득이 작아져서 부채를 쓰지 않은 기업에 비해 현금흐름이 커진다는 것이다. 이자는 영업비용(operating cost)이 아니고 금융비용(financing cost)이기 때문에 금융비용으로부터의 영향을 제거하고 현금흐름을 산출해야 한다. 즉, 이전의 현금흐름을 추정하는 식을 수정하여 부채를 쓰지 않은 기업의 현금흐름을 추정하여야 한다.

조정된 자산으로부터의 현금흐름(adjusted cash flow from assets ; CFFA*)

= 조정된 영업현금흐름(adjusted operating cash flow ; OCF*)

　－ 순자본투자(net capital spending ; NCS)

　－ 순운전자본 변화(change in net working capital ; NWC)　**(12.12)**

여기서, **CFFA***는 부채를 쓰지 않은 기업을 가정하고 계산한 자산으로부터의 현금흐름이며 이를 구하기 위해서는 조정된 영업현금흐름을 구해야 하는데 이는 다음과 같다.

$$\text{조정된 영업현금흐름}(OCF^*) = \text{영업이익} + \text{감가상각비} - \text{조정된 세금} \quad \textbf{(12.13)}$$

여기서, 조정된 세금은 역시 부채를 쓰지 않은 기업을 가정하고 구하는데 다음과 같이 계산된다.

$$\text{조정된 세금} = \text{영업이익} \times \text{한계세율} \quad \textbf{(12.14)}$$

따라서, 조정된 자산으로부터의 현금흐름은 다음과 같이 정리된다.

$$\text{조정된 자산으로부터의 현금흐름} = \text{영업이익} \times (1 - \text{한계세율})$$
$$+ \text{감가상각비} - \text{순자본투자} - \text{순운전자본 변화} \quad \textbf{(12.15)}$$

이와 같이 조정된 자산으로부터의 현금흐름을 추정했다면 이제 기업의 가치를 평가할 준비가 다 된 것이다. 먼저, 기업이 매년 일정한 비율로 현금흐름이 증가한다면 주식의 평가 모형에서 배당성장률이 일정한 경우를 응용하여 오늘의 기업 가치를 구할 수 있다. 예를 들어, 내년에 예상되는 조정된 자산으로부터의 현금흐름이 5,000억 원이고, 기업의 위험을 감안한 가중평균자본비용은 10%, 현금흐름의 성장률은 5%로 예상되는 기업이 있다면 이 기업의 가치는 다음과 같이 계산된다.

$$V_0 = \frac{CFFA_1^*}{WACC - g} = \frac{5{,}000\text{억 원}}{0.1 - 0.05} = 10\text{조 원}$$

만일 기업의 현금흐름이 불규칙하다면 역시 배당이 불규칙한 경우의 주식평가 모형을 활용하여 구할 수 있다. 예를 들어 처음 t-기간 동안은 조정된 자산으로부터의 현금흐름이 불규칙하다가 그 이후부터 규칙적이 되는 경우라면 다음과 같이 기업의 현재가치를 구할 수 있다.

$$V_0 = \frac{CFFA_1^*}{1 + WACC} + \frac{CFFA_2^*}{(1 + WACC)^2} + \frac{CFFA_3^*}{(1 + WACC)^3} + \cdots + \frac{CFFA_t^* + V_t}{(1 + WACC)^t} \quad \textbf{(12.16)}$$

$$V_t = \frac{CFFA_{t+1}^*}{WACC - g} \quad \textbf{(12.17)}$$

여기서, V_t는 미래 t-시점에서의 기업가치를 의미하며, 흔히 이를 최종가치(terminal value)라고 부른다. 최종가치는 t-시점 이후부터는 기업의 현금흐름이 일정하게 성장한다는 가정 하에 계산한다.

최종가치(terminal value) 현금흐름이 불규칙한 기간 이후의 일정 성장 현금흐름에 근거하여 추정한 미래의 기업가치

1. '(주)한가람'은 강변 녹지 사업을 추진하기 위해 자금을 조달하고자 한다. 이 기업의 기발행 채권은 만기가 30년, 이표이자율 9%, 액면가 10,000원인데 현재 시장에서 9,057.3원에 거래되고 있다. 이 기업의 법인세율은 25%이다. 다음에 답하라.

1) 채권의 만기수익률은 얼마인가?

2) '(주)한가람'의 타인자본비용은 얼마인가?

2. '세연기업'의 보통주식은 지난해에 배당금을 주당 1,000원씩 지급했고 배당이 매년 6%씩 영구성장할 것으로 기대되며 현재 10,000원에 거래되고 있다. '세연기업'의 자기자본비용은 얼마인가?

3. 주식회사 '다라'는 표면금리 10%에 2년 만기 회사채를 액면기준으로 5억 원 어치 발행하였다. 이 채권은 현재 액면가 10,000원당 9,662원에 시장에서 거래되고 있다. 자기자본으로는 보통주 10만주를 발행한 상태인데 주식가격은 주당 12,000원이다. '다라' 주식의 베타값은 1.2, 1년 만기 국채수익률은 10%, 시장포트폴리오의 대용치로서 종합주가지수의 기대수익률은 15%로 예상되며 법인세율은 40%이다.

1) '다라'의 시장가치기준 자본구성비율은?

2) '다라'의 타인자본비용은?

3) '다라' 기업의 자기자본비용은?

4) '다라' 기업의 가중평균자본비용은?

최적자본구조

산업별로 부채비율을 살펴보면 산업간 차이가 있음을 볼 수 있다. 또한 같은 산업 안에서도 기업에 따라 부채비율이 서로 다르다. 기업의 부채와 자본의 구성비를 자본구조(capital structure)라고 하는데 자본구조와 기업 가치와의 관계를 규명하는 것이 전통적으로 재무관리의 주요 주제가 되어 왔다.

기업의 가치는 그 기업이 미래에 창출할 현금흐름과 할인율인 자본비용에 의해 결정되는데 부채의 사용정도는 자본비용에 영향을 미쳐 결국 기업의 가치에 영향을 미칠 수 있다. 그렇다면 기업은 기업의 가치를 극대화시킬 수 있는 정도까지 부채를 쓰고자 할 것이다. 그러나 다른 한편으로 생각하면, 부채비율을 바꾼다고 하여 기업 가치가 바뀐다면 모든 기업이 다 그렇게 할 것이고 결과적으로 특정 부채비율이 가지는 이점이 사라지게 된다.

본 장에서는 이러한 논쟁들을 소개하고 기업의 가치를 극대화할 수 있는 최적자본구조를 설명한다. 구체적인 내용은 다음과 같다.

- 완전자본시장 하에서의 부채의 기업 가치에 대한 영향
- 법인세만 존재하는 경우의 부채와 기업 가치와의 관계
- 법인세와 파산비용이 존재하는 경우의 부채와 기업 가치와의 관계
- 재무레버리지

논리의 전개를 자연스럽게 하기 위하여 시장에 마찰적 요인(frictions)이 없는 완전시장(perfect market)을 가정하는 경우 부채와 기업의 가치를 먼저 살펴본다. 그런 연후에 마찰적 요인을 하나씩 추가하면서 부채와 기업의 가치 변화를 분석한다.

쉬어 가기

EVA 활용 임원 보상*

    국내의 A 기업은 임원의 보상을 위하여 경제적부가가치(EVA)를 성과측정 지표로 채택했다. EVA는 다음 식에서 보는 바와 같이 투하자본수익률(ROIC)에서 가중평균자본비용(WACC)을 뺀 값에 투하자본을 곱하여 계산된다.

$$EVA = (ROIC - WACC) \times 투하자본$$

    그렇다면 WACC를 줄이면 EVA가 커질 수 있기 때문에 A 기업의 경영진은 부채를 늘리기 시작했다. 왜냐하면, 부채의 자본비용이 자기자본의 자본비용보다 낮기 때문에 부채를 늘리면 WACC가 낮아질 것이라는 생각 때문이었다. 그러나 이는 이론을 제대로 이해하지 못했기 때문에 발생한 결과이다. 아래의 식에서 보는 바와 같이 만일 타인자본비용(R_D)이 일정하다면 WACC는 부채의 가중치가 커질수록 낮아질 것이다.

$$WACC = \frac{E}{V} R_E + \frac{D}{V} R_D(1-T)$$

    그러나 부채를 점점 더 많이 사용하게 되면 이 책의 본문 <그림 13.6>에서 보는 바와 같이 기대파산비용의 증가로 타인자본비용이 증가하게 되고, 부채의 증가는 레버리지 효과를 증폭시켜 자기자본비용도 증가하게 된다. 그러다가 최적자본구조 이상이 되면 부채를 쓸수록 오히려 WACC가 증가하게 되어 이 책의 본문 <그림 13.5>에서 보는 바와 같이 기업가치가 하락한다. 따라서 A 기업은 맹목적으로 부채를 늘리기보다는 회사의 최적자본구조를 먼저 파악하고 그 점까지만 부채의 사용을 늘리고 그 이상 부채의 사용은 자제해야 한다.

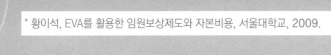

* 황이석, EVA를 활용한 임원보상제도와 자본비용, 서울대학교, 2009.

완전시장의 상황

1.

우선 시장에 어떠한 마찰적 요인도 없는 경우, 즉 완전시장(perfect market)인 경우의 부채와 기업가치 사이의 관계를 고찰해 보자. 여기서 마찰적 요인이라는 것은 예를 들어 거래비용(transactions costs), 정보수집비용(information costs), 세금(taxes), 파산비용(bankruptcy costs) 등이다.

거래비용이 없다는 것은 서로 재화를 교환할 때 정해진 가격에 사고파는 과정에서 수수료나 교통비 등 아무런 비용이 발생하지 않는다는 말이다. 정보수집비용이 없다는 말은 재화의 가격에 대한 정보를 알기 위해서 비용을 들일 필요가 없는 상황을 말하며 정보를 얻기 위한 수고 없이 가격을 이미 다 알고 있다는 것이다. 따라서 거래 상대방이 어디에 있긴 가격이 맞으면 서로 거래를 하는데 가격도 이미 알고 있고 아무리 멀리 떨어져 있어도 교통비가 안 든다는 것이다.

현실 상황은 당연히 이와 다름에도 불구하고 왜 이러한 상황을 가정하고 논리를 전개하는 것일까? 그 이유는 아무런 마찰적 요인이 없는 상황을 이해해야 마찰적 요인이 있는 현실 상황을 정확하게 이해할 수 있기 때문이다. 예를 들어 진공 속에서 깃털과 금을 낙하시키는 실험을 하면 어느 것이 먼저 지면에 닿을까? 진공 상황에서는 똑 같이 지면에 닿는다. 현실 세계는 공기가 있는데 왜 진공 상황에서 실험을 먼저 할까? 진공 상황을 이해해야 공기의 저항, 압력 등을 이해할 수 있고 이에 따라 어느 것이 얼마나 빨리 지면에 닿을지 파악할 수 있기 때문이다.

Modigliani & Miller(1958)는 아무런 마찰적 요인이 없는 상황에서 부채와 기업의 가치의 관계를 분석하였다.[*] 이들의 논문이 발표되기 전에도 부채와 기업가치 사이의 관계에 대한 여러 학설이 있었으나 모두 과학적 탐구라기보다는 주장이나 추측에 가까웠다. 이들의 논문이 발표되면서 좀 더 정확하게 부채의 영향을 이해할 수 있게 되었으며 그 후 수많은 논문들이 발표되었다. 이제 Modigliani & Miller(이후 MM)의 논리를 따라가 보자.

우리가 알고자 하는 것은 완전시장 하에서 부채의 증감이 기업가치에 미치는 영향이다. 이를 위해서는 다른 조건은 동일한 상황을 만들어야 하는데 기업의 자산 규모는 변화시키지 않고 단지 부채의 양만 증가시키거나 감소시킨다. 자산은 변화시키지 않고 부채를 늘리고자 하면 부채 발행으로부터의 자금으로 자기

완전시장(perfect market)
거래비용, 정보수집비용, 세금, 파산비용 등의 마찰적 요인이 없는 시장

---

[*] Modigliani, F. and M. H. Miller, "The Cost of Capital, Corporation Finance and the Theory of Investment," *American Economic Review* 48 (June 1958), pp.261~297.

자본을 회수하여야 한다. 반대로 자기자본을 늘이기 위해서는 증자를 하면서 이 자금으로 기존의 부채를 갚아나간다.

결론부터 먼저 말하면 완전시장 하에서는 부채의 다과가 기업가치에 영향을 미치지 않는다는 것이다. 그 이유는 기업의 자산 쪽의 변화가 없는 상황에서 부채의 증감이 있다면 기업의 전체 가치는 변하지 않고 다만 부채와 자기자본의 구성비만 바뀌기 때문이다. 따라서 기업의 가치를 극대화시키는 자본구조, 즉 최적자본구조는 존재하지 않는다. 비유적으로 말하자면 피자를 한 판 나누는데 어떤 방식으로 나눌지라도 전체 피자의 크기는 같은 것이나 마찬가지이다.

완전시장(perfect market) 하에서는 기업의 부채와 기업 가치 사이에는 아무런 관계도 없다. 따라서 최적자본구조는 존재하지 않는다.

좀 더 정확하게 이러한 주장을 이해하기 위해 〈표 13.1〉의 예를 생각해 보자. 현재 이 기업은 부채가 없다. 총자산 규모는 총자기자본 규모와 같은 2,000억 원이며 발행주식수는 1천만주이다. 따라서 한 주당 가격은 20,000원이다. 이 기업은 자본구조를 수정안과 같이 변경하고자 한다. 즉 부채를 1,000억 원 발행하면서 동 금액으로 자사주 5백만 주를 매입하여 자기자본을 감소시켜 부채/지분 비율이 1인 자본구조를 만들고자 한다. 이러한 자본구조 변경은 자산 규모에는 변화를 초래하지 않는다.

(단위: 천원)

표 13.1
완전시장 하에서의
자본구조의 변경

	현 재	수정안
총자산	200,000,000	200,000,000
부채	0	100,000,000
자기자본	200,000,000	100,000,000
부채/지분 비율	0	1
주가	20	20
발행주식수	10,000,000 주	5,000,000 주
이자율	10%	10%

이 기업의 손익계산서는 〈표 13.2〉 〈표 13.3〉과 같은데 불황, 보통, 호황일 때의 상황이 나타나 있다. 먼저 100% 지분인 기업의 경우 〈표 13.2〉에서 보는 바와

같이 만일 경영상황이 보통일 경우 영업이익은 300억 원이고 부채와 세금이 없다고 가정했으므로 당기순이익 역시 300억 원이다. ROE는 당기순이익을 자기자본으로 나눈 것으로 300억/2,000억=15%이며, EPS는 당기순이익을 발행주식수로 나눈 것으로 3천원이다. 다른 경우의 ROE와 EPS도 같은 방식으로 계산할 수 있다.

(단위:천원)

현재 자본구조			
	불황	보통	호황
영업이익	15,000,000	30,000,000	45,000,000
이자	0	0	0
당기순이익	15,000,000	30,000,000	45,000,000
ROE	7.50%	15.00%	22.50%
EPS	1.50	3.00	4.50

표 13.2

완전시장 하에서의 손익계산서(무부채 기업)

이제 수정안의 경우 손익계산서를 살펴보자. 〈표 13.3〉을 보면 만일 경영환경이 보통인 경우 영업이익은 300억 원이다. 이자율은 10%를 가정했으므로 총부채 1,000억 원에 대한 이자는 100억 원이다. 영업이익에서 이를 차감하면 당기순이익이 200억 원이 되고 이를 자기자본 1,000억원으로 나누면 ROE는 20%가 된다. EPS는 당기순이익을 새로운 주식수 5백만 주로 나누면 4천 원이 된다. 경영환경이 불황, 호황인 경우도 같은 방식으로 계산을 하면 된다.

(단위 : 천원)

수정 자본구조 : 부채=1,000억원			
	불황	보통	호황
영업이익	15,000,000	30,000,000	45,000,000
이자	10,000,000	10,000,000	10,000,000
당기순이익	5,000,000	20,000,000	35,000,000
ROE	5.00%	20.00%	35.00%
EPS	1.00	4.00	7.00

표 13.3

완전시장 하에서의 손익계산서(부채 기업)

이제 전체적으로 기업 경영상황에 따른 ROE와 EPS의 변화를 살펴보면 다음과 같다.

ROE의 변동성	EPS의 변동성
현재 : 7.5% – 22.5%	현재 : 1,500원 – 4,500원
수정안 : 5% – 35%	수정안 : 1,000원 – 7,000원

이를 그래프로 표시한 것이 〈그림 13.1〉에 나타나 있다.

그림 13.1
**완전 시장 하에서의
부채의 증가 효과**

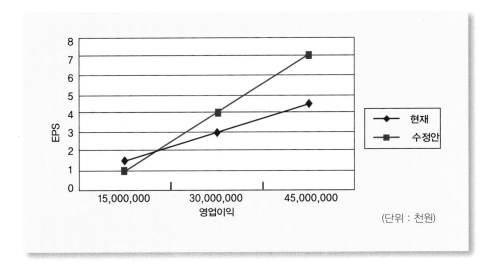

위의 결과를 보면 부채가 증가함에 따라 ROE와 EPS의 변동성이 모두 증가하는 것을 알 수 있다. 기업의 목표는 주주가치의 극대화인데, 이 경우 부채가 많아짐으로 해서 주주의 부와 관련 있는 ROE와 EPS의 변동성이 증가함으로써 마치 주주의 부가 감소하는 것과 같이 보인다. 그러나 그렇지 않다. 왜냐하면 변동성도 증가하지만 ROE와 EPS의 기대치도 증가하기 때문에 기업의 가치와 주주의 가치는 변화하지 않는다.

부채와 기업가치와의 무관련성을 좀 더 살펴보기 위해 다음의 두 가지 경우를 생각해 본다. 1) 현재 기업의 자본구조는 100% 자기자본인데 투자자는 수정안과 같은 자본구조를 원하는 경우, 2) 현재 기업의 자본구조는 수정안과 같은데 투자자가 원하는 자본구조는 100% 자기자본인 경우

기업이 부채를 발행하여 자본구조를 변경시킬 수도 있지만 시장이 완전하기 때문에 기업은 자본구조를 변경시키지 않더라도 개인이 자신들이 원하는 자본구조를 만들어 낼 수 있다. 먼저 1)의 예를 살펴보자.

1)의 예

투자자가 자신의 자금 2백만 원을 가지고 있다고 하자. 현재 기업의 자본구조는 100% 자기자본이므로 부채/지분 비율 1을 달성하기 위하여 투자자는 자신의 자금과 동일한 액수인 2백만 원을 빌린다. 그러면 총자금은 4백만 원이 되는데 〈표 13.1〉에서 주가는 2만 원이므로 이 자금으로 주식 200주를 매입한다. 이 경우 〈표 13.2〉를 참조하면서 투자자에 대한 현금흐름을 살펴보면 다음과 같이 정리된다.

> **투자자에 대한 현금흐름**
>
> 주식수 × EPS − 이자율 × 차입액
> 불황 : 200주 × 1,500 − 0.1 × 2,000,000 = 100,000원
> 보통 : 200주 × 3,000 − 0.1 × 2,000,000 = 400,000원
> 호황 : 200주 × 4,500 − 0.1 × 2,000,000 = 700,000원

이는 뒤에서 살펴보겠지만 수정 자본구조인 경우 100주를 사는 현금흐름과 동일하다. 즉 투자자는 자신의 돈 200만 원으로 부채가 있는 기업의 주식 100주를 사게 되면 위의 현금흐름과 똑같은 현금흐름을 취득할 수 있다. 따라서 투자자의 입장에서는 100% 자기자본만 가지고 있는 자본구조이건 자기자본과 부채가 50%씩 있는 자본구조이건 차이가 없게 된다. 투자자의 입장에서 차이가 없다면 어느 자본구조이건 시장에서의 수요는 같을 것이며 따라서 자본구조와 관계없이 기업의 가치도 같을 것이다.

2)의 예

역시 투자자가 자신의 자금 200만 원을 가지고 있다. 이 중 절반인 1백만 원은 부채가 있는 기업의 주식 50주를 사고 나머지 1백만 원은 회사의 채권을 산다면 이 경우 현금흐름은 다음과 같다(〈표 13.3〉의 EPS 참조).

> **현금흐름**
>
> 주식수 × EPS + 이자율 × 채권구매액
> 불황 : 50 × 1,000 + 0.1 × 1,000,000 = 150,000원
> 보통 : 50 × 4,000 + 0.1 × 1,000,000 = 300,000원
> 호황 : 50 × 7,000 + 0.1 × 1,000,000 = 450,000원

이 현금흐름은 〈표 13.2〉에서 보는 바와 같이 투자자가 자신의 돈 200만원으로 100% 자기자본인 기업의 주식 100주를 사는 현금흐름과 동일하다. 역시 이

투자자에게 부채가 있는 기업의 주식과 채권을 사는 것과 부채가 없는 기업의 주식만 사는 것의 현금흐름이 동일하기 때문에 자본구조는 문제가 되지 않는다.

이러한 논리를 공식적으로 연구 발전시킨 것이 Modigliani & Miller의 자본구조 이론이다. 이들의 가설 I은 기업가치에 대한 것이고 가설 II는 가중평균자본비용에 관한 것이다. 이들은 위에서 언급한 경우와 같이 완전시장을 가정하고 분석을 하였고 그 이후 다양한 시장불완전성을 포함시켜 이론이 발달하였다. 여기서는 〈표 13.4〉와 같은 세 가지 다른 상황을 상정하고 이러한 이론들의 중심 논리를 검토한다. 상황 1은 완전시장을 말하는 것으로 법인세, 개인소득세, 파산비용 뿐 아니라 모든 마찰적 요인이 없는 상황이다. 상황 2는 완전시장 가정 하에서 법인세만 존재하는 것이고, 상황 3은 법인세 뿐만 아니라 파산비용도 존재하는 경우이다.

표 13.4 **자본구조 이론을 전개하는 상황**	상황 1(완전시장)	상황 2	상황 3
법인세	X	O	O
파산비용	X	X	O

상황 1은 〈표 13.1〉의 예를 가지고 이미 위에서 살펴본 바와 같다. 이 경우 가설 I 과 II를 정리하면 다음과 같다.

가설
> I. 기업의 가치는 자본구조에 의해 영향 받지 않는다.
> II. 가중평균자본비용은 기업의 자본구조에 의해 영향 받지 않는다.

〈표 13.5〉의 예를 가지고 가설 I과 가설 II를 설명해 보자. 두 기업이 있는데 하나는 부채가 없는 기업이고 다른 하나는 부채가 있는 기업이다. 자료는 표에 주어진 바와 같다.

	무부채기업	부채기업
영업이익	10,000	10,000
이자	0	3,000
경상이익	10,000	7,000
세금	0	0
당기순이익	10,000	7,000
주주에 대한 현금흐름	10,000	7,000
채권자에 대한 현금흐름	0	3,000
CFFA	10,000	10,000

표 13.5

완전시장 하에서의
현금흐름 및 기업 가치

가설 I이 성립하는 이유는 세금과 파산비용이 존재하지 않는 상황에서는 〈표 13.5〉에서 보는 바와 같이 어떠한 자본구조를 가지더라도 전체 현금흐름(CFFA)이 변하지 않으므로 기업가치는 변하지 않기 때문이다.

가설 II는 자본비용에 관한 것인데 이를 그림으로 나타낸 것이 〈그림 13.2〉이다. 그림에서 보는 바와 같이 타인자본비용은 부채의 정도와 관계없이 일정하게 나타나 있는데 이는 파산비용이 없기 때문이다. 또한 WACC도 일정한데, 영구현금흐름을 가정한다면 기업의 가치는 한 기간의 전체현금흐름(주주에 대한 현금흐름+채권자에 대한 현금흐름)을 가중평균자본비용으로 나눈 것이다. 가설 I에 의해 기업의 가치가 자본구조에 의해 영향을 받지 않으므로, 즉 일정하므로 이와 일관성이 있으려면 WACC도 일정하여야 한다. 그러나 자기자본비용은 부채가 증가함에 따라 증가하게 되는데 자산으로부터의 전체 현금흐름이 일정한 상태에서 부채가 많아지면 주주들이 가져갈 현금흐름이 작아지기 때문이다.

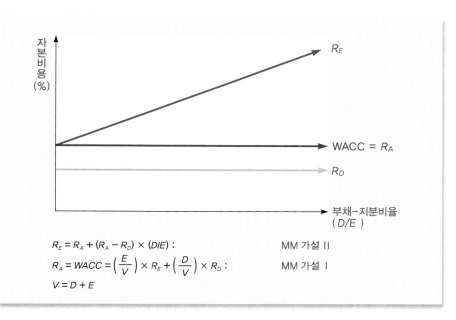

그림 13.2

완전시장 하에서의
자본비용

〈그림 13.2〉를 좀 더 정확하게 이해하기 위해 자본비용을 식으로 나타내면 다음과 같다.

$$WACC = R_A = \frac{E}{V}R_E + \frac{D}{V}R_D \tag{13.1}$$

$$R_E = R_A + (R_A - R_D)\frac{D}{E} \tag{13.2}$$

여기서,
D = 부채　　　　　　E = 자기자본
V = 총자산　　　　　WACC = 가중평균자본비용(weighted average costs of capital)
R_A = 기업의 영업위험(business risk), 즉 기업 자산 전체의 위험으로 인한 자본비용
R_E = 자기자본비용　　R_D = 타인자본비용

식 (13.1)의 의미는 가중평균자본비용은 자기자본비용과 타인자본비용의 평균이라는 것이다. 자기자본과 타인자본의 사용 정도에 따라 비중이 달라지기 때문에 각 자본비용에 가중치를 곱하여 계산하는 것이다. 가설 I에 의하면 부채의 사용정도가 달라지더라도, 즉 자본구조가 변화하더라도 WACC가 변하지 않는다. 이는 〈그림 13.2〉에서 부채-지분 비율(D/E)에 관계없이 WACC가 일정한 것으로 표현되어 있다.

식 (13.2)는 식 (13.1)을 다시 자기자본비용 중심으로 재정리한 것이다. 이에 의하면 자기자본비용은 기업 전체의 영업위험에 따른 자본비용(R_A)에 $(R_A - R_D)\frac{D}{E}$를 합산하여 계산하는데 이는 부채로부터 발생하는 기업의 재무위험(financial risk)으로 인한 추가자본비용이다. 즉 주주들이 재무위험이 추가됨으로 인한 보상을 받기 위해 요구하는 자본비용의 추가분이다. 식 (13.2)에서 볼 수 있는 바와 같이 부채(D)가 많아질수록 자기자본비용이 증가한다.

MM 가설 I에 의하면 기업가치는 부채의 증감과 무관하다. MM 가설 II에 의하면 가중평균자본비용도 부채의 증감과 무관하다. 그리고 자기자본의 요구수익률은 부채의 증가에 따라 증가한다.

투자론 분야에서 개발된 가장 중요한 이론 중의 하나가 자본자산가격결정모형(Capital Asset Pricing Model ; CAPM)이다. 이제 투자론 분야의 자본자산가격결정모형과 기업재무에서 개발된 가설 II 사이의 관계를 살펴보자.

먼저 기업 전체 즉 자산에 대한 CAPM 식을 정리하면 다음과 같다.

$$R_A = R_f + \beta_A[E(R_m) - R_f] \tag{13.3}$$

여기서, β_A는 기업의 자산 베타로서 기업 자산의 체계적 위험을 나타낸다.

이제 부채의 요구수익률은 무위험수익률과 같다는 가정($R_f = R_D$)을 하고 아래와 같이 WACC 공식에 CAPM 공식을 대입해 보자. 그러면,

$$\frac{E}{V} R_E + \frac{D}{V} R_D = R_A = R_f + \beta_A [E(R_m) - R_f]$$

$$R_E = R_f + \beta_A \left(1 + \frac{D}{E}\right)[E(R_m) - R_f] \tag{13.4}$$

그리고 CAPM에 의하면 자기자본의 요구수익률은 다음과 같다.

$$R_E = R_f + \beta_E [E(R_m) - R_f] \tag{13.5}$$

따라서 식 (13.4)와 (13.5)를 비교해 보면 $\beta_E = \beta_A(1 + \frac{D}{E})$임을 알 수 있는데, 이는 주식의 체계적 위험은 회사의 영업위험 β_A와 재무위험 D/E에 의해 결정된다는 것을 의미하는 것이다. 결국 부채가 많아져서 재무위험이 높아지면 자기자본의 요구수익률이 높아지는 것을 알 수 있다.

요점

CAPM과 MM이론을 비교해 보면 자기자본의 베타가 부채의 크기에 따라 증가함으로써 자기자본비용이 증가함을 알 수 있다.

법인세만 존재하는 경우 2.

완전시장인 경우의 분석을 근거로 이제 다른 조건은 동일하나 법인세만 존재하는 경우, 즉 〈표 13.4〉의 상황 2에 대한 분석을 시도한다. 구체적으로 상황 2에서는 세금 면에서는 법인세는 있으나 개인소득세가 없다. 그리고 파산비용도 없다. 법인세가 있는 경우는 아래의 표에서 볼 수 있는 바와 같이 이자가 과세전에 차감되므로 과세소득을 낮추는 효과가 있다. 이는 결과적으로 기업의 전체 현금흐름(CFFA)을 증가시킨다.

	무부채기업	부채기업
영업이익	10,000	10,000
이자	0	3,000
과세소득	10,000	7,000
법인세(25%)	2,500	1,750
당기순이익	7,500	5,250
CFFA	7,500	8,250
부채	0	30,000
타인자본비용	10%	10%
자기자본비용	12%	13.13%
가중평균자본비용	12%	10.71%

표 13.6

법인세만 존재하는 경우의 현금흐름 및 자본비용

〈표 13.6〉에서 보면 부채기업의 CFFA가 더 큰 것을 알 수 있는데 이는 세금감면 효과 때문이다. 즉, 본 예의 경우 세금감면 효과는 750인데 이는 다음과 같이 계산된다.

$$\text{세금감면효과} = \text{세율} \times \text{이자액} = 0.25 \times 3,000 = 750 \tag{13.6}$$

이제 이러한 세금감면효과가 영구히 나타난다면 이의 현재가치는 다음과 같이 계산된다.

$$750 / 0.1 = 7,500 \tag{13.7}$$

좀 더 공식적으로 이를 도출하면 다음과 같다.

$$PV = \frac{Dr_D t_c}{r_D} = Dt_c = 30,000 \times 0.25 = 7,500 \tag{13.8}$$

이제 법인세만 존재하는 경우의 가설들을 도출해 보자.

가설 I 기업의 가치는 무부채기업의 가치에 세금감면 효과의 현재가치를 합한 것과 같다.

이를 식으로 정리하면 다음과 같다.

$$V_U = \frac{EBIT(1 - t_c)}{R_U} \tag{13.9}$$

$$V_L = V_U + Dt_c \tag{13.10}$$

여기서, $V_U(V_L)$ = 무부채(부채) 기업의 가치

R_U = 무부채 기업의 자본비용

식 (13.9)의 의미는 무부채기업의 가치는 미래의 영구현금흐름의 현재가치라는 뜻이다. 매 기간의 현금흐름은 세금을 차감한 후의 영업현금흐름(EBIT(1-t$_c$))인데 이에는 자기자본뿐만 아니라 타인자본에 대한 현금흐름이 포함되어 있다. 따라서 이를 할인하기 위한 할인율(R_U)도 자기자본뿐만 아니라 타인자본에 대한 비용을 반영하고 있어야 한다. 다만 무부채기업의 경우는 자기자본만 있으므로 자기자본비용이 가중평균자본비용과 동일해지는 것이다.

다음으로 식 (13.10)의 의미는, 부채기업의 가치는 무부채기업의 가치에다 식 (13.8)에 나타난 바와 같이 매기 발생하는 세금절감효과의 현재가치를 합산한 것이라는 것이다. 〈표 13.6〉을 보면 부채기업의 자산으로부터의 현금흐름(CFFA)이 무부채기업의 그것보다 큰 것을 알 수 있는데 이는 세금 절감효과 때문이다. 이것의 현재가치만큼 더 기업가치가 높아진다는 것이다.

〈표 13.6〉의 예를 식 (13.9)와 (13.10)에 대입해 보면 다음과 같다.

$$V_U = \frac{EBIT(1-t_c)}{R_U} = \frac{10,000 \times (1-0.25)}{0.12} = 62,500 \qquad \textbf{(13.11)}$$

$$V_L = V_U + Dt_c = 62,500 + 7,500 = 70,000 \qquad \textbf{(13.12)}$$

부채기업의 가치는 무부채기업의 가치보다 식 (13.8)의 세금절감효과만큼 큰 것을 알 수 있다. 이를 그림으로 나타내면 다음과 같다.

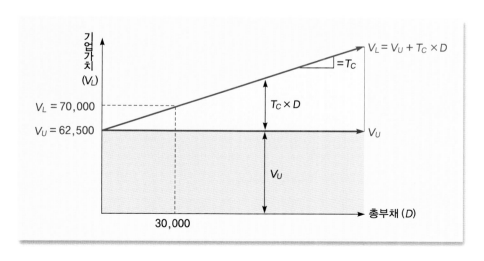

그림 13.3

법인세가 존재하는 경우의 기업 가치

> **요점**
>
> 법인세가 있는 경우의 M&M 가설 I :
> 기업의 가치는 부채의 법인세 감면 효과로 인해 부채가 증가할수록 증가한다.

가설 II WACC는 세금감면 효과로 인해 부채가 많아짐에 따라 감소한다.

WACC는 할인율과 같은 것이므로 가설 I과 같이 기업의 가치가 증가하면 당연히 할인율은 낮아질 것이다. 이를 식으로 정리해보면 다음과 같다.

$$WACC = R_A = \frac{E}{V} R_E + \frac{D}{V} R_D(1-t_c) \tag{13.13}$$

$$R_E = R_U + (R_U - R_D)\frac{D}{E}(1-t_c) \tag{13.14}$$

식 (13.14)는 식 (13.13)을 자기자본비용에 대해 정리한 것이다. 이는 완전시장인 경우의 식 (13.1) (13.2)에 대응하는 것으로서 차이점은 타인자본비용에 있어 세금절감효과를 반영하기 위해 $(1-t_c)$를 추가한 것이다. 역시 〈표 13.6〉의 예를 공식에 대입해 보면 다음과 같다.

$$E = V_L - D = 70{,}000 - 30{,}000 = 40{,}000 \tag{13.15}$$

$$\begin{aligned} R_E &= R_U + (R_U - R_D)\frac{D}{E}(1-t_c) \\ &= 0.12 + (0.12 - 0.1)\frac{30{,}000}{40{,}000}(1-0.25) \\ &= 13.13\% \end{aligned} \tag{13.16}$$

$$\begin{aligned} WACC = R_A &= \frac{E}{V} R_E + \frac{D}{V} R_D(1-t_c) \\ &= \frac{40{,}000}{70{,}000} \times 13.13 + \frac{30{,}000}{70{,}000} \times 10 \times (1-0.25) \\ &= 10.71\% \end{aligned} \tag{13.17}$$

먼저 자기자본의 가치(E)는 식 (13.12)에서 구한 부채기업의 가치에서 부채 규모를 차감하면 식 (13.15)와 같이 계산된다. 여기서 구한 자기자본의 가치를 식 (13.16)에 대입하면 자기자본비용은 13.13%임을 알 수 있다. 이제 이를 이용하여 가중평균자본비용을 구하면 식 (13.17)에서 보는 바와 같이 10.71%가 된다.

문제

이제 기업의 부채/지분 비율이 1인 경우로 자본구조를 다시 변경한다고 하자. 새로운 부채비율 하에서 자기자본비용은 얼마인가? 가중평균자본비용은 얼마인가?

 답 식 (13.13) (13.14)를 활용하면 다음과 같이 새로운 자본구조 하에서의 자기자본비용과 WACC를 구할 수 있다.

$$R_E = R_U + (R_U - R_D)\frac{D}{E}(1-t_c) \qquad \text{(13.18)}$$
$$= 0.12 + (0.12 - 0.1)(1 - 0.25)$$
$$= 13.5\%$$

$$WACC = \frac{E}{V}R_E + \frac{D}{V}R_D(1-t_c) \qquad \text{(13.19)}$$
$$= 0.5 \times 13.5 + 0.5 \times 10 \times (1-0.25)$$
$$= 10.5\%$$

지금까지의 결과에 근거하여 법인세가 존재하는 경우의 자본비용을 그려보면 〈그림 13.4〉와 같다.

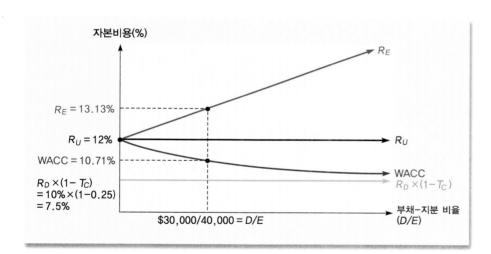

그림 13.4

법인세가 존재하는 경우의 자본비용

 요점

법인세가 존재하는 경우 M&M 가설 I에 의하면 부채를 많이 쓸수록 기업의 가치가 증가하므로 가중평균자본비용(WACC)이 내려간다. 따라서 최적자본구조는 100% 부채를 쓰는 것이다.

법인세가 존재하는 경우의 M&M 가설 II에 의하면 기업이 부채를 많이 쓸수록 자기자본비용(R_E)은 증가한다.

3. 법인세와 파산비용이 있는 경우

파산비용(bankruptcy costs)
기업의 파산과 관련된 비용으로 파산관련 직접비용과 간접비용 포함

위에서 살펴본 바와 같이 법인세만 있는 경우 최적자본구조는 100% 부채를 쓰는 것이다. 이는 당연히 이해하기 힘든 예측이므로 이제 좀 더 현실적인 상황을 상정하기 위해 상황 2에 파산비용(bankruptcy costs)을 추가시킨다. 파산비용에는 직접비용과 간접비용이 있다. 직접비용은 법률비용, 행정비용 등과 같이 파산과 관련하여 직접적으로 발생하는 비용을 말한다. 간접비용은 파산과 관련하여 간접적으로 발생하는 비용을 총칭하는 것으로 직접비용보다 훨씬 클 것이나 측정이 어렵다. 간접비용의 예로는 경영자들이 기업 경영보다 부도를 피하기 위한 방안을 찾는 데 집중하게 되므로 이로 인한 비용을 들 수 있다. 매출감소, 조업 중단으로 인한 피해, 주요 임직원 상실 등도 간접비용의 예이다.

법인세와 파산비용이 존재하는 상황에서는 부채가 증가함에 따라 두 가지 효과가 발생하게 된다. 하나는 상황 2에서 살펴본 법인세 감면효과의 증가이고 다른 하나는 기대파산비용의 증가이다. 기업의 부채비율이 높아질수록 기업이 파산할 확률도 높아진다. 파산 확률의 증가는 기대파산비용(expected bankruptcy costs) 또는 재무곤경 비용을 증가시킨다. 이를 그림으로 표현하면 〈그림 13.5〉와 같다.

기대파산비용(expected bankruptcy costs)
파산비용에 파산 확률을 곱한 파산비용의 기대치

처음에는 부채가 미미하므로 세금감면효과가 기대파산비용 효과를 능가한다. 그러나 부채가 일정 수준(D*)에 이르면 세금감면효과의 증가가 기대파산비용의 증가로 상쇄되고, 그 이후부터는 기대파산비용이 세금감면효과를 초과하여 기업가치가 감소하게 된다. 따라서 기업의 최적자본구조는 D*로 결정된다.

그림 13.5
법인세와 파산비용이 존재하는 경우의 기업가치

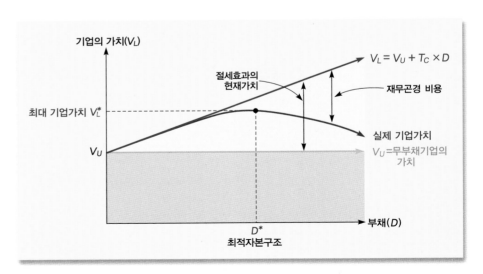

〈그림 13.6〉은 법인세와 파산비용이 존재하는 경우의 자본비용을 보이고 있다. 〈그림 13.4〉와 비교해 볼 때 우선 눈에 띄는 것은 〈그림 13.4〉의 경우는 부채의 양이 증가하여도 타인자본비용이 변하지 않았으나 〈그림 13.6〉에서는 부채의 양이 증가함에 따라 타인자본비용이 증가함을 알 수 있다. 그 이유는 〈그림 13.6〉의 경우 파산비용이 존재하기 때문에 부채가 증가함에 따라 파산 가능성이 높아지고 이에 따라 기대파산비용이 증가하기 때문이다.

이렇게 되면 부채의 양이 증가함에 따라 어느 지점까지는 WACC가 감소하나 그 이후부터는 다시 증가하는 형태의 그림이 나오게 된다. WACC를 최소로 만드는 자본구조를 최적자본구조(optimal capital structure)라고 하는데 그림에서는 D*/E*로 표현되어 있다. 〈그림 13.5〉와 〈그림 13.6〉을 대비시켜 보면 최적자본구조까지는 기업의 가치가 증가하고 WACC가 감소하나 그 이후에는 기업의 가치가 감소하고 WACC가 증가함을 알 수 있다. 따라서 기업들은 최적자본구조를 달성하기 위해 노력해야 한다.

최적자본구조(optimal capital structure)
기업의 가치를 극대화하고 동시에 가중평균자본비용을 최소화하는 자본구조

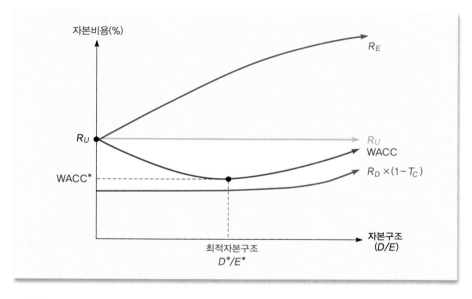

그림 13.6
법인세와 파산비용이 존재하는 경우의 자본비용

 요점

최적자본구조(optimal capital structure)

법인세와 파산비용이 존재하는 경우 자본구조이론에 의하면 부채를 더 사용함에 따라 절세효과가 발생하지만 동시에 재무곤경비용이 발생한다. 최적자본구조는 부채 한 단위를 더 추가함에 따른 절세효과가 정확하게 재무곤경비용에 의해 상쇄될 때 달성된다.

낮은 부채비율에서는 부채가 많아질수록 WACC가 낮아진다. 이는 부채의 절세효과 때문이다. 그러나 최적자본구조(D*/E*) 이상으로 부채가 많아지면 절세효과가 재무곤경비용보다 낮아져서 오히려 WACC가 상승하게 된다.

4. 종합

지금까지의 분석에 대한 종합을 하면 다음과 같다.

상황 I ➡ 완전자본시장. 법인세가 없다. 파산비용이 없다.

최적자본구조가 존재하지 않는다.

부채의 양과 관계없이 기업의 가치가 일정하다.

부채의 양과 관계없이 WACC가 일정하다.

상황 II ➡ 법인세만 존재하고 파산비용은 존재하지 않는다.

최적자본구조는 100% 부채

법인세 절감효과로 부채의 증가에 따라 기업가치가 증가한다.

부채를 많이 쓸수록 WACC가 감소한다.

상황 III ➡ 법인세와 파산비용 모두 존재한다.

최적자본구조 존재(부채 한 단위 증가로부터의 세금감면효과가
기대파산비용의 증가와 상쇄되는 점)

최적자본구조까지 기업가치가 증가하다가 다시 감소한다.

최적자본구조까지 WACC가 감소하다가 다시 상승한다.

〈그림 13.7〉에 위의 세 가지 상황에 대한 기업가치와 자본비용이 일목요연하게
나타나 있다.

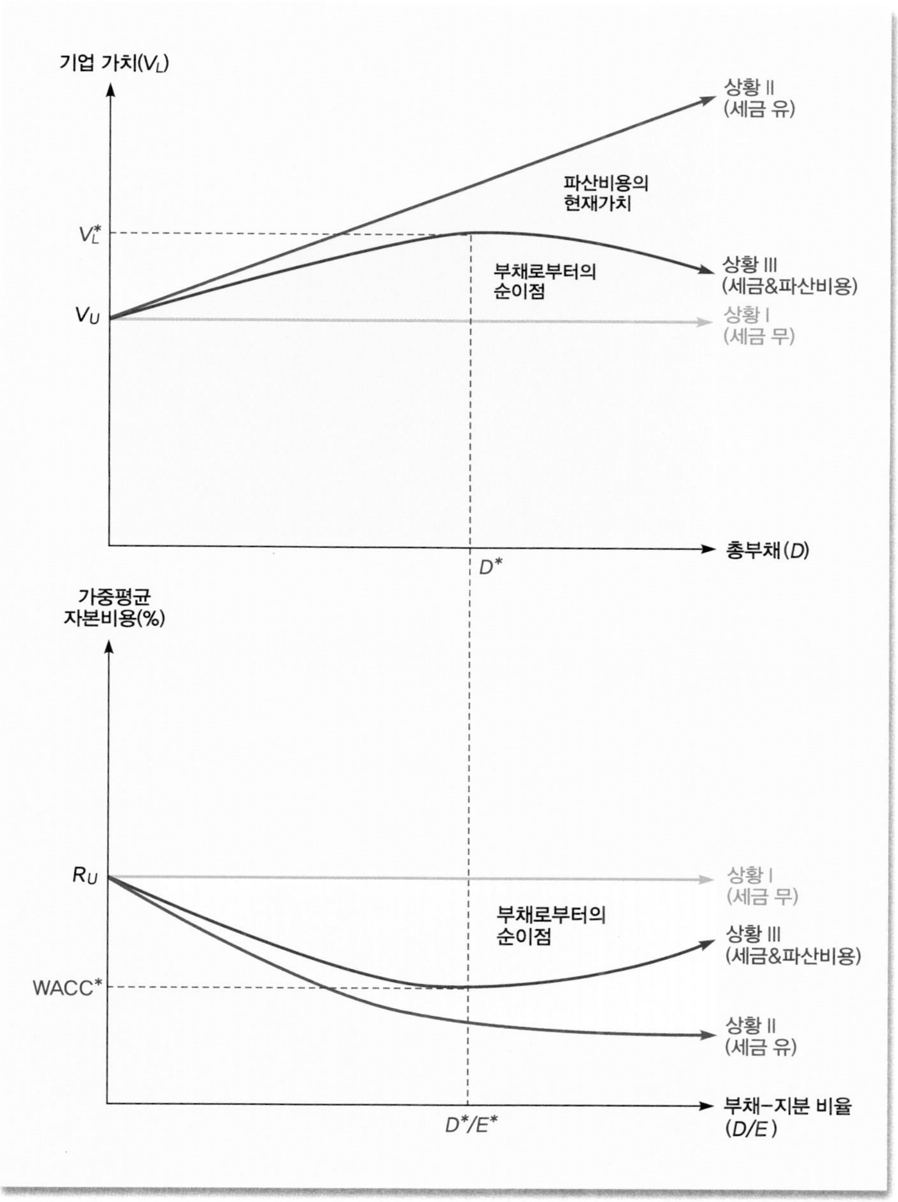

그림 13.7

자본구조 이론의 종합

기업 가치(V_L)

상황 II
(세금 유)

파산비용의
현재가치

V_L^*

부채로부터의
순이점

상황 III
(세금&파산비용)

V_U

상황 I
(세금 무)

총부채(D)

D^*

**가중평균
자본비용(%)**

R_U

상황 I
(세금 무)

부채로부터의
순이점

상황 III
(세금&파산비용)

WACC*

상황 II
(세금 유)

부채-지분 비율
(D/E)

D^*/E^*

상황 III에서 법인세 절감효과를 상쇄하는 것으로 재무곤경 비용을 사용하였다. 부채를 사용하게 되면 주주와 채권자 사이의 대리인 문제(agency problem)가 발생하게 되며 이는 부채가 많아질수록 커지게 된다. 따라서 재무곤경 비용뿐만 아니라 대리인 비용(agency costs)을 사용하여도 같은 결론에 도달하게 된다.

부채의 대리인 비용으로 과다투자(overinvestment) 문제와 과소투자(under-investment) 문제를 들 수 있다. 기업이 여러 투자안 중에서 수익성이 높은 순서

과다투자
(overinvestment)
순현가치가 음(−)인 투자안에 대한 투자

과소투자
(underinvestment)
순현가치가 양(+)인 투자안이 있어도 투자하지 않는 상황

대로 투자한다고 가정할 때 과다투자는 NPV가 (−)인 사업까지 투자하는 상황이고, 과소투자는 NPV가 양(+)임에도 불구하고 투자하지 않는 상황이다. 과다투자 문제는 지분의 옵션과 같은 성격 때문에 발생한다. 즉 〈그림 13.8〉에서 보는 바와 같이 기업이 F 만큼의 부채를 꾸었을 때 부채에 대한 현금흐름은 (b)와 같고 자기자본에 대한 현금흐름은 (c)와 같다. (b)와 (c)를 합하면 (a)가 됨을 알수 있다. 옵션의 가치는 기초자산의 변동성이 증가할수록 커지는데 본 논의의 경우 기초자산은 기업가치(V)이다. 따라서 기초자산의 변동성을 크게 하고자 하면 위험한 자산에 과다투자하면 되므로 주주들은 과다투자를 통하여 지분의 가치를 증가시키고자 할 것이다.[*]

그림 13.8
기업의 현금흐름 구조

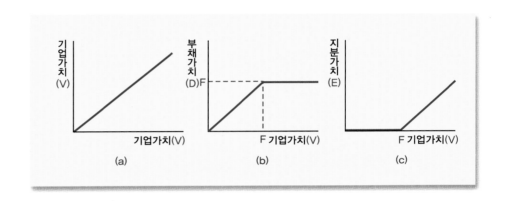

과소투자의 문제 또한 부채가 존재하는 경우 발생할 수 있는 대리인 문제이다. 이를 설명하기 위해 다음과 같은 재무상태표를 고려해 보자.

표 13.7
과소투자의 문제

	(a) 투자 전			(b) 투자 후		
자산	50	부채	45	자산	60	부채	50
		자기자본	5			자기자본	10

이 기업은 부채 70을 갚아야 하는데 아직 만기가 도래하지 않았다고 가정하자. 현재 기업의 상황을 보면 기업의 총자산 가치가 50에 불과하여 만일 만기가 도래한다면 부도가 나는 상황이다. 이러한 상황에서 이 기업은 투자원금은 7이고 NPV=3 인 사업을 고려하고 있다고 하자. 만일 이 투자를 수행하면 자산의 가치는 10이 증가하게 될 것이다.

---

* 옵션 평가 모형에 대한 자세한 설명은 17장에서 다룬다.

그러나 채권자들은 기업의 상황이 매우 좋지 않으므로 더 이상 이 기업에 자금을 투입하지 않을 것이다. 따라서 주주들이 자금을 투입하여야 하는데 주주들 역시 이 사업에 투자를 하지 않을 것이다. 그 이유는 투자원금은 7인데 비해 (a)와 (b)를 비교해 보면 주주들에게 돌아오는 가치의 증가분은 5(10−5)에 불과하기 때문이다. 따라서 순현재가치가 0보다 커서 좋은 사업임에도 불구하고 이러한 사업을 하지 않는 과소투자의 문제가 발생한다.

부채의 대리인 비용은 부채의 양이 증가할수록 증가할 것이므로 파산비용의 경우와 마찬가지로 법인세 감세 효과를 상쇄시키는 작용을 할 것이다. 따라서 파산비용 대신 대리인 비용을 사용하여도 상황 3의 결과가 도출된다. 따라서 기업은 기업의 가치가 극대화되는 점까지 부채를 사용하여야 하며 그 이상으로 부채를 사용하는 경우 대리인 비용이 오히려 법인세 절감효과를 능가하는 사태가 발생한다.

부채와 재무레버리지

5.

〈그림 13.1〉을 보면 부채를 사용함에 따라 수익성의 변동성이 높아지는 것을 알 수 있다. 이를 레버리지(leverage) 효과라고 하는데 이에 대해 살펴보자. 레버리지 효과라 하는 것은 증폭효과라고 할 수 있는데 이미 10장에서 영업레버리지도(degree of operating leverage; DOL)에 대해 설명한 바 있다. 이를 포함하여 레버리지 개념을 종합적으로 설명하기 위해 〈표 13.8〉을 살펴보자.

표 13.8
레버리지 효과

	무부채기업			부채기업		
	불황	보통	호황	불황	보통	호황
매출	80	100	120	80	100	120
고정비	30	30	30	30	30	30
변동비	32	40	48	32	40	48
영업이익	18	30	42	18	30	42
이자	0	0	0	10	10	10
당기순이익	18	30	42	8	20	32
매출의 변화	−20%	0%	20%	−20%	0%	20%

영업이익의 변화	-40%	0%	40%	-40%	0%	40%
당기순이익의 변화	-40%	0%	40%	-60%	0%	60%
DOL	2.00		2.00	2.00		2.00
DOF	1.00		1.00	1.50		1.50
DOT	2.00		2.00	3.00		3.00

두 기업이 있는데 하나는 부채를 하나도 쓰지 않은 기업이고 다른 하나는 부채를 쓰고 있는 기업이다. 경제상황은 불황, 보통, 호황의 세 가지를 상정하는데 불황인 경우는 두 기업 모두 매출이 20% 감소하고, 호황인 경우는 20% 상승한다. 고정비는 30이고 변동비는 매출의 40%를 가정한다.

영업레버리지도(DOL)는 식 (10.8)에서 이미 설명한 바와 같이 매출의 변화에 대한 영업이익의 변화인데 부채기업 불황의 예를 들면 다음과 같이 계산된다.

$$DOL = \frac{영업이익의\ 변화(\%)}{매출의\ 변화(\%)} \tag{13.20}$$

$$= \frac{-40\%}{-20\%}$$

$$= 2.0$$

재무레버리지도(degree of financial leverage ; DOF)
영업이익의 변화에 따른 당기순이익의 변화 정도

한편 재무레버리지도(degree of financial leverage ; DOF)는 영업이익의 변화에 대한 당기순이익의 변화를 나타내는 것으로 역시 부채기업 불황의 예를 들면 다음과 같이 계산된다.

$$DOF = \frac{당기순이익의\ 변화(\%)}{영업이익의\ 변화(\%)} \tag{13.21}$$

$$= \frac{-60\%}{-40\%}$$

$$= 1.5$$

종합레버리지도(degree of total leverage ; DOT)
매출의 변화에 따른 당기순이익의 변화정도를 나타내며 영업레버리지도와 재무레버리지도의 곱으로 표현된다.

끝으로 종합레버리지도(degree of total leverage ; DOT)는 영업레버리지와 재무레버리지 전체 효과인데 다음과 같은 관계가 성립한다.

$$DOT = \frac{당기순이익의\ 변화(\%)}{매출의\ 변화(\%)} \tag{13.22}$$

$$= \frac{\text{영업이익의 변화(\%)}}{\text{매출의 변화(\%)}} \times \frac{\text{당기순이익의 변화(\%)}}{\text{영업이익의 변화(\%)}}$$

$$= DOL \times DOF$$

위의 부채기업 불황의 예로 DOT를 구해보면 다음과 같다.

$$DOT = DOL \times DOF \tag{13.23}$$

$$= \frac{-40\%}{-20\%} \times \frac{-60\%}{-40\%}$$

$$= 3.0$$

레버리지는 지렛대(lever)의 원리에서 나온 것으로 증폭효과를 의미한다. 지렛대의 경우 고정점이 어디인가에 따라 힘의 증폭정도가 달라진다. 〈표 13.8〉의 경우에는 고정비나, 이자지급과 같이 고정된 금액이 지렛대의 고정점 역할을 하는 것이다. 만일 고정비가 없고 변동비만 있다면 영업레버리지는 발생하지 않는다. 또한 부채가 없다면 이자지급이 없을 것이고 따라서 영업이익의 변화는 당기순이익의 변화와 같아져 재무레버리지가 발생하지 않는다. 〈표 13.8〉 무부채기업의 경우 재무레버리지 1.0은 이를 반영하는 것이다.

종합레버리지는 영업레버리지와 재무레버리지를 곱한 것으로 매출의 변화에 따른 당기순이익의 변화를 나타낸다. 기업의 목표는 주주부의 극대화이므로 매출의 변화에 따라 당기순이익이 어떻게 변화하는가를 나타내는 종합레버리지는 매우 중요한 경영 지표이다.

부채가 많아질수록 재무레버리지가 커지는데 이는 당기순이익의 변동성 증가를 유발한다. 〈그림 13.1〉은 이러한 효과가 반영된 것이다. 그러나 재무레버리지가 커진다고 해서 무조건 나쁜 것은 아니고 그에 걸맞게 기대수익도 올라간다면 부채를 사용하는 것이 더 유익할 수도 있다. 결국 최적자본구조라는 것은 부채의 사용으로부터의 장점과 변동성 증가와 같은 단점이 서로 상쇄되어 가장 기업의 가치를 극대화하는 자본구조를 일컫는 것이다.

이제 최적자본구조 이론을 실무에 적용하는 몇 가지 예를 살펴보자.

첫째, 사업의 속성상 현금흐름의 변동성이 큰 기업은 부채를 적게 사용하는 것이 좋을 것이다. 왜냐하면 이런 기업은 재무곤경 비용이 높을 것이기 때문에 너무 높은 부채비율은 기업의 가치를 훼손할 것이기 때문이다.

레버리지 효과

레버리지는 증폭효과를 의미하며 영업레버리지(operating leverage), 재무레버리지(financial leverage), 종합레버리지(total leverage)가 있다. 영업레버리지는 매출액변화율이 영업이익변화율에 미치는 영향, 재무레버리지는 영업이익변화율이 당기순이익변화율에 미치는 영향, 종합레버리지는 매출액변화율이 당기순이익변화율에 미치는 영향을 나타낸다. 종합레버리지는 영업레버리지와 재무레버리지의 곱으로 표현된다.

둘째, 법인세 감세 효과는 수익이 낮은 기업은 크지 않을 것이다. 예를 들어 수익이 없는 기업은 법인세 감세 효과가 전혀 없게 된다. 이런 기업은 부채의 사용으로 인해 재무곤경 비용만 증가하므로 부채를 적게 쓰는 것이 유리하다.

셋째, 외환위기 이전 국내 기업들의 부채비율은 지나치게 높았다. 재벌기업들의 부채-지분 비율은 400%를 훨씬 넘었었다. 이러한 상황은 〈그림 13.7〉에서 볼 때 최적자본구조의 오른쪽까지 부채를 사용한 경우이다. 당시 정부는 부채-지분 비율 200%를 기준으로 내세워 기업들로 하여금 부채를 줄이도록 유도하였는데 이는 최적자본구조에 가까워지는 효과를 발휘했다고 볼 수 있다.

EVA

재무관리의 목표는 주주 부의 극대화이다. 따라서 주주의 부를 극대화할 수 있는 자본구조를 추구하여야 한다. 이는 또한 가중평균자본비용(weighted average cost of capital ; WACC)을 최소화하는 것이다.

EVA는 다음과 같이 표현된다.

EVA = (투하자본이익률 − WACC) × 투하자본

따라서 WACC가 최소화되어야 투하자본이익률(ROIC)과의 차이가 극대화되어 EVA가 증가하게 됨을 알 수 있다. 기업은 투하자본을 위한 자금조달시 이를 감안하여야 한다.

1. 완전시장 하에서는 부채의 증감이 기업가치에 영향을 미치지 못한다. 그 이유를 설명하라.

2. 부채를 가진 기업은 왜 과다투자 문제가 발생하는가?

3. 법인세만 있는 경우를 가정하자. 현재 기업의 세전영업현금흐름은 200억 원이고, 무부채기업의 자본비용은 12%, 타인자본비용은 10%, 법인세율은 25%이다.

1) 무부채기업의 가치는 얼마인가?

2) 만일 부채가 500억 있다면 기업의 절세효과로 인한 기업가치 추가분은 얼마인가?

3) 부채가 500억인 기업의 총기업가치는 얼마인가?

4) 부채가 500억인 기업의 자기자본비용은 얼마인가?

5) 이 기업의 가중평균자본비용은 얼마인가?

6) 무부채기업의 가중평균자본비용과 부채기업의 가중평균자본비용은 어느 것이 더 낮은가? 이유를 설명하라.

4. 법인세와 재무곤경비용이 존재하는 경우 최적자본구조에 도달하게 되는 과정을 설명하라.

5. '높새기업'의 현재 매출은 100억 원이다. 고정비는 30억 원이고 변동비는 매출액의 40%이다. 내년은 업황이 매우 긍정적이어서 매출이 30% 증가할 것으로 예상된다. '높새기업'은 부채가 없다. 세금도 없다고 가정한다.

1) '높새기업'의 영업레버리지도를 계산하라.

2) '높새기업'의 재무레버리지도를 계산하라.

3) '높새기업'의 종합레버리지도를 계산하라.

6. 조건은 문제 5와 동일하나 '높새기업'이 부채를 사용한다고 하자. 이자비용은 10억 원이다.

1) '높새기업'의 영업레버리지도를 계산하라.

2) '높새기업'의 재무레버리지도를 계산하라.

3) '높새기업'의 종합레버리지도를 계산하라.

4) 문제 5의 결과와 비교해 본다면 부채를 사용하는 것이 어떤 효과를 가져오는가?

Part

경제적 부가가치

14장과 15장에서는 기업 가치의 결정 요인에 대해 공부한다. 구체적으로 14장은 기업의 성장과 이를 달성하기 위한 장기 재무계획에 대해 살펴본다. 15장은 현재까지 배운 내용을 모두 활용하여 경제적 부가가치에 대해 설명한다. 이 책은 재무관리의 여러 주제를 경제적 부가가치와 연결 지으려 노력하였다. 경제적 부가가치가 높아야 기업의 가치가 높은 것이고, 기업가치 극대화가 기업의 목표임과 동시에 재무관리의 목표이기 때문이다.

Financial
Management
Focusing on EVA

Chapter 14

기업의 성장과 재무계획

경제적 부가가치가 높은 기업은 기업의 성장이 빠를 것이다. 기업이 높은 성장을 유지하기 위해서는 실물부문의 활동뿐만 아니라 재무부문의 활동이 모두 높은 성장률을 달성할 수 있도록 일관성 있게 조정되어야 한다. 즉 기업이 성장 발전하기 위해서는 양(+)의 NPV를 갖는 좋은 투자안을 많이 수행하여야 하고 이를 위한 자금을 적기에 조달하여야 한다. 투자안의 발굴과 자금조달은 불가분의 관계에 있는 것으로 좋은 투자안을 발굴하지 못하면 자금 조달의 필요가 없어지는 것이며, 또한 좋은 투자안을 발굴하였다 하더라도 자금조달이 여의치 않다면 투자를 할 수 없고 기업의 성장이 저해받을 수밖에 없는 것이다. 본 장에서는 기업의 성장과 재무계획에 대해 살펴본다. 구체적으로 기업 성장률의 정의와 이에 근거한 기업 성장의 요인에 대해 살펴본 후 기업의 재무계획에 대해 공부한다. 본 장에서 다루는 구체적 내용은 다음과 같다.

- 기업 성장률의 정의
- 기업 성장을 견인하는 요인
- 자금 조달을 위한 재무계획
- 매출대비비율법

한보의 몰락*

　서울 북부세무서의 정태수 주사는 23년 공무원 생활을 마감하고 1974년 한국의 보물이라는 뜻의 한보상사를 설립한다. 초창기 몰리브덴 광산 개발로 사업 기반을 다진 후 정태수는 1978년 당시로써는 최대 규모의 대치동 은마아파트 4,424세대를 분양하면서 대성공을 이룬다. 이를 기반으로 1980년 한보철강을 설립하는데, 1985년 가을 한 철학원을 방문한 정태수는 "쇳가루를 만지면 흥합니다"라는 점쟁이의 말을 듣고 코렉스 공법이라는 새로운 철강제조 기법을 사용하는 당진공장을 짓기로 한다. 그러나 문제는 자금이었다. 돈이 부족했던 정태수는 정치권에 통 큰 로비를 하며 문어발식 사업 확장을 해 간다. 당시 큰 사업의 경우 뇌물의 규모가 1억 원 정도이었는데 정태수는 3억 정도를 찔러 주었다는 후문이다. 이로 인해 한보그룹은 1993년 4개 계열사이었던 것이 4년 만에 22개 계열사를 거느린 대규모 재벌로 성장하였다.

　그러나 이와 함께 빚도 천문학적으로 늘어갔다. 1993년 3,889억 원이었던 부채가 1994년 1조 4,924억 원, 1996년 3조 208억 원으로 폭발적으로 증가하였다. 결국, 1997년 1월 23일 제일은행본점 회의실에서 열린 금융기관회의에서 신광식 제일은행장이 긴장한 목소리로 한보의 부도를 선언한다. 당시 한보그룹은 투자 규모만 5조 원이 넘었고, 부도 시점의 은행 부채는 3조 2,648억 원, 다른 금융기관과 회사채까지 합하면 그 빚의 규모가 5조 559억 원에 달했다.

　한보가 이처럼 급속히 성장할 수 있었던 이유는 그 핵심에 정경유착과 대마불사의 신화가 있었기 때문이다. 내실을 다지지 않고 무분별하게 외형 성장을 추구하는 과정에서 자금이 필요했고, 정상적인 방법으로 자금 조달이 어렵게 되자 뇌물을 동원해 정치인과 유력인사를 회유하였고, 이들의 압력을 받은 은행 등 금융기관은 재벌이 무너지면 경제도 함께 어려워지므로 정부가 재벌을 손대지는 못할 것이라는 생각으로 무분별한 대출을 해주었기 때문이다. 한보의 교훈은 무엇인가? 성장이 기업의 주요 목표임은 틀림없으나 성장을 하되 내실을 근간으로 하여 장기적으로 수익성을 확보하는 성장(long-term profitable growth)을 하여야 한다는 것이다.

* 석혜원, 대한민국경제사, 미래의 창, 2012.

기업의 성장

기업의 성장은 좋은 것인가? 가령 과거 우리나라와 같이 외형 위주의 경영을 하면서 규모를 확대하는 것도 기업의 성장이라 볼 수 있는가? 기업가치와 연결된 기업 성장의 정의는 무엇인가? 본 절에서는 이러한 질문들에 답하기 위해 먼저 기업 성장의 의미와 이를 결정하는 요인들을 살펴본다.

1.1 내부성장률

먼저 기업이 전혀 외부로부터 자금을 조달하지 않고 내부자금으로만 성장하는 경우를 생각해 볼 수 있다. 내부자금이란 기업의 영업으로 인해 발생한 당기순이익에서 배당을 지급하고 남은 유보금을 말한다. 기업이 잘 알려져 있지 않아 자본시장에서 외부자금을 조달하는 자본비용이 높거나 또는 자금 자체를 조달할 수 없는 경우 기업의 추가 성장 재원은 당기순이익에 한정된다. 이러한 상황에서 기업의 내부자금으로만 성장할 수 있는 최대성장률을 내부성장률(internal growth rate; IGR)이라 한다.

내부성장률을 계산하는 공식은 다음과 같다.

내부성장률(internal growth rate; IGR) 기업의 내부자금으로만 성장할 수 있는 최대성장률

$$IGR = \frac{b \times ROA}{1 - b \times ROA}$$ **(14.1)**

여기서, b = 1 − 배당성향
ROA = 총자산수익률(return on asset)

식 (14.1)에서 b는 유보율(retention ratio, plowback ratio)로 당기순이익 중 어느 정도 비중을 이익잉여금으로 사내에 유보하는지 나타내는 지표이다.

유보율(retention ratio, plowback ratio) 당기순이익 중 이익잉여금으로 사내에 유보하는 비율, 1−배당성향

 문제 〈표 14.6〉과 〈표 14.7〉은 '보람기업'의 손익계산서와 재무상태표이다. 전년도 자료를 기준으로 할 때 내부성장률은 얼마인가?

 답 '보람기업'의 유보율과 ROA를 구하면 다음과 같다.

b = 1 − 배당성향 = 1 − 0.6 = 0.4

$$ROA = \frac{당기순이익}{총자산} = \frac{3,000}{19,000} = 15.79\%$$ **(14.2)**

따라서, 내부성장률은 다음과 같이 계산된다.

$$IGR = \frac{b \times ROA}{1 - b \times ROA} = \frac{0.4 \times 0.1579}{1 - 0.4 \times 0.1579} = 6.74\%$$

(14.3)

즉, '보람기업'이 배당성향 60%를 유지하면서 내부자금으로만 성장할 수 있는 최대성장률은 6.74%이다.

1.2 지속가능성장률

각 기업은 그 부채의 사용에 있어 기업가치를 극대화하고 가중평균자본비용(weighted average cost of capital)을 최소화하는 고유의 최적자본구조(optimal capital structure)가 있다. 이러한 최적자본구조를 유지하기 위해서는 신규 사업의 자금조달도 최적자본구조와 동일한 비율로 이루어져야 한다. 가령 어떤 기업의 최적자본구조가 부채 50%, 자기자본 50%라고 하자. 이 기업은 신규 사업을 위한 자금조달에도 이 비율을 유지하여야 최적자본구조가 유지된다. 이 기업의 경우 만일 신규 주식 발행이 없다면 당기순이익으로부터 사내에 유보되는 이익잉여금만큼 외부에서 부채를 조달하여야 부채 50%, 자기자본 50%의 자본구조를 유지할 수 있다. 이와 같이 기업이 최적자본구조를 유지하면서 성장할 수 있는 최대성장률을 지속가능성장률(sustainable growth rate ; SGR)이라 한다.

지속가능성장률은 다음의 공식으로 계산할 수 있다.

지속가능성장률
(sustainable growth rate;
SGR)
최적자본구조(optimal
capital structure)를 유지
하면서 성장할 수 있는 최
대성장률

$$SGR = \frac{b \times ROE}{1 - b \times ROE}$$

(14.4)

여기서, ROE = 자기자본수익률(return on equity)

내부성장률 공식과 비교해 보면 ROA 대신 ROE를 적용한다는 것 이외에는 동일한 형태를 보이고 있다.

'보람기업'의 지속가능성장률은 얼마인가?

답 '보람기업'의 유보율은 위에서 본 바와 같이 40%이고, ROE를 계산하면 다음과 같다.

$$b = 1 - 배당성향 = 1 - 0.6 = 0.4$$

$$ROE = \frac{당기순이익}{총자기자본} = \frac{3,000}{8,200} = 36.59\% \tag{14.5}$$

따라서 지속가능성장률은 다음과 같이 계산된다.

$$SGR = \frac{b \times ROE}{1 - b \times ROE} = \frac{0.4 \times 0.3659}{1 - 0.4 \times 0.3659} = 17.14\% \tag{14.6}$$

이는 식 (14.3)에서 계산한 내부성장률보다 높은 수치이다. 내부성장률은 사내유보금만으로 성장할 수 있기 때문이 보람기업의 내부성장률은 6.74%로 매우 낮은 것을 알 수 있다. 그러나 최적자본구조를 유지할 정도의 부채가 함께 투입되면 기업의 성장률이 17.14%로 현저하게 상승함을 알 수 있다. 더구나 이는 무리하게 외부자금을 투입하는 것이 아니고 기업의 최적자본구조를 유지하는 선에서 부채를 더 사용하는 것이기 때문에 지속가능한 성장률인 것이다.

1.3 기업 성장 요인

지속가능성장률 공식을 보면 기업의 성장을 결정하는 주요 요인들을 확인할 수 있다. 이를 위해 먼저 비율분석에서 배운 DuPont 항등식을 다시 써 보면 다음과 같다.

$$
\begin{aligned}
ROE &= \frac{당기순이익}{자기자본} \\
&= \frac{당기순이익}{매출} \times \frac{매출}{총자산} \times \frac{총자산}{자기자본} \\
&= 당기순이익률 \times 총자산회전율 \times 지분승수
\end{aligned} \tag{14.7}
$$

식 (14.4)에서 보는 바와 같이 지속가능성장률을 높이기 위해서는 ROE를 높이면 되는데 ROE를 높이기 위해서는 먼저 기업의 수익성(profitability)이 높아져야 한다. 이는 식 (14.7)의 당기순이익률(profit margin)이 높아져야 함을 의미한다.

직관적으로도 수익성이 높은 기업이 성장률이 높을 것이라는 것은 당연하다. 따라서 기업은 수익성이 높은 사업을 발굴하기 위해 모든 노력을 경주해야 한다.

다음으로 기업의 성장에 영향을 미치는 변수는 총자산회전율(total asset turnover)이다. 이는 자산 운용의 효율성(asset management efficiency)을 측정하는 지표이다. 같은 규모의 자산을 투입하여 매출을 많이 하게 되면 총자산회전율이 증가한다. 또는 동일한 매출을 달성하기 위하여 더 적은 자산을 사용한다면 역시 총자산회전율이 증가한다. 총자산회전율이 증가하면 식에서 보는 바와 같이 ROE가 증가하고 이는 지속가능성장률의 증가로 이어진다. 역시 자산 운용을 효율적으로 하는 기업의 성장률이 높아질 것이라는 것은 직관적으로도 당연한 결과이다.

기업의 자본구조(capital structure)도 성장률에 영향을 미치는데 이는 식 (14.7)의 지분승수에 의해 확인된다. 지분승수는 '1+부채/지분 비율'인데 부채가 높으면 지분승수가 높아진다. 지분승수가 높아지면 식에서 보는 바와 같이 ROE가 높아지고 높아진 ROE는 지속가능성장률의 상승을 가져온다. 따라서 부채가 높아야만 기업의 성장이 높아지는 것으로 볼 수 있는데 다만 유의할 점은 '다른 조건이 같은 경우(ceteris paribus)'에 한하여 이러한 결론을 내릴 수 있는 것이다. 만일 부채가 많아짐으로써 재무곤경비용(financial distress costs)이나 대리인비용(agency costs)이 높아진다면 부채가 높을수록 성장성이 높다는 결론을 도출할 수는 없다. 일반적으로 최적자본구조이론(optimal capital structure theory)에서 논의하는 바와 같이 기업은 가치를 극대화시키는 고유의 부채비율이 있다. 따라서 이러한 부채비율을 유지하고자 하는 노력이 필요하며 지속가능성장율은 이 부채비율을 유지하면서 성장할 수 있는 최대 성장률이기 때문에 더욱 그 의미가 중요한 것이다.

마지막으로 기업의 배당정책도 기업의 성장과 관련이 있는데 이는 식 (14.6)의 유보율(b)로 나타나 있다. 다른 조건이 동일하다면 유보율이 커져야 기업의 성장률이 높아진다. 유보율이 커지기 위해서는 배당을 줄여야 하는데 역시 좋은 사업기회를 맞아 배당을 줄이고 사내 유보를 많이 하여야 기업의 성장률이 높아진다는 것은 직관적으로 이해할 수 있는 부분이다. 또한 사내유보를 많이 하면 최적자본구조를 유지하기 위해 부채도 더 증가시켜야 하므로 투자를 위한 재원이 더 늘어나게 된다.

결론적으로 지속가능성장률 공식을 보면 기업의 성장을 위해서는 수익성, 자본 이용의 효율성, 자본구조, 배당정책 등을 모두 종합적으로 고려하여야 한다는 것을 알 수 있다.

재무계획

2.

수익성 높은 사업기회를 포착하였다고 하더라도 이를 수행하기 위한 자금 지원이 없다면 아무 소용이 없게 된다. 따라서 투자안을 차질 없이 수행하여 나갈 수 있도록 자금 조달 계획을 잘 짜는 것이 중요하게 되는데 이를 재무계획(financial planning)이라 한다. 일반적으로 자금조달계획에는 장기 계획과 단기 계획이 있는데 단기 계획은 통상의 영업 과정에서 단기적으로 필요한 자금의 수요를 파악하고 이에 대한 조달 방법을 검토하는 것으로 운전자본관리(working capital management)의 한 분야이다. 운전자본관리는 유동자산과 유동부채를 관리하는 것으로 현금관리(cash management), 매출채권관리(accounts receivable management), 매입채무관리(accounts payable management), 재고자산관리(inventory management) 등이 이에 포함된다.

한편 투자안에 대한 자금조달 계획은 일반적으로 기업의 장기적 성장 발전을 위한 자금조달 계획을 말하며 이를 장기 재무계획(long-term financial planning)이라 한다. 기업은 보통 2-5년 주기로 장기 재무계획을 수립하며 이러한 장기 재무계획에 근거하여 1년마다 단기 계획을 수립한다.

기업이 장기 재무계획을 수립하는 이유는 우선 계획이 부재하거나 부실하여 미래의 자금수요에 조직적이고 능동적으로 대처하지 못하는 상황을 피하고자 하는 것이다. 특히 계획이 치밀하게 세워져 있지 않으면 갑작스러운 상황의 변화가 생기는 경우 적절한 대응을 못하고 허둥거리며 중요한 사업 기회를 잃을 수 있다.

기업의 투자계획과 재무계획은 불가분의 관계에 있을 수밖에 없는데 이의 수립시 유의할 사항은 첫째 주요 변수에 대한 현실적 가정을 하여야 한다는 것이다. 지나치게 낙관적이거나 비관적인 가정에 의하여 그릇된 의사결정이 되는 것을 최대한 방지해야 한다. 둘째, 시나리오 분석(scenario analysis), 민감도 분석

재무계획(financial planning)
선택한 투자안을 수행하기 위한 자금 조달의 규모와 시기에 대한 계획

운전자본관리(working capital management)
현금, 매출채권, 매입채무, 재고자산 등 운전자산에 대한 경영 관리

장기 재무계획(long-term financial planning)
기업의 장기적인 자금 수요 예측과 이의 조달 방법에 대한 계획

(sensitivity analysis), 몬테칼로 시뮬레이션 분석(Monte Carlo simulation analysis) 등을 수행함으로써 사업의 위험도를 파악해야 한다. 이러한 분석이 선행되면 갑작스러운 상황의 변화가 있을지라도 어느 정도 예측된 상황이기 때문에 신속한 대응이 가능하게 된다.

또한 미리 장기 계획을 세움으로써 기업의 의사결정 사이의 비일관성을 제거할 수 있다. 기업의 장기 재무계획을 수립할 때 고려해야 하는 네 가지 의사 결정 분야가 있는데 이는 1) 신규 자산이나 사업에 대한 투자를 검토하는 자본예산 결정(capital budgeting decisions), 2) 투자를 위한 자금의 조달 방법과 부채비율을 검토하는 자본구조 결정(capital structure decisions), 3) 주주에게 지불되는 배당과 관련된 배당정책 결정(dividend policy), 그리고 4) 사업 수행시 필요한 운전자산과 유동성 확보를 위한 운전자본 관리(working capital management) 등을 들 수 있다.

기업이 장기 재무계획을 수립할 때는 이러한 주요 의사결정 분야를 모두 검토하여야 하기 때문에 서로 다른 의사결정 사이에 일관성을 확보하는 것이 매우 중요하다. 예를 들어 투자 기회는 많은데 배당을 많이 지불한다든지, 부채비율이 너무 높은 기업이 고배당을 유지한다든지 하는 것은 일관성 면에서 문제가 있다.

재무계획에는 단기계획과 장기계획이 있다. 기업의 투자안과 관련하여서는 장기재무계획이 중요한데 이를 위해서는 각 경영의사결정 분야 사이의 일관성이 유지되어야 한다. 주요 경영의사 결정 분야는 자본예산, 자본구조, 배당정책, 운전자본관리가 있다.

3. 재무계획의 절차

재무계획의 기본적인 생각은 〈그림 14.1〉에 보는 바와 같이 기업의 성장성에 따라 조달하여야 하는 자금 수요가 달라진다는 것이다. 즉 매출 성장률이 높지 않을 때에는 매출을 달성하기 위한 자산의 소요가 많지 않기 때문에 기업의 내부자금으로 충분히 소화를 할 수 있다. 이 경우 기업이 외부 자금 차입을 하지 않는다면 기업의 최대 성장률은 내부성장률이 된다. 그러나 매출 성장률이 높아지게 되면 기업의 내부자금만으로는 전체 사업을 위한 자금이 부족하고 따라서 외부에서 자금을 조달하여야 한다. 이 때 기업의 최적재무구조를 유지하면서 내부자금에 상응하는 차입을 한다면 기업이 달성할 수 있는 최대 성장률은 지속가능성장률이다. 만일 기업의 투자 기회가 아주 많아서 더욱 많은 외부자금을 조달하고자 한다면 기업은 최적자본구조를 유지하면서 추가로 주식과 회사채를 발행해야 할 것이다. 이 경우 기업의 성장률은 지속가능성장률을 상회하게 된다.

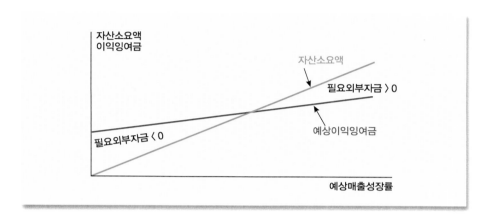

그림 14.1
매출성장률과 자금조달

따라서 기업의 재무계획은 다음과 같은 절차에 의해 수행된다. 1) 가장 먼저 매출액과 매출 성장률을 추정한다. 2) 매출액과 매출 성장률에 대한 추정치가 결정되면 이를 달성하기 위한 자산의 규모를 결정한다. 3) 위의 1)과 2)에 근거하여 추정재무제표(pro forma financial statements)를 작성한다. 4) 추정 재무제표, 특히 추정 재무상태표를 작성하면서 대변과 차변의 과부족을 계산한다. 일반적으로 매출 성장률이 높아지면 자산의 수요가 높아져 추정 재무상태표의 대변 금액이 차변 금액보다 작게 된다. 이는 자산 수요에 비해 현재 가용 재원이 부족하다는 뜻이므로 추가로 자금을 조달하여야 한다. 5) 과부족 금액에 대한 자금 조달 방법을 결정한다. 자금조달 방법에는 배당을 줄이거나, 부채를 발행하거나, 주식을 발행하거나, 외상매입을 늘리는 등 다양한 방법이 동원될 수 있다. 그러나 어떠한 방법을 사용하더라도 전체적으로 일관성을 유지하는데 초점을 맞추어야 한다.

4. 매출대비비율법

기업 활동은 결국 재화와 용역을 판매하여 수익을 창출하는 것으로 귀결되기 때문에 향후 매출에 대한 예상이 매우 중요하며 다른 의사 결정도 이에 근거하여 이루어진다. 특히 매출 대비 구성 비율을 기준으로 재무계획을 수행하는 방법을 매출대비법 또는 매출대비비율법이라 하는데 이에 의하면 대부분의 변수를 매출 증가율과 동일하게 증가시키고 전체의 일관성을 유지하기 위해 나머지 변수들을 조정변수로 하여 이의 값을 조정한다. 조정변수는 기업의 의사결정시 중요하게 고려해야 하는 변수들이다.

매출대비비율법
매출 대비 구성 비율을 기준으로 재무계획을 작성하는 방법

예를 들어보자. 〈표 14.1〉과 〈표 14.2〉에는 아주 간단한 가상 기업의 직전 년도의 손익계산서와 재무상태표 그리고 각 항목의 매출대비 비율이 제시되어 있다. 이제 매출이 10% 상승하는 경우 매출대비법을 사용하는 예를 살펴보자.

(단위 : 억 원)

표 14.1
전년도 손익계산서

	금액	매출대비비율
매출	4,000	100%
비용	3,200	80%
당기순이익	800	20%

(단위 : 억 원)

표 14.2
전년도 재무상태표

	금액	매출대비비율		금액	매출대비비율
자 산	2,000	50%	부 채	800	20%
			지 분	1,200	30%
총자산	2,000	50%	총지분 및 부채	2,000	50%

매출이 10% 상승하므로 매출 대비 비율이 변동하지 않는다면 추정 손익계산서는 〈표 14.3〉과 같이 구성된다. 모든 항목의 구성비율이 매출대비 동일해야 하므로 금액은 모두 10% 증가하게 된다.

(단위 : 억 원)

표 14.3
추정 손익계산서

	금액	매출대비비율
매출	4,400	100%
비용	3,520	80%
당기순이익	880	20%

이제 증가된 매출에 상응하는 추정재무상태표를 작성해야 하는데 먼저 배당을 조정변수로 사용하는 경우의 예를 설명한다. 〈표 14.4〉에서 볼 수 있는 바와 같이 모든 변수의 매출 대비 비율이 전년도와 동일해야 하므로 각 변수의 추정 금액은 매출 증가율 10%를 반영한 액수와 동일하다.

(단위 : 억 원)

	금액	매출대비비율		금액	매출대비비율
자산	2,200	50%	부채	880	20%
			지분	1,320	30%
총자산	2,200	50%	총지분 및 부채	2,200	50%

표 14.4
추정 재무상태표 1

이제 이러한 추정 재무상태표와 일관성이 있는 재무제표를 마련하기 위해서 배당액수를 조정변수로 사용하는데 내년도의 배당액은 다음과 같이 결정된다.

배당 = 당기순이익 − 이익잉여금 증가
= 880 − (1,320−1,200)
= 880 − 120
= 760

즉 이 경우는 배당을 조정변수로 사용하기 때문에 다른 변수들의 값을 매출 성장률과 동일하게 조정하고 배당만 매출과 다른 비율로 증가시킨다.

다음으로는 같은 예를 가지고 부채를 조정변수로 사용하는 경우를 설명한다. 이를 위해 추가적으로 배당성향은 50%라고 가정한다. 그러면 〈표 14.3〉의 추정 손익계산서에서 보다시피 당기순이익이 880억 원이므로 이의 절반인 440억 원이 이익잉여금이 되며 이를 반영한 추정 재무상태표는 〈표 14.5〉와 같이 만들어진다.

(단위 : 억 원)

	금액	매출대비비율		금액	매출대비비율
자산	2,200	50%	부채	560	−
			지분	1,640	−
총자산	2,200	50%	총지분 및 부채	2,200	50%

표 14.5
추정 재무상태표 2

즉, 추정 재무상태표의 지분 추정치는 전년 자기자본 금액에 추정 이익잉여금을 합한 1,640억 원이 되며 대변과 차변이 균형을 이루기 위해서는 부채가 560억 원이 되어야 한다. 그렇다면 전년도의 부채 800억 원보다 작게 되는데 그 차이인 240억 원은 상환을 하여야 한다. 즉 이 예에서는 부채를 조정변수로 사용하였으므로 다른 변수들은 가능한 한 매출과 같은 비율을 유지하고 마지막으로 부채의 액수를 조정하는 것이다. 계산 과정을 요약하면 다음과 같다.

$$추정\ 이익잉여금 = 440$$
$$추정\ 지분 = 전년도\ 지분 + 추정\ 이익잉여금$$
$$= 1,200 + 440$$
$$= 1,640$$

$$부채의\ 상환액 = 추정\ 부채 - 전년\ 부채$$
$$= 560 - 800$$
$$= -240$$

지금까지는 설명의 편의를 위하여 아주 간단한 예를 들었고 또한 조정변수 이외의 모든 변수들이 매출액과 동일한 비율로 증가한다는 가정을 하였다. 그러나 좀 더 현실적인 예로 가면 모든 변수가 매출과 동일하게 증감한다는 가정은 성립되기 어렵다. 먼저 손익계산서에서 매출과 달리 변하는 변수의 예를 들어 보면, 대체로 비용은 매출과 비슷한 비율로 변한다고 할 수 있으나 감가상각은 이미 정해진 비율로 상각하기 때문에 고정되어 있다. 또한 이자의 지급도 추가로 부채를 발행하지 않는 한 전년도와 동일한 금액이 될 것이다. 배당도 매출과 동일하게 증가하기보다는 기업의 의사 결정 시 중요하게 다루어야 할 조정변수이다.

재무상태표 항목들에 대해서는 매출대비법에 의해 일단 모든 항목이 매출과 같은 비율로 증가한다고 가정한다. 가령 매입채무, 매출채권 등은 매출 대비로 증가한다는 가정이 그리 틀린 것이 아니다. 그러나 단기부채, 장기부채, 자기자본은 매출 대비 자동으로 증가하는 것이 아닌 조정 변수이다. 즉 이들은 기업의 자본구조에 대한 의사결정이나 경영전략에 의해 결정될 주요 의사 결정변수들이다. 또한 이익잉여금 증가는 배당정책에 의해 결정되는데 배당 역시 위에서 언급한 대로 주요 의사결정 변수이다.

이제 이러한 상황을 감안한 가상의 기업인 '보람기업'의 예를 살펴보자. 〈표 14.6〉과 〈표 14.7〉은 '보람기업'의 손익계산서와 재무상태표를 보이고 있는데 각 항목의 매출액 대비 비율과 향후 추정치를 보이고 있다. 본 예에서 매출은 향후 10% 증가할 것으로 예상되고, 세율은 25%, 배당성향은 60%이다.

	전년도	매출대비비율	추정치
매출	10,000	100%	11,000
비용	6,000	60%	6,600
영업이익	4,000	40%	4,400
세금	1,000	10%	1,100
당기순이익	3,000	30%	3,300
배당	1,800	18%	1,980
이익잉여금	1,200	12%	1,320

표 14.6
'보람기업'의 손익계산서

먼저 손익계산서를 보면 모든 항목이 매출과 특별히 달라야 할 이유가 없는 항목들이므로 모두 매출대비 같은 구성비율을 유지하고 있고 따라서 매출액의 증가율과 같은 10% 증가율을 보이고 있다. 만일 감가상각이나 이자지급 등의 항목이 있었다면 이는 동일한 비율로 증가하기 보다는 전년도와 같은 수준을 유지해야 할 것이다.

	전년도	매출대비비율	추정치		전년도	매출대비비율	추정치
현금	1,000	10%	1,100	매입채무	1,800	18%	1,980
매출채권	4,000	40%	4,400	단기부채	5,000	–	5,000
재고자산	6,000	60%	6,600	장기부채	4,000	–	4,000
비유동자산	8,000	80%	8,800	자기자본	4,000	–	4,000
				이익잉여금	4,200	–	5,520
총자산	19,000	190%	20,900	부채와 지분	19,000	–	20,500

표 14.7
'보람기업'의 재무상태표
−100% 가동률

〈표 14.7〉의 재무상태표 차변 항목 역시 매출액과 같이 10% 상승하였다. 이는 증가한 매출을 지지하기 위한 자산의 증가이다. 그러나 대변 항목은 매출액과 동일한 비율로 증가하지 않는다. 매입채무는 매출의 증가에 따라 자연스럽게 증가할 수 있으나 부채와 자기자본 항목은 조정변수이기 때문에 자동적으로 매출의 증가와 함께 증가하지 않는다. 또한 이익잉여금도 매출과 동일한 액수로 증가하는 것이 아니고 전년도 이익잉여금에 추정 이익잉여금을 합산하여 계산한다. 즉,

$$추정이익잉여금 = 전년도\ 이익잉여금 + 추정이익잉여금$$
$$= 4,200 + 1,320$$
$$= 5,520억\ 원$$

추정치들의 합계를 보면 대변과 차변이 일치하지 않아 과부족이 발생하는데

이는 다음과 같다.

$$과부족 = 차변 금액 - 대변 금액$$
$$= 20,900 - 20,500$$
$$= 400억 원$$

이제 이 부족한 자금 400억 원을 여러 가지 조정 변수를 통해 조달하여야 한다. 조달 방법의 예로는 1) 단기 부채를 더 차입하거나, 2) 장기 회사채를 더 발행하거나, 3) 주식을 더 발행하거나, 4) 배당을 줄이고 이익잉여금을 늘리거나, 5) 또는 이러한 방법들의 조합을 생각할 수 있다.

이와 같이 매출대비법이란 일단 매출과 관계가 적은 변수 이외의 변수들은 매출과 동일한 비율로 증가한다고 가정하고 자산의 소요액과 현재 상태에서의 자금 조달액을 계산한다. 그리고 그 둘 사이의 과부족을 계산한 후 이에 대한 조달 방법을 강구하는 것이다.

매출대비법은 다음과 같이 수행한다. 1) 매출과 관련이 적은 변수는 전년도 수준을 유지하고 그 외의 변수들은 매출과 같은 비율로 성장한다고 가정한다. 2) 추정 손익계산서와 재무상태표를 작성한다. 3) 추정 재무상태표의 과부족을 계산한다. 4) 과부족의 조달 방법을 강구한다.

(단위 : 억 원)

표 14.8
'보람기업'의 재무상태표 –
불완전 가동률

	전년도	매출대비비율	추정치		전년도	매출대비비율	추정치
현금	1,000	10%	1,100	매입채무	1,800	18%	1,980
매출채권	4,000	40%	4,400	단기부채	5,000	–	5,000
재고자산	6,000	60%	6,600	장기부채	4,000	–	4,000
비유동자산	8,000	–	8,000	자기자본	4,000	–	4,000
				이익잉여금	4,200	–	5,520
총자산	19,000	–	20,100	부채와 지분	19,000	–	20,500

지금까지의 예는 기업의 자산이 100% 가동되는 경우를 가정하고 분석을 시도하였다. 만일 기업의 자산, 특히 비유동자산이 100% 가동되지 않고 있는 상황이라면 매출이 증가하더라도 비유동자산이 같은 비율로 증가할 이유가 없다. 〈표 14.8〉은 이러한 상황의 예를 보이고 있다. 가령 '보람기업'의 비유동자산 가동률이 80%라고 하자. 그렇다면 100% 가동시 지원할 수 있는 매출액은 다음과 같이

계산된다.

$$완전가동매출액 = \frac{전년도\ 매출액}{가동률} = \frac{10,000}{0.8} = 12,500 \qquad \text{(14.8)}$$

이는 〈표 14.6〉의 추정 매출액 11,000보다 크므로 아직 신규로 비유동자산을 구매할 이유가 없다. 따라서 〈표 14.8〉에서 보듯이 재무상태표의 비유동자산 추정 규모가 전년도 수준과 동일한 8,000이 된다. 이제 대변과 차변의 과부족을 계산하면 다음과 같다.

$$과부족 = 차변\ 금액 - 대변\ 금액$$
$$= 20,100 - 20,500$$
$$= -400억\ 원$$

비유동자산 100% 가동률의 경우와는 달리 오히려 자금이 400억 원 남으므로 이를 여러 가지 조정 변수를 통해 해소하여야 한다. 가령, 1) 단기 부채를 상환하거나, 2) 장기 회사채를 상환하거나, 3) 자사주를 매입하거나, 4) 배당을 늘여 이

자산의 가동률이 100% 이하인 경우는 자산의 증가가 매출의 증가보다 작으며 이를 감안하여 재무계획을 세워야 한다.

익잉여금을 줄이거나, 5) 또는 이러한 방법들의 조합을 생각할 수 있다.

1. 다음은 '청산기업'의 손익계산서와 재무상태표이다. 이를 이용하여 물음에 답하라.

손익계산서

(단위 : 억 원)

매출	20,000
비용	12,000
영업이익	8,000
세금	2,000
당기순이익	6,000
배당	3,600
이익잉여금	2,400

재무상태표

(단위: 억 원)

현 금	2,000	매입채무	3,600
매출채권	8,000	단기부채	10,000
재고자산	12,000	장기부채	8,000
비유동자산	16,000	자기자본	8,000
		이익잉여금	8,400
총자산	38,000	부채와 지분	38,000

1) '청산기업'의 배당성향은 얼마인가?

2) '청산기업'의 유보율은 얼마인가?

3) '청산기업'의 ROA는 얼마인가?

4) '청산기업'의 내부성장률은 얼마인가?

5) '청산기업'의 ROE는 얼마인가?

6) '청산기업'의 지속가능성장률은 얼마인가?

2. 다음은 '(주)무지개'의 올해 손익계산서와 재무상태표이다. 이 기업의 내년 매출이 현재 대비 20% 증가할 것으로 예상되는데 증가된 매출로 인한 추가 자금 수요를 파악하고자 한다. '(주)무지개'의 한계세율은 25%이고 당기순이익의 70%를 배당으로 지급한다. 현재 비유동자산의 활용도는 100%이다. 다음에 답하라.

손익계산서

(단위 : 억 원)

매출	10,000
판매관리비	6,000
감가상각비	1,000
영업이익	3,000
세금	750
당기순이익	2,250
배당	1,575
이익잉여금	675

재무상태표

(단위 : 억 원)

현 금	1,000		
매출채권	4,000	매입채무	1,800
재고자산	6,000	단기부채	5,000
비유동자산	8,000	장기부채	4,000
		자기자본	4,000
		이익잉여금	4,200
총자산	19,000	부채와 지분	19,000

1) 손익계산서 각 항목의 매출액 대비 비율과 내년도 추정치를 계산하라.

2) 매출 20% 증가에 따른 재무상태표 각 항목의 금액을 계산하라.

3) 내년도 자산 소요액과 자금 조달액의 과부족은 얼마인가?

4) 과부족 금액을 해소할 수 있는 방안에는 어떠한 것이 있는가?

3. 문제 2와 모든 상황이 동일하나 '(주)무지개'의 비유동자산 가동률이 100%가 아니고 90%라고 하자.

1) 이 회사가 비유동자산을 100% 가동한다면 얼마의 매출을 달성할 수 있는가?

2) 20% 매출 증가를 지원할 수 있는 비유동자산의 규모는 얼마인가?

3) 내년도 자산 소요액과 자금 조달액의 과부족은 얼마인가?

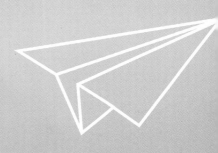

Financial
Management
Focusing on EVA

경제적 부가가치

기업의 목표는 기업의 가치를 극대화하는 것, 즉 주주의 부를 극대화하는 것인데 이를 위해서는 정확히 기업 가치를 측정할 수 있어야 한다. 왜곡된 기업 가치 지표를 사용하는 경우 투자의사결정, 자본구조결정 등 기업의 주요 의사결정이 왜곡될 수밖에 없으며 이는 기업 가치의 극대화라는 기본적인 목표를 달성할 수 없도록 만든다. 이러한 측면에서 경제적 부가가치 개념은 다른 어떤 지표보다도 기업 가치의 증감을 정확하게 나타낸다. 이 장에서는 이를 구체적으로 추정하는 방식 및 이의 활용에 대해 설명한다. 경제적 부가가치를 이해하기 위해서는 지금까지 각 장에서 설명한 내용을 잘 알고 있어야 하는데 경제적 부가가치를 설명하는 과정에서 필요한 지식은 그 때 그 때 관련된 장을 언급할 것이니 내용의 이해가 어려운 독자는 해당 장을 참고하면서 읽으면 이해가 쉬울 것이다. 이 장에서 다루는 내용은 다음과 같다.

- 경제적 부가가치의 발전 과정
- 경제적 부가가치의 직관적 이해
- 경제적 부가가치의 구성 부분
- 투하자본
- 투하자본 이익률
- 가중평균자본비용
- 시장부가가치
- 경제적 부가가치의 활용

산업 경쟁력

다음은 2023년 1월 기준 미국의 산업별 경제적부가가치 상황이다.*

컴퓨터와 주변기기 산업이 957억 8,100만 달러의 EVA를 창출하여 1위를 차지하고 있다. 15위 안에 IT 산업이 5개가 포진되어 있어 향후 4차산업 시대에 가치를 창출할 수 있는 분야 중 가장 유망한 분야임을 알 수 있다. 보건과 의약품 관련 산업도 중요하며, 특기할 사항은 향후 친환경 에너지로 나아가야 함에도 불구하고 아직은 원유의 생산과 채굴 관련된 산업도 수익성이 상당히 좋음을 알 수 있다. 그 외 반도체, 철강, 가정용품 제조 산업도 EVA가 높은 것으로 나타나고 있다.

EVA가 높은 산업

(단위: 백만 달러)

순위	산 업 명	베타	ROIC	WACC	ROIC-WACC	EVA
1	Computers/Peripherals	1.29	42.6%	10.9%	31.7%	$95,781
2	Oil/Gas (Production and Exploration)	1.26	39.8%	10.2%	29.6%	$84,662
3	Oil/Gas (Integrated)	0.98	22.4%	9.1%	13.3%	$57,928
4	Software (Entertainment)	1.36	21.9%	11.6%	10.2%	$57,423
5	Healthcare Support Services	1.16	33.8%	9.5%	24.3%	$54,992
6	Software (System & Application)	1.47	22.5%	11.9%	10.6%	$53,727
7	Drugs (Pharmaceutical)	1.27	19.6%	10.6%	9.0%	$47,155
8	Oilfield Svcs/Equip.	1.38	28.1%	10.1%	18.0%	$34,849
9	Information Services	1.40	32.9%	11.3%	21.6%	$32,026
10	Telecom. Services	0.88	12.4%	6.6%	5.8%	$28,410
11	Semiconductor	1.61	18.5%	12.5%	6.0%	$26,740
12	Retail(Building Supply)	1.79	50.3%	12.7%	37.6%	$25,519
13	Steel	1.34	48.6%	10.1%	38.5%	$23,320
14	Household Products	1.16	34.9%	9.9%	25.0%	$23,069
15	Tobacco	2.00	70.9%	13.5%	57.4%	$18,642

* Economic Value Added by Sector(US)
https://pages.stern.nyu.edu/~adamodar/New_Home_Page/datafile/EVA.html

아래 표는 EVA 계산시 투하자본의 단위당 수익성을 나타내는 투하자본이익률과 가중평균자본비용의 차이를 기준으로 순위를 매긴 것이다. 담배 산업이 인체에 대한 유해성으로 인한 부정적 홍보에도 불구하고 단위당 57.4%라는 엄청난 수익성을 보이고 있다. 붉은 글자의 항목들은 EVA 규모도 앞의 표에서 15위 안에 들어 있는 산업들이다. 철강 산업, IT 산업, 원유/가스 생산 및 채굴 산업, 건강 관련 산업 등은 EVA 총액뿐만 아니라 단위당 수익성도 매우 탁월한 산업임을 알 수 있다.

단위당 EVA 수익성 기준 순위

(단위: 백만 달러)

순위	산 업 명	베타	ROIC	WACC	ROIC−WACC	EVA
1	Tobacco	2.00	70.9%	13.5%	57.4%	$18,642
2	Steel	1.34	48.6%	10.1%	38.5%	$23,320
3	Retail (Building Supply)	1.79	50.3%	12.7%	37.6%	$25,519
4	Paper/Forest Products	1.38	42.8%	9.7%	33.2%	$1,542
5	Computers/Peripherals	1.29	42.6%	10.9%	31.7%	$95,781
6	Coal & Related Energy	1.45	41.8%	11.1%	30.7%	$1,975
7	Oil/Gas(Production and Exploration)	1.26	39.8%	10.2%	29.6%	$84,662
8	Advertising	1.63	36.6%	10.7%	25.9%	$3,028
9	Household Products	1.16	34.9%	9.9%	25.0%	$23,069
10	Semiconductor Equip	1.76	38.2%	13.2%	24.9%	$13,476
11	Building Materials	1.28	34.6%	9.8%	24.8%	$11,665
12	Metals & Mining	1.29	34.7%	10.4%	24.3%	$10,185
13	Healthcare Support Services	1.16	33.8%	9.5%	24.3%	$54,992
14	Shoe	1.33	33.4%	11.1%	22.3%	$5,271
15	Information Services	1.40	32.9%	11.3%	21.6%	$32,026

1. 경제적 부가가치 개념의 발전

경제적 부가가치
(Economic Value Added;
EVA)
기업이 경제활동을 하면
서 실질적으로 창출한 부
가가치

경제적 부가가치(Economic Value Added ; EVA)란 기업이 경제활동을 하면서 실질적으로 창출한 부가가치를 말한다. 모든 기업 활동에는 양의 현금흐름과 음의 현금흐름이 발생된다. 경제적 부가가치란 양의 현금흐름에서 음의 현금흐름을 차감한 실질적인 부가가치를 이르는 것이다. 먼저 경제적 부가가치의 발전 과정을 살펴본다.

경제적 부가가치 개념은 1980년대 초에 미국의 컨설팅 회사인 Stern Stewart & Co.에 의해 소개되었다. 그 이후 이의 유용성이 알려지면서 처음에는 제조업체에서 나중에는 은행, 증권업계 등 금융기관 뿐 아니라 공익기업 등으로 그 적용이 확대되었다. 예를 들어, IBM의 경우 1984~1989년의 기간 동안 개인 컴퓨터 시장의 중요성을 간과하고 중대형 컴퓨터 시장에만 집중하여 기업 전략상 어려움을 겪고 있었다. 그럼에도 불구하고 주당현금흐름과 주당장부가치는 꾸준한 상승세를 보이고 있었고 외견상 기업이 문제가 없는 것으로 보였다. 그러나 이 기간 동안의 EVA는 큰 폭으로 하락하면서 음수를 나타내어 EVA의 유용성을 확인할 수 있었다. AT&T는 1984년부터 EVA의 측정을 시작하였는데, 주가와 EVA가 거의 완벽한 상관관계를 보임을 확인하였다.

우리나라에는 EVA 개념이 1990년대 초반에 소개되기는 하였으나 실무에서 적용되기 시작한 것은 1995년부터이다. 당시 증권업계가 EVA를 새로운 기업분석 지표로 주목하기 시작했고, 대우경제연구소가 1995년 실적을 기준으로 금융업을 제외한 국내 상장기업 EVA 측정을 시도하였다.

기업으로는 POSCO(당시 포철)가 국내 EVA 경영의 효시이다. 그 이후 한국통신이 경영성과 분석 및 성과급 지급, 사업부분별 투자계획 수립에 EVA를 활용하기 시작했다. 한국통신은 본사, 유무선 전화사업, 위성산업 등 9개 사업본부, 전국 10개 지역본부와 450여개 전화국까지 세분화해 각 부문별 EVA 목표치를 부여하여 관리하였고, 한통프리텔, 한국PC통신, 한국TRS, 공중전화관리 등 13개 자회사에도 목표치를 제시 후 성과에 따라 투자를 차등화하였다.

CHAPTER 15

경제적 부가가치의 직관적 이해

2.

경제적 부가가치를 가장 쉽게 이해하기 위해서 기업 활동을 생각해 보자. 기업 활동이란 무엇인가를 투입(input)하여 더 많은 산출(output)을 얻고자 하는 것이다. 투입에는 원재료, 노동 등이 포함될 것인데 좀 더 근본적으로는 우선 자금이 있어야 원재료나 노동 등을 구입하여 투입할 수 있을 것이다.

따라서 투입을 하기 위해 가장 먼저 고려해야 할 것이 자금 또는 자본(capital)이라고 할 수 있는데 자금 또는 자본에는 두 가지 형태가 있다. 하나는 자기자본(equity)이고 다른 하나는 타인자본(debt)이다. 두 가지 형태로 조달된 자본은 기업의 투자활동에 사용될 것인바 투자 활동이라는 것은 다름 아닌 자산을 구매하는 것이다. 따라서 투자 활동의 결과는 결국 유동자산과 비유동자산의 매입으로 나타날 것이다. 이와 같이 자금 조달과 자금 투자의 결과를 요약한 것이 다음과 같은 재무상태표(balance sheet)이다.

투자 측면	자금 조달 측면
유동자산 비유동자산	타인자본 자기자본

표 15.1
재무상태표

재무상태표에 나타난 것은 2장에서 배운 바와 같이 전체 조달 자본의 규모와 투자 자산의 규모를 나타내는 저량(stock) 개념이다. 이제 이렇게 투자된 자산을 운용하면 매 기간 현금흐름이 창출될 것인데 현금흐름은 유량(flow) 개념이며 이를 요약한 것이 다음과 같은 손익계산서이다.

매출(sales)
− 비용(costs)
− 감가상각(depreciation)
영업이익(earnings before interest and taxes; EBIT)
− 이자(interest)
경상이익(earnings before taxes; EBT)
− 세금(taxes)
당기순이익(net income)

표 15.2
손익계산서

즉 기업은 투하된 자산을 운용하여 재화와 용역을 생산하고 이를 판매할 것인데 이 과정에서 매출과 비용이 발생하게 된다. 매출은 생산된 재화와 용역을 판매하여 발생되는데 여기서 투입된 자산의 비용을 차감하면 영업이익이 구해진다. 이 영업이익을 세 부류의 사람들이 나누어 가지게 되는데 이자는 채권자가, 세금은 정부가, 당기순이익은 주주가 가지게 된다. 채권자는 타인자본을 댄 대가로 이자를 받는 것이며, 정부는 기업 활동을 위한 공공적 지원을 한 대가로 세금을 받는 것이고, 주주들은 자기자본을 댄 대가로 그 나머지를 가지는 것이다.

재무상태표는 자금의 조달과 조달된 자금의 투자 현황을 보여주며 저량 개념이다. 손익계산서는 재무상태표의 자산을 활용하여 창출된 손익을 보이는 것으로 유량 개념이다. 손익계산서의 영업이익은 채권자, 정부, 주주가 나누어 가진다.

이러한 기본 지식을 가지고 경제적 부가가치를 생각해보자. 기업이 자기자본과 타인자본을 조달하여 재화와 용역을 생산하고 이의 판매로부터 발생한 총매출에서 원재료비, 인건비 등 비용을 차감하면 영업이익이 발생한다. 이제 이 영업이익으로부터 세금을 차감하면 세후영업이익이 되는데 세후영업이익으로부터 타인자본 사용에 대한 대가인 타인자본비용(cost of debt)과 자기자본 사용에 대한 대가인 자기자본비용(cost of equity)을 차감하면 그것이 경제적 부가가치이다. 여기서 중요한 점은 자기자본비용도 차감을 하여야 한다는 것이다. 그 이유는 자기자본의 사용에도 실질적 비용이 발생되기 때문이다(12장).

기업은 자기자본과 타인자본 두 가지 종류의 자본을 조달하여 사업을 운영하며 이 사업으로부터 영업이익이 창출된다. 영업이익으로부터 세금을 차감하면 세후영업이익이 되는데 이로부터 두 가지 자본을 사용한 대가를 지불하고도 무엇인가가 남아야 사업을 잘 했다고 할 수 있을 것이다. 이 무엇인가 남은 것을 경제적 부가가치라고 한다.

3. 경제적 부가가치의 구성부분

위에서 경제적 부가가치의 직관적 의미를 이해했으므로 이제 구체적인 측정에 대해 설명한다. 우선 경제적 부가가치의 기본식은 다음과 같다.

경제적 부가가치(*EVA*)

= [투하자본이익률(*ROIC*)−가중평균자본비용(*WACC*)]×투하자본(*IC*)

= 세후순영업이익(net operating profit after tax; *NOPAT*) − *WACC*×*IC*   **(15.1)**

식 (15.1)을 보면 경제적 부가가치는 수익창출의 질적 측면과 양적 측면을 모두 반영한다는 것을 알 수 있다. 즉 투하자본이익률에서 가중평균자본비용을 차감한 것(ROIC − WACC)은 단위당 투하자본에 대해 초과수익이 얼마나 나는지를 나타내는 질적 측면이라고 할 수 있다. 반면 투하자본은 투하된 자본의 규모를 나타내는 양적 측면이라 할 수 있다.

재무관리에서 식 (15.1)과 관계된 내용은 다음과 같다. 먼저 투하자본, 투하자본이익률, 세후순영업이익은 재무제표 및 재무제표 분석(2장, 3장)과 관련된 내용이고, 투하자본이익률은 자본예산(8장, 9장, 10장) 내용이며, 가중평균자본비용은 자본비용(12장) 및 자본구조(13장)와 관련된 내용이다.

식 (15.1)의 이해를 쉽게 하기 위하여 다음과 같은 예를 생각해 보자.

투하자본이익률 = 30%
타인자본비용 = 10%
자기자본비용 = 16%
투하자본 = 100억 원(이 중 50억 원은 자기자본, 나머지 50억 원은 타인자본)

이 예에서는 100억 원의 자본을 조달하여 투자하였는데 자기자본과 타인자본을 각각 50억 원씩 조달하였으므로 가중평균자본비용은 다음과 같이 13%가 된다.

$$WACC = \frac{50억}{100억} \times 10\% + \frac{50억}{100억} \times 16\% = 13\%$$

그러면 경제적 부가가치는 다음과 같이 17억 원이 된다.

$$EVA = (0.3 - 0.13) \times 100 = 17억\ 원$$

위의 예를 다시 써 보면

$$EVA = ROIC \times IC - WACC \times IC$$
$$= 30억 - 13억$$
$$= 17억\ 원$$

이 식에서 ROIC×IC인 30억은 세후영업이익(NOPAT)이며 이로부터 자기자본비용과 타인자본비용을 모두 차감해야 경제적 부가가치가 된다. 위의 식에서 이두 가지 비용은 가중평균자본비용(WACC)으로 표현되어 있다. 이제 기본식을 이해하였으니 각각의 구성부분에 대한 세부적인 사항을 설명한다.

4. 투하자본

본 절은 투하자본에 대한 설명으로 관련된 내용은 재무제표 및 재무제표 분석(2장, 3장) 등이다. 투하자본(invested capital; *IC*)이란 기업본연의 영업활동에 투자된 금액을 말하며 다음과 같이 정의될 수 있다.

$$\text{투하자본} = \text{순유형자산} + \text{순운전자본} + \text{기타순자산}$$

무슨 사업을 하건 비유동자산과 유동자산이 투자되기 마련인데 위의 식에서 이에 해당하는 것이 순유형자산과 순운전자본이다. 그리고 여기에 기타순자산을 포함하면 그것이 투하자본이 되는 것이다. 기업의 재무제표를 염두에 두고 이를 다시 정리하면 다음과 같이 표현할 수 있다.

$$\begin{aligned}\text{투하자본}(IC) &= \text{비유동자산} + \text{유동자산} - \text{비이자성부채} \\ &= \text{총자산} - \text{비이자성부채} \\ &= \text{자기자본} + \text{총부채} - \text{비이자성부채}\end{aligned} \tag{15.2}$$

위 식의 의미는 기업이 투자한 것은 결국 총자산인데 다만 여기서 비이자성부채를 차감한 것이다. 이를 그림으로 표현하면 다음과 같다.

그림 15.1
투하자본

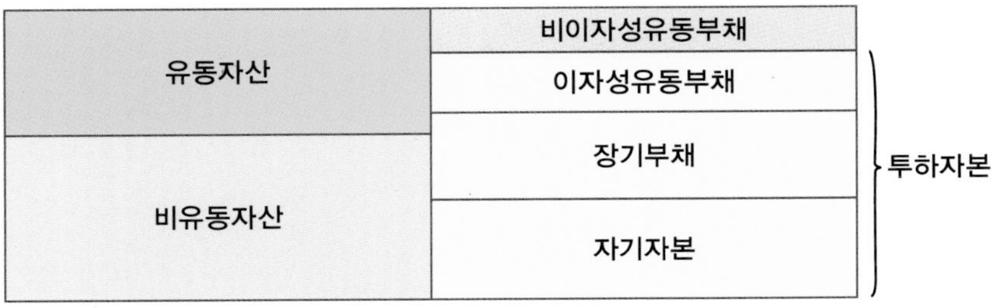

유동자산	비이자성유동부채	
	이자성유동부채	투하자본
비유동자산	장기부채	
	자기자본	

비이자성부채를 차감하는 이유는 다음과 같다. 먼저 위의 기본식 (15.1)을 보면 경제적 부가가치라 하는 것은 기업이 자기자본과 타인자본의 형태로 조달한 자금을 투자하여 벌어들인 것, 즉 세후영업이익으로부터 조달 자본비용을 차감한 값이다. 자본비용에는 자기자본비용과 타인자본비용이 있는데 타인자본 중에는 이자를 지급하지 않는 부채가 포함되어 있다. 예를 들어 매입채무는 이자를 지급하지 않는 유동부채이다. 따라서 비용이 수반되는 투하자본만을 계산하기 위해서는 총자산에서 이를 차감하여야 정확한 투하자본의 규모를 계산할 수 있는 것이다.

요점

투하자본은 투하된 전체 자산 규모에서 비이자성부채를 차감한 값이다.

투하자본이익률
(Return on Invested Capital; ROIC)

5.

본 절은 투하자본이익률에 대해 설명한다. 관련된 내용은 재무제표(2장), 재무제표 분석(3장), 자본예산기법(8장) 등이다.

기업이 투자를 하게 되면 이익을 창출하게 될 것이다. 투하자본이익률(return on invested capital; ROIC)이란 투입된 자본 대비하여 이익이 얼마나 큰가를 측정하는 것으로 이는 다음 식과 같이 표현할 수 있다.

투하자본이익률(return on invested capital; ROIC) 투입된 자본 대비 이익률로 투하자본 대비 세후영업이익의 비율

$$
\text{투하자본이익률}(ROIC) = \frac{\text{세후영업이익}}{\text{투하자본}}
$$

$$
= \frac{\text{세후영업이익}}{\text{매출액}} \times \frac{\text{매출액}}{\text{투하자본}} \quad \text{(15.3)}
$$

$$
= \text{매출액영업이익률} \times \text{투하자본회전율}
$$

위 식을 제대로 이해하기 위해서는 다음 몇 가지 사항을 고려해 보아야 한다. 첫째, 분자가 영업이익이 아닌 세후영업이익인데 그 이유는 다음과 같다. 2장에서 투자자와 현금흐름에 대해 설명할 때 기업이 자산의 운용으로부터 이익을 창출하면 세 부류의 집단이 이를 나누어 가진다고 언급한 바 있다. 이는 주주, 채권자, 정부이다. 기본식 (15.1)에서 EVA를 구하기 위해서는 ROIC에서 WACC를

차감해야 하는데 WACC가 다름 아닌 주주와 채권자들이 가져가는 몫인 것이다. 그렇다면 정부가 가져가는 몫인 세금이 고려되지 않았는데 이를 고려하기 위하여 ROIC를 구할 때 영업이익이 아닌 세후영업이익을 사용하는 것이다.

둘째, ROIC는 손익계산서와 재무상태표를 종합적으로 고려하는 지표로 매출액영업이익률과 같이 손익계산서만 고려하는 지표보다 우월하다. 식 (15.3)를 보면 ROIC는 매출액영업이익률과 투하자본회전율의 곱으로 표현되어 있다. 매출액영업이익률은 손익계산서 자료를 이용하여 구할 수 있고, 투하자본회전율의 투하자본은 재무상태표를 이용하여 구할 수 있다. 따라서 ROIC는 수익성과 효율성을 모두 감안하는 지표라고 할 수 있는데 매출액영업이익률이 수익성, 투하자본회전율이 효율성을 나타내는 것이다.

 문제

'허풍' 주식회사는 최근 성과가 저조한 당사의 문제점을 파악하기 위해 경쟁업체인 '실속' 주식회사의 자료를 수집하였는데 이는 다음과 같다.

	허풍	실속
매출액영업이익률	20%	15%
ROIC	14%	21%

위의 자료에서 매출액영업이익률을 보면 '허풍' 주식회사의 수익성이 경쟁사보다 월등히 나은 것을 알 수 있다. 그럼에도 불구하고 '허풍' 주식회사의 투하자본 대비 수익성이 떨어지는 이유는 무엇인가?

 답 식 (15.3)을 이용하여 두 기업의 ROIC를 표현해 보면 다음과 같다.

허풍 : 0.14 = 0.20 × 투하자본회전율, 투하자본회전율 = 0.7
실속 : 0.21 = 0.15 × 투하자본회전율, 투하자본회전율 = 1.4

따라서 '허풍' 주식회사는 수익성은 높지만 투하자본회전율이 경쟁사의 절반밖에 되지 않아 효율성에 문제가 있는 것으로 파악된다. 투하자본회전율이 낮은 이유는 판매부진, 재고누적, 과잉 설비투자 등에서 찾을 수 있을 것이다.

셋째, ROIC는 투하자본에 대한 수익성을 나타내는 것으로 자본예산기법에서 배운 내부수익률(internal rate of return ; IRR)과 동일한 개념이다. 그 이유는 IRR이 직관적 의미로는 투자수익률이기 때문이다. 자본예산기법에서 어떤 사업을 수행할 조건은 다음과 같다.

$$IRR > 요구수익률 \tag{15.4}$$

이 조건이 성립되면 투자수익률이 요구수익률보다 크므로 순현재가치(net present value; NPV)가 양이 되고 따라서 투자안은 기업의 가치를 증가시키므로 채택하게 된다. 이를 식 (15.1)과 비교해 보자. EVA는 다음의 조건이 성립될 때 양의 값을 갖는다.

$$ROIC > WACC \tag{15.5}$$

식 (15.4)와 식 (15.5)를 비교해 보면 이 두 식은 같은 의미를 갖는다는 것을 알 수 있다. 즉, ROIC는 IRR과 같은 개념이며, WACC는 요구수익률과 같은 개념이라는 것이다.

넷째, ROIC는 기업의 순수한 영업활동에서 벌어들인 수익을 반영한다는 점에서 영업실적과 재무구조의 영향을 혼합하여 표시하는 총자산수익률(return on asset; ROA)이나 자기자본수익률(return on equity; ROE)과는 다르다. 3장에서 배운 ROA와 ROE의 식을 보면 다음과 같다.

$$총자산수익률(return\ on\ asset;\ ROA) = \frac{당기순이익}{총자산} \tag{15.6}$$

$$자기자본수익률(return\ on\ equity;\ ROE) = \frac{당기순이익}{총자기자본} \tag{15.7}$$

ROA나 ROE는 분자에 당기순이익이 들어가는데 이는 부채를 차감한 후의 이익이며 따라서 동일한 영업이익을 가진 두 기업이라 할지라도 기업의 부채정도에 따라 그 크기가 달라진다. 그러나 ROIC는 식 (15.3)에서 보는 바와 같이 당기순이익이 아닌 세후영업이익을 사용하기 때문에 부채비율이 다른 두 기업일지라도 영업이익이 같다면 동일한 값을 갖게 된다. 따라서 ROIC는 자본구조의 효과를 제외하고 기업의 수익력을 파악하는 좋은 지표가 된다.

투하자본수익률은 재무상태표와 손익계산서를 모두 감안하는 지표이며, 수익성과 효율성을 동시에 나타내는 지표이다. 투하자본수익률은 내부수익률과 같은 개념이며 가중평균자본비용은 요구수익률과 같은 개념이다. 투하자본수익률은 자본구조와 관계없이 기업의 수익성을 측정하는 지표이다.

6. 가중평균자본비용(WACC)

본 절은 가중평균자본비용을 설명한다. 관련된 내용은 자본비용(12장), 자본구조(13장) 등이다.

기업이 가치를 증가시키기 위해서는 EVA가 양수이어야 하는데 식 (15.1)을 보면 이는 투하자본수익률이 비용인 WACC보다 커야 만족이 된다. 따라서 비용요인에 대한 고려가 있어야 하는데 WACC를 구하기 위해서는 먼저 타인자본비용과 자기자본비용을 구해야 한다.

문제 자기자본비용과 타인자본비용은 어느 것이 더 비싼가?

 자기자본비용이 타인자본비용보다 더 비싸다. 그 이유는 12장에서 자세히 설명하였는데 세 가지 논거를 들고 있다. 첫째는 위험도이다. 주식과 채권 중 주식의 위험도가 높으므로 요구수익률이 더 높고 따라서 자기자본비용이 더 비싸다. 둘째는 지급의 우선순위이다. 주식은 잔여재산청구권이기 때문에 지급 순위에서 채권자보다 후순위이므로 요구수익률이 높다. 따라서 자기자본비용이 타인자본비용보다 비싸다. 셋째는 절세효과이다. 이자는 절세효과가 있으나 배당은 절세효과가 없다. 따라서 자기자본비용이 타인자본비용보다 비싸다는 것을 알 수 있다.

6.1 타인자본비용

가장 쉬운 타인자본비용의 추정치는 은행의 대출이자율이다. 좀 더 엄밀하게 말하면 은행의 세후대출이자율이다. 이는 이자의 절세효과 때문에 발생하며 다음과 같이 표현된다.

$$\text{세후대출이자율} = \text{세전대출이자율} \times (1-T) \tag{15.8}$$

여기서, 세전대출이자율은 우리가 흔히 말하는 대출이자율이고, T는 기업의 법인세율이다.

중요한 점은 현재의 대출이자율을 말하는 것이지 과거의 대출이자율이 아니라는 점이다. 예를 들어 기업의 상황이 과거보다 나빠졌다면 과거의 대출이자율이 현재의 대출이자율보다 낮을 것이다. 이 경우 과거의 대출이자율을 타인자본비용으로 인식하면 타인자본비용을 과소 측정하는 오류를 범하게 된다.

만일 기업이 채권을 발행한다면 세후만기수익률이 타인자본비용이 되며 이는 식 (12.2)에 나타나 있다. 이를 다시 써 보면,

$$세후타인자본비용 = R_D \times (1 - T)$$

 문제 기업이 기 발행된 채권이 없는 경우는 어떻게 타인자본비용을 측정할 것인가?

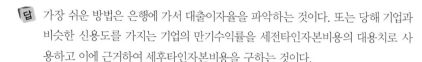 **답** 가장 쉬운 방법은 은행에 가서 대출이자율을 파악하는 것이다. 또는 당해 기업과 비슷한 신용도를 가지는 기업의 만기수익률을 세전타인자본비용의 대용치로 사용하고 이에 근거하여 세후타인자본비용을 구하는 것이다.

 요점

타인자본비용은 세후은행대출이자율 또는 세후만기수익률로 측정한다.

6.2 자기자본비용

자기자본비용은 여러 가지 방법으로 계산할 수 있으나 대표적으로 다음과 같은 두 가지 방법이 사용된다.

6.2.1 일정성장모형

12장의 식 (12.5)에서 보는 바와 같이 배당이 일정하게 성장함을 가정한 모형에 근거하여 다음과 같이 자기자본비용을 구할 수 있다.

$$R_E = \frac{D_1}{P_0} + g \qquad\qquad \text{(15.9)}$$

여기서, R_E = 할인율 또는 자기자본비용
P_0 = 주가
D_1 = 다음 기의 배당
g = 배당성장률

이 모형을 사용할 수 있는 경우는 배당이 일정하게 성장하는 패턴이 존재하는 경우이다. 그러나 실제의 경우는 모형과 같이 정확히 일정성장 패턴을 보이지

않을 수도 있다. 그러나 대체로 일정 성장과 유사한 패턴을 보인다면 매년의 성장률을 구하고 그것의 평균값을 식 (15.9)의 g의 대용치로 사용하면 된다. 그러나 아주 다른 배당 성장 패턴을 보인다면 식 (15.9)를 사용하기는 무리이고 다음에 설명하는 자본자산가격결정모형 방식을 사용하는 것이 좋겠다.

6.2.2 자본자산가격결정모형

자기자본비용을 구하는 또 다른 방법은 자본자산가격결정모형(capital asset pricing model; CAPM)을 응용하는 것이다. 다시 11장의 식 (11.13)을 써 보면 다음과 같다.

$$R_E = R_f + \beta_E(R_m - R_f)$$

(15.10)

여기서, R_E = 할인율 또는 자기자본비용
R_f = 무위험이자율
$R_m - R_f$ = 시장위험프리미엄
β_E = 주식의 체계적 위험

이에 의하면 자기자본비용은 두 부분의 합으로 이루어진다. 하나는 무위험수익률(R_f)이고 다른 하나는 위험을 진 것에 대한 대가인 위험프리미엄($\beta_E[E(R_m) - R_f]$)이다. 체계적 위험이 더 높은 기업의 자기자본비용은 위험프리미엄이 높기 때문에 당연히 더 높게 산정될 것이다.

요점

자기자본비용을 구하는 방법은 일정배당성장모형(constant dividend growth model)을 응용하는 방법과 자본자산가격결정모형(CAPM)을 활용하는 방법이 있다.

6.3 가중평균자본비용

타인자본비용과 자기자본비용을 구한 후 가중평균자본비용을 다음 식과 같이 구할 수 있다.

$$WACC = 자기자본비용 \times \frac{자기자본}{총자본}$$

$$+ 세후타인자본비용 \times \frac{타인자본}{총자본}$$

(15.11)

경제적 부가가치는 자기자본의 사용에 대한 대가를 명시적으로 고려하는데 이는 식 (15.11)에서 보는 바와 같이 가중평균자본비용은 타인자본비용뿐만 아니라 자기자본비용도 포함하여 계산되기 때문이다.

6.4 최적자본구조

식 (15.11)에서 WACC를 구하기 위해서는 총자본 중 자기자본과 타인자본의 비중을 알아야 한다. 이를 자본구조라고 하는데 13장에서 공부한 바와 같이 WACC를 최소화하고 따라서 기업의 가치를 극대화하는 자본구조를 최적자본구조(optimal capital structure)라고 한다. 기업은 사업을 고려할 때 항상 최적자본구조를 염두에 두고 최적자본구조를 달성하는 방향으로 자금을 조달해야 한다.

외환위기 이전의 우리나라 경제 상황은 기업이 최적자본구조를 달성하지 못하게 하는 구조였다. 특혜성 정책금융으로 인해 기업의 자본비용이 최적 수준보다 인위적으로 낮아져 기업의 과잉투자 및 다각화를 유발하였고 이 과정에서 자금에 대한 과다한 수요가 발생하였다. 당시 국내 자본시장은 미성숙 되어 있었고 기업과 관의 정경유착을 견제할 수 있는 지배구조 또한 마련되어 있지 않아 기업들은 은행으로부터의 과다한 차입을 하게 되어 이른바 대마불사의 신화가 현실화되었던 것이다. 결과적으로 나타난 현상은 낮은 자기자본비율 및 과도한 차입금 규모였으며 이로 인해 기업들은 높은 금융비용을 부담하게 되었다.

(단위 : 조 원)

그룹	총자산	자기자본	부채비율	상호지급보증
LG	45.2	8.3	440%	2.3(−0.38)
현대	58.9	9.8	500%	10.0(−1.70)
삼성	74.7	14.1	430%	2.4(−0.83)
대우	37.4	7.8	380%	10.0
선경	23.9	4.7	410%	0.78(−0.17)
합계	240.1	44.7	430%(평균)	25.48

주 : 1997년 4월말 기준
　( )안의 숫자는 99년 해소

표 15.3
5대 그룹의 부채비율 및
상호지급보증 현황

〈표 15.3〉은 당시 우리나라 재벌들의 부채비율을 보이고 있다. 평균부채비율이 430%로 자기자본의 4배 이상의 부채를 가지고 있었다. 부채비율이 높아 도산한 기업들도 지나치게 부채를 사용하였음을 알 수 있다. 예를 들어, 한보는 1996년 재계 14위였는데 1995년 말 부채비율이 675%이었고, 진로는 재계 19위였는데 맥주공장 등을 무리하게 증설하는 과정에서 부채비율이 높아져 1995년 말에는

2,531%, 1996년 말에는 3,765%를 기록하였다. 자기자본은 단지 3%에 불과했다는 말이다. 역시 도산한 뉴코아는 1996년 재계 29위였는데 부채비율이 920%이었고, 1997년에는 재계 25위로 상승하였으나 부채비율은 오히려 더 악화되어 1,224%를 기록하였다.

부채를 많이 쓰게 되면 타인자본비용의 부담이 커질 뿐만 아니라 13장에서 살펴본 바와 같이 재무레버리지(financial leverage)가 증가하여 당기순이익의 변동성이 증가하게 된다. 이는 결국 기업의 위험도를 높여 자본비용을 높이게 되고 따라서 기업의 가치를 하락시키는 결과를 가져오게 된다.

이와 같은 기형적인 자본구조의 개선과 관련해 당시 우리나라는 스스로의 자정 능력이 없었고, 외환위기를 맞아 국제통화기금(International Monetary Fund; IMF)의 조건(IMF conditionality)을 만족시켜야 하는 과정에서 피동적으로 자본구조 개선 노력이 이루어졌다. 당시 정부는 1년의 시한을 주고 재벌들로 하여금 부채비율을 200%로 맞출 것을 주문하였는데 이는 결국 〈그림 15.2〉에서 보는 바와 같이 기업들의 자본구조를 최적자본구조로 이동시키려는 노력이었다.

그림 15.2
최적자본구조로의 이동

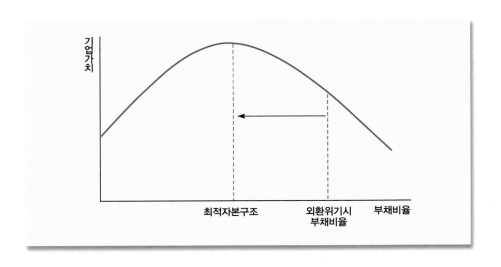

기업은 각자의 최적자본구조가 존재하기 때문에 모든 기업을 200% 부채-자본비율로 맞추라는 것을 합리적인 조치라고는 할 수 없으나 당시와 같은 급박한 상황에서 짧은 기간 안에 기업의 부채비율을 줄이기 위해서는 부득이한 측면이 있었다. 결국 최적자본구조 방향으로 이동함으로써 기업의 자본비용을 줄이고 기업가치를 극대화할 수 있게 되었다. 현재의 부채비율은 〈그림 15.3〉에서 보는 바와 같이 매우 양호하게 낮아져 있음을 알 수 있다. 구체적으로 보면, 1997년 외환위기 이전까지는 대기업 중소기업 모두 부채비율이 매우 높았으나 점차 감소하여 2002년부터는 낮은 비율에서 안정화되는 모습이다. 일반적으로 대기업의 부채비율이 낮은데 이는 금융기관들이 자금의 회수 가능성이 좀 더 높은 대기업에게 대출을 더 많이 해주기 때문이다. 중소기업은 외환위기 이전 400% 또는 그 이상의 매우 높은 부채비율을 유지하다가 점차 하락하여 현재에는 130% 정도의 부채비율을 유지하고 있다. 대기업은 외환위기 직전 부채비율이 급격히 증가하여 1997년 거의 400%까지 올라갔는데 이것이 IMF가 한국 외환위기 원인 중의 하나가 부채에 근거한 재벌과 대기업의 방만한 경영이라고 지적한 근거이다. 외환위기 이후 IMF의 압력과 정부의 노력으로 지금은 100%보다도 낮은 수준에서 부채가 유지되고 있다.

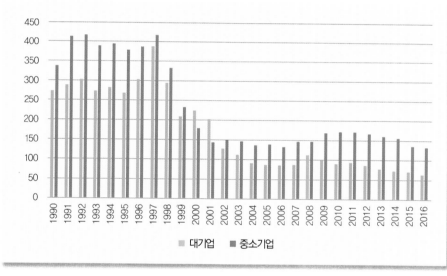

그림 15.3
연도별 부채비율의 변화

자료 : 한국은행 기업경영분석

기업은 자금조달시 최적자본구조를 고려하여 지나치게 부채를 많이 쓰거나 지나치게 부채를 적게 활용하는 것을 피하고 가능한 한 당해 기업의 최적자본구조와 동일한 구조의 자금조달을 하여야 한다.

7. 한국 기업의 경제적 부가가치

〈표 15.4〉는 2015년 이후 최근까지 한국거래소의 유가증권시장에 상장된 기업들의 투하자본이익률, 가중평균자본비용, 경제적부가가치, 당기순이익의 평균을 보이고 있다. 상장기업의 평균 EVA는 이 기간에 약 -213억 원에서 837억 원 범위에서 움직이고 있는데, 각 연도의 경기 상황에 따라 매우 큰 폭으로 변동함을 알 수 있다. 당기순이익의 평균은 495억 원에서 1,350억 원 범위에서 움직이고 있어 EVA보다는 각 연도별 변동 폭이 크지 않다. 당기순이익은 역사적 원가에 근거한 회계적 수치를 사용하여 계산된 반면, EVA는 시장의 상황을 상대적으로 좀 더 신속하게 반영하여 계산되기 때문이다. 당기순이익의 평균이 EVA의 평균보다 큰 이유는 당기순이익은 아직 자기자본비용이 차감되지 않은 수치이기 때문이다.

표 15.4
2015년 이후의 상장기업의
기업 가치

연도	기업수	평균 ROIC[1]	평균 WACC[1]	평균 EVA[2]	평균당기순이익[2]
2015	709	37.8	4.9	12.8	87.0
2016	713	32.0	4.5	35.0	72.0
2017	729	15.0	3.4	83.7	130.0
2018	738	41.1	4.8	65.7	111.2
2019	743	17.2	4.2	11.4	49.5
2020	747	20.3	3.8	29.0	61.3
2021	752	163.6	3.8	41.6	135.0
2022	753	19.0	5.7	-21.3	83.1

주: [1] 단위: %
   [2] 단위: 10억 원

그림 15.4
EVA가 양인 기업의 비중
과 NI가 양인 기업의 비중

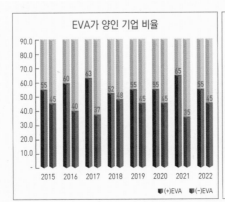
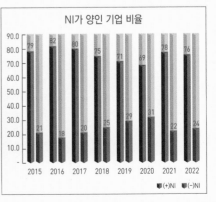

주: KisValue 자료를 추출하여 2023. 6. 30 기준으로 계산

EVA로 측정한 국내 기업의 가치는 그리 낙관적이지 않다. 〈그림 15.4〉는 2015
년 이후 최근까지의 EVA가 양인 기업과 음인 기업의 비중, 그리고 당기순이익이
양인 기업과 음인 기업의 비중을 보이고 있다. EVA로 평가한 경우 평균적으로
가치훼손기업의 수가 심한 경우에는 거의 상장기업의 절반에 육박하여 국내 기
업들의 경영활동에 심각한 문제점이 있음을 알 수 있다. 그러나 당기순이익을 기
준으로 분석을 해 보면 EVA 기준으로 한 분석에 비하여 당기순이익이 음인 기업
의 비율이 현저히 낮아짐을 볼 수 있다. 따라서 상당수의 기업들이 당기순이익은
양이나 EVA는 음인 상황에 놓여 있으며, 이 기업들은 결국 기업가치를 훼손하고
있음에도 불구하고 기업경영을 잘하고 있는 것으로 착각하고 있을 수 있다.

(단위: 10억 원)

표 15.5
경제적 부가가치 순위

순위	기업명	2018	2019	2020	2021	2022	평균
1	삼성전자(주)	26,584	4,644	11,073	−	−	14,100
2	SK이노베이션(주)	1,511	962	1,261	353	326	883
3	에스케이하이닉스(주)	13,539	−813	1,252	6,526	2,625	4,626
4	SK(주)	736	1,166	1,226	486	841	891
5	네이버(주)	901	963	1,047	1,110	1,009	1,006
6	한국전력공사	−3,950	−3,857	782	−9,210	−35,844	−10,416
7	(주)케이티앤지	725	754	754	805	737	755
8	현대자동차(주)	−979	723	744	−844	996	128
9	(주)LG	472	563	614	585	656	578
10	(주)엔씨소프트	483	392	607	243	422	429
11	지에스건설(주)	721	409	528	333	247	447
12	현대산업개발(주)	225	281	505	266	−135	229
13	(주)씨젠	2	8	500	416	80	201
14	(주)LG생활건강	459	563	486	560	97	433
15	SK텔레콤(주)	607	440	433	425	410	463
16	고려아연(주)	312	401	425	519	420	415
17	(주)셀트리온	114	141	418	399	309	276
18	에이치엠엠(주)	−718	−641	342	7,028	7,692	2,741
19	(주)케이티	199	−67	337	186	74	146
20	현대모비스(주)	737	693	291	−25	78	355
21	금호석유화학(주)	94	138	286	858	339	343
22	한국가스공사	75	101	259	−17	702	224
23	(주)GS	417	276	256	130	410	298

24	엘지이노텍(주)	1	76	251	653	377	271
25	(주)LG유플러스	111	342	243	405	290	278
26	(주)셀트리온헬스케어	−91	2	233	7	−33	24
27	에이치디현대(주)	304	135	226	178	265	221
28	한화솔루션(주)	−91	27	217	220	288	132
29	코웨이(주)	298	242	204	332	251	265
30	현대글로비스(주)	157	266	203	387	800	363

주: KisValue 자료이며, 순위는 2020년 기준임.

〈표 15.5〉는 경제적 부가가치 상위 기업들을 보이고 있다. 2018년부터 2022년 자료를 보이고 있는데 삼성전자가 평균적으로 1위를 유지하고 있다. 그 이외 다른 기업들은 매년 순위가 바뀌는 것을 볼 수 있는데 이것이 경제적 부가가치의 장점이다. 다시 말해 장부상 자산이나 매출 규모로 순위를 정하는 경우에는 각 해의 순위가 별로 변동이 없으나 경제적 부가가치는 시장의 상황을 민감하게 반영시키기 때문에 기업 순위가 수시로 변동하며 기업가치 평가에 더 유용하다. 이로 인해 동 기간 동안 SK하이닉스, 한국전력공사, 현대자동차, 현대산업개발, 에이치엠엠, 케이티, 현대모비스, 한국가스공사, 셀트리온헬스케어, 한화솔루션과 같이 EVA가 음수인 해가 있었던 기업들도 존재한다. 평균으로 볼 때 삼성전자가 14조 1,000억 원으로 압도적으로 크고, 그 뒤로 에스케이하이닉스가 4조 6,260억 원, 에이치엠엠이 2조 7,410억 원, 네이버가 1조 60억 원으로 1조 이상의 경제적부가가치를 올리고 있다. 한국전력공사는 평균적으로 10조 4,160억 원의 음의 EVA를 보이고 있는데, 전기료 현실화 및 경영혁신을 통해 기업의 지속가능성을 도모할 필요가 있다.

8. 시장부가가치

경제적 부가가치는 당기순이익과 같이 매 회계년도마다 계산된다. 기업이 어떤 사업을 시작한다면 이는 몇 년에 걸쳐 완료되는 경우가 대부분이다. 가령 어떤 기업이 사업 A를 수행하는데 걸리는 기간이 5년이고 초기 투자비용이 100,000이라고 하자. 이 투자로부터 발생하는 EVA가 〈표 15.6〉과 〈그림 15.5〉에 나타나 있다.

예에서 보는 바와 같이 사업의 초기에는 비용이 많이 들어가므로 EVA가 음수로 나타나지만 후반기에는 EVA가 대폭 증가하여 5년간의 EVA의 현재가치는 〈표 15.6〉에서 보는 바와 같이 양수인 34,998로 나타나 있다. 이와 같이 각 해의 EVA를 적절한 할인율(가중평균자본비용)로 할인한 현재가치를 시장부가가치(market value added; MVA)라 하는데 본 예에서는 이것이 양수이므로 이 사업은 기업의 가치를 증가시키는 사업이라 할 수 있다. 본 예에서 총기업의 가치는 MVA 34,998에 초기에 투자한 금액 100,000을 더한 134,998이 되며 그림에서 초기의 봉도표의 높이와 같다.

시장부가가치(market value added ; MVA)
경제적 부가가치(EVA)를 적절한 할인율로 할인한 현재가치

기 간	EVA
1	−40,000
2	−20,000
3	60,000
4	100,000
5	120,000
MVA	34,998 (할인율 10%)

표 15.6
시장부가가치의 계산

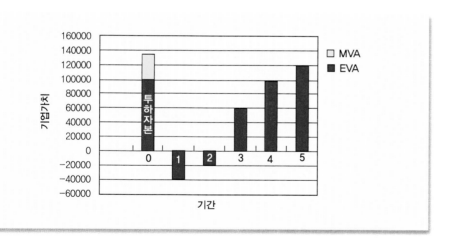

그림 15.5
경제적 부가가치와 시장부가가치

시장부가가치는 EVA의 현재가치라고 할 수 있으며 EVA가 단기성과에 치우치는 경향을 보완해주는 역할을 한다. 유량 개념과 저량 개념으로 구분하

 요점

시장부가가치(market value added; MVA)는 사업의 수행으로 인해 발생하는 EVA의 현재가치이며 사업의 수행으로 인해 신규로 창출되는 기업가치이다.

자면 EVA는 유량 개념이고 MVA는 저량 개념이다. 시장부가가치는 당해 사업을 수행함으로써 신규로 창출되는 기업가치를 말하는 것이며 주가와 밀접한 관계가 있다.

9. 경제적 부가가치의 활용

경제적 부가가치는 위에서 살펴본 바와 같이 손익계산서뿐만 아니라 재무상태표도 함께 활용하는 지표이다. 따라서 기업의 성과를 측정하는 데 있어서는 다른 지표들보다 우월하다고 할 수 있는데 〈표 15.7〉은 여러 지표들의 장단점을 설명하고 있다.

표 15.7
여러 가지 성과지표의
장단점

성과지표	정 의	장 점	단 점
시장부가가치 (market value added: MVA)	$\Sigma PV(EVA)$	할인율을 고려한 기업가치의 증가분 산출 전략적 의사결정에 유용	계산이 복잡 변수의 산출이 어려움
경제적 부가가치 (economic value added; EVA)	$(ROIC-WACC)\times IC$	자기자본비용까지 감안한 경제적 이익 산출	단기성과에 치우칠 가능성 변수의 산출이 어려움
투하자본수익률 (return on invested capital; ROIC)	$\dfrac{세후영업이익}{투하자본}$	투하자본에 대한 수익성 계산	자본비용 무시
매출액영업이익률	$\dfrac{세후영업이익}{매출액}$	매출액 대비 수익성 계산	투하자본의 활용도 무시
자기자본수익률 (return on equity; ROE)	$\dfrac{당기순이익}{자기자본}$	자기자본에 대한 수익성 계산	기업의 영업력과 자본구조의 영향이 혼재되어 있음
총자산수익률(return on asset; ROA)	$\dfrac{당기순이익}{총자산}$	총자산에 대한 수익성 계산	기업의 영업력과 자본구조의 영향이 혼재되어 있음 분자와 분모의 비일관성

먼저 자기자본수익률(ROE)과 총자산수익률(ROA)을 보면 실무에서 많이 사용하고 있는 지표들이지만 둘 다 모두 기업의 영업력과 자본구조의 영향을 구분하지 못한다는 단점이 있다. 그 이유는 당기순이익이 영업이익으로부터 이자를 차감한 숫자이기 때문에 영업이익이 같더라도 자본구조가 다르면 이자 지급이

달라지므로 당기순이익이 다르게 계산된다. ROA는 이에 더하여 분자 분모가 일관성이 없다는 단점이 있다. 분자는 당기순이익이어서 지분투자자에게 갈 몫이나 분모는 채권자를 포함한 전체 기업의 가치이기 때문이다.

매출액영업이익률은 매출액 대비 영업이익의 수준을 계산하는 수익성의 대표지수 중 하나이나 자산의 활용도를 무시한다는 단점이 있다. 다시 말해 식 (15.3)에서 볼 수 있는 바와 같이 매출액영업이익률이 높더라도 투하자본회전율이 낮다면 투하자본에 대한 수익성이 떨어질 수 있다는 말이다.

투하자본이익률(ROIC)은 매출액영업이익률보다는 나은 지표이나 이는 자본비용을 감안하지 않는다는 단점이 있다. 아무리 ROIC가 높더라도 WACC가 더 높으면 부가가치의 창출은 음이 되는 것이다.

경제적 부가가치(EVA)는 자기자본의 자본비용을 명시적으로 고려하여 진일보한 가치측정 도구이나 자본비용의 계산이 쉽지 않다는 단점이 있다. 특히 자기자본비용의 계산이 어려워 오차가 발생할 가능성이 있다. 그러나 개념적으로 완성도가 높고 기업의 부가가치 창출을 계산한다는 장점이 매우 중요하게 부각되는 지표이다.

시장부가가치(MVA)는 경제적 부가가치를 그 기업이나 사업에 적절한 할인율로 할인한 지표이며 가장 완성도가 높은 지표이다. 그러나 EVA의 계산과 마찬가지로 자본시장 자료로부터 계산하는 자본비용 등의 추정이 수월하지 않다는 단점이 있다. 하지만 기업의 장기적이고 전략적인 의사결정의 수립에는 매우 유용한 지표이다.

경제적 부가가치를 활용하는 또 다른 예로 〈그림 15.6〉과 같은 도표를 생각해 보자.

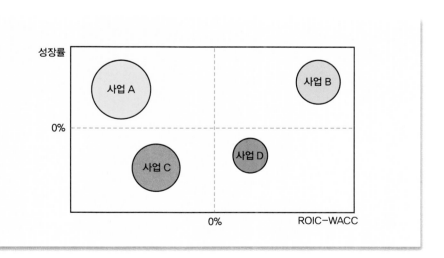

그림 15.6
경제적 부가가치와
기업분석

〈그림 15.6〉은 어느 기업의 사업부 현황을 나타내고 있다. 횡축은 투하자본수익률과 자본비용의 차이, 종축은 각 사업부의 성장률을 표시하고 있다. 각 원의 크기는 현재 각 사업부의 규모를 나타낸다. 사업 A와 C는 자본비용에도 미치지 못하는 수익성을 보이므로 더 이상의 투자를 신중하게 고려해야 한다. 특히 사업 A는 이미 사업부의 규모가 매우 크고 수익성이 좋지 않음에도 불구하고 성장성이 여전히 높으므로 이에 대한 투자는 점차 축소하여 사업 C와 같은 상황을 만들어야 한다. 향후 더 이상 수익성이 개선될 여지가 없다면 점차 사업부를 폐쇄시켜야 할 것이다.

사업 B와 사업 D는 수익성이 자본비용을 상회하므로 투자가 더 많아져야 한다. 특히 사업 D는 현재 규모도 작고 성장성이 낮으므로 이에 대한 집중 투자를 하여 사업 B와 같은 상황을 만들어야 한다.

이와 같이 EVA 개념을 기업의 현황 분석에 활용할 수 있다. 위의 예에서는 한 기업 내의 사업부를 언급하였으나 동종 산업이나 경제 전체를 대상으로 유사한 분석을 수행한다면 동종 산업 내에서의 각 기업의 경쟁력이나 전체 산업의 향후 전망을 추론하는 데 도움이 될 것이다.

1. 경제적 부가가치에 대해 다음에 답하라.

   1) 경제적 부가가치를 산출하는 식은 무엇인가?

   2) 경제적 부가가치에 근거하여 경영을 하기 위해서는 손익계산서뿐만 아니라 재무상태표도 중요하게 된다. 경제적 부가가치를 계산하는 식과 관련하여 왜 그런지 설명하라.

2. 경제적 부가가치와 당기순이익은 어느 것이 더 적절한 경영성과지표인가? 그 이유를 설명하라.

3. 투하자본이익률과 매출액영업이익률은 어느 것이 더 나은 지표인가?

4. 경제적 부가가치와 시장 부가가치는 어떻게 다른가?

5. '(주)새벽'은 아침 운동자들을 위한 휴식 공간 사업을 시작하려고 한다. 현재 사업 규모는 200억 원 정도가 될 것으로 추정하는데 주식 발행으로 120억 원을 조달하고, 10년 만기 채권을 80억 원 발행하려고 한다. 채권의 이표이자율은 7%이고 액면발행을 계획하고 있다. 회사가 추정한 현금흐름은 다음과 같다.

(단위: 억 원)

기 간	현금흐름
0	-200
1	-80
2	-40
3	120
4	200
5	234

현재 1년 만기 국채의 수익률은 5%이고, 시장포트폴리오의 수익률은 13%이다. 이 기업의 베타는 1.3이고, 법인세율은 25%이다.

1) 이 기업의 타인자본비용을 구하라.

2) 이 기업의 자기자본비용을 구하라.

3) 가중평균자본비용을 구하라.

4) 이 기업의 투하자본이익률을 구하라.

5) 이 기업의 NPV는 양수인가 음수인가?

6) 이 기업의 EVA를 구하라.

Part

재무관리 주요 주제

지금까지 총 15장에 걸쳐 경제적 부가가치를 기준으로 재무관리의 주요 주제들을 설명하였다. 이제 끝으로 제16장에서는 배당정책, 제17장에서는 파생상품에 대해 살펴본다. 이 주제들은 경제적 부가가치와 직접적인 관련성은 낮으나 전통적으로 재무관리의 주요 주제이다. 배당정책은 기업의 자본구조와 자본비용에 영향을 미친다. 배당을 많이 하는 경우 사내 유보자금이 적어져서 다른 조건이 동일하다면 자본금의 규모 증가가 작게 된다. 또한 배당을 많이 하게 되면 외부 자금을 조달하여야 하기 때문에 자본비용에도 영향을 미치게 된다. 한편 파생상품은 그 중요성이 날이 갈수록 커지는 분야이다. 특히 자본시장통합법이 2009년 시행되어 다양한 형태의 파생상품과 이를 취급하는 금융회사들이 출현할 전망이다. 따라서 이에 대한 지식은 재무관리를 공부하는 사람에게는 필수적이라 할 수 있다. 또한 이미 기존의 상품들 중에 전환사채나 수의상환사채와 같이 파생상품의 속성을 일부 가지고 있는 경우가 다수 있기 때문에 이러한 상품들의 가치평가를 위해서도 파생상품에 대한 지식이 필요하다. 특히 투자론 분야에서는 가장 앞선 주제이기 때문에 기초적인 지식을 잘 정리해 두어야 한다.

Financial
Management
Focusing on EVA

배당정책

배당정책 논의의 초점은 투자자들이 고배당 또는 저배당을 원하는지, 따라서 배당정책을 바꿈으로 인해 기업의 가치를 증가시킬 수 있는지에 맞추어져 있다. 본 장에서는 배당과 관련된 여러 이론들을 소개하면서 배당과 기업 가치와의 관계를 살펴본다. 또한 현금 배당 외에 주식 배당, 자사 주식 매입이 기업 가치에 미치는 영향을 검토한다. 그 외에 배당과 관련된 제반 문제를 검토하는데, 본 장에서 다룰 내용을 정리하면 다음과 같다.

– 배당의 정의
– 배당과 기업가치 사이의 관계에 대한 이론
– 기업에서 채택하는 배당 정책의 종류
– 배당 지급에 관한 실무
– 자사주 매입의 효과
– 주식배당, 주식분할의 효과

Sealed Air Corporation*

1989년 Sealed Air는 넘쳐나는 현금으로 주체를 하지 못하고 있었다. 이 회사는 충격에 약한 물건을 포장하거나 우편으로 보낼 때 쓰는 흔히 '뽁뽁이'라고 불리는 제품을 만드는 회사이다. 이 상품의 특허로 인해 회사는 높은 수익을 내고 있었고, 현금과 단기투자로 5,000만 달러 이상을 보유하고 있었다. CEO인 Dermot Dunphy는 향후 1년 반 사이에 현금 수준이 두 배 이상 증가할 것으로 예상하고 있었다.

현금이 풍부함에도 불구하고 Dunphy는 주가가 저평가되어 있다고 판단하고 있었는데 그 이유는 잉여현금흐름(free cash flow)으로 인한 대리인 비용 때문이다. 즉 Sealed Air는 생산성을 높일 필요도, 현금부족을 우려할 이유도 없었다. 회사의 기강은 무너지고, 경영자는 자신의 위치를 굳히기 위해 불필요한 자본투자를 하거나, 2류 기업을 합병하거나, 정규 배당을 늘리거나, 증권에 투자하는 등의 가치파괴적인 의사결정을 내릴 가능성이 농후한 환경이었다.

이러한 상황을 타개하는 데 있어 Dunphy는 단순히 5,400만 달러의 현금을 배당으로 지급하는 것으로는 시장의 신뢰를 얻기 어렵다고 판단하여 부채구조조정(leveraged recapitalization)을 하기로 결정하였다. 이의 일환으로, 가지고 있는 현금에다 주식의 90%에 해당하는 가치를 신규로 기채하여 주당 $40의 특별배당(special dividend)을 지급하기로 결정했다. 그러나 많은 주주들이 이것은 위험하다고 반대하였고, 은행도 부정적이었다. 왜냐하면, 경영진도 주주이기 때문에 엄청난 이득을 챙기는 상황이고, 회사는 지분의 가치가 음수가 될 가능성이 높았기 때문이다. 다행히 Banker's Trust가 신디케이트를 조직하여 자금을 빌려주었는데 대신 자본투자(capital expenditure)에 대한 강한 제약을 걸었다. 회사는 갑자기 부채가 증가하자 이자를 지급하기 위해

* Wruck, K. & Barry, B., Sealed Air Corp.'s Leveraged Recapitalization (A) (HBS 9-294-122)

서 과거와 같이 느슨하게 조직을 운영할 수 없게 되었다. Dunphy는 특별배당과 함께 조직의 활성화를 위해 새로운 목표를 설정하고, 현금흐름 위주로 보상 체계를 바꾸었으며, 상품의 제조과정과 자본예산 과정도 모두 재조정하였다.

결과는 배당공시 이후 배당에 대한 기대를 반영하여 주가가 잠시 올랐다가 배당락이 되자 주당 $12로 급격히 하락하였다. 그러나 이후 꾸준히 증가하여 그해 연말 $20까지 상승하였고, 그 다음 해에는 부채가 점점 정상수준으로 돌아오면서 훨씬 더 높게 상승했다. Sealed Air는 배당지급, 부채정책과 같은 재무정책이 기업의 생산성과 가치에 매우 중요한 영향을 미칠 수 있음을 보이는 좋은 사례이다. 그러나 당신이 CEO라면 이러한 과감한 배당결정을 할 수 있겠는가?

1. 배 당

배당이란 기업이 당기순이익 중 일부를 주주들에게 지급하는 것이다. 이는 주주들이 기업에 자기자본을 출자하였으므로 이에 대한 보상인 셈이다. 한편 자기자본이 아닌 타인자본을 투자한 채권자들에게는 이자를 지급한다.

1.1 배당의 종류

배당에는 현금으로 지급하는 현금배당(cash dividends)과 주식으로 지급하는 주식배당(stock dividends)이 있다. 현금배당에는 정규현금배당(regular cash dividends), 특별배당(special dividends), 청산배당(liquidating dividends) 등이 있다.

정규현금배당(regular cash dividends)은 기업이 자기자본 투자에 대한 대가로 정기적으로 주주들에게 지급하는 배당을 말한다. 특별배당(special dividends)은 기업의 수익이 특별히 증가한 경우 지급하는 정규배당 외의 배당을 말한다. 청산배당(liquidating dividends)은 기업이 청산을 하는 경우 기업의 자산을 매각한 가치에서 채무를 변제하고 남은 자금을 배당하는 것이다.

회사의 주식을 현금배당의 대용으로 지불하는 경우가 있다. 주식배당의 경우 기업의 실제 가치는 변화하지 않는 상황에서 주식의 숫자가 증가하므로 주식분할(stock split)과 같은 효과가 있다. 주식분할은 한 개의 주식을 여러 개로 나누는 것이다.

1.2 배당정책

배당을 어느 정도 할 것인가는 기업의 중요한 의사결정 중의 하나이다. 즉 기업은 벌어들인 순이익 중 얼마를 주주들에게 배당금으로 지급하고 얼마를 재투자를 위해 유보할 것인가에 관한 결정을 하여야 하는데 이를 배당정책(dividend policy)이라 한다. 배당금 지급을 증가시키면 당연히 기업 내에 유보이익은 감소할 수밖에 없는데, 이 경우 배당금의 증감이 기업의 가치에 어떠한 영향을 미치는지를 파악하는 것이 본 장의 주요 내용 중의 하나이다.

배당이론

배당이론은 기업의 배당정책이 기업가치에 어떠한 영향을 미치는지 알아보고자 하는 것이다. 즉 배당이 많을수록 기업가치가 높아지는지 배당이 적을수록 기업가치가 높아지는지를 알아보고자 하는 것이다. 문제는 기업의 배당결정이 기업의 다른 주요 의사결정, 즉 투자결정 및 자본조달 결정과 함께 이루어진다는 점이다.

예를 들어 기업이 확장을 위하여 이익을 유보하고자 한다면 배당금을 조금 지급하여야 하는데 이 경우 배당금의 규모는 기업의 투자결정에 의해 결정된다. 또는 투자액수가 결정되어 있고 이를 조달하기 위하여 자금조달 규모를 결정한다면 배당결정은 자금조달 결정에 의해 부수적으로 결정된다. 이와 같이 현실에서는 배당결정이 다른 주요 의사결정과 함께 이루어지는 경우가 대부분이기 때문에 배당정책이 기업가치에 미치는 영향을 정확히 이해하기 위해서는 배당정책의 효과를 다른 의사결정, 즉 투자결정과 자본조달 결정의 효과와 분리하지 않으면 안 된다.

가령 투자를 더 많이 하기 위하여 배당을 줄인 경우 기업의 가치가 증가하였다면 이는 배당을 줄여서라기보다는 좋은 투자를 더 많이 하였기 때문일 수 있다는 것이다. 따라서 배당이론을 도출하기 위해서는 기업의 자본예산과 자본조달 결정은 이미 주어진 상태로 놓고 순수히 배당금 지급액의 변화가 기업가치에 어떤 영향을 미칠 것인가를 파악하여야 한다.

투자와 자금조달 계획이 확정된 경우 이를 변화시키지 않으면서 배당금을 증가시키고자 한다면 이를 위해 필요한 현금이 어디서인가 나오지 않으면 안 된다. 이 경우 단 하나의 가능한 재원은 신주 발행이다. 따라서 배당정책의 내용은 배당을 지급하지 않고 이익을 기업 내에 유보하는 대안과 다른 한편으로 현금 배당을 지급하고 신주를 발행하는 대안을 비교하는 것이다.

요점

배당정책이 기업가치에 미치는 효과를 정확히 파악하기 위해서는 기업의 투자결정과 자본조달 결정이 주어진 상태에서 분석하여야 한다.

2.1 배당무관련성 이론(dividend irrelevance theory)

Miller & Modigliani(MM)는 1961년 이론적 논문을 발표하여 완전자본시장 하에서는 배당정책이 기업의 가치나 자본비용에 전혀 영향을 미치지 않는다는 것을

완전자본시장(perfect market)
세금, 거래비용, 정보비용 등의 마찰적 요인이 전혀 없는 시장

증명하였다.[*] 기업가치와 배당의 무관련성을 설명하기 위하여 MM이 가정한 완전자본시장은 마찰적 요인이 전혀 없는 시장으로 다음과 같은 시장이다.

1) 세금과 거래비용이 없다.
2) 모든 시장참여자들은 동일한 정보를 가지며, 정보 획득을 위한 비용이 들지 않는다.
3) 자금은 외부에서 얼마든지 조달 가능하다.
4) 소수의 투자자가 증권의 가격에 영향을 미칠 수 없다.
5) 모든 시장참여자들은 동질적 기대를 가진다. 이는 모든 사람이 미래의 투자, 이익 그리고 배당에 관하여 동일한 기대를 가지고 있다는 뜻이다.
6) 기업의 투자정책은 이미 결정되어 있으며, 배당정책의 변화에 의해서 변경되지 않는다. 예를 들어, 경영자가 배당을 증가시키기 위하여 정(+)의 순현가를 가지는 투자안을 포기하지 않는다는 것이다.
7) 모든 기업의 차입액이 결정되어 있다.

이 중 6)과 7)은 투자정책이나 자본조달 정책과 분리하여 순수하게 배당정책의 효과만을 보기 위한 것이다. MM의 논리는 이와 같은 가정 하에서는 기업가치가 그 기업의 미래 수익력에 의해서 결정되는 것이지 배당정책과는 무관하다는 것이다.

이를 이해하기 위해 다음과 같은 기업자금의 원천과 사용(sources and uses of funds) 항등식을 생각해 보자.

$$영업이익 + 차입액 + 신주발행액 = 새로운 투자액 + 배당지급액 + 이자 \qquad (16.1)$$

위의 가정 6)에 의해 기업의 투자계획이 이미 확정되어 있다. 경영진은 투자를 위한 자금을 유보이익으로부터 조달하고 남는 잉여금을 배당으로 지급할 것이다. 이제 이 회사가 투자 및 차입정책을 바꾸지 않고 배당을 증가시키고자 한다고 하자. 이 경우 그 추가자금이 어디서인가 나오지 않으면 안 되는데 유일한 방법은 신주를 발행하는 것이다. 그 이유는 현재 영업이익은 과거의 투자에 의해 이미 결정되어 있고, 가정에 의해 투자계획과 차입액도 이미 결정되어 있으므로 식 (16.1)에서 배당이 늘면 신주발행액이 늘 수밖에 없기 때문이다.

---

[*] Miller, M. and F. Modigliani, "Dividend Policy, Growth and the Valuation of Shares", *Journal of Business* 34 (October 1961), pp.411-433.

기업의 자산, 이익, 투자기회, 시장가치가 모두 주어진 상태에서 기업이 신주를 발행하면 주식수가 많아지므로 주당 가치가 희석화(dilution) 된다. 즉 주당 신주의 가치는 배당금 변화가 공시되기 전의 주식 가치보다 작아져서 구주주는 보유 주식에 대한 자본손실을 입는다. 그러나 구주주의 자본손실액은 그들이 수취한 추가적 현금 배당액과 정확히 상쇄되므로 구주주의 부의 변화는 없다. 신주주들은 새로 낮은 가격으로 주식을 구매하였으므로 손실을 입지 않는다. 기업의 가치는 증가된 배당만큼 신주의 판매대금이 들어 왔으므로 변화하지 않는다. 이와 같이 완전자본시장 하에서는 기업의 배당정책이 기업가치에 전혀 영향을 미치지 못하는 것이다.

배당이 기업가치에 영향을 미치지 못한다는 또 다른 논리로 자가배당금(homemade dividends)이 있다. 만일 어떤 기업의 배당액이 주주들이 원하는 배당수준과 다르다면 기업은 이러한 주주들의 욕구를 충족시키는 쪽으로 배당정책을 변화시킴으로써 기업가치를 증가시킬 수 있지 않을까? 만일 주주들이 시간적으로 현금흐름의 패턴을 변화시킬 수 있는 유일한 방법이 배당금뿐이라면 배당정책이 기업가치에 영향을 미칠 수 있다. 그러나 위의 가정 1)과 같이 세금과 거래비용이 없는 상황에서는 주주들이 배당금을 재투자하거나 보유 주식을 매각함으로써 자신들이 원하는 배당의 현금흐름을 스스로 만들어 낼 수 있다. 따라서 기업이 배당정책을 바꾼다고 하여 주주들에게 추가적으로 도움이 되지 않기 때문에 기업가치는 변함이 없다. 다음의 예를 보자.

어떤 기업이 현재 〈그림 16.1〉 a)와 같이 매 기간 1,000의 배당을 지급하고 있다고 하자. 이 기업 주식의 할인율이 20%라면 이 기업의 주가는 다음과 같이 1,527.78이다.

$$P_0 = \frac{1,000}{1.2} + \frac{1,000}{1.2^2} = 1,527.78$$

한편 이 기업의 주주들은 1기에 1,200, 2기에는 760의 배당을 선호한다고 하자. 이 기업은 주주들의 요구에 부응하여 배당정책을 바꾸면 기업가치를 향상시킬 수 있을 것인가? 다음 계산식이 보이는 바와 같이 그렇지 않다.

$$P_0 = \frac{1,200}{1.2} + \frac{760}{1.2^2} = 1,527.78$$

그 이유는 〈그림 16.1〉의 b)에서 보는 바와 같이 기업이 매 기간 1,000의 배당을 지급한다고 할지라도 투자자들은 스스로 자신들이 원하는 배당액을 창출할 수 있기 때문이다. 즉 1기에 주주가 원하는 1,200보다 적은 1,000의 배당금이 지급되면 주주는 필요한 현금을 확보하기 위하여 주식시장에서 보유 주식을 간단히 매각할 수 있다. 반대로 2기에 원하는 배당 760 이상으로 1,000의 배당금이 지급되면 주주는 회사의 주식을 240만큼 추가 매입함으로써 불필요한 자금을 손쉽게 재투자할 수 있다. 이처럼 배당정책에 불만을 가진 투자자들은 스스로 주식을 매입하거나 매각함으로써 자가배당금(homemade dividends)을 스스로 창출할 수 있으므로 기업의 가치는 증가하지 않는다.

자가배당금(homemade dividends)
완전자본시장 하에서 설사 기업이 주주들이 원하는 배당액을 지급하지 않더라도 주주들이 자신들의 욕구에 맞게 스스로 창출하는 배당금

그림 16.1
자가배당금(homemade dividends)

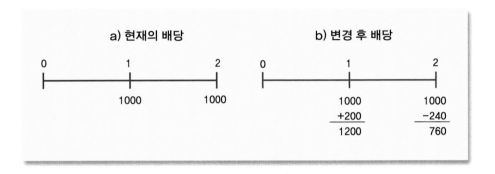

결론적으로 MM에 의하면, 기업가치는 기업의 투자결정으로 인한 미래 수익력의 크기, 즉 파이의 크기에 의해 결정되는 것이지, 이익이라는 파이를 어떻게 배분할 것인가에 의해 결정되는 것이 아니다. 이런 관점에서 배당정책은 배당금을 올리거나 내려 단지 배당금의 시간적 패턴을 변화시킬 뿐이며 수익력을 바꾸지는 않으므로 기업 가치와 관련이 없다. 또한 투자자는 자가배당금을 창출하여 언제든지 자신이 원하는 현금흐름의 패턴에 도달할 수 있으므로 배당정책은 기업가치에 영향을 미치지 않는다.

 요점

완전자본시장 하에서는 배당정책은 기업의 가치 증감에 영향을 미치지 않는다. 배당을 지급하면 주가는 하락하나 배당을 받았으므로 주주의 부가 변화하지 않는다. 또한 주주들은 기업의 배당이 자신들이 원하는 바와 다른 경우 스스로 자가배당금을 만들 수 있으므로 기업가치와 배당정책은 관계가 없다.

2.2 저배당정책 선호

MM의 배당무관련성 이론은 완전자본시장 가정 하에서 도출되었다. 그러나 현실의 자본시장은 결코 완전할 수 없다. 기업이 자본을 조달하는 데에는 발행비용이 들게 되고, 배당수익에 대해서는 배당소득세를 납부해야 한다. 자본시장에 참여하는 모든 사람들이 동일한 정보를 가지고 있고 정보를 획득하는 데 비용이 들지 않는다는 가정도 비현실적이다. 기업 내부의 전문경영자와 외부의 투자자들은 결코 동일한 정보를 보유하고 있지 않다. 왜냐하면, 내부의 경영자들은 여러 가지 이유로 기업의 미공개 정보를 외부의 투자자들에게 완벽하게 전달하지 않을 것이며, 또한 현실적으로 외부 투자자들에게 미공개 정보를 신뢰성 있고 완벽하게 전달할 수 있는 방법을 고안하는 것도 쉽지 않은 일이다. 따라서 현실 자본시장에서는 기업 내부의 전문경영자와 외부 투자자들 사이에 필연적으로 정보비대칭(information asymmetry)이 존재할 수밖에 없다.

> **정보비대칭(information asymmetry)**
> 서로 다른 이해관계자가 보유하는 정보의 양과 질이 다른 상황

이와 같이, 발행비용, 세금 및 정보불균형 등 시장의 불완전성이 존재하는 경우는 MM의 배당무관련성이 더 이상 성립하지 않는다. 이에는 두 가지 입장이 있는데 하나는 저배당 정책이 좋다는 것이며 다른 하나는 고배당 정책이 좋다는 것이다. 본 절에서는 저배당 정책이 좋다는 이론에 대해 살펴본다.

2.2.1 세금과 저배당정책

시장의 불완전성 가운데 배당정책과 관련된 가장 중요한 요인 중의 하나가 세금이다. 현재의 세제 하에서 법인소득세는 배당정책에 영향을 미치지 않는다. 그 이유는 배당정책이 법인세 차감 후의 순이익을 어떻게 분배할 것인가에 대한 것이기 때문이다. 따라서 법인세가 아닌 개인 소득세가 문제가 되는데, 개인소득세(income tax)는 소득의 원천에 따라 배당소득세(dividend tax)와 자본소득세(capital gains tax)가 있다.

> **배당소득세(dividend tax)**
> 배당에 대해 과세하는 개인소득세
>
> **자본소득세(capital gains tax)**
> 주가의 시세 차익에 대해 과세하는 개인소득세

기업이 배당을 하게 되면 주주는 배당에 대한 개인소득세를 지불해야 한다. 그러나 배당을 하지 않고 이를 유보하면 주가가 배당을 지급하는 경우에 비해 높게 형성되고 이를 매각하여 자본소득이 발생하면 주주는 자본소득세를 납부해야 한다. 이 경우 만일 배당소득세와 자본소득세의 세율이 동일하다면, 배당정책은 주주의 부에 영향을 주지 않는다. 세율에 차이가 있는 경우에만 배당정책이 기업가치에 영향을 주게 된다.

우리나라에서는 배당소득에 대해서는 소득세가 부과되고 있으나, 상장주식의 자본이득은 과세의 대상이 되지 않는다. 설사 자본이득과 배당소득에 대한 세율이 동일하다고 할지라도 자본이득은 주식을 매도하기까지는 세금납부를 무한히 연기할 수 있으므로 그 실효세율은 배당소득에 비해 훨씬 낮다. 따라서 세금을 납부해야 하는 투자자의 입장에서는 배당성향이 낮은 기업을 선호할 것이고 배당수익률이 낮은 주식에 대해 더 높은 가격을 지불하려고 할 것이다. 이 경우 기업의 가치를 극대화하는 최적 배당정책은 배당을 전혀 지불하지 않는 무배당정책이 될 것이다.

자본이득에 비해 배당소득에 대한 실효세율이 높은 상황에서는 배당을 적게 지불하는 기업일수록 기업가치가 높아진다. 이 경우 기업의 최적배당정책은 무배당정책이다.

2.2.2 발행비용과 저배당정책

기업이 신주나 회사채를 발행하여 외부에서 자금을 조달할 때는 발행비용 (flotation costs)을 부담해야 한다. 그렇다면 기업의 투자계획이 주어진 상태에서 배당을 지불하고 그에 해당하는 자금을 외부에서 조달하기보다는 배당을 지급하지 않고 자금을 사내에 유보하는 것이 더 유리하다. 이유는 발행비용을 절감할 수 있기 때문이다. 따라서 발행비용이 존재하는 경우에는 저배당 정책이 선호된다.

발행비용이 존재하는 경우는 배당을 지불하고 다시 외부자금을 조달하기보다는 배당을 유보하는 것이 비용을 줄이는 방법이다. 따라서 배당이 적을수록 기업가치가 높아질 것이다.

2.3 고배당정책 선호

2.3.1 불확실성의 감소와 고배당정책

자본이득은 언제 실현될지 모르는 위험한 소득이고 배당은 안전한 소득이기 때문에 투자자들은 사내 유보를 통한 자본이득보다 현재의 배당을 더 선호한다는 것이다. 따라서 현재의 배당을 희생한 사내 유보로 미래의 배당을 증가시키는 경우 증가된 위험에 의해 주주들의 요구수익률이 더 높아지고 그 결과 기업의 주가가 감소하게 된다는 것이다. 이 경우 적정 배당정책은 가능한 한 배당을 많이 하는 것이다.

그러나 MM은 이러한 주장의 논리적 오류를 지적하면서 기업가치나 요구수익률은 배당정책과 무관하다는 것을 보이고 있다. 완전시장 가정 하에서 본 바와 같이 투자 및 차입정책이 일정한 한 기업의 현금흐름과 위험은 배당정책에 의해 영향을 받지 않는다. 앞의 배당 무관련성에서 설명한 바와 같이 배당의 증가는 단지 구주주와 신주주 사이에 소유권의 이전을 가져 올 뿐이며 기업의 가치는 변화가 없다. 이 과정에서 구주주들은 불확실한 미래이득을 안전한 배당수입으로 교환하는 것이며 그 불확실한 미래이익의 현재가치가 배당금과 같게 되는 것이다. 만일 기업이 배당을 지급하지 않고 유보를 하는 경우 구주주는 배당액에 해당하는 만큼의 주식을 매도하여 그 자금을 은행에 예치함으로써 배당을 받았을 때와 같은 안전한 포지션을 달성할 수 있다.

만일 미래의 자본소득 대신에 현재 배당을 받음으로써 구주주의 부가 증가한다면 이는 논리적 모순이다. 투자 및 차입정책이 정해져 있는 상황에서는 기업가치가 일정하기 때문에 구주주가 이익을 본다는 것은 신주주가 손해를 본다는 것인데 이는 이치에 맞지 않다. 왜냐하면, 신주주들은 위험을 부담하지만, 이 위험을 보상할 만큼 충분한 수익을 얻는 경우에만 신주를 매입하고자 할 것이며 따라서 손해를 보지 않기 때문이다.

배당금을 지급하지 않고 회사에 유보하면 이는 불확실한 소득이기 때문에 확실한 배당을 받는 것이 더 유리하고 따라서 배당을 많이 지급하는 기업의 가치가 높다는 주장은 논리적 모순이 있다. 이유는 투자정책과 자금조달정책이 정해져 있는 상황에서는 기업의 가치는 배당정책으로 결정되는 것이 아니고 당해 투자정책의 미래 수익력에 의해 결정되기 때문이다.

2.3.2 배당의 정보효과와 고배당정책

경영자와 외부 투자자들 사이에 정보비대칭(information asymmetry)이 존재하는 경우는 고배당 정책이 기업가치의 증가를 가져올 수 있다는 논리이다. 즉 경영자들은 기업의 이익 실적 및 장래 전망에 대하여 외부 투자자들보다 더 잘 알고 있기 때문에 배당금의 증가는 투자자들에게 호재로 해석된다는 것이다. 왜냐하면, 배당금의 증가가 가져오는 여러 가지 비용에도 불구하고 경영진이 배당을 증가시킨다는 것은 그만큼 미래의 현금흐름에 대한 자신이 있기 때문이라고 판단할 수 있기 때문이다.

배당지급으로 인해 발생하는 비용으로는 위에 언급한 배당소득세, 외부자금 조달시의 발행비용, 배당으로 인한 자금 부족으로 양(+)의 NPV 투자안을 포기하는 기회비용 등이 있다. 배당이 신뢰할 수 있는 정보전달 수단이 될 수 있는 이유는 위와 같은 비용 때문에 현금흐름이 양호하지 않은 기업들이 신호를 모방할 가능성이 낮기 때문이다.

결국 배당금의 증가는 배당의 신호(signal) 역할에 의해 기업의 가치를 증가시키는 반면, 배당금의 증가와 관련된 제반비용이 발생한다. 기업은 배당금 증가의 신호역할 이점과 세금과 발행비용 등의 비용을 비교하여 최적 배당정책을 결정할 것이며 비용보다 이점이 큰 경우에만 배당을 증가시킬 것이다. 따라서 배당금의 증가는 기업가치와 정의 상관관계를 가지게 된다.

요점
정보비대칭이 있는 경우는 배당의 신호 효과로 인해 기업의 가치가 증가한다.

2.4 배당 선호집단 효과

위에 설명한 바와 같이 완전시장 하에서는 고배당정책 또는 저배당정책이 기업가치의 증감과 관련이 없다. 그러나 시장이 완전하지 않은 경우에도 배당정책이 기업가치와 관련이 없을 수 있다. 가령 어느 기업 주주들의 구성이 고배당을 선호하는 사람들로 되어 있다고 하자. 이 기업은 저배당정책보다는 고배당정책을 사용함으로써 주주들의 욕구를 만족시킬 수 있고 따라서 기업 가치가 증가할 것이다. 그러나 이는 다른 기업들에게도 동일한 상황이므로 시장의 모든 기업들은 배당 선호 집단(dividend clientele)의 욕구를 충족시키기 위하여 배당정책을 변경할 것이며 결국 모든 선호집단의 욕구를 충족시키면서 시장의 균형이 이루어질 것이다. 시장이 투자자들의 상이한 배당 선호를 만족시켜 균형을 이룬 상황에서는 어떤 기업이 배당을 올리거나 내려 배당정책을 바꾸어도 새로운 투자자를 유인할 수 없다. 즉 배당시장이 균형을 이루고 있다면, 다시 말해 모든 배당선호집단의 요구가 만족되었다면 배당정책을 바꾸어도 새로운 투자자를 유인할 수 없고 따라서 기업 가치의 증감이 없다.

배당선호집단(dividend clientele)
배당금의 많고 적음에 대한 선호가 다른 집단

현실의 배당 정책

3.

앞에서는 배당정책에 대한 서로 다른 이론들을 살펴보았다. 그렇다면 현실에서의 배당정책은 어떻게 이루어질까?

3.1 배당의 척도

현실에서의 배당정책을 설명하기 전에 먼저 배당의 규모를 나타내는 척도에는 어떤 것이 있는지 살펴본다. 먼저 주당배당(dividend per share : DPS)이 있는데 이는 말 그대로 1주의 주식에 대한 배당액을 의미하며 다음과 같이 계산한다.

주당배당(dividend per share: DPS)
주식 한 주에 대한 배당액

$$주당배당 = \frac{총배당액}{총발행주식수} \tag{16.2}$$

배당수익률(dividend yield)은 시장에서 형성된 주가 대비 배당으로부터의 수익률을 나타내는 것으로 다음과 같이 계산한다.

배당수익률(dividend yield)
주가 대비 배당으로부터의 수익률

$$배당수익률 = \frac{총배당액}{주식의\ 총시장가치} = \frac{주당배당}{주가} \tag{16.3}$$

주식에 투자하는 경우 수익의 원천은 두 가지이다. 하나는 배당이고 다른 하나는 시세차익 즉 자본이득(capital gain)인데 이 중 배당으로부터의 수익을 배당수익률이라 한다. 주식의 평가에서 이들 사이에는 다음과 같은 관계가 성립함을 공부하였다.

주식의 할인율 = 배당수익률 + 시세차익수익률

$$k_e = \frac{D_1}{P_0} + \frac{P_1 - P_0}{P_0} \tag{16.4}$$

여기서, k_e = 주식의 할인율 또는 자기자본비용
D_1 = 다음 기의 예상 배당
P_0 = 현재의 주가
P_1 = 다음 기의 예상 주가

배당률(dividend ratio)은 배당수익률과 비슷한 개념이나 분모에 주식의 시장가치를 사용하는 것이 아니라 주식의 액면가치를 사용한다는 점이 다르다.

배당률(dividend ratio)
한 주당 배당액을 액면가치로 나눈 비율

$$배당률 = \frac{총배당액}{주식의 \ 총액면가치} = \frac{주당배당}{주당 \ 액면가치} \qquad \text{(16.5)}$$

배당률은 식 (16.4)의 주식평가 모형에서의 배당수익률과는 다른 개념이므로 배당에 대한 분석을 하는 경우 이를 혼동하지 말아야 한다.

배당성향(dividend payout ratio)은 기업의 순이익 중 배당으로 지급되는 금액의 비율을 나타내며 다음과 같이 계산한다.

배당성향(dividend payout ratio)
당기순이익 중 배당으로 지급하는 비율

$$배당성향 = \frac{총배당액}{당기순이익} = \frac{주당배당}{주당순이익} = 1 - 유보비율 \qquad \text{(16.6)}$$

실무에서 사용하는 배당의 규모에 대한 척도를 공부하였으니 이제 기업에서 흔히 사용하는 배당정책을 살펴보자.

3.2 배당안정화(dividend smoothing)

일반적으로 경영자들은 기업의 수익성 변동에도 불구하고 배당액은 안정적으로 유지(dividend smoothing)하고자 하는 경우가 많다. 그 이유는 배당의 증가 시 긍정적 주가반응보다 배당의 감소시 부정적 주가 반응이 더 크기 때문이다. 따라서 회사의 이익이 많이 증가하더라도 경영자는 증가된 이익의 지속성에 대한 확신이 없을 경우 정규배당을 증가시키지 않는다. 이 경우 배당에 대한 수요가 높을 경우 정규배당과 구별하여 특별배당으로 지급하는데 이유는 특별배당의 경우 시장에서 이의 지속성을 기대하지 않으므로 향후 특별배당이 중지되더라도 자본시장에서의 부정적 주가 반응이 적기 때문이다. 이와 같이 수익성의 변동성과 관계없이 배당의 지급액을 급격히 변동시키지 않는 정책을 배당안정화(dividend smoothing) 정책이라 한다.*

배당안정화(dividend smoothing) 정책
기업 수익의 변동성과 구분하여 배당 지급을 안정화시키는 정책

3.3 잔여배당정책(residual dividend policy)

잔여배당정책이란 기업의 투자 결정과 이에 대한 자금 계획이 결정된 후 이에 맞추어 배당액을 결정하는 것이다.

잔여배당정책(residual dividend policy)
기업의 투자의사 결정과 자본조달 결정 후 이와 일관성 있는 배당액을 결정하는 정책

---

* Lintner, J. "Distribution of Incomes of Corporations among Dividends, Retained Earnings, and Taxes", *American Economic Review* 46 (May 1956), pp.97~113.

예 '푸른' 기업의 올해 예상 당기순이익은 200억 원이고 예상 자본투자액은 260억 원이다. 이 회사가 목표로 하는 부채-지분 비율은 2/30이다. 이는 부채 40%, 자기자본 60%인 자본구조를 의미한다. 이 경우 추가적인 증자 없이 지출할 수 있는 최대 자본투자액(C)은 다음과 같이 계산할 수 있다.

$$
\text{자기자본비율} \times C = \text{당기순이익} ;
$$
$$
0.6 \times C = 200\text{억원} ;
$$
$$
C = 333.33\text{억원}
$$

그렇다면 현재 예상되는 자본투자액 260억 원이 무증자 최대 자본투자액 333.33억 원보다 적기 때문에 당기순이익의 일부분은 배당으로 지불할 수 있게 된다. 이를 구체적으로 살펴보면 다음과 같다.

자본투자를 위해 필요한 자금
지분 = 0.6 × 260억원 = 156억원
부채 = 0.4 × 260억원 = 104억원

따라서 배당액 = 당기순이익 − 지분투자액 = 200 − 156 = 44억원

잔여배당정책을 따르면 기업은 배당성향을 일정하게 유지할 수 없다. 즉 기업의 투자기회와 수익의 많고 적음에 따라 배당성향이 달라진다. 당연히 위에 설명한 배당안정화 효과를 달성할 수 없다.

배당과 관련하여 실무에서 나타나는 특징적 현상은 다음과 같다.

1) 기업은 장기적인 목표 배당 성향이 있고 이를 유지하고자 한다.
2) 경영자들은 배당 액수 자체보다는 배당의 변화에 더 관심을 쓴다.
3) 경영자들은 장기적인 수익성의 변화가 있을 경우에만 배당을 변경한다.
4) 배당 삭감을 가능한 한 피한다.
5) 목표 부채비율을 유지하고자 한다.
6) 새로 증자하는 것을 기피한다.
7) 배당을 지불하기 위하여 양의 순현재가치를 가지는 사업을 기각하지 않는다.

1)-4)는 배당안정화 정책과 관련된 것이다. 5)도 간접적으로 배당안정화 정책과 관련이 있는데 부채비율이 안정적이면 주어진 수익성 대비 배당의 변화가 크지 않을 것이기 때문이다. 또한 목표 부채비율을 유지함으로써 기업 가치의 극대화를 꾀할 수 있다. 6)은 거래비용(transaction costs)과 관련이 있는데 자금이 필요한 경우 가능한 한 배당을 줄이고 신주 발행을 억제함으로써 발행비용과 같은 거래비용을 줄일 수 있다. 7)은 잔여배당정책을 지지하는 결과로 배당을 안정화하고자 노력하지만 좋은 사업을 수행하기 위한 자금의 필요가 있다면 배당을 지불하는 것을 포기할 수도 있다는 것이다.

4. 배당 실무

4.1 배당의 지급절차

기업이 배당금을 지급하는 절차상 몇 가지 중요한 날들이 있는데 이에 대해 살펴본다.

그림 16.2
한국과 미국의 배당지급
절차

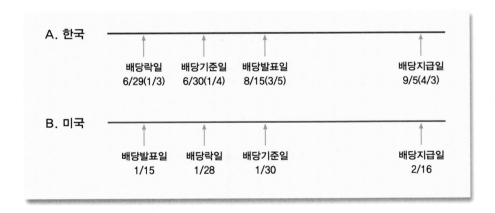

A. 한국

배당락일 6/29(1/3) 배당기준일 6/30(1/4) 배당발표일 8/15(3/5) 배당지급일 9/5(4/3)

B. 미국

배당발표일 1/15 배당락일 1/28 배당기준일 1/30 배당지급일 2/16

배당발표일(declaration
date)
배당액, 배당기준일, 배당
지급일 등이 발표되는 날

배당발표일(declaration date)

배당금 지급이 발표되는 날로 우리나라의 경우 주주총회일이다. 우리나라는 한 주당 배당금, 배당기준일, 배당지급일 등 배당 지급에 관한 사항을 사업연도 종료일부터 3개월 내에 열리는 주주총회에서 의결하도록 규정되어 있다(상법 제354조). 반면, 미국은 결산기와는 상관없이 아무 때나 이사회의 결의에 의해 배당금 지급이 발표된다.

배당기준일 (holder-of-record date)

배당기준일이란 배당을 누구에게 지불할 것인가를 결정하는 날이다. 이 날 현재 주주명부에 기재된 사람에게 배당이 지급된다. 〈그림 16.2〉에서 한국의 경우 회사는 배당기준일인 6월 30일 영업 종료시까지 명의개서를 마감하고 이 날 기준 주주들의 명부를 작성한다. 배당은 이 명부에 이름이 기재된 사람들에게 지불된다. 명의개서라는 것은 주식을 사고팔면 소유주가 변하는데 구소유주에서 신소유주로 이름을 바꾸는 것을 말한다. 만일 배당기준일 다음 날 또는 그 이후에 주식의 매각 및 이전 통고를 받으면 그 주식의 구소유자에게 배당금이 지급된다. 한국에서는 사업연도의 결산일이 배당기준일이 된다. 미국에서는 이사회의 결의로 특정일을 배당기준일로 정한 후 배당발표일에 발표한다.

배당기준일(holder-of-record date)
배당을 받을 사람을 결정하는 날. 이 날의 주주명부에 이름이 기재된 사람에게 배당을 지급함

명의개서
주식의 구소유자에서 신소유자로 이름을 바꾸어 적는 행위

배당락일 (ex-dividend date)

배당금에 대한 권리가 상실되는 날을 배당락일이라고 부른다. 〈그림 16.2〉에서 보는 바와 같이 한국의 6월 30일 결산법인의 경우 하루 전인 6월 29일이 배당락일인데 이 날을 포함하여 그 이후에 주식을 매입할 경우 올해의 배당을 받을 수 있는 권리가 없어지게 된다. 배당락일은 주식 매매 결제가 완료되거나 주식의 이전을 회사에 통고하기까지 매매계약 체결일 포함 3일이 걸린다는 점 때문에 발생한다. 즉 6월 29일이나 그 이후에 주식을 사게 되면 배당기준일인 6월 30일에 주주명부에 이름이 기재되지 못하고(7월 1일이나 그 이후에 기재됨), 따라서 올해의 배당을 받지 못하게 된다. 올해의 배당을 받고자 한다면 늦어도 배당락일 하루 전인 6월 28일에 주식을 매입하여야 배당기준일인 6월 30일에 주주 명부에 현주주로 이름이 기재되고 따라서 배당을 받을 수 있다.

12월말 결산법인인 경우는 증권시장이 12월 27일부터 1월 2일까지 폐장되기 때문에 배당락 날짜 계산에 유의하여야 한다. 즉, 12월 26일까지 거래된 주식은 당해 연도의 배당을 받을 권리가 있는 것으로 보는데 그러기 위해서는 12월 26일부터 영업일 기준 3일째 되는 날인 1월 4일이 배당기준일이 되어야 하므로 배당락일은 그 하루 전인 1월 3일이 된다.

미국에서는 배당기준일의 3 영업일 전이 배당락일이 되므로 〈그림 16.2〉에서 보는 바와 같이 배당기준일이 1월 30일이라면 그 이틀 전인 1월 28일이 배당락일이 된다.

배당락일(ex-dividend date)
당해 연도 배당을 받을 수 있는 권리가 상실되는 날

배당락일에 주식을 매입하면 당해 연도의 배당을 받을 수 없으므로 세금을 고려하지 않을 경우 〈그림 16.3〉에서 보는 바와 같이 예상 배당액만큼 주가의 하향 조정이 이루어진다. 따라서 주식보유자의 부는 변하지 않는다. 왜냐하면 〈표 16.1〉에서 보는 바와 같이 주가 하락 분만큼을 배당으로 지급받기 때문이다.

그림 16.3
배당락일의 주가 하락

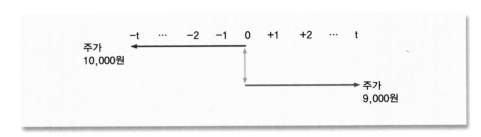

표 16.1
배당부 주가 대 배당락
주가

	배 당	가 격
배당락 전일	0원	10,000원
배당락일	1,000원	9,000원

배당지급일(payment date)

배당지급일은 배당기준일 현재의 주주들에게 배당금을 실제로 지급하는 날이다. 상법 제464조의 2(배당금지급시기) 제1항에 의하면 회사는 주주총회에서 재무제표 등의 승인이 있는 날로부터 1개월 이내에 배당금을 지급하여야 한다.

각 일자의 순서를 보면 〈그림 16.2〉에서 보는 바와 같이 미국은 배당지급절차가 배당발표일→배당락일→배당기준일→배당지급일 순서로 이루어지지만, 우리나라는 배당락일→배당기준일→배당발표일→배당지급일 순서로 이루어진다.

4.2 한국의 배당지급제도

우리나라는 주주의 이익을 보호한다는 취지에서 배당 결정권을 주주총회에 부여하고 있다. 그러나 이 경우 배당정책이 기업의 계속적 성장을 위한 장기계획의 일환으로 실시되지 않고 현재 주주들의 현금 요구를 만족시키는 근시안적인 정책으로 변질될 가능성이 있다.

또한 결산기가 지난 이후에 개최되는 정기 주주총회에서 배당결의가 이루어지므로 〈그림 16.2〉에서 보는 바와 같이 배당금이 확정되기 이전에 배당락이 되는 문제가 발생한다. 이렇게 되면 배당락이 확정된 배당액에 근거하여 이루어지지 않고 주주총회시의 배당금에 대한 예상에 의해 결정되기 때문에 공정하고 정확한 배당락 주가의 형성이 어렵다. 이에 반해 미국에서는 배당발표일에 배당액이 결정되므로 이러한 문제가 존재하지 않는다.

자사주 재매입

기업은 현금배당을 주기도 하지만 자사주를 재매입하는 경우도 있다. 자사주 재매입(share repurchase)이란 기업이 소유권 구조 변경을 목적으로 기존에 발행되어 유통되고 있는 발행 주식수의 일부를 다시 매입하는 것을 말한다. 자사주 재매입이 기업가치와 주가에 미치는 영향에 있어 현금배당과 어떻게 다른지 살펴보자.

이를 위해 발행주식수가 50,000주이고 주가가 20,000원, 당기순이익이 100,000,000원인 기업을 생각해 보자. 이 기업의 현재 시장가치 재무상태표는 다음과 같다.

자사주 재매입(share repurchase)
기업이 기존에 발행되어 유통되고 있는 주식의 일부를 다시 매입하는 것

현금	100,000,000	부채	0
다른 자산	900,000,000	자기자본	1,000,000,000
총자산	1,000,000,000	부채와 자기자본	1,000,000,000

표 16.2
시장가치 재무상태표

그러면 주당순이익(earnings per share; EPS)과 주가수익비율(price earnings ratio; PER)은 다음과 같이 계산된다.

$$EPS = \frac{100,000,000원}{50,000주} = 2,000원$$

$$PER = \frac{주가}{EPS} = \frac{20,000원}{2,000원} = 10$$

이제 이 기업이 두 가지 대안을 생각하고 있다고 하자.

1) 주당 1,000원의 배당 지급
2) 주당 20,000원에 주식을 2,500주 재매입

먼저 대안 1)을 수행할 경우의 상황을 생각해 보자. 50,000주에 대해 주당 1,000원의 배당을 지급하므로 총 비용은 5천만 원이 되며 배당 지급 후의 시장가치 재무상태표는 〈표 16.3〉과 같다.

표 16.3
시장가치 재무상태표

현금	50,000,000	부채	0
다른 자산	900,000,000	자기자본	950,000,000
총자산	950,000,000	부채와 자기자본	950,000,000

자기자본이 9억 5천만 원으로 줄었으므로 배당 지급 후 주가는 다음과 같이 19,000원이 된다.

$$주가 = \frac{950,000,000원}{50,000주} = 19,000원$$

당기순이익은 전과 동일하게 100,000,000원이므로 EPS와 PER은 다음과 같이 계산된다.

$$EPS = \frac{100,000,000원}{50,000주} = 2,000원$$

$$PER = \frac{주가}{EPS} = \frac{19,000원}{2,000원} = 9.5$$

배당을 받은 구주주의 재산은 변화가 없다. 그 이유는 주가는 한 주당 1,000원이 감소하였으나 대신 배당을 1,000원 받았기 때문이다.

이제 주당 20,000원에 주식을 2,500주 재매입하는 대안 2)를 고려해 보자. 재매입으로 인해 새로운 주식수는 47,500주가 되고 시장가치 재무상태표는 〈표 16.4〉와 같이 변한다.

표 16.4
시장가치 재무상태표

현금	50,000,000	부채	0
다른 자산	900,000,000	자기자본	950,000,000
총자산	950,000,000	부채와 자기자본	950,000,000

이 경우 주가는 그대로 20,000원이 된다.

$$주가 = \frac{950,000,000원}{47,500주} = 20,000원$$

당기순이익은 그대로 100,000,000원이나 주식수가 줄었으므로 EPS와 PER은 다음과 같이 변한다.

$$EPS = \frac{100,000,000원}{47,500주} = 2,105원$$

$$PER = \frac{주가}{EPS} = \frac{20,000원}{2,105원} = 9.5$$

대안 1)과 2)를 비교하여 보면 〈표 16.5〉에서 보는 바와 같이 기존 주주들의 부와 기업가치에 변화가 없는 것을 알 수 있다. 따라서 불완전성이 없는 시장에서는 배당과 주식 재매입이 기업 가치에 미치는 효과가 동일하다는 것을 알 수 있다.

	기업가치	배당	주가	기존 주주 부 (배당+주가)	EPS	PER
배당지급	950,000,000	1,000	19,000	20,000	2,000	9.5
주식재매입	950,000,000	0	20,000	20,000	2,105	9.5

표 16.5
두 대안의 비교

요점

시장이 완전한 경우에는 배당을 지급하는 것과 주식 재매입을 하는 것은 기업가치와 구주주의 부에 동일한 영향을 미친다.

그러나 시장의 불완전성이 있는 경우는 두 대안 사이의 효과가 다를 수 있다. 특히 투자자와 경영자 사이에 정보비대칭(information asymmetry)이 있는 경우는 배당과 주식 재매입이 의미하는 신호(signal)가 다를 수 있다. 주식 재매입도 위에서 본 바와 같이 주주들에게 배당을 지급하는 방법이 될 수 있는데 그러나 배당의 경우와 같이 장기적으로 배당을 증가시켜야 하는 부담이 없고 한 번의 시행만 하여도 문제가 없다. 따라서 투자자들이 인식하는 신호의 내용이 다를 수 있다.

기업은 어떤 경우에 주식을 재매입하고자 할까? 여러 경우가 있겠으나 기업이 목표로 하는 것 이상으로 현금이 창출되었는데 이를 투자할 투자기회가 없거나 기업의 부채비율을 높이고자 할 때 주식을 재매입할 것이다. 뚜렷한 투자기회가 없는데도 불구하고 현금을 회사에 유보하면 잉여현금흐름(free cash flow)으로 인한 대리인 비용이 발생한다. 잉여현금흐름이란 모든 정(+)의 NPV 사업에 투자를 하고 남은 현금흐름을 말한다. 이러한 현금흐름이 기업 내에 쌓이게 되면 기업의 조직이 느슨해지고 비효율이 증가하게 된다.

잉여현금흐름(free cash flow)
모든 정(+)의 NPV 사업에 투자를 하고 남는 현금흐름을 말하며 이를 해소하지 않으면 기업 조직이 방만해 지는 등 대리인 비용 발생

이런 경우 주식 재매입을 하면 잉여현금흐름을 감소시키는 효과가 있다. 또한 이로 인해 부채비율이 높아지는데 이 역시 기업의 통제를 강화하는 수단이 된다. 부채비율이 높은 기업은 부도의 가능성을 항상 염두에 두고 기업을 건실하게 운영할 것이며 또한 자본시장으로부터 면밀한 감시감독을 받을 것이기 때문에 기업 가치 상승과 배치되는 행동을 하기 어려울 것이다. 주식 재매입 결정 공시가 있을 때 기업의 주가가 상승하는 것은 이러한 해석과 일관성이 있다.

주식 재매입은 경영자가 미래를 낙관한다는 신호의 역할을 하기도 한다. 가령 기업이 현재 주가 이상으로 주식을 재매입하는 경우 이는 경영진이 기업의 가치가 시장에서 저평가되었다고 믿는다는 신호의 역할을 한다. 특히 주식 재매입을 하면서 경영진들이 자신들이 보유한 주식을 매각하지 않거나 또는 지분을 늘린다면 이는 더욱 확실한 신호의 역할을 한다.

6. 주식배당과 주식분할

기업이 현금배당을 하지 않고 주식배당을 한다면 이는 주가에 어떠한 영향을 미칠까? 시장이 완전하다면 현금배당이 주주가치에 영향을 미치지 않는 것과 같이 주식배당도 영향을 미치지 않는다. 현금배당을 받으면 현금을 받는 대신 그만큼 주가가 하락할 것이기 때문에 주주의 부에는 변화가 없다. 주식배당을 받으면 기업의 가치는 주어진 상태에서 주식수가 증가하므로 주가는 하락할 것이나 기존 주주에 대한 주식의 수가 늘어나므로 역시 기존주주의 부에는 변화가 없다.

그러나 자본시장이 불완전하다면 주식배당과 주식분할이 기업가치에 영향을 미칠 수 있는데 그 이유는 다음과 같다. 첫째, 시장 참가자들은 선호하는 주식의 가격대가 있다는 것이다. 너무 싸면 좋지 않은 기업이라는 이미지가 있어서 주

식을 구매하지 않고 너무 비싸면 주당 가격이 비싸기 때문에 부담스러워서 주식을 구매하지 않는다는 것이다. 둘째, 최대주주가 경영권을 침해받지 않는 상황이라면 기업으로부터 현금이 빠져나가지 않으면서 유통주식수를 늘리기 때문에 유동성을 증가시키며 이는 주가에 긍정적 영향을 미친다는 것이다. 마지막으로 주식배당이나 주식분할이 신호의 역할을 한다는 것이다. 즉 주식을 분할하는 자체로는 기업가치에 영향을 미치지 않으나 경영자는 향후 주가가 상승할 것을 예상하는 경우에 주식을 분할하기 때문에 주가에 긍정적 영향을 미친다는 것이다.

1. 기업이 어느 한 해의 수익이 많이 나는 경우 정규현금배당보다는 특별배당을 지급하는 경우가 있는데 왜 그런가?

2. 배당정책의 효과를 검토할 때 특별히 유의할 사항은 무엇인가?

3. '배당무관련성 이론(dividend irrelevancy theory)'에 대해 다음에 답하라.

    1) '배당무관련성 이론'이란 무엇인가?

    2) '배당무관련성 이론'을 직관적으로 설명하라.

4. 저배당정책이 기업의 가치를 증가시킨다는 논리는 무엇인가?

5. 고배당정책이 기업의 가치를 증가시킨다는 논리는 무엇인가?

6. 배당률과 배당수익률은 어떻게 다른가?

7. 경영자들이 배당안정화를 추구하는 이유는 무엇인가?

8. '강산' 기업의 올해 예상 당기순이익은 300억 원이고 예상 자본투자액은 600억 원이다. 이 회사가 목표로 하는 부채–지분 비율은 3/20이다.

    1) 추가적인 증자 없이 지출할 수 있는 최대 자본투자액은 얼마인가?

    2) 이 기업이 잔여배당정책을 따른다면 배당액은 얼마인가?

9. '(주)푸른솔'은 현재 발행주식수가 6백 만주이고 주가가 2,000원, 당기순이익이 12억 원이다. 이 기업의 현재 시장가치 재무상태표는 다음과 같다.

시장가치 재무상태표

(단위 : 천 원)

현금	1,000,000	부채	0
다른 자산	11,000,000	자기자본	12,000,000
총자산	12,000,000	부채와 자기자본	12,000,000

이제 이 기업이 두 가지 대안을 생각하고 있다고 하자.

A. 주당 100원의 배당 지급
B. 주당 2,000원에 주식을 30만 주 재매입

다음 물음에 답하라.

1) 현재 이 기업의 주당순이익(earnings per share; EPS)과 주가수익비율(price earnings ratio; PER)은 얼마인가?

2) 대안 A를 수행할 경우 배당 지급 후의 시장가치 재무상태표를 작성하라.

3) 배당을 지급한 후의 주가는 얼마가 되는가?

4) 배당을 지급한 후의 EPS와 PER을 계산하라.

5) 구주주의 재산 변화는 얼마인가?

6) 대안 B를 수행하는 경우 시장가치 재무상태표를 작성하라.

7) 주식 재매입 후 주가는 얼마인가?

8) 주식 재매입 후 EPS와 PER을 계산하라.

9) 대안 A와 B에 따라 구주주들의 부가 변화하는가?

Financial
Management
Focusing on EVA

파생상품

파생상품 분야는 투자론의 한 분야이나 Black-Scholes 옵션 모형이 개발된 이후 꾸준히 이 분야에 대한 이론과 시장이 확장되고 있어 독립적인 영역을 구축하고 있다. 재무관리 분야 중 가장 깊은 수학적 지식이 요구되는 첨단 분야이다. 특히 최근에는 전통적인 채권, 주식 뿐 아니라 파생상품 개념을 활용한 매우 다양한 금융상품이 출현하고 있으므로 이에 대한 지식을 갖추는 것은 필수적이다. 특히 자본시장 통합법이 발효되어 이러한 추세는 향후 더욱 진전될 것으로 보이기 때문에 재무관리를 공부하는 사람들은 이 분야에 대한 공부를 착실히 해 둘 필요가 있다.

기존의 금융상품도 이미 파생상품적 요소를 가지고 있는 것들이 상당수 존재한다. 예를 들어 전환사채는 일반사채에 주식으로의 전환권을 합성한 것으로 그 가치는 일반채권의 가치와 전환권이라는 옵션의 가치를 합한 것이 된다. 또한 파생상품의 개념을 이해하면 기업의 가치도 전통적인 할인현금흐름에 의한 논리전개와는 다른 틀로 이해할 수 있으며 파생상품에 대한 평가를 활용하여 기업가치를 평가할 수 있다. 본 장에서는 파생상품에 대하여 가장 기본적이면서도 중요한 개념들을 소개함으로써 향후 이 분야에 대한 깊은 공부를 하기 위한 기초를 제공하고자 한다. 공부할 내용은 다음과 같다.

- 파생상품의 정의
- 선물과 옵션
- 옵션을 활용한 투자 전략
- 옵션가치 평가 모형
- 기업가치 평가의 새로운 틀

쉬어 가기

옵션가격 변동성

2001년 9월 11일 미국 자본주의의 심장부인 뉴욕시의 맨해튼에서 역사상 미증유의 테러가 발생하였다. 오사마 빈 라덴이 이끄는 알카에다의 자살폭탄 테러 조직은 민간 여객기를 납치하여 110층짜리 건물인 세계무역센터(World Trade Center) 쌍둥이 빌딩과 충돌하게 한 것이다. 이로 인해 2,996명의 사망자가 발생하고 수많은 부상자와 재산 피해를 가져 왔다.

그러나 옵션 투자자의 입장에서 9·11테러는 그야말로 대박의 기회였다. 금융회사에 다니던 H 씨는 향후 주식시장이 부진할 것으로 예상하고 9·11테러가 있기 전날 낮 정규시장에서 행사가격 62포인트인 9월물 풋옵션 11,800계약을 매수하였다. 이 풋옵션의 프리미엄은 0.01(1,000원)이었기 때문에 H 씨가 투자한 액수는 1,180만 원(11,800계약 × 1,000원)이었다. 그런데 정규 시장이 종료된 후 9·11테러가 발생하자 다음 날 주식시장은 곤두박질쳤고, 해당 풋옵션은 프리미엄이 2.71까지 상승하였다. 이로 인해 H씨는 하룻밤 사이에 투자원금의 271배인 31억 9,780만 원(11,800계약 × 271,000원)의 수익을 거두게 되었다.*

한편, 미국에서는 9·11테러 이전 1주일 전부터 풋옵션 매수 거래가 통계적으로 유의하게 증가하였다는 보고가 있었다. 만일 이러한 보고가 사실이라면 누군가는 이미 테러의 가능성을 알고 풋옵션을 매집한 것이 아닐까? 만일 풋옵션을 구매한 주체가 알카에다 조직이라면 이들은 자신들이 미워하던 미국에게 지금까지 유래가 없는 상처를 안기면서 자본시장을 이용해서는 엄청난 수익을 챙겨 그들의 입장에서는 역사에 남을 어마어마한 전공을 올린 셈이 되는 것이다.

* 한국경제신문, 9·11 테러 때 풋옵션 투자자 수백 배 대박, 생글생글 15호, 2005. 10. 17.

파생상품이란?

파생상품(derivatives) 또는 파생증권(derivative securities)이란 기초자산(underlying security)으로부터 가치가 파생되어 나오는 상품이나 증권을 총칭한다. 기초자산이란 파생상품의 가치를 결정짓는 기본자산을 말하는 것으로 모든 자산이 다 기초자산이 될 수 있으나 크게 실물자산(commodity)과 금융자산(financial asset)으로 나누어 볼 수 있다.

실물자산이란 원유, 면화, 금, 돈육, 콩, 옥수수, 커피, 설탕 등이 그 예이며, 금융자산은 이자율, 환율, 주가지수 등이 그 예이다.

 요점

파생상품은 기초자산으로부터 가치가 파생되는 상품으로 기초자산에는 실물자산과 금융자산이 있다.

파생상품(derivatives)
파생증권(derivative securities)
선물이나 옵션과 같이 기초자산으로부터 가치가 파생되는 상품이나 증권

기초자산(underlying asset)
파생상품의 가치를 결정하는 기본자산

파생상품의 종류

파생상품은 기초자산과 그 계약조건에 따라 무한히 많은 종류가 존재할 수 있다. 그러나 본 장에서는 가장 기초적이고 많이 사용되는 파생상품인 선물과 옵션에 대해 설명한다. 이에 대한 이해를 제대로 하면 여타의 다양한 파생상품들에 대한 이해도 이를 기초로 하여 좀 더 수월하게 할 수 있다.

2.1 선물

선물(futures) 또는 선물계약(futures contract)이란 현물 또는 현물계약과 상대되는 개념이다. 현물계약이란 우리가 일상적으로 물건을 사고파는 계약을 말한다. 물건을 사고팔기 위해서는 가격이 결정되어야 하는데 현물계약에 의하면 시장에서 결정된 현재의 가격으로 물건을 사고팔게 된다. 선물계약은 현재가 아닌 미래에 물건을 사고파는 계약을 말하는데 다만 가격은 현재 시점에서 결정하여 고정시키는 것이다.

정유회사의 예를 들어보자. 정유회사는 원유의 가격이 오르게 되면 수입단가가 비싸지므로 수익성이 악화될 수 있다. 그러나 미래의 원유 가격은 알 수가 없으므로 이러한 위험을 회피하기 위한 방안을 강구하여야 하는데 이에는 다음과

선물(futures)
선물계약(futures contract)
현재 시점에서 결정한 가격으로 미래에 상품을 사고파는 계약

같이 세 가지를 생각할 수 있다.

첫째, 원유의 가격 변동에 대해 아무런 조치를 취하지 않고 있다가 미래의 필요한 시점에서 당시의 시장가격으로 원유를 구매하는 방법이 있다. 이는 당연히 원유 가격 변동 위험(price risk)에 노출되는 문제가 발생한다.

둘째, 원유를 지금 구매하여 저장하고 있다가 미래의 필요한 시점에서 사용하는 방법이 있다. 이는 원유가의 변동 위험에서는 해방되나 당장 원유를 구매할 자금이 필요하게 된다. 물론 미래에도 구매자금이 필요하게 되겠으나 그렇다고 하더라도 최소한 그 기간에 상당한 이자비용이 발생한다. 또한 원유를 보관하는 비용도 추가로 발생하게 된다.

셋째, 선물시장을 이용하는 것이다. 즉 미래에 구매할 원유의 가격을 지금 결정하여 미래에 원유가격이 변동하더라도 이로 인한 위험을 피하는 방법이다. 이는 위의 두 번째와 같은 이자비용과 보관비용의 발생 없이 원유가의 변동위험을 회피하면서 필요한 물량을 확보하는 가장 좋은 방법이다.

가령 어떤 기업이 6개월 후에 배럴당 $120에 원유를 구매하는 선물계약을 맺었다고 하자. 만일 6개월 후에 원유가격이 치솟아 배럴당 $160이 되었다면 이 기업은 선물계약의 덕분으로 $40의 기회손실을 회피할 수 있게 된다. 이 기업은 6개월 후 당시의 원유가격이 아닌 미리 결정된 $120에 구매를 할 수 있기 때문이다. 반대로 6개월 후의 원유가격이 배럴당 $100이 되었다면 이 회사는 배럴당 $20의 기회손실을 입게 된다. 이를 그림으로 나타낸 것이 〈그림 17.1〉의 a) 도표이다.

한편 원유를 매도한 입장은 원유를 매입한 입장과는 정확하게 반대가 된다. 매입한 사람이 이익이 나면 매도한 사람은 손해가 나고 매입한 사람이 손해가 나면 매도한 사람은 이익을 보게 되는 것이다. 즉 선물을 포함한 파생상품의 거래는 전체적으로는 제로섬 게임(zero sum game)인 것이다. 매도한 측의 손익구조는 〈그림 17.1〉의 b) 도표에 나타나 있다. 종합적으로 볼 때 기초자산을 매수한 측은 기초자산의 가격이 오르면 이익이 되고 매도한 측은 기초자산의 가격이 내리면 이익이 된다.

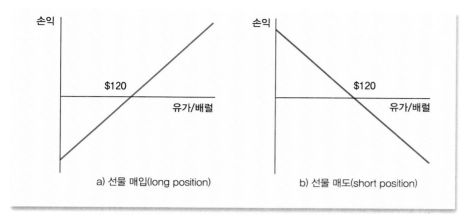

그림 17.1
선물 매입, 매도 손익구조

a) 선물 매입(long position)

b) 선물 매도(short position)

용어를 정리해 보자. 선물계약에 의해 기초자산을 사면 선물매입 포지션을 취하게 되며 이는 다른 말로 롱-포지션(long position)을 취한다고 한다. 반대로 기초자산을 팔면 선물매도 포지션을 취하게 되며 다른 말로 숏-포지션(short position)을 취한다고 한다. 또한 선물계약을 맺을 경우 위의 $120과 같이 기초자산을 인수도할 가격을 결정해야 하는데 이를 선물가격(futures price)이라고 한다. 그리고 미래의 어느 시점에서 기초자산을 인수도할 지 결정하여야 하는데 이 시점을 만기일(maturity date)이라고 한다.

선물계약은 현재 결정하는 선물가격(futures price)으로 만기일에 기초자산을 인수도하는 계약이다. 선물매입을 한 측은 기초자산의 가격이 오르면 이익이 되고, 선물매도를 한 측은 기초자산의 가격이 내리면 이익이 된다.

선물계약을 맺어 미래에 구매할 가격을 오늘 결정하면 기회 이익과 기회 손실이 다 가능하다. 그렇다면 왜 선물계약을 맺는가?

답 선물계약을 맺으면 미래의 기회 이익과 손실이 다 가능하다. 그러나 오늘 선물가격을 결정하여 가격을 고정함으로써 가격 변동 위험을 회피할 수 있기 때문에 선물계약을 맺는 것이다.

선물계약과 비슷한 계약 중에 선도(forward) 또는 선도계약(forward contract)이 있다. 이는 선물계약과 같이 현재 결정된 가격으로 미래에 기초자산을 인수도하는 것이나 선물계약과 같이 조직화되어 구체적인 시장에서 거래되지

선물매입 포지션(long position)
기초자산을 구매한 입장

선물매도 포지션(short position)
기초자산을 매도한 입장

선물가격(futures price)
선물계약 만기에 기초자산을 인수도하는 가격

만기일(maturity date)
선물계약에 의해 기초자산을 인수도하는 시점

선도(forward)
선도계약(forward contract)
선물계약과 비슷하나 선물계약과 같이 표준화되지 않아 선물거래소 이외에서 거래되는 계약

않는 거래를 말한다. 선물계약은 한국증권선물거래소에서 거래되고 있는데 이와 같이 조직화된 시장에서의 거래를 활성화하기 위해서는 모든 거래 절차나 조건들을 표준화 정형화할 필요가 있다. 그러나 선도계약의 경우는 같은 장소에서의 거래가 아닌 장외에서의 거래 당사자들 사이의 거래이기 때문에 당사자들의 조건이 우선하며 따라서 거래절차나 조건들이 정형화될 필요성이 높지 않다.

2.2 선물가격 결정

선물가격 결정은 기초자산과 거래 조건에 따라 다양하지만 여기에서는 가장 단순한 거래의 예를 들어 가격 결정을 직관적으로 설명한다. 설명의 편의를 위하여 다음과 같은 표기를 사용한다.

T = 만기 시점 또는 만기(단위: 연)
S = 현재 기초자산 가격
F = 선물가격
r = 무위험이자율

그리고 모형을 도출하기 위하여 다음과 같은 가정을 한다. 첫째, 세금과 거래비용이 없다. 둘째, 무위험이자율로 언제든 차입과 예금이 가능하다.

이제 다음과 같은 투자 전략을 생각해보자.
1) 기초자산 한 단위를 구매한다.
2) 기초자산 한 단위에 대해 선물매도 계약을 한다.

표 17.1
전략으로부터의 현금흐름

	t	T
1)의 현금흐름	$-S$	S_T
2)의 현금흐름	0	$F - S_T$
합	$-S$	F

그러면 〈표 17.1〉과 같은 현금흐름이 발생한다. 먼저 현재 시점 t에서의 상황을 보면 거래 1)에 의해 기초자산을 구매해야 하므로 S만큼 지출이 발생할 것이다. 거래 2)는 선물계약이므로 현재 시점에서의 현금흐름은 없다. 만기 시점인 T에서의 현금흐름을 보면 먼저 거래 1)에 의해 구매한 자산의 가치가 S_T가 된다. 다음으로 거래 2) 선물매도 포지션에 의해 선물가격 F를 받고 기초자산을 매도해야

하는데 이로부터의 현금흐름은 $F - S_T$가 된다. 이제 두 거래의 합을 구하면 현재 시점에서는 $-S$, 만기 시점에서는 F가 되는데 결국 현재 S를 투자하여 만기에 F를 받게 되는 구조이다. 특히 F는 t시점에 이미 결정된 가격으로 불확실성이 존재하지 않으므로 F는 S의 투자로 인해 무위험수익률을 버는 가치가 되어야 한다. 따라서 다음과 같은 조건이 성립되어야 한다.

$$F = Se^{rT} \qquad r\text{이 연속복리수익률인 경우} \qquad \textbf{(17.1)}$$
$$F = S(1+r)^T \qquad r\text{이 이산형수익률인 경우} \qquad \textbf{(17.2)}$$

위의 두 식은 동일한 의미를 나타내고 있다. 즉 선물가격 F는 기초자산 가치 S를 무위험이자율 r로 투자했을 때의 미래가치가 된다는 것이다. 수익률이 연속복리수익율이면 식 (17.1)을 쓰고 그렇지 않으면 (17.2)를 쓰는 것이다.

식 (17.1)과 (17.2)는 균형조건이기도 하다. 시장이 균형을 이루는 상태에서는 차익거래(arbitrage)가 존재하지 않아야 하는데 이를 만족시키는 조건인 것이다. 즉 위의 〈표 17.1〉에서 보는 바와 같이 현재 S를 투자하여 미래에 위험 없이 수익 F를 얻는다면 F는 무위험이자율 r로 계산한 S의 미래가치와 동일해야 하는 것이다. 그렇지 않다면 당연히 차익거래가 일어날 것이다.

선물가격은 차익거래가 존재하지 않는다는 균형조건을 이용하여 얻어진다. 직관적으로 선물가격은 현물가격을 무위험이자율로 계산한 미래가치이다.

2.3 옵션

선물과 함께 가장 잘 알려진 파생상품 중의 하나는 옵션(option)이다. 옵션이란 미래의 일정 시점에 또는 일정 시점까지 기초자산을 특정한 가격에 사거나 팔 수 있는 권리이다. 여기서 기초자산을 살 수 있는 권리를 콜옵션(call option)이라 하고 팔 수 있는 권리를 풋옵션(put option)이라 한다.

예를 들어, 기초자산인 주식을 3개월 후에 10,000원에 살 수 있는 콜옵션을 생각해 보자. 만일 3개월 후에 주식의 가격이 14,000원이라면 당신은 콜옵션을 행사(exercise)하여 14,000원짜리 주식을 단지 10,000원을 주고 살 것이며 이로부터의 이익은 4,000원이다. 만일 3개월 후의 주가가 7,000원이라면 당신은 옵션을 행사하지 않을 것이다. 왜냐하면 단지 7,000원짜리 주식을 10,000원을 주고 사면

3,000원 손해가 나기 때문이다. 이와 같이 상황이 본인에게 유리하면 행사하고 불리하면 행사하지 않아도 되는 권리가 옵션이다.

 문제 선물계약도 옵션계약과 같이 권리를 획득하는 것인가?

 답 선물매수 포지션과 옵션매수 포지션을 비교해보자. 선물매수 포지션에 의하면 기초자산의 가격이 오르면 유리하고 가격이 내리면 불리하다. 그러나 상황의 유·불리에 관계없이 선물매수 포지션을 취한 투자자는 선물가격을 내고 기초자산의 인도를 받아야 하며 이는 의무(obligation)이다. 한편 옵션매수 포지션을 취한 투자자는 기초자산의 가격이 오르면 옵션을 행사하여 이익을 보고 가격이 내리면 옵션을 행사하지 않으면 된다. 즉 옵션매수자는 의무가 아닌 선택권(option)을 가지고 있는 것이다.

옵션만기일(expiration date)
옵션의 행사가 이루어지는 시점. 이후로는 옵션이 소멸됨

행사가격(exercise price, strike price, striking price)
옵션의 행사시 지불하거나 수취하는 가격

내재가치(intrinsic value)
옵션의 행사시 얻는 수익. 기초자산의 가치와 행사가격의 차이

용어의 정리를 한다. 위의 예에서 옵션을 행사하기까지의 기간인 3개월을 옵션만기일(expiration date)이라 하고, 옵션을 행사할 때 지불하는 가격 10,000원을 행사가격(exercise price, strike price, striking price)이라고 한다. 콜옵션의 경우에는 옵션의 행사시 지불하는 가격이고 풋옵션의 경우에는 옵션의 행사시 수취하는 가격이다. 그리고 주가가 14,000원인 경우의 예에서 보는 바와 같이 옵션을 행사함으로써 얻는 가치 4,000원을 내재가치(intrinsic value)라고 한다. 콜옵션의 경우 내재가치는 주가에서 행사가격을 차감한 것이다.

옵션가격(option price)
옵션가치(option value)
옵션 프리미엄(option premium)
옵션을 구입할 때 지불하는 가격

옵션은 그 소유자에게 선택권을 부여하기 때문에 옵션을 무상으로 취득할 수는 없으며 자본시장에서 이의 가격이 결정된다. 위의 예에서 만일 콜옵션의 가격이 1,000원이라면 투자자는 먼저 이 가격을 주고 콜옵션을 구매하여야 하므로 손익이 달라진다. 이와 같이 옵션을 구매할 때 지불하는 가격을 옵션가격(option price), 옵션가치(option value), 또는 옵션 프리미엄(option premium)이라고 한다. 이 경우의 손익구조가 〈그림 17.2〉의 a)에 나타나 있는데 가령 3개월 후에 주식가격이 14,000원이라면 옵션을 행사함으로써의 이익 4,000원에서 옵션 구매가 1,000원을 뺀 3,000원이 순수익이 된다. 그림에서 보는 바와 같이 기초자산인 주가가 11,000 이상이 되어야 순이익이 양수가 된다.

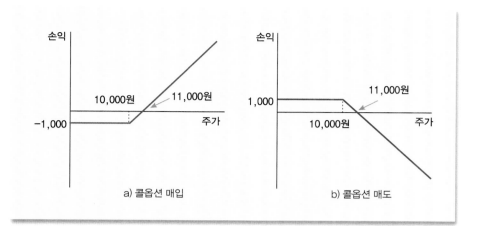

그림 17.2
콜옵션 매입, 매도 손익구조

 문제 만일 주가가 10,500원이라면 콜옵션을 행사하여야 하는가, 행사하지 말아야 하는가?

답 옵션을 행사하면 이로부터 500원의 이익이 나므로 옵션구입 비용 1,000원을 제하면 순손실은 -500원이다. 그러나 옵션을 행사하지 않으면 옵션구입 비용 1,000원이 순손실이 된다. 따라서 옵션을 행사하는 것이 유리하다. 따라서 콜옵션은 기초자산의 가격이 행사가격 이상이면 언제나 행사를 하는 것이 옳다.

옵션의 행사가격과 관련하여 현재 기초자산의 가격이 옵션을 행사할 수 있는 범위에 있으면 내가격옵션(in-the-money option)이라 하고 행사할 수 없는 범위에 있으면 외가격옵션(out-of-the-money option)이라 한다. 현재의 기초자산 가격이 행사가격과 같다면 등가격옵션(at-the-money option)이라 한다.

내가격옵션(in-the-money option)
기초자산의 가격이 옵션을 행사할 수 있는 범위에 있는 옵션

외가격옵션(out-of-the-money option)
기초자산의 가격이 옵션을 행사할 수 없는 범위에 있는 옵션

등가격옵션(at-the-money option)
기초자산의 가격이 행사가격과 같은 옵션

문제 콜옵션은 언제 내가격옵션이 되는가?

답 콜옵션은 기초자산의 가격이 행사가격보다 높을 때 내가격 옵션이 된다.

문제 풋옵션은 언제 내가격옵션이 되는가?

답 풋옵션은 현재 기초자산의 가격이 행사가격보다 낮을 때 내가격 옵션이 된다.

문제 내가격옵션과 외가격옵션은 어느 것이 더 비싼가?

답 당연히 내가격옵션이 외가격옵션이나 등가격옵션보다 값이 비싸다.

〈그림 17.2〉의 b)는 콜옵션을 매도한 사람의 손익구조를 보이고 있다. 콜옵션 매도 포지션은 콜옵션 매수 포지션의 반대이므로 손익구조가 x축을 기준으로 대칭인 것을 알 수 있다. 역시 전체적으로는 제로섬게임인 것이다.

문제 옵션을 매도한 사람도 권리를 가지고 있는가?

답 옵션을 매도한 사람은 옵션을 매수한 사람이 행사하는 경우 이에 응해야 한다. 따라서 옵션의 매도자는 매수자와는 달리 의무를 지고 있다는 것을 알 수 있다. 〈그림 17.2〉에서 보는 바와 같이 주가가 10,000원 이상이 되면 옵션매수자가 콜옵션을 행사하므로 이에 응해야 하고 주가가 11,000원 이상이 되면 매도자가 손해를 보게 되는 것을 알 수 있다.

이제 풋옵션의 경우 손익구조를 살펴보자. 어떤 투자자가 만기 3개월, 행사가격 10,000원인 풋옵션을 2,000원에 매입한 경우의 손익구조가 〈그림 17.3〉의 a)에 나타나 있다. 만일 기초자산의 가치가 13,000이라면 풋옵션 보유자는 자신의 옵션을 행사하지 않을 것이다. 그 이유는 행사가격 10,000원을 받고 13,000원짜리 주식을 매도하는 것은 손해이기 때문이다. 이 경우 풋옵션의 가격 2,000원이 순손실액이 된다. 만일 주가가 7,000원으로 떨어진다면 풋옵션 보유자는 이를 행사할 것이다. 7,000원짜리 주식을 행사가격 10,000원에 매도할 수 있으므로 3,000원의 이익이 난다. 하지만 풋옵션의 구매가 2,000원을 차감하여야 하므로 순이익은 1,000원이 된다. 〈그림 17.3〉에서 보는 바와 같이 이 경우 투자자는 주가가 8,000원 이하로 하락하여야 순이익이 발생한다. 반대로 풋옵션을 매도한 사람은 주가가 8,000원 이하로 하락하면 순손실이 발생한다.

그림 17.3
풋옵션 매입, 매도 손익구조

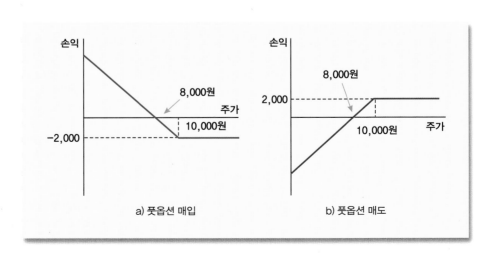

옵션의 행사시기와 관련하여 지금까지는 설명의 편의상 옵션의 행사가 만기일에만 이루어지는 것으로 가정하였다. 이와 같은 옵션을 유럽형 옵션(European option)이라 한다. 그러나 옵션의 행사일까지 언제나 행사가 가능한 옵션도 있다. 이와 같은 옵션을 미국형 옵션(American option)이라 한다.

유럽형 옵션(European option)
만기일에만 옵션의 행사가 가능한 옵션

미국형 옵션(American option)
만기일뿐만 아니라 그 이전에도 옵션의 행사가 가능한 옵션

 문제 여타의 모든 조건이 같다면 미국형 옵션과 유럽형 옵션 중 어느 것이 더 비쌀까?

> **답** 미국형이 행사시점에 있어 더 융통성이 있으므로 미국형 옵션의 가격이 유럽형 옵션의 가격보다 비싸다.

 문제 미국형 옵션의 가격은 내재가치(intrinsic value)보다 크다. 왜 그런가?

> **답** 미국형 옵션의 가격은 내재가치보다 커야만 한다. 내재가치는 옵션을 당장 행사할 때의 가치이다. 미국형 옵션을 보유하고 있으면 보유자의 결정에 따라 옵션을 당장 행사할 수도 있지만, 상황에 따라 좀 더 기다릴 수도 있다. 옵션을 보유한 포지션의 이러한 유연성 때문에 미국형 옵션의 가치가 바로 행사해야만 하는 내재가치보다 커야 한다.

 요점

옵션에는 콜옵션과 풋옵션이 있다. 콜옵션은 행사가격에 기초자산을 살 수 있는 권리이고, 풋옵션은 행사가격에 기초자산을 팔 수 있는 권리이다. 콜옵션을 매입한 사람은 기초자산의 가격이 오를수록 유리하고 매도한 사람은 기초자산의 가격이 오를수록 불리하다. 반대로 풋옵션을 매입한 사람은 기초자산의 가격이 하락할수록 유리하고 기초자산의 가격이 상승할수록 불리하다. 만기일에만 행사할 수 있는 옵션은 유럽형이라 하고 만기일 전 어느 때나 행사가 가능한 옵션은 미국형이라 한다.

〈그림 17.2〉의 a)에서 보는 바와 같이 콜옵션의 구조를 보면 기초자산의 가격이 아무리 내려가도 손실의 규모는 1,000원으로 한정되어 있고 반면에 기초자산의 가격이 오르는 경우는 이론적으로 순익의 상한이 없기 때문에 콜옵션이 매우 안전한 증권이며 따라서 콜옵션 투자 역시 매우 안전한 것으로 생각할 수 있다. 그러나 이는 매우 중대한 착각이며 콜옵션을 포함한 파생상품의 투자는 매우 위험도가 높은 투자라는 점을 알아야 한다. 다음의 예가 이를 증명한다.

 예 '강남' 기업의 현재 주가와 옵션의 조건 및 가격은 다음과 같다.

옵션만기 3개월, 행사가격 10,000원, 현재주가 10,500원, 현재 콜옵션가격 1,000원.
이 경우 콜옵션의 내재가치는 10,500 − 10,000 = 500원이다. 콜옵션을 보유한 경우 향후 주

가가 매우 오를 가능성도 있기 때문에 콜옵션의 가격은 최소한 내재가치보다는 클 것이며 본 예에서는 이를 1,000원으로 설정하였다. 물론 주가가 내려갈 가능성도 있으나 이 경우는 손실의 한도가 −1,000원으로 정해져 있기 때문에 주가가 상승하는 경우에 비해 상대적으로 큰 문제가 아니다.

이제 3개월 후 주가가 15,000원이 되었다고 하자. 이 경우 주가의 상승폭은 10,000원에서 15,000원이 되어 50%이다. 그러나 옵션을 구입한 투자자의 수익률은 이 보다 훨씬 높다. 즉 옵션을 구매하기 위해 1,000원을 투자하였는데 만기에 옵션을 행사하여 5,000원의 수익을 얻었으므로 500%의 수익률이 난 것이다. 반대로 3개월 후 주가가 7,000원이 되었다고 하면 투자자는 옵션을 행사하지 않을 것이므로 옵션 구입 대금 1,000원의 손실을 보게 된다. 이 경우 주식가격의 하락폭은 30%이나 옵션으로부터의 손실은 옵션구매가 1,000원이며 이는 −100% 수익률이다.

이 예를 표로 정리해 보면 다음과 같다. 〈표 17.2〉에서 보는 바와 같이 기초자산의 변화율에 비해 파생상품인 옵션 수익률의 변화는 엄청나게 큰 것을 알 수 있다. 이를 증폭효과 또는 레버리지 효과라고 하는데 옵션 시장에 투자하는 것은 매우 신중한 분석 후에 이루어져야 함을 보이고 있다.

표 17.2
옵션 투자의 레버리지 효과

	3개월 후 주가 = 7,000	3개월 후 주가 = 15,000
주식변화율	−30%	50%
옵션수익률	−100%	500%

요점

파생상품의 가격은 레버리지 효과가 매우 크기 때문에 기초자산 가격에 비해 훨씬 많이 변동한다.

3. 파생상품 투자 전략

헤징전략(hedging strategies)
위험을 회피하는 것을 목적으로 하는 전략

공격적 전략(speculative strategies)
위험 관리보다는 수익 창출을 목적으로 하는 전략

차익거래전략(arbitrage strategies)
두 시장 사이의 가격차이를 이용하여 수익을 추구하는 전략

파생상품은 그 속성상 매우 레버리지, 즉 가치의 증폭효과가 높기 때문에 다양한 위험관리 및 투자전략을 효과적으로 수행할 수 있게 해 준다. 이러한 전략에는 현재 보유하고 있는 자산의 위험을 회피하기 위한 헤징전략(hedging strategies), 적정한 위험 수준을 감수하면서 적극적으로 수익을 추구하는 공격적 투자 전략 또는 투기전략(speculative strategies), 동일한 또는 유사한 상품에 대한 서로 다른 시장 사이의 가격 차이를 이용한 차익거래전략(arbitrage strategies) 등이 포함된다. 파생상품을 활용하면 무한히 많은 종류의 전략과 손익구조를 창출해 낼 수 있다. 따라서 이를 사용하는 투자자의 목표 손익구조만 정확히 정

의할 수 있다면 이를 달성하기 위한 파생상품 전략을 도출해 낼 수 있다. 본 절에서는 옵션을 이용한 대표적인 전략 및 이의 손익구조를 소개한다.

3.1 기초자산과 옵션의 결합

우선 기초자산과 옵션의 결합을 살펴보면 〈그림 17.4〉와 같은 전략을 생각할 수 있다. 그림에서 K는 행사가격, S_T는 만기의 주가를 나타낸다. a)는 기초자산 매입, 콜옵션 매도, b)는 기초자산 매도, 콜옵션 매입, c)는 기초자산 매입, 풋옵션 매입, d)는 기초자산 매도 풋옵션 매도를 나타낸다. 특히 전략 a)는 covered call이라는 특별한 이름으로 불리는데 그 이유를 설명하기 위해 기초자산의 매입 없이 콜옵션만 매도하는 포지션(naked call)을 생각해 보자. 이 경우 주가가 상승하여 옵션 구매자가 옵션을 행사하면 옵션의 매도자는 행사시점의 주가로 주식을 구매하여 이에 응해야 하므로 그림에서 콜옵션 매도 포지션을 나타내는 점선이 보이는 바와 같이 상당한 위험에 노출되게 된다. 그러나 콜옵션을 매도하는 동시에 혹시 발생할 상황에 대비하여 주식을 구매해 놓으면 a)의 실선과 같은 손익구조를 갖게 되므로 주가가 오르더라도 오히려 이익을 보게 된다. 따라서 naked call 포지션이 주식 가격의 상승으로 인해 보호가 된다는 의미에서 covered call 포지션이라 부르는 것이다. 그리고 covered call 포지션은 풋옵션을 매도한 포지션과 동일함을 알 수 있다.

covered call
기초자산을 매입하면서 콜옵션을 매도하는 전략

naked call
기초자산의 매입 없이 콜옵션만 매도하는 전략

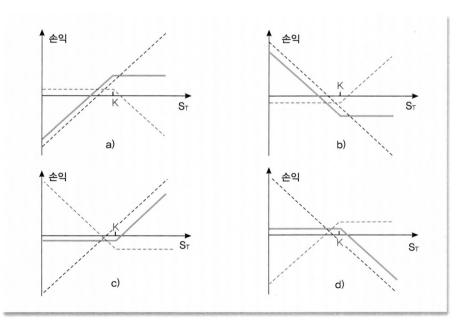

그림 17.4
기초자산과 옵션의 결합 전략

전략 b)는 전략 a)와 반대이므로 최종적인 손익구조도 반대로 나타난다. 즉 주식을 매도하고 콜옵션을 매입하면 풋옵션을 매입한 포지션이 도출된다. 이런 의미에서 합성 풋(synthetic put) 전략이라고 불린다. 이는 시장에서 원하는 풋옵션을 구매할 수 없는 경우 기초자산과 콜옵션을 이용하여 풋옵션을 구매한 것과 동일한 효과를 달성하는 방법이다.

전략 c) 역시 포트폴리오 보험(portfolio insurance)이라는 별명이 붙여져 있는데 그 이유는 다음과 같다. 가령 펀드를 운영하는 펀드매니저를 생각해 보자. 이 사람은 주가가 오르면 좋지만 내려가면 〈그림 17.4〉의 c)에서 보는 바와 같이 펀드의 손실이 계속 발생하게 된다(기초자산을 나타내는 점선). 이 경우 펀드매니저가 예를 들어 주가지수풋옵션을 구입한다면 손익구조가 c)의 실선과 같아져 주가의 하락에도 불구하고 손실의 폭을 한정할 수 있고 상승시에는 그 이점을 다 누릴 수 있다. 따라서 이 펀드매니저가 풋옵션을 사는 것은 자신의 포트폴리오 가치의 하락을 방어하기 위한 것이며 풋옵션 가격은 이를 위한 보험료라고 해석할 수 있다. 따라서 이를 포트폴리오 보험이라고 부르는 것이다.

전략 d)는 전략 c)와 반대이며 따라서 최종 손익구조도 반대이다. 전략 c)는 콜옵션을 매입하는 포지션과 같고 전략 d) 콜옵션을 매도하는 포지션과 같다. 이와 같은 관계는 뒤의 풋-콜 패리티(put-call parity)에 의해 좀 더 자세하게 설명될 것이다. 실무적인 의미로는 만일 시장에서 자신이 구입하고자 하는 옵션이 없다고 하더라도 다른 자산과 옵션을 합성하면 같은 효과를 도출할 수 있다는 것이다.

3.2 같은 종류의 옵션 결합

수직스프레드(vertical spread, money spread, strike spread)
행사가격이 서로 다른 두 콜옵션이나 풋옵션을 사용하여 도출하는 스프레드
수평스프레드(horizontal spread, calendar spread, time spread)
만기가 서로 다른 두 콜옵션이나 풋옵션을 사용하여 도출하는 스프레드

같은 종류의 옵션을 결합하여 손익구조를 도출하는 전략을 말한다. 이에는 행사가격이 다르지만 같은 종류의 옵션을 사거나 파는 전략인 수직스프레드(vertical spread, money spread, strike spread)와 만기가 다르지만 같은 종류의 옵션을 사고파는 수평스프레드(horizontal spread, calendar spread, time spread), 그리고 나비스프레드(butterfly spread) 등이 있다.

3.2.1 수직스프레드

　수직스프레드는 행사가격이 다른 두 콜옵션이나 두 풋옵션을 사용하는 전략으로 〈그림 17.5〉에서 보는 바와 같이 기초자산의 가격이 오를 때 수익이 높아지는 강세스프레드(bull spread)와 〈그림 17.6〉에서 보는 바와 같이 기초자산의 가격이 하락할 때 수익이 높아지는 약세스프레드(bear spread)가 있다.

강세스프레드(bull spread)
기초자산 가격의 상승을 예상하고 구성하는 스프레드 전략
약세스프레드(bear spread)
기초자산 가격의 하락을 예상하고 구성하는 스프레드 전략

그림 17.5
강세스프레드(bull spread)

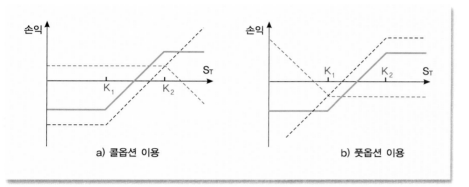

a) 콜옵션 이용

b) 풋옵션 이용

　〈그림 17.5〉의 a)는 콜옵션을 이용하여 강세스프레드를 도출하는 전략을 보이고 있다. 행사가격이 낮은(K_1) 콜옵션을 매입하고 행사가격이 높은(K_2) 콜옵션을 매도한다. b)는 행사가격이 낮은(K_1) 풋옵션을 매입하고 행사가격이 높은(K_2) 풋옵션을 매도하여 강세스프레드를 구성하는 전략이다. 강세스프레드는 향후 기초자산의 가격이 오를 것으로 예상할 때 구성하는 전략이다.

고급질문

향후 기초자산의 가격이 오를 것으로 예상한다면 그냥 콜옵션을 구매해도 되는데 왜 스프레드를 구성하는가?

 　스프레드는 콜옵션을 구매하는 것보다 더 저렴한 비용으로 구성할 수 있는 전략이기 때문이다. 그 이유는 행사가격이 낮은 콜옵션을 사는 비용의 일부를 행사가격이 높은 콜옵션을 매도한 값으로 충당할 수 있기 때문이다. 그러나 비용이 낮은 대신 그에 상응하는 손실도 있다. 그냥 콜옵션을 구입하면 주가 상승으로부터의 이익에 상한이 없으나 강세스프레드를 구성하면 〈그림 17.5〉에서 보는 바와 같이 이익에 상한이 존재한다.

그림 17.6
약세스프레드(bear
spread)

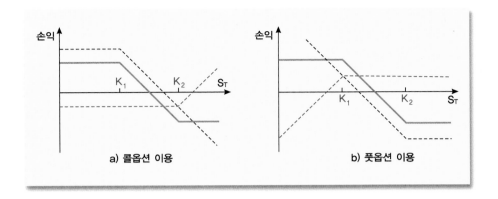

a) 콜옵션 이용   b) 풋옵션 이용

〈그림 17.6〉의 a)는 콜옵션을 이용하여 약세스프레드를 구성하는 전략을, b)는 풋옵션을 이용하여 약세스프레드를 구성하는 전략을 보이고 있다. 두 경우다 강세스프레드 전략과는 반대로 행사가격이 낮은(K_1) 옵션을 팔고 행사가격이 높은(K_2) 옵션을 사야 한다. 약세스프레드 전략은 기초자산 가격이 하락할 것을 예상하는 경우에 구성한다.

3.2.2 수평스프레드

〈그림 17.7〉은 만기만 서로 다른 같은 종류의 옵션을 사용하여 구성하는 수평스프레드를 보이고 있다. a)는 만기가 긴 콜옵션을 매입하고 만기가 짧은 콜옵션을 매도한 경우의 손익구조이고, b)는 만기가 긴 풋옵션을 매입하고 만기가 짧은 풋옵션을 매도한 경우의 손익구조이다. 만기가 짧은 옵션의 만기일이 되었을 때 만기가 긴 옵션은 아직 만기까지 기간이 남아 있으므로 손익구조를 나타내는 그래프가 곡선의 형태를 띠고 있다. 두 전략 모두 기초자산의 가격 변동이 크지 않을 것을 예상할 때 유효한 전략이다.

그림 17.7
수평스프레드(horizontal
spread)

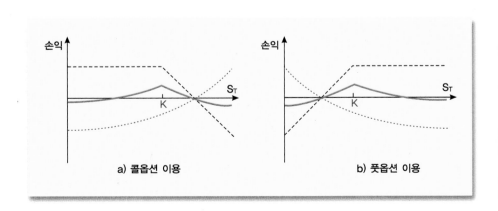

a) 콜옵션 이용   b) 풋옵션 이용

3.2.3 나비스프레드

〈그림 17.8〉은 나비스프레드(butterfly spread)의 손익구조를 보이고 있다. 나비스프레드의 경우 행사가격이 다른 세 가지의 콜옵션이나 풋옵션을 사용하여 구성한다. a)는 콜옵션을 사용하는 경우의 손익구조로 행사가격이 가장 낮은 (K_1) 콜옵션과 가장 높은 (K_3) 콜옵션을 사고 행사가격이 중간인 (K_2) 콜옵션 2개를 매도하는 전략이다. b)는 풋옵션을 사용하는 경우로 역시 행사가격이 가장 낮은 (K_1) 풋옵션과 가장 높은 (K_3) 풋옵션을 사고 행사가격이 중간인 (K_2) 풋옵션 2개를 매도하는 전략이다. 나비스프레드는 기초자산의 가격 변동이 심하지 않을 것으로 예상하는 경우에 유효한 전략이다.

나비스프레드(butterfly spread)
행사가격이 다른 세 개의 콜옵션이나 풋옵션 중 중간 수준의 행사가격을 갖는 옵션을 두 개 매도하고 가장 낮고 가장 높은 행사가격의 옵션을 매수하여 형성하는 전략

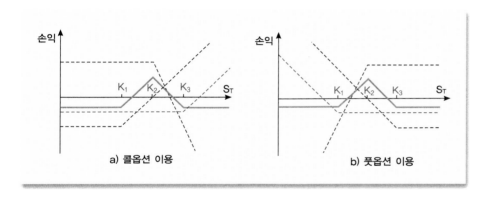

그림 17.8
나비스프레드

3.3 다른 종류의 옵션 결합

서로 다른 두 종류의 옵션, 즉 콜옵션과 풋옵션을 결합하는 전략에는 스트랭글(strangle), 스트래들(straddle), 스트립(strip), 스트랩(strap) 등이 있다.

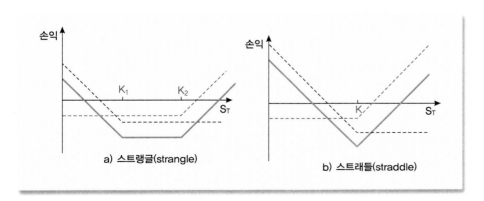

그림 17.9
스트랭글과 스트래들

스트랭글(strangle)
높은 기초자산의 변동성
을 예상하여 행사가격이
다른 콜옵션과 풋옵션을
매입하여 형성하는 전략

스트래들(straddle)
높은 기초자산의 변동성
을 예상하여 행사가격이
같은 콜옵션과 풋옵션을
매입하여 형성하는 전략

〈그림 17.9〉의 a)에서 보는 바와 같이 행사가격이 높은 콜옵션과 행사가격이 낮은 풋옵션을 동시에 매입하면 스트랭글(strangle) 포지션을 취할 수 있다. 스트래들(straddle)은 행사가격이 같은 콜옵션과 풋옵션을 동시에 매입하는 전략이다. 두 전략 모두 기초자산 가격의 방향은 알 수 없으나 변동성이 클 것이라고 예상하는 경우에 유효한 전략이다. 스트랭글이 스트래들에 비해 좀 더 변동성이 클 것이라고 확신하는 경우에 구사할 수 있는 전략이다.

고급질문

〈그림 17.9〉에서 스트래들의 행사가격 K가 스트랭글의 행사가격 K_1 과 K_2의 사이에 있다고 하자. 그렇다면 스트래들을 형성하는 것이 스트랭글을 형성하는 것보다 더 이익을 낼 범위가 넓어진다. 그렇다면 왜 굳이 스트랭글 전략을 추구하겠는가?

 스트래들에 비해 스트랭글을 구성하는 비용이 더 싸기 때문이다. 스트래들의 행사가격 K가 스트랭글의 행사가격 K_1 과 K_2의 사이에 있다면 콜옵션과 풋옵션 가격 사이에 다음과 같은 관계가 성립한다.

$c(K) > c(K_2)$

$p(K) > p(K_1)$

그 이유는 콜옵션의 경우 행사가격이 높을수록 내가격(in the money)이 될 확률이 낮고, 풋옵션의 경우는 행사가격이 낮을수록 내가격이 될 확률이 낮기 때문이다.

따라서 $c(K) + p(K) > c(K_2) + p(K_1)$ 이고 스트래들 전략의 비용이 스트랭글 전략의 비용보다 높음을 알 수 있다.

스트립(strip)
하나의 콜옵션과 복수의
풋옵션을 구매하는 전략

스트랩(strap)
하나의 풋옵션과 복수의
콜옵션을 구매하는 전략

〈그림 17.10〉은 스트래들 전략의 변형인 스트립(strip), 스트랩(strap)을 보이고 있다. 스트립은 콜옵션은 하나 매입하고 풋옵션은 여러 개 매입하는 전략이다. 반대로 스트랩은 풋옵션은 하나 매입하고 콜옵션은 여러 개 매입하는 전략이다. 복수의 옵션을 몇 개 구매하는가에 따라 기울기가 달라진다. 스트립과 스트랩도 변동이 클 것으로 예상할 때 구사하는 전략이다. 그러나 스트립은 기초자산의 가격이 내려갈 때 더 큰 수익이 발생하는 구조이고 스트랩은 기초자산의 가격이 올라갈 때 더 큰 수익이 발생하는 구조이다.

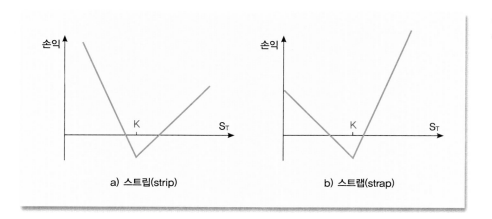

그림 17.10
스트립과 스트랩

a) 스트립(strip) b) 스트랩(strap)

옵션의 가치 평가

4.

4.1 옵션 평가 모형

옵션의 가치를 평가하는 모형에는 이항모형(binomial model), 블랙-숄즈 모형(Black-Scholes model) 등이 있다. 이항모형은 주가가 매 기간 상 하 두 가지로만 나타난다는 가정 하에 옵션가치를 평가하는 모형이다. 블랙–숄즈 모형은 이항모형과 함께 옵션 가격 결정 모형 중 가장 기본적이며 중요한 모형이다. 블랙–숄즈 모형은 기초자산의 가격이 로그정규분포(lognormal distribution)를 따른다는 가정 하에 도출된다. 기초자산의 가격이 로그정규분포를 따르면 수익률은 정규분포를 따르게 된다. 이에 의하면 유럽형 콜옵션과 풋옵션의 가치는 다음과 같은 식으로 계산할 수 있다.

$$c = S_0 N(d_1) - Ke^{-rT}N(d_2) \tag{17.3}$$

$$p = Ke^{-rT}N(-d_2) - S_0 N(-d_1) \tag{17.4}$$

$$d_1 = \frac{\ln(\frac{S_0}{K}) + (r + \frac{\sigma^2}{2})T}{\sigma\sqrt{T}}$$

$$d_2 = \frac{\ln(\frac{S_0}{K}) + (r - \frac{\sigma^2}{2})T}{\sigma\sqrt{T}} = d_1 - \sigma\sqrt{T} \tag{17.5}$$

표준정규분포(standard
normal distribution)
**평균이 0, 표준편차가 1인
정규분포**

누적표준정규분포
(cumulative standard
normal distribution)
표준정규분포의 누적분포

여기서, S_0는 현재 주가, K는 행사가격, r은 무위험이자율, σ는 수익률의 표준 편차, c는 유럽형 콜옵션의 가치, p는 유럽형 풋옵션의 가치이다. 또한 N(.)는 누적표준정규분포(cumulative standard normal distribution)의 값인데 이는 표준정규분포를 누적한 값이다. 표준정규분포(standard normal distribution)는 평균이 0, 표준편차가 1인 정규분포이다. 따라서 만일 $d_1 = 0$ 이라면 $N(d_1) = 0.5$가 된다.

문제 '청수' 주식회사의 현재 주가는 73,250원, 행사가격은 70,000원, 수익률의 표준편차는 0.40이다. 이 회사의 주가를 기초자산으로 하고, 만기가 44일인 콜옵션의 가치는 얼마인가? 무위험수익률은 6.5%이다.

답 먼저 주어진 정보를 일목요연하게 정리하면 다음과 같다.

$$S_0 = 73,250, \ K = 70,000, \ r = 0.065, \ T = 44/365 = 0.1205, \ σ = 0.4$$

이제 먼저 d_1과 d_2를 구하면 다음과 같다.

$$d_1 = \frac{\ln(\frac{73,250}{70,000}) + (0.065 + \frac{0.4^2}{2}) \times 0.1205}{0.4\sqrt{0.1205}} = 0.45$$

$$d_2 = d_1 - 0.4\sqrt{0.1205} = 0.31$$

따라서,

$$N(d_1) = N(0.45) = 0.6736$$
$$N(d_2) = N(0.31) = 0.6217$$

이제 이 값들을 식 (17.3)에 대입하면 다음과 같이 콜옵션의 가치를 계산할 수 있다.

$$c = 73,250 \times (0.6736) - 70,000e^{-0.065 \times 0.1205} \times (0.6217) = 6,161.7원$$

4.2 풋-콜 평형관계(put-call parity)

〈그림 17.4〉에서 기초자산과 콜(풋)옵션의 결합이 풋(콜)옵션 포지션과 같아지는 것을 알 수 있었다. 이제 이를 좀 더 명확히 이해하기 위해 다음과 같은 두 전략을 고려해 보자.

전략 1 : 콜옵션을 매입하고 행사가격 K의 현재가치만큼 무위험자산에 투자
전략 2 : 주식을 매입함과 동시에 풋옵션 매입

위의 전략에서 콜옵션과 풋옵션은 기초자산이 같아야 하고, 만기와 행사가격도 동일해야 한다. 그러면 전략 1과 2에 따른 만기의 손익구조는 〈그림 17.11〉과 같다.

그림 17.11
풋-콜 평형관계

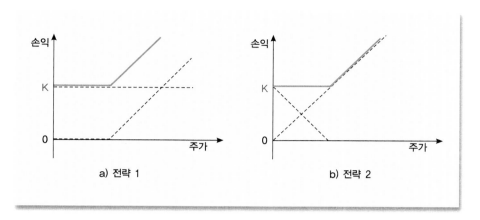

전략 1에 의하면 만기에 콜옵션의 수익구조에 행사가격 K를 합하여야 하므로 콜옵션의 수익구조가 K만큼 위로 평행이동하여 a)의 실선과 같은 수익구조가 나타난다. 전략 2에 의하면 만기시 주식의 가치에 풋옵션의 수익구조를 합하여야 하므로 역시 b)의 실선과 같은 수익구조가 나타난다. 이 둘을 비교하면 두 전략의 수익구조가 동일함을 알 수 있다. 만기에 실현되는 현금흐름이 동일하다면 현재에 투자하는 자금도 동일해야 균형 조건이 달성된다. 따라서 다음과 같은 식을 도출할 수 있다.

전략 1의 투자액 = 전략 2의 투자액

$$c + PV(K) = S + p \tag{17.6}$$

따라서 유럽형 콜옵션과 풋옵션 사이에는 식 (17.6)과 같은 관계가 존재하는데 이를 풋-콜 평형관계(put-call parity)라 한다. 이에 의하면 가령 콜옵션을 구입하고 싶은데 시장에 콜옵션이 없다면 풋옵션과 기초자산 그리고 무위험자산을 혼합하여 콜옵션과 같은 수익구조를 창출해 낼 수 있다. 즉 식 (17.6)을 변형하면 다음과 같은 식이 도출된다.

풋-콜 평형관계(put-call parity)
동일한 기초자산, 행사가격, 만기를 갖는 풋옵션과 콜옵션이 갖는 균형 관계

$$c = S + p - PV(K) \tag{17.7}$$

따라서 주식과 풋옵션을 동시에 매입하고 행사가격의 현재가치만큼 차입을 한다면 만기에 콜옵션과 동일한 수익구조를 도출할 수 있다.

5. 기업가치에의 응용

전통적인 기업 가치 평가는 할인현금흐름모형(discounted cash flow model)에 의해 이루어져 왔다. 즉 모든 실물 및 금융자산의 가치는 그 자산이 미래에 창출하는 현금흐름의 순현재가치라는 것이다. 그러나 옵션 가치 평가 모형은 새로운 기업 가치 평가의 틀을 제시한다.

〈그림 17.12〉에서 a)는 기업의 가치, b)는 부채의 가치, c)는 지분의 가치를 나타낸다. 먼저 b) 부채의 가치를 살펴보자. 현재 이 기업은 갚아야 할 부채의 원금이 F이다. 전통적인 해석에 의하면 기업의 가치(V)가 F보다 낮으면 기업이 부도가 나고 채권자들은 기업을 인수할 것이기 때문에 부채의 가치(D)는 기업의 가치와 동일하게 된다. 그러나 기업의 가치가 F보다 크면 부채를 갚을 것이므로 부채의 가치는 F와 동일하게 된다.

지분의 가치는 기업의 가치(V)에서 부채의 가치(D)를 차감하여 구할 수 있는데 이는 〈그림 17.12〉의 c)에 나타나 있다. 흥미로운 것은 지분의 가치가 콜옵션 매수 포지션과 비슷하다는 것이다. 따라서 콜옵션 가치 평가 방식으로 지분의 가치를 계산할 수 있다. 그렇다면 부채의 가치는 기업가치에서 지분의 가치인 콜옵션의 가치를 차감하면 구할 수 있다.

그림 17.12
기업, 부채, 지분의 가치

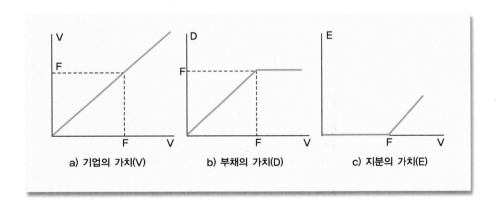

a) 기업의 가치(V) b) 부채의 가치(D) c) 지분의 가치(E)

기업의 가치 평가를 파생상품 관점에서 바라보기 위해 앞에서 배운 풋–콜 평형관계를 생각해보자.

$$c + PV(K) = S + p$$

일반적인 콜옵션이나 풋옵션의 가격이 기초자산의 가치에 의해 결정되는 것과 같이 〈그림 17.12〉의 지분의 가치(E)는 기초자산인 기업의 가치에 의해 결정된다. 또한 행사가격 K에 해당하는 것은 부채액수 F이다. 따라서 식 (17.6)의 풋–콜 평형관계식은 기업가치 평가의 관점에서 다음과 같이 변형될 수 있다.

$$c + PV(F) = V + p \tag{17.8}$$

이 식은 다시 다음과 같이 표현될 수 있다.

$$V - c = PV(F) - p \tag{17.9}$$

식 (17.9)에서 V−c＝기업가치－지분의 가치＝부채의 가치이다. 따라서 부채의 가치는 다음과 같이 해석이 가능하다.

해석 1 채권자가 기업을 소유하고 주주에게 기업을 F에 되살 수 있는 콜옵션을 발행한다.

즉, 부채의 가치＝V−c 이기 때문에 채권자의 포지션은 자신들이 기업을 소유하고(V) 주주에게 기업을 되살 수 있는 콜옵션을 발행해 준 것으로(−c) 해석할 수 있다는 말이다. 해석 1)에 의한 수익구조가 〈표 17.3〉에 나타나 있다. 주주의 포지션은 콜옵션을 가진 것으로 해석되기 때문에, 즉 E=Max(V−F, 0), 기업의 가치가 부채의 가치 F보다 크면 옵션을 행사하여 E=V−F가 될 것이고, 기업의 가치가 F보다 작으면 옵션 가치가 0이 되어 E=0이 될 것이다. 만기시의 채권자의 포지션은 D=V−E=V−Max(V−F, 0)로 나타낼 수 있는데 기업의 가치가 부채원금 F보다 클 때에는 콜옵션이 행사될 것이므로 부채의 가치는 V−(V−F)=F가 되며 반대로 기업이 부도가 나는 상태에서는 콜옵션이 행사되지 않을 것이므로 D=V가 된다. 이는 전통적인 해석의 경우와 같은 현금흐름이다.

		V ≥ F	V〈F
전통적 해석	D	D = F	D = V
	E	E = V − F	E = 0
해석 1	D = V − Max(V−F, 0)	D = V − (V − F) = F	D = V − 0 = V
	E = Max(V−F, 0)	E = V − F	E = 0
해석 2	D = F − Max(F−V, 0)	D = F − 0 = F	D = F − (F−V) = V
	E = V − {F−Max(F−V, 0)}	E = V − {F−0} = V−F	E = V − {F−(F−V)} = 0

표 17.3
파생상품 개념을 이용한 기업가치의 평가

해석 2 채권자는 기업의 무위험채권을 매입하고 주주들에게 부도(default) 옵션을 준다.

부도옵션(default option)
기업의 가치가 채무의 가치에 미달할 때 채무액에 기업을 매각할 수 있는 옵션

이는 식 (17.9)에서 채권자의 포지션은 PV(F) − p로 표현되는 것에 근거한 것으로 다음과 같이 이해할 수 있다.

$$위험채권의 \ 가치 = 무위험채권의 \ 가치 − 부도옵션 \qquad \text{(17.10)}$$

즉, PV(F)는 F를 무위험이자율로 할인한 값이기 때문에 만기에는 확실히 F를 받을 수 있다. 따라서 PV(F)는 무위험채권의 현재가치이며 채권자는 이를 매입한 것으로 보는 것이다. 다음으로 부도 옵션인데 채권자가 부도옵션을 주주들에게 발행한 것으로(−p) 해석하는 것이다. 이러한 해석에 근거한 만기시 채권자에 대한 현금흐름은 D = F − Max(F−V, 0)이다.

해석 2)에 근거한 만기시 현금흐름이 〈표 17.3〉에 나타나 있다. 기업가치가 F보다 높아서 부도가 나지 않는 경우는 채권자는 F를 받는다. 주주들은 자신들이 보유하고 있는 풋옵션이 외가격이므로 채권자에게 F를 지불하고 나머지 V−F를 소유한다. 그러나 부도가 나는 경우는 채권자는 무위험채권을 가지고 있으므로 약속대로 F를 받는다. 한편 주주들은 풋옵션을 가지고 있으므로 가치가 F보다 낮은 기업을 F를 받고 채권자에게 매각할 수 있다. 채권자는 무위험채권에서 받은 F를 주주들에게 지불하고 가치 V인 기업을 넘겨받는다. 결국 채권자의 가치는 V가 되고 주주들의 가치는 채권자에게 F를 주는 것과 받는 것이 상쇄되어 '0'이 된다.

종합적으로 볼 때 〈표 17.3〉에서 보는 바와 같이 어느 해석을 따르더라도 결과는 마찬가지임을 알 수 있다. 옵션평가모형은 전통적인 기업 가치 평가의 틀과는 다른 새로운 시각에서 기업 가치를 평가할 수 있는 가능성을 열었다고 볼 수 있다.

옵션평가모형을 이용하여 기업의 가치를 평가할 수 있다. 지분의 가치는 기초자산인 기업가치에 대한 콜옵션의 가치와 동일하다. 채권자의 포지션은 다음 두 가지로 해석할 수 있다. 하나는 채권자가 기업을 소유하고 주주에게 기업을 되살 수 있는 콜옵션을 발행해 준 것이다. 다른 하나는 채권자가 무위험채권을 구매하고 주주들에게 기업을 채무액에 매각할 수 있는 풋옵션을 발행해 준 것이다.

1. '청람' 기업은 6개월 후에 배럴당 $100에 원유를 구매하는 선물계약을 맺었다. 다음의 경우 손익은 얼마인가?

   1) 6개월 후에 원유가격이 배럴당 $160이 된 경우

   2) 6개월 후에 원유가격이 배럴당 $90이 된 경우

2. '청람' 기업은 6개월 후에 배럴당 $100에 원유를 매도하는 선물계약을 맺었다. 다음의 경우 손익은 얼마인가?

   1) 6개월 후에 원유가격이 배럴당 $160이 된 경우

   2) 6개월 후에 원유가격이 배럴당 $90이 된 경우

3. 선물 매입 포지션과 선물 매도 포지션 중 기초 자산의 가격이 내릴 때 이익을 보는 것은 어느 포지션인가?

4. 선물계약(futures contract)과 선도계약(forward contract)은 어떻게 다른가?

5. 현재의 유가가 배럴당 $140이다. 무위험이자율이 6%라고 하면 만기가 6개월인 선물가격은 얼마인가?

6. 기초자산의 가치가 내려갈수록 유리한 옵션은 무엇인가?

7. 기초자산인 주식을 3개월 후에 10,000원에 살 수 있는 콜옵션이 있다. 현재 주가가 13,000원이라면 내재가치는 얼마인가?

8. '사성전자'의 주식을 10,000원에 살 수 있는 미국형 콜옵션의 가격이 1,500원이다. 만기는 3개월이다. 다음에 답하시오.

   1) 현재 '사성전자'의 주가가 12,000원이라면 콜옵션 가격은 적정한가?

2) 만일 시장에서 형성된 콜옵션의 가격이 실제로 1,500원이라면 어떻게 차익거래를 수행하겠는가?

9. '이청춘'씨는 행사가격이 20,000원인 풋옵션을 2,500원에 매도하였다. '이청춘'씨가 이익이 나는 가격범위와 손해가 나는 가격범위를 설명하라.

10. 행사가격이 13,000원인 콜옵션이 있다. 현재 주가는 8,000원이고 옵션의 가격은 100원이다. 다음에 답하라.

1) 콜옵션의 가격이 음수가 될 수 있는가?

2) 만기에 주가가 16,000원이 되었다고 하자. 이는 주가가 100% 상승한 것이다. 그렇다면 옵션은 얼마나 상승할 것인가?

11. 나비 스프레드의 매도 포지션(short position)에 대해 다음에 답하라.

1) 어떻게 매도 전략을 구성하는가?

2) 나비 스프레드 매도 포지션은 어떠한 주가 예상 하에서 구성하는가?

12. 스트래들과 스트립 전략에 대해 다음에 답하시오.

1) 스트래들을 형성하지 않고 스트립을 형성하는 이유는 무엇인가?

2) 어느 전략이 비용이 더 드는가?

13. 스트래들과 스트랩 전략에 대해 다음에 답하시오.

1) 스트래들을 형성하지 않고 스트랩을 형성하는 이유는 무엇인가?

2) 어느 전략이 비용이 더 드는가?

14. 블랙–숄즈 옵션 평가 모형에 대해 다음에 답하라.

1) 모형의 주요 결정 변수는 무엇인가?

2) 각 결정 변수가 콜옵션의 가치에 미치는 영향을 설명하라.

15. '청수' 주식회사의 현재 주가는 73,250원, 행사가격은 70,000원, 수익률의 표준편차는 0.4이다. 이 회사의 주가를 기초자산으로 하고, 만기가 44일인 풋옵션의 가치는 얼마인가? 무위험수익률은 6.5%이다.

16. '청수' 주식회사의 현재 주가는 73,250원, 행사가격은 70,000원, 수익률의 표준편차는 0.4이다. 이 회사의 주가를 기초자산으로 하고, 만기가 44일인 콜옵션과 풋옵션의 가치를 이용하여 풋–콜 평형관계가 성립하는지 보이시오. 무위험수익률은 6.5%이다.

17. 지분의 가치는 콜옵션과 같은 구조이다. 콜옵션의 가치는 기초자산의 변동성이 높을 때 증가한다. 그렇다면 자기자본의 가치도 기초자산인 기업 가치의 변동성이 높을 때 증가하는가?

Financial Management : Focusing on EVA

부록

〈표 1〉 미래가치요인(FVIF)

$$FVIF_{i,n} = (1+i)^n \ (i:\text{기간당 이자율}, \ n:\text{기간})$$

기간	이 자 율								
	1%	2%	3%	4%	5%	6%	7%	8%	9%
1	1.0100	1.0200	1.0300	1.0400	1.0500	1.0600	1.0700	1.0800	1.0900
2	1.0201	1.0404	1.0609	1.0816	1.1025	1.1236	1.1449	1.1664	1.1881
3	1.0303	1.0612	1.0927	1.1249	1.1576	1.1910	1.2250	1.2597	1.2950
4	1.0406	1.0824	1.1255	1.1699	1.2155	1.2625	1.3108	1.3605	1.4116
5	1.0510	1.1041	1.1593	1.2167	1.2763	1.3382	1.4026	1.4693	1.5386
6	1.0615	1.1262	1.1941	1.2653	1.3401	1.4185	1.5007	1.5869	1.6771
7	1.0721	1.1487	1.2299	1.3159	1.4071	1.5036	1.6058	1.7138	1.8280
8	1.0829	1.1717	1.2668	1.3686	1.4775	1.5938	1.7182	1.8509	1.9926
9	1.0937	1.1951	1.3048	1.4233	1.5513	1.6895	1.8385	1.9990	2.1719
10	1.1046	1.2190	1.3439	1.4802	1.6289	1.7908	1.9672	2.1589	2.3674
11	1.1157	1.2434	1.3842	1.5395	1.7103	1.8983	2.1049	2.3316	2.5804
12	1.1268	1.2682	1.4258	1.6010	1.7959	2.0122	2.2522	2.5182	2.8127
13	1.1381	1.2936	1.4685	1.6651	1.8856	2.1329	2.4098	2.7196	3.0658
14	1.1495	1.3195	1.5126	1.7317	1.9799	2.2609	2.5785	2.9372	3.3417
15	1.1610	1.3459	1.5580	1.8009	2.0789	2.3966	2.7590	3.1722	3.6425
16	1.1726	1.3728	1.6047	1.8730	2.1829	2.5404	2.9522	3.4259	3.9703
17	1.1843	1.4002	1.6528	1.9479	2.2920	2.6928	3.1588	3.7000	4.3276
18	1.1961	1.4282	1.7024	2.0258	2.4066	2.8543	3.3799	3.9960	4.7171
19	1.2081	1.4568	1.7535	2.1068	2.5270	3.0256	3.6165	4.3157	5.1417
20	1.2202	1.4859	1.8061	2.1911	2.6533	3.2071	3.8697	4.6610	5.6044
21	1.2324	1.5157	1.8603	2.2788	2.7860	3.3996	4.1406	5.0338	6.1088
22	1.2447	1.5460	1.9161	2.3699	2.9253	3.6035	4.4304	5.4365	6.6586
23	1.2572	1.5769	1.9736	2.4647	3.0715	3.8197	4.7405	5.8715	7.2579
24	1.2697	1.6084	2.0328	2.5633	3.2251	4.0489	5.0724	6.3412	7.9111
25	1.2824	1.6406	2.0938	2.6658	3.3864	4.2919	5.4274	6.8485	8.6231
30	1.3478	1.8114	2.4273	3.2434	4.3219	5.7435	7.6123	10.063	13.268
40	1.4889	2.2080	3.2620	4.8010	7.0400	10.286	14.974	21.725	31.409
50	1.6446	2.6916	4.3839	7.1067	11.467	18.420	29.457	46.902	74.358

〈표 1〉 계속

기간	이 자 율								
	10%	12%	14%	15%	16%	18%	20%	24%	28%
1	1.1000	1.1200	1.1400	1.1500	1.1600	1.1800	1.2000	1.2400	1.2800
2	1.2100	1.2544	1.2996	1.3225	1.3456	1.3924	1.4400	1.5376	1.6384
3	1.3310	1.4049	1.4815	1.5209	1.5609	1.6430	1.7280	1.9066	2.0972
4	1.4641	1.5735	1.6890	1.7490	1.8106	1.9388	2.0736	2.3642	2.6844
5	1.6105	1.7623	1.9254	2.0114	2.1003	2.2878	2.4883	2.9316	3.4360
6	1.7716	1.9738	2.1950	2.3131	2.4364	2.6996	2.9860	3.6352	4.3980
7	1.9487	2.2107	2.5023	2.6600	2.8262	3.1855	3.5832	4.5077	5.6295
8	2.1436	2.4760	2.8526	3.0590	3.2784	3.7589	4.2998	5.5895	7.2058
9	2.3579	2.7731	3.2519	3.5179	3.8030	4.4355	5.1598	6.9310	9.2234
10	2.5937	3.1058	3.7072	4.0456	4.4114	5.2338	6.1917	8.5944	11.806
11	2.8531	3.4785	4.2262	4.6524	5.1173	6.1759	7.4301	10.657	15.112
12	3.1384	3.8960	4.8179	5.3503	5.9360	7.2876	8.9161	13.215	19.343
13	3.4523	4.3635	5.4924	6.1528	6.8858	8.5994	10.699	16.386	24.759
14	3.7975	4.8871	6.2613	7.0757	7.9875	10.147	12.839	20.319	31.691
15	4.1772	5.4736	7.1379	8.1371	9.2655	11.974	15.407	25.196	40.565
16	4.5950	6.1304	8.1372	9.3576	10.748	14.129	18.488	31.243	51.923
17	5.0545	6.8660	9.2765	10.761	12.468	16.672	22.186	38.741	66.461
18	5.5599	7.6900	10.575	12.375	14.463	19.673	26.623	48.039	86.071
19	6.1159	8.6128	12.056	14.232	16.777	23.214	31.948	59.568	108.89
20	6.7275	9.6463	13.743	16.367	19.461	27.393	38.338	73.864	139.38
21	7.4002	10.804	15.668	18.822	22.574	32.324	46.005	91.592	178.41
22	8.1403	12.100	17.861	21.645	26.186	38.142	55.206	113.57	228.36
23	8.9543	13.552	20.362	24.891	30.376	45.008	66.247	140.83	292.30
24	9.8497	15.179	23.212	28.625	35.236	53.109	79.497	174.63	374.14
25	10.835	17.000	26.462	32.919	40.874	62.669	95.396	216.54	478.90
30	17.449	29.960	50.950	66.212	85.850	143.37	237.38	634.82	1645.5
40	45.259	93.051	188.88	267.86	378.72	750.38	1469.8	5455.9	19427.
50	117.39	289.00	700.23	1083.7	1670.7	3927.4	9100.4	46890.	*

〈표 2〉 현재가치요인(PVIF)

$$PVIF_{i,n} = \frac{1}{(1+i)^n} \quad (i : \text{기간당 이자율}, \; n : \text{기간})$$

기간	이자율								
	1%	2%	3%	4%	5%	6%	7%	8%	9%
1	0.9901	0.9804	0.9709	0.9615	0.9524	0.9434	0.9346	0.9259	0.9174
2	0.9803	0.9612	0.9426	0.9246	0.9070	0.8900	0.8734	0.8573	0.8417
3	0.9706	0.9423	0.9151	0.8890	0.8638	0.8396	0.8163	0.7938	0.7722
4	0.9610	0.9238	0.8885	0.8548	0.8227	0.7921	0.7629	0.7350	0.7084
5	0.9515	0.9057	0.8626	0.8219	0.7835	0.7473	0.7130	0.6806	0.6499
6	0.9420	0.8880	0.8375	0.7903	0.7462	0.7050	0.6663	0.6302	0.5963
7	0.9327	0.8706	0.8131	0.7599	0.7107	0.6651	0.6227	0.5835	0.5470
8	0.9235	0.8535	0.7894	0.7307	0.6768	0.6274	0.5820	0.5403	0.5019
9	0.9143	0.8368	0.7664	0.7026	0.6446	0.5919	0.5439	0.5002	0.4604
10	0.9053	0.8203	0.7441	0.6756	0.6139	0.5584	0.5083	0.4632	0.4224
11	0.8963	0.8043	0.7224	0.6496	0.5847	0.5268	0.4751	0.4289	0.3875
12	0.8874	0.7885	0.7014	0.6246	0.5568	0.4970	0.4440	0.3971	0.3555
13	0.8787	0.7730	0.6810	0.6006	0.5303	0.4688	0.4150	0.3677	0.3262
14	0.8700	0.7579	0.6611	0.5775	0.5051	0.4423	0.3878	0.3405	0.2992
15	0.8613	0.7430	0.6419	0.5553	0.4810	0.4173	0.3624	0.3152	0.2745
16	0.8528	0.7284	0.6232	0.5339	0.4581	0.3936	0.3387	0.2919	0.2519
17	0.8444	0.7142	0.6050	0.5134	0.4363	0.3714	0.3166	0.2703	0.2311
18	0.8360	0.7002	0.5874	0.4936	0.4155	0.3503	0.2959	0.2502	0.2120
19	0.8277	0.6864	0.5703	0.4746	0.3957	0.3305	0.2765	0.2317	0.1945
20	0.8195	0.6730	0.5537	0.4564	0.3769	0.3118	0.2584	0.2145	0.1784
21	0.8114	0.6598	0.5375	0.4388	0.3589	0.2942	0.2415	0.1987	0.1637
22	0.8034	0.6468	0.5219	0.4220	0.3418	0.2775	0.2257	0.1839	0.1502
23	0.7954	0.6342	0.5067	0.4057	0.3256	0.2618	0.2109	0.1703	0.1378
24	0.7876	0.6217	0.4919	0.3901	0.3101	0.2470	0.1971	0.1577	0.1264
25	0.7798	0.6095	0.4776	0.3751	0.2953	0.2330	0.1842	0.1460	0.1160
30	0.7419	0.5521	0.4120	0.3083	0.2314	0.1741	0.1314	0.0994	0.0754
40	0.6717	0.4529	0.3066	0.2083	0.1420	0.0972	0.0668	0.0460	0.0318
50	0.6080	0.3715	0.2281	0.1407	0.0872	0.0543	0.0339	0.0213	0.0134

〈표 2〉계속

기간	이 자 율								
	10%	12%	14%	15%	16%	18%	20%	24%	28%
1	0.9091	0.8929	0.8772	0.8696	0.8621	0.8475	0.8333	0.8065	0.7813
2	0.8264	0.7972	0.7695	0.7561	0.7432	0.7182	0.6944	0.6504	0.6104
3	0.7513	0.7118	0.6750	0.6575	0.6407	0.6086	0.5787	0.5245	0.4768
4	0.6830	0.6355	0.5921	0.5718	0.5523	0.5158	0.4823	0.4230	0.3725
5	0.6209	0.5674	0.5194	0.4972	0.4761	0.4371	0.4019	0.3411	0.2910
6	0.5645	0.5066	0.4556	0.4323	0.4104	0.3704	0.3349	0.2751	0.2274
7	0.5132	0.4523	0.3996	0.3759	0.3538	0.3139	0.2791	0.2218	0.1776
8	0.4665	0.4039	0.3506	0.3269	0.3050	0.2660	0.2326	0.1789	0.1388
9	0.4241	0.3606	0.3075	0.2843	0.2630	0.2255	0.1938	0.1443	0.1084
10	0.3855	0.3220	0.2697	0.2472	0.2267	0.1911	0.1615	0.1164	0.0847
11	0.3505	0.2875	0.2366	0.2149	0.1954	0.1619	0.1346	0.0938	0.0662
12	0.3186	0.2567	0.2076	0.1869	0.1685	0.1372	0.1122	0.0757	0.0517
13	0.2897	0.2292	0.1821	0.1625	0.1452	0.1163	0.0935	0.0610	0.0404
14	0.2633	0.2046	0.1597	0.1413	0.1252	0.0985	0.0779	0.0492	0.0316
15	0.2394	0.1827	0.1401	0.1229	0.1079	0.0835	0.0649	0.0397	0.0247
16	0.2176	0.1631	0.1229	0.1069	0.0930	0.0708	0.0541	0.0320	0.0193
17	0.1978	0.1456	0.1078	0.0929	0.0802	0.0600	0.0451	0.0285	0.0150
18	0.1799	0.1300	0.0946	0.0808	0.0691	0.0508	0.0376	0.0208	0.0118
19	0.1635	0.1161	0.0829	0.0703	0.0596	0.0431	0.0313	0.0168	0.0092
20	0.1486	0.1037	0.0728	0.0611	0.0514	0.0365	0.0261	0.0135	0.0072
21	0.1351	0.0926	0.0638	0.0531	0.0443	0.0309	0.0217	0.0109	0.0056
22	0.1228	0.0826	0.0560	0.0462	0.0382	0.0262	0.0181	0.0088	0.0044
23	0.1117	0.0738	0.0491	0.0402	0.0329	0.0222	0.0151	0.0071	0.0034
24	0.1015	0.0659	0.0431	0.0349	0.0284	0.0188	0.0126	0.0057	0.0027
25	0.0923	0.0588	0.0378	0.0304	0.0245	0.0160	0.0105	0.0046	0.0021
30	0.0573	0.0334	0.0196	0.0151	0.0116	0.0070	0.0042	0.0016	0.0006
40	0.0221	0.0107	0.0053	0.0037	0.0026	0.0013	0.0007	0.0002	0.0001
50	0.0085	0.0035	0.0014	0.0009	0.0006	0.0003	0.0001	*	*

〈표 3〉 연금미래가치요인(FVIFA)

$$FVIFA_{i,n} = \frac{(1+i)^n - 1}{i} \quad (i : \text{기간당 이자율}, \ n : \text{기간})$$

기간	이자율								
	1%	2%	3%	4%	5%	6%	7%	8%	9%
1	1.0000	1.0000	1.0000	1.0000	1.0000	1.0000	1.0000	1.0000	1.0000
2	2.0100	2.0200	2.0300	2.0400	2.0500	2.0600	2.0700	2.0800	2.0900
3	3.0301	3.0604	3.0909	3.1216	3.1525	3.1836	3.2149	3.2464	3.2781
4	4.0604	4.1216	4.1836	4.2465	4.3101	4.3746	4.4399	4.5061	4.5731
5	5.1010	5.2040	5.3091	5.4163	5.5256	5.6371	5.7507	5.8666	5.9847
6	6.1520	6.3081	6.4684	6.6330	6.8019	6.9753	7.1533	7.3359	7.5233
7	7.2135	7.4343	7.6625	7.8983	8.1420	8.3938	8.6540	8.9228	9.2004
8	8.2857	8.5830	8.8932	9.2142	9.5491	9.8975	10.260	10.637	11.028
9	9.3685	9.7546	10.159	10.583	11.027	11.491	11.978	12.488	13.021
10	10.462	10.950	11.464	12.006	12.578	13.181	13.816	14.487	15.193
11	11.567	12.169	12.808	13.486	14.207	14.972	15.784	16.645	17.560
12	12.683	13.412	14.192	15.026	15.917	16.870	17.888	18.977	20.141
13	13.809	14.680	15.618	16.627	17.713	18.882	20.141	21.495	22.953
14	14.947	15.974	17.086	18.292	19.599	21.015	22.550	24.215	26.019
15	16.097	17.293	18.599	20.024	21.579	23.276	25.129	27.152	29.361
16	17.258	18.639	20.157	21.825	23.657	25.673	27.888	30.324	33.003
17	18.430	20.012	21.762	23.698	25.840	28.213	30.840	33.750	36.974
18	19.615	21.412	23.414	25.645	28.132	30.906	33.999	37.450	41.301
19	20.811	22.841	25.117	27.671	30.539	33.760	37.379	41.446	46.018
20	22.019	24.297	26.870	29.778	33.066	36.786	40.995	45.762	51.160
21	23.239	25.783	28.676	31.969	35.719	39.993	44.865	50.423	56.765
22	24.472	27.299	30.537	34.248	38.505	43.392	49.006	55.457	62.873
23	25.716	28.845	32.453	36.618	41.430	46.996	53.436	60.893	69.532
24	26.973	30.422	34.426	39.083	44.502	50.816	58.177	66.765	76.790
25	28.243	32.030	36.459	41.646	47.727	54.865	63.249	73.106	84.701
30	34.785	40.568	47.575	56.085	66.439	79.058	94.461	113.28	136.31
40	48.886	60.402	75.401	95.026	120.80	154.76	199.64	259.06	337.88
50	64.463	84.579	112.80	152.67	209.35	290.34	406.53	573.77	815.08

기간	이 자 율								
	10%	12%	14%	15%	16%	18%	20%	24%	28%
1	1.0000	1.0000	1.0000	1.0000	1.0000	1.0000	1.0000	1.0000	1.0000
2	2.1000	2.1200	2.1400	2.1500	2.1600	2.1800	2.2000	2.2400	2.2800
3	3.3100	3.3744	3.4396	3.4725	3.5056	3.5724	3.6400	3.7776	3.9184
4	4.6410	4.7793	4.9211	4.9934	5.0665	5.2154	5.3680	5.6842	6.0156
5	6.1051	6.3528	6.6101	6.7424	6.8771	7.1542	7.4416	8.0484	8.6999
6	7.7156	8.1152	8.5355	8.7537	8.9775	9.4420	9.9299	10.980	12.136
7	9.4872	10.089	10.730	11.067	11.414	12.142	12.916	14.615	16.534
8	11.436	12.300	13.233	13.727	14.240	15.327	16.499	19.123	22.163
9	13.579	14.776	16.085	16.786	17.519	19.086	20.799	24.712	29.369
10	15.937	17.549	19.337	20.304	21.321	23.521	25.959	31.643	38.593
11	18.531	20.655	23.045	24.349	25.733	28.755	32.150	40.238	50.398
12	21.384	24.133	27.271	29.002	30.850	34.931	39.581	50.895	65.510
13	24.523	28.029	32.089	34.352	36.786	42.219	48.497	64.110	84.853
14	27.975	32.393	37.581	40.505	43.672	50.818	59.196	80.496	109.61
15	31.772	37.280	43.842	47.580	51.660	60.965	72.035	100.82	141.30
16	35.950	42.753	50.980	55.717	60.925	72.939	87.442	126.01	181.87
17	40.545	48.884	59.118	65.075	71.673	87.068	105.93	157.25	233.79
18	45.599	55.750	68.394	75.836	84.141	103.74	128.12	195.99	300.25
19	51.159	64.440	78.969	88.212	98.603	123.41	154.74	244.03	385.32
20	57.275	72.052	91.025	102.44	115.38	146.63	186.69	303.60	494.21
21	64.002	81.699	104.77	118.81	134.84	174.02	225.03	377.46	633.59
22	71.403	92.503	120.44	137.63	157.41	206.34	271.03	469.06	812.00
23	79.543	104.60	138.30	159.28	183.60	244.49	326.24	582.63	1040.4
24	88.497	118.16	158.66	184.17	213.98	289.49	392.48	723.46	1332.7
25	98.347	133.33	181.87	212.79	249.21	342.60	471.98	898.09	1706.8
30	164.49	241.33	359.79	434.75	530.31	790.95	1181.9	2640.9	5873.2
40	442.59	767.09	1342.0	1779.1	2360.8	4163.2	7343.9	22729.	69377.
50	1163.9	2400.0	4994.5	7217.7	10436.	21813.	45497.	*	*

〈표 4〉 연금현재가치요인(PVIFA)

$$PVIFA_{i,n} = \frac{1 - \dfrac{1}{(1+i)^n}}{i} \quad (i : \text{기간당 이자율}, \ n : \text{기간})$$

기간	이자율								
	1%	2%	3%	4%	5%	6%	7%	8%	9%
1	0.9901	0.9804	0.9709	0.9615	0.9524	0.9434	0.9346	0.9259	0.9174
2	1.9704	1.9416	1.9135	1.8861	1.8594	1.8334	1.8080	1.7833	1.7591
3	2.9410	2.8839	2.8286	2.7751	2.7232	2.6730	2.6243	2.5771	2.5313
4	3.9020	3.8077	3.7171	3.6299	3.5460	3.4651	3.3872	3.3121	3.2397
5	4.8534	4.7135	4.5797	4.4518	4.3295	4.2124	4.1002	3.9927	3.8897
6	5.7955	5.6014	5.4172	5.2421	5.0757	4.9173	4.7665	4.6229	4.4859
7	6.7282	6.4720	6.2303	6.0021	5.7864	5.5824	5.3893	5.2064	5.0330
8	7.6517	7.3255	7.0197	6.7327	6.4632	6.2098	5.9713	5.7466	5.5348
9	8.5660	8.1622	7.7861	7.4353	7.1078	6.8017	6.5152	6.2469	5.9952
10	9.4713	8.9826	8.5302	8.1109	7.7217	7.3601	7.0236	6.7101	6.4177
11	10.3676	9.7868	9.2526	8.7605	8.3064	7.8869	7.4987	7.1390	6.8052
12	11.2551	10.5753	9.9540	9.3851	8.8633	8.3838	7.9427	7.5361	7.1607
13	12.1337	11.3484	10.6350	9.9856	9.3936	8.8527	8.3577	7.9038	7.4869
14	13.0037	12.1062	11.2961	10.5631	9.8986	9.2950	8.7455	8.2442	7.7862
15	13.8651	12.8493	11.9379	11.1184	10.3797	9.7122	9.1079	8.5595	8.0607
16	14.7179	13.5777	12.5611	11.6523	10.8378	10.1059	9.4466	8.8514	8.3126
17	15.5623	14.2919	13.1661	12.1657	11.2741	10.4773	9.7632	9.1216	8.5436
18	16.3983	14.9920	13.7535	12.6593	11.6896	10.8276	10.0591	9.3719	8.7556
19	17.2260	15.6785	14.3238	13.1339	12.0853	11.1581	10.3356	9.6036	8.9501
20	18.0456	16.3514	14.8775	13.5903	12.4622	11.4699	10.5940	9.8181	9.1285
21	18.8570	17.0112	15.4150	14.0292	12.8212	11.7641	10.8355	10.0168	9.2922
22	19.6604	17.6580	15.9369	14.4511	13.1630	12.0416	11.0612	10.2007	9.4424
23	20.4558	18.2922	16.4436	14.8568	13.4886	12.3034	11.2722	10.3741	9.5802
24	21.2434	18.9139	16.9355	15.2470	13.7986	12.5504	11.4693	10.5288	9.7066
25	22.0232	19.5235	17.4131	15.6221	14.0939	12.7834	11.6536	10.6748	9.8226
30	25.8077	22.3965	19.6004	17.2920	15.3725	13.7648	12.4090	11.2578	10.2737
40	32.8347	27.3555	23.1148	19.7928	17.1591	15.0463	13.3317	11.9246	10.7574
50	39.1961	31.4236	25.7298	21.4822	18.2559	15.7619	13.8007	12.2335	10.9617

〈표 4〉 계속

기간	이 자 율								
	10%	12%	14%	15%	16%	18%	20%	24%	28%
1	0.9091	0.8929	0.8772	0.8696	0.8621	0.8475	0.8333	0.8065	0.7813
2	1.7355	1.6901	1.6467	1.6257	1.6052	1.5656	1.5278	1.4568	1.3916
3	2.4869	2.4018	2.3216	2.2832	2.2459	2.1743	2.1065	1.9813	1.8684
4	3.1699	3.0373	2.9137	2.8550	2.7982	2.6901	2.5887	2.4043	2.2410
5	3.7908	3.6048	3.4331	3.3522	3.2743	3.1272	2.9906	2.7454	2.5320
6	4.3553	4.1114	3.8887	3.7845	3.6847	3.4976	3.3255	3.0205	2.7594
7	4.8684	4.5638	4.2883	4.1604	4.0386	3.8115	3.6046	3.2423	2.9370
8	5.3349	4.9676	4.6389	4.4873	4.3436	4.0776	3.8372	3.4212	3.0758
9	5.7590	5.3282	4.9464	4.7716	4.6065	4.3030	4.0310	3.5655	3.1842
10	6.1446	5.6502	5.2161	5.0188	4.8332	4.4941	4.1925	3.6819	3.2689
11	6.4951	5.9377	5.4527	5.2337	5.0286	4.6560	4.3271	3.7757	3.3351
12	6.8137	6.1944	5.6603	5.4206	5.1971	4.7932	4.4392	3.8514	3.3868
13	7.1034	6.4235	5.8424	5.5831	5.3423	4.9095	4.5327	3.9124	3.4272
14	7.3667	6.6282	6.0021	5.7245	5.4675	5.0081	4.6106	3.9616	3.4587
15	7.6061	6.8109	6.1422	5.8474	5.5755	5.0916	4.6755	4.0013	3.4834
16	7.8237	6.9740	6.2651	5.9542	5.6685	5.1624	4.7296	4.0333	3.5026
17	8.0216	7.1196	6.3729	6.0472	5.7487	5.2223	4.7746	4.0591	3.5177
18	8.2014	7.2497	6.4674	6.1280	5.8178	5.2732	4.8122	4.0799	3.5294
19	8.3649	7.3658	6.5504	6.1982	5.8775	5.3162	4.8435	4.0967	3.5386
20	8.5136	7.4694	6.6231	6.2593	5.9288	5.3527	4.8696	4.1103	3.5458
21	8.6487	7.5620	6.6870	6.3125	5.9731	5.3837	4.8913	4.1212	3.5514
22	8.7715	7.6446	6.7429	6.3587	6.0113	5.4099	4.9094	4.1300	3.5558
23	8.8832	7.7184	6.7921	6.3988	6.0442	5.4321	4.9245	4.1371	3.5592
24	8.9847	7.7843	6.8351	6.4338	6.0726	5.4509	4.9371	4.1428	3.5619
25	9.0770	7.8431	6.8729	6.4641	6.0971	5.4669	4.9476	4.1474	3.5640
30	9.4269	8.0552	7.0027	6.5660	6.1772	5.5168	4.9789	4.1601	3.5693
40	9.7791	8.2438	7.1050	6.6418	6.2235	5.5482	4.9966	4.1659	3.5712
50	9.9148	8.3045	7.1327	6.6605	6.2463	5.5541	4.9995	4.1666	3.5714

찾아보기

연습문제 정답

Chapter 1

1. 자본예산 의사결정, 재무구조 의사결정, 운전자본 의사결정

2. 자본예산 의사결정

3. 자본구조(capital structure)

4. 개인회사, 합명회사, 주식회사

5. 주식회사는 많은 자금을 조달할 수 있고, 주주들은 유한책임을 지며, 기업의 수명이 영속적이고, 소유권의 이전이 쉽다.

6. 재무관리의 일차적 목표는 기업 가치를 극대화하는 것이며, 이는 기업의 주인인 주주의 부를 극대화하는 것과 동일하다. 주주 부를 극대화하는 것은 시장이 효율적이라는 가정 하에서는 주가를 극대화하는 것과 동일하다.

7. 우선 주주들이 주인이기 때문에 주인의 부를 극대화하는 것은 당연하다. 다음으로 주주들은 잔여재산청구권자이기 때문에 가장 나중에 재산을 분배받으므로 이들의 부가 극대화되면 다른 이해관계자의 부도 극대화된다.

8. 주주와 경영자 사이의 이해상충으로 인해 발생하는 비용

9. 대리인 비용을 줄이기 위해서는 기업의 급여를 고정급이 아닌 성과급으로 하고, 현금 보상 대신 주식에 근거한 보상을 한다. 또한 인수합병과 같은 외부 통제 기능이 작동하게 만들어 무능하거나 열심히 하지 않는 경영자를 제재할 수 있는 시스템을 구축한다.

10. 소유와 경영이 분리됨으로써 자본가와 경영자가 각자 강점이 있는 분야에 특화할 수 있는 것은 장점이다. 그러나 소유와 경영이 분리됨으로써 대리인 문제가 발생하는 환경을 만드는 것은 단점이다.

Chapter 2

1. 재무상태표, 손익계산서, 현금흐름표, 이익잉여금처분계산서

2. 현금, 매출채권, 재고자산

3. 손익계산서

4. 재무상태표는 어느 한 시점의 기업의 가치를 보여주는 것이고 손익계산서는 일정 기간의 기업 성과를 보여주는 것이다.

5. 순운전자본 = 유동자산 − 유동부채

6.

매출	10,000
매출원가	5,500
감가상각	1,000
영업이익	3,500
영업 외 수익	0
영업 외 비용	400
경상이익	3,100
특별이익 및 손실	100
법인세 차감 전 순이익	3,000
법인세(25%)	750
당기순이익	2,250
배당	1,200
이익잉여금	1,050

7.

현금	95	매입채무	320
매출채권	165	단기채무	230
재고자산	400	장기부채	540
비유동자산	2,730	자기자본	500
		잉여금	1,800
총자산	3,390	부채 및 지분	3,390

8.

1) 재무상태표

	2012	2013	변화
현금	84	96	+12
매출채권	165	185	+20
재고자산	392	422	+30
유동자산	641	703	+62
비유동자산	2,730	2,880	+150
총자산	3,371	3,583	+212
매입채무	312	342	+30
단기채무	230	190	−40
유동부채	542	532	−10
장기부채	530	460	−70
자기자본	500	550	+50
이익잉여금	1,799	2,041	+242
총자기자본	2,299	2,591	+292
부채 및 지분	3,371	3,583	+212

2) 매입채무, 자기자본, 이익잉여금

3) 매출채권, 재고자산, 비유동자산, 단기채무, 장기부채

유동자산과 유동부채는 다른 항목들의 합이므로 제외한다.

9. 이익잉여금의 증가가 242이므로 배당은 363-242 = 121 이어야 한다.

10.

현금흐름표

기초현금	84
영업활동으로부터의 현금흐름	619
당기순이익	363
감가상각	276
매입채무증가	30
매출채권증가	−20
재고자산증가	−30
투자활동으로부터의 현금흐름	−426
재무활동으로부터의 현금흐름	−181
단기채무감소	−40
장기부채감소	−70
배당	−121
보통주증가	50
현금의 증가	12
기말현금	96

11. 1) OCF = EBIT + 감가상각비 − 세금

$$= 1,228 + 552 - 242$$
$$= 1,538$$

2) 순자본투자(NCS) = 기말비유동자산 − 기초비유동자산 + 감가상각

$$= 5,760 - 5,460 + 552$$
$$= 852$$

3) 순운전자본 변화(NWC)

= 기말순운전자본 − 기초순운전자본

= (기말 유동자산−기말 유동부채) − (기초 유동자산−기초 유동부채)

= (1,406 − 1,064) − (1,282 − 1,084)

= 144

4) 자산으로부터의 현금흐름 = 영업현금흐름(OCF) − 순자본투자(NCS) − 순운전자본 변화(NWC)

$$= 1,538 - 852 - 144$$
$$= 542$$

5) 채권자에게 지불되는 현금흐름 = 이자 − 신규장기채무

$$= 260 - (-140)$$
$$= 400$$

6) 주주에게 지불되는 현금흐름 = 배당 − 신규주식발행

$$= 242 - 100$$

$$= 142$$

7) 그렇다. 위 4)의 답이 5)+6)이 된다.

12. 1) 한계세율 = 35%

2) 과세액 = 1,200×0.06 + (4,600−1,200)×0.15+(8,800−4,600)×0.24

   + (10,000−8,800)×0.35 = 2,010만 원, 또는

과세액 = 10,000 × 0.35 − 1,490 = 2,010만 원

3) 평균세율 = 2,010 ÷ 10,000 = 0.201 또는 20.1%

Chapter 3

1. 표준재무상태표는 다음과 같다.

표준재무상태표

(단위: %포인트)

	20x7	20x8	변화		20x7	20x8	변화
현금	2.49%	2.68%	0.19%				
매출채권	4.89%	5.16%	0.27%	매입채무	9.26%	9.55%	0.29%
재고자산	11.63%	11.78%	0.15%	단기채무	6.82%	5.30%	−1.52%
유동자산	19.02%	19.62%	0.61%	유동부채	16.08%	14.85%	−1.23%
비유동자산	80.98%	80.38%	−0.61%	장기부채	15.72%	12.84%	−2.88%
				자기자본	14.83%	15.35%	0.52%
				잉여금	53.37%	56.96%	3.60%
				총자기자본	68.20%	72.31%	4.11%
총자산	100.00%	100.00%	0.00%	부채 및 지분	100.00%	100.00%	0.00%

2. 비유동자산, 단기채무, 장기부채

3. 표준손익계산서는 다음과 같다.

표준손익계산서

(단위: 억)

매출	100.00%
매출원가	62.76%
감가상각	11.55%
영업이익	25.69%
이자	5.44%
경상이익	20.25%
세금	5.06%
당기순이익	15.19%
배당	5.06%
이익잉여금	10.13%

4. 당기순이익률(*profit margin ; PM*) $= \dfrac{\text{당기순이익}}{\text{매출}} = \dfrac{726}{4,780} = 0.152$

총자산수익률(*return on asset ; ROA*) $= \dfrac{\text{당기순이익}}{\text{총자산}} = \dfrac{726}{7,166} = 0.101$

자기자본수익률(*return on equity ; ROE*) $= \dfrac{\text{당기순이익}}{\text{총자기자본}} = \dfrac{726}{5,182} = 0.140$

5. 총자산증가율 $= \dfrac{\text{금기총자산}-\text{전기총자산}}{\text{전기총자산}} = \dfrac{7,166-6,742}{6,742} = 0.063$

자기자본증가율 $= \dfrac{\text{금기자기자본}-\text{전기자기자본}}{\text{전기자기자본}} = \dfrac{5,182-4,598}{4,598} = 0.127$

6. 유동비율(*current ratio*) $= \dfrac{\text{유동자산}}{\text{유동부채}} = \dfrac{1,406}{1,064} = 1.321$

당좌비율(*quick ratio*) $= \dfrac{\text{유동자산}-\text{재고자산}}{\text{유동부채}} = \dfrac{1,406-844}{1,064} = 0.528$

현금비율(*cash ratio*) $= \dfrac{\text{현금}}{\text{유동부채}} = \dfrac{192}{1,064} = 0.180$

순운전자본비율 $= \dfrac{\text{유동자산}-\text{유동부채}}{\text{총자산}} = \dfrac{1,406-1,064}{7,166} = 0.048$

7. 부채비율(*total debt ratio*) $= \dfrac{\text{부채}}{\text{총자산}} = \dfrac{1,984}{7,166} = 0.277$

부채지분비율(*debt-equity ratio*) $= \dfrac{\text{부채}}{\text{총자기자본}} = \dfrac{1,984}{5,182} = 0.383$

지분승수(*equity multiplier ; EM*) $= \dfrac{\text{총자산}}{\text{총자기자본}} = 1 + \text{부채지분비율} = 1.383$

장기부채비율 $= \dfrac{\text{장기부채}}{\text{장기부채}+\text{총자기자본}} = \dfrac{920}{920+5,182} = 0.151$

이자보상배수(*times interest earned ; TIE*) $= \dfrac{\text{영업이익}}{\text{이자}} = \dfrac{1,228}{260} = 4.723$

현금흐름보상배수(*cash coverage*) $= \dfrac{\text{영업이익+감가상각}}{\text{이자}} = \dfrac{1,228+552}{260} = 6.846$

8. 재고자산회전율(*inventory turnover*) $= \dfrac{\text{매출원가}}{\text{재고자산}} = \dfrac{3,000}{844} = 3.555$

재고기간(*days sales in inventory*) $= \dfrac{365}{\text{재고자산회전율}} = \dfrac{365}{3.555} = 102.7$일

매출채권회전율(*receivables turnover*) $= \dfrac{\text{매출}}{\text{매출채권}} = \dfrac{4,780}{370} = 12.919$

매출채권기간(*days sales in receivables*) $= \dfrac{365}{\text{매출채권회전율}} = \dfrac{365}{12.919} = 28.3$일

총자산회전율(*total asset turnover*) $= \dfrac{\text{매출}}{\text{총자산}} = \dfrac{4,780}{7,166} = 0.667$

비유동자산회전율(*fixed asset turnover*) $= \dfrac{\text{매출}}{\text{비유동자산}} = \dfrac{4,780}{5,760} = 0.830$

9. 주가수익비율(*price earnings ratio; PER*) $= \dfrac{\text{주가}}{\text{주당순이익}} = \dfrac{62,000}{3,630} = 17.08$

시장대장부가 비율(*market to book ratio*) $= \dfrac{\text{주가}}{\text{장부가}} = \dfrac{62,000}{25,910} = 2.39$

10. $ROE = \dfrac{\text{당기순이익}}{\text{매출}} \times \dfrac{\text{총자산}}{\text{자기자본}} \times \dfrac{\text{매출}}{\text{총자산}}$

$\qquad$ =당기순이익률×지분승수×총자산회전율

$\qquad 0.140 = 0.152×1.383×0.667$

Chapter 4

1. 현재가치를 계산하기 위한 할인율은 분모에 있으므로 할인율이 높아지면 현재가치는 감소한다.

2. 1,000 + 4×0.06×1,000 = 1,240만 원

3. 단리계정 원리금 = 300 + 7×300×0.05 = 405 만 원
복리계정 원리금 = 300×(1.05)^7 = 422.13 만 원
따라서, 추가 수입 = 422.13 − 405 = 17.13 만 원

4. 1,000×(1+r)^{18} = 5,560; r = 10%

5. 좋지 않은 생각이다. 현재 세액을 늘려서 나중에 환급금을 더 받으면 그 기간 이자율만큼 손해를 보게 된다.

6. 1) $3,000 \times (1.07)^{40} = 4$억 $4,923$ 만 원

2) 4억 $4,923$ 만 원 $\times 1/(1.08)^{40} = 2,067.9$ 만 원
따라서 절약액은 $3,000 - 2,067.9 = 932.1$ 만 원

7. $100,000,000 \times (1+0.1)^t = 194,870,000$원; $t = 7$년

8. $1,000 \times 1.1^7 = 1,948.7$
$1,000 \times 1.05^{14} = 1,979.9$
따라서, 차이는 $1,979.9 - 1,948.7 = 31.2$ 만 원

9. 현재 예금액 $= 2,000,000/(1.08)^{30} = 198,754.7$ (단위: 천 원)
3년 후 예금액 $= 2,000,000/(1.08)^{27} = 250,373.6$
차이 $= 51,619$ 천 원, 또는 $5,161.9$ 만 원

10. 1) PV1 $= 1,000$만원; PV2 $= 1,500/(1.05)^5 = 1,175$. 따라서 방법 2가 좋다.

2) FV1 $= 1,000 \times (1.05)^5 = 1,276$만 원; PV2 $= 1,500$ 만 원. 따라서 역시 방법 2가 좋다.

Chapter 5

1. 1) $5,000 \times 30 = 150,000$ 만 원, 즉 15억 원

2) $5,000 \times \text{FVIFA}_{30년,8\%} = 56$억 $6,416$ 만 원

3) 56억 $6,416 - 15$억 $= 41$억 $6,416$ 만 원은 이자가 이자를 번 부분이다.

4) $(5,000/12) \times \text{FVIFA}_{360,8\%/12} = 62$억 983만 원

5) 4)번은 매월 납입을 하므로 2)번에 비해 유효이자율(effective annual rate; EAR)이 높다. 따라서 총액이 크게 되는 것이다.

2. $6,000 = C \times \text{PVIFA}_{3 \times 12,6\%/12} = C \times \text{PVIFA}_{36,0.5\%} = C \times 32.87$.
따라서, $C = 6,000 / 32.87 = 182.53$ 만 원

3. 1) $5,000 / 0.1 = 5$ 억 원

2) 상황이 변한 것이 없으므로 1)과 같다. 즉 $5,000 / 0.1 = 5$ 억 원

3) 이는 30년 후 영구 채권 가격의 현재가치와 동일하다. 즉,
5억 $\times \text{PV}_{30년, 10\%} = 2,865$ 만 원

4) 그렇지 않다. 친구의 가격 3,000만원은 오늘 현재 30년 후부터의 현금흐름에 대한 권리의 가치 2,865만원보다 비싸다.

5) $5,000 \times \text{PVIFA}_{30년, 10\%} = 4$억 $7,135$ 만 원
또는 현재 영구 채권의 가치 5억원에서 30년 후부터의 현금흐름에 대한 권리의 가치 2,865만 원을 차감하여도 동일한 답을 얻을 수 있다.

4. 기초 연금 문제이다. 따라서

빌리는 돈 = $15 \times \text{PVIFA}_{9.2\%} \times (1+0.02)$ = 124.9 만 원

5.
1) 6,000 / 3 = 2,000 만 원
2) 6,000 × 0.06 = 360 만 원
3) 2,360만 원
4) 6,000 − 2,000 = 4,000 만 원
5) 4,000 × 0.06 = 240 만 원
6) 감소한다. 그 이유는 매년 갚아야 할 원금이 줄어들기 때문이다.

'가보람' 씨의 상환 방식(동일 원금)

기간	기초잔액	원금	이자	총액	기말잔액
0	6,000	2,000	360	2,360	4,000
1	4,000	2,000	240	2,240	2,000
2	2,000	2,000	120	2,120	0
합계		6,000	720	6,720	

6.
1) 6,000 / $\text{PVIFA}_{3.6\%}$ = 2,244.7 만 원
2) 6,000 × 0.06 = 360 만 원
3) 2,244.7 − 360 = 1,884.7 만 원
4) 6,000 − 1,884.7 = 4,115.3 만 원
5) 4,115.3 × 0.06 = 246.9 만 원
6) 2,244.7 − 246.9 = 1,997.7 만 원
7) 4,115.3 − 1,997.7 = 2,117.6 만 원
8) 감소한다. 그 이유는 매년 갚아야 할 원금이 줄어들기 때문이다.
9) 증가한다. 그 이유는 총액이 동일한데 이자를 갚는 액수가 매년 줄기 때문이다.

'가보람' 씨의 상환 방식(동일 총액)

기간	기초잔액	원금	이자	총액	기말잔액
0	6,000.0	1,884.7	360.0	2,244.7	4,115.3
1	4,115.3	1,997.7	246.9	2,244.7	2,117.6
2	2,117.6	2,117.6	127.1	2,244.7	0.0
합계		6,000.0	734.0	6,734.0	

1. 채권의 가격과 만기수익률은 반대의 관계가 있다. 즉, 만기수익률이 높아지면 채권의 가격은 낮아지고 만기수익률이 낮아지면 채권의 가격은 높아진다.

2. 이표이자율 > 만기수익률 => 채권의 가격 > 액면가
   이표이자율 = 만기수익률 => 채권의 가격 = 액면가
   이표이자율 < 만기수익률 => 채권의 가격 < 액면가

3. 만기가 긴 채권이 가격 위험이 더 높다. 그 이유는 동일한 이자율 변동이라 할지라도 채권가격평가 모형의 분모에 적용되는 지수의 값 n이 장기 채권이 더 크기 때문이다.

   B = 이자 $\times PVIFA_{i,n}$ + 원금 $\times PVIF_{i,n}$

   $$= 이자 \times \frac{1 - \frac{1}{(1+i)^n}}{i} + 원금 \times \frac{1}{(1+i)^n}$$

4. 1) $500 \times PVIFA_{9\%/2, 20 \times 2} + 10{,}000 \times PVIF_{9\%/2, 20 \times 2}$
   $= 500 \times 18.4016 + 10{,}000 \times 0.1719$
   $= 10{,}920.08$ 원

   2) 엑셀의 현재가치 계산공식을 사용하여 구하면 다음과 같다. 또는 본문의 경우와 같이 PRICE 함수를 사용하여 계산할 수도 있다.

	A	B	
1			
2	YTM	4.50%	(9%/2)
3	기간수	40	(20*2)
4	이표이자율	5	(10%*100/2)
5	액면가(%)	100	
6	채권가격(%)	109.20	공식: -PV(B2,B3,B4,B5)
7			

5. 1) 가격이 액면가보다 높으므로 만기수익률은 이표이자율보다 낮을 것이다. 따라서 8%를 시도하면 다음과 같이 계산된다.

   $500 \times PVIFA_{8\%/2, 20 \times 2} + 10{,}000 \times PVIF_{8\%/2, 20 \times 2}$
   $= 500 \times 19.7928 + 10{,}000 \times 0.2083$
   $= 11{,}979.28$ 원

   이 가격은 채권의 현재 시장 가격보다 높으므로 만기수익률은 8%보다 높음을 알 수 있다. 이제 8%와 10%의 중간인 9%를 적용해 보면 다음과 같이 계산된다.

   $500 \times PVIFA_{9\%/2, 20 \times 2} + 10{,}000 \times PVIF_{9\%/2, 20 \times 2}$
   $= 500 \times 18.4016 + 10{,}000 \times 0.1719$
   $= 10{,}920.08$ 원

   따라서 만기수익률은 9%임을 알 수 있다.

2) 다음과 같이 RATE 함수를 이용하여 만기수익률을 구할 수 있다.

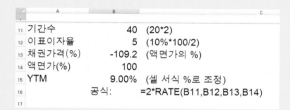

책 본문의 YIELD 함수를 사용하여도 같은 결과를 얻을 수 있다. 주의할 점은 RATE 함수를 사용하는 경우 YIELD 함수와는 달리 모든 변수를 기간 단위로 수정해 주어야 한다는 것이다. 즉 반년 마다 이자 지급을 하므로 기간은 40기간(20년)이 되고 이표이자율은 5%(10%/2)가 된다. 마지막으로 YTM을 계산할 때도 연리로 답을 하여야 하므로 2를 곱해주어야 한다.

6. $EAR = \left(1 + \dfrac{0.08}{4}\right)^4 - 1 = 0.0824, \quad 8.24\%$

7. 1) $500 \times PVIFA_{8\%/2, 20 \times 2} + 10,000 \times PVIF_{8\%/2, 20 \times 2}$
$= 11,979.28$ 원

    2) $1,000 / 11,979.28 = 0.0835$, 또는 8.35%

    3) $500 \times PVIFA_{8\%/2, 19 \times 2} + 10,000 \times PVIF_{8\%/2, 19 \times 2}$
$= 11,936.79$ 원

    4) $(11,936.79 - 11,979.28) / 11,979.28 = -0.0035$ 또는 -0.35%

    5) 만기수익률 = 이자수익률 + 자본차익수익률
만기수익률 = $8.35 - 0.35 = 8\%$

Chapter 7

1. $\dfrac{1,060}{1.13} + \dfrac{16,051.43}{1.13} = 15,142.76$ 원

2. $500 / (0.12/4) = 16,666.67$ 원

3. 1) $1,060 / (0.13 - 0.06) = 15,142.86$

    2) $D_5 / (R-g) = 1,000(1.06)^5 / (0.13 - 0.06) = 19,117.51$

    3) $P_4 = 19,117.51 = 15,142.86 \times (1+r)^4 = P_0(1+r)^4$

       $r = 6\%$

    4) 주가는 미래의 모든 배당의 현재가치이다. 일정성장 모형에서 배당이 6%로 성장하므로 배당의 현재가치인 주식 가격도 동일한 비율로 성장한다.

4. 1) $D_1 / (R-g) = 1,000(1.07) / (0.13 - 0.07) = 17,833.33$

2) 1,070 / 17,833.33 = 0.06, 또는 6%

3) D_2 / (R−g) = 1,000(1.07)² / (0.13 − 0.07) = 19,081.67

4) (19,081.67 − 17,833.33) / 17,833.33 = 0.07, 또는 7%

5) 6% + 7% = 13%. 이는 이 주식의 할인율과 동일하다. 왜냐하면 할인율은 주식을 보유함으로써 벌 수 있는 총수익률이기 때문이다.

5. 1) D_1 = 1,000 × (1.2) = 1,200
   D_2 = 1,200 × (1.15) = 1,380
   D_3 = 1,380 × (1.07) = 1,476.6

2) $P_2 = D_3$ / (R−g) = 1,476.6 / (0.13 − 0.07) = 24,610

3) $P_0 = \dfrac{D_1}{1.13} + \dfrac{D_2}{1.13^2} + \dfrac{P_2}{1.13^2}$

$\quad = \dfrac{1,200}{1.13} + \dfrac{1,380}{1.13^2} + \dfrac{24,610}{1.13^2}$

$\quad = 21,415.93$

Chapter 8

1. 1)

			누적 현금 흐름	
	A	B	A	B
0	−1,000	−1,500	−1,000	−1,500
1	700	100	−300	−1,400
2	500	1,000	200	−400
3	300	1,000,000	500	999,600

A의 현금회수기간 = 1 + 300/500 = 1.6년
B의 현금회수기간 = 2 + 400/1,000,000 = 2.0004년

2) 회수기간이 짧은 A를 선택한다.

3)

						누적 현금흐름	
	A	B	PVIF	PV(A)	PV(B)	A	B
0	−1,000	−1,500	1.0000	−1,000.00	−1,500.00	−1,000.00	−1,500.00
1	700	100	0.9091	636.36	90.91	−363.64	−1,409.09

| 2 | 500 | 1,000 | 0.8264 | 413.22 | 826.45 | 49.59 | −582.64 |
| 3 | 300 | 1,000,000 | 0.7513 | 225.39 | 751,314.80 | 274.98 | 750,732.16 |

A의 현금회수기간 = 1 + 363.64/413.22 = 1.88년

B의 현금회수기간 = 2 + 582.64/751,314.80 = 2.0008년

4) 할인현금회수기간이 더 길다. 이유는 할인을 하게 되면 각 숫자가 작아지게 되므로 초기 투자액을 회수하기까지의 기간이 더 길어진다.

5) 할인회수기간이 짧은 A를 수행하여야 한다.

6) 할인회수기간법은 할인회수기간 이후의 현금흐름은 무시하기 때문이다.

2. 1) NPV_A = 274.98; NPV_B = 1,055.60

2) IRR_A = 27.6%; IRR_B = 21.4%

3) PI_A = 1.27; PI_B = 1.21

	A	B	C	D	E	F
34	시점	사업 A	사업 B		할인율	10%
35	0	−1,000	−5,000			
36	1	700	1,000			
37	2	500	5,500			
38	3	300	800			
39	NPV	274.98	1,055.60			
40		NPV(F34,B36:B38)+B35	NPV(F34,C36:C38)+C35			
41	IRR	27.6%	21.4%			
42		IRR(B35:B38)	IRR(C35:C38)			
43	PI	1.27	1.21			
44		NPV(F34,B36:B38)/1000	NPV(F34,C36:C38)/5000			

4) A 와 B; 둘 다 순현재가치가 0보다 크다.

5) A 와 B; 둘 다 내부수익률이 자본비용보다 크다.

6) A 와 B; 둘 다 수익성지수가 1보다 크다.

7) B; B의 순현재가치가 A보다 더 크다.

8) A; A의 내부수익률이 B보다 더 크다.

9) A; A의 수익성지수가 B보다 크다.

10) 순현재가치법에 의한 의사결정을 따라야 한다. 따라서 사업 B를 수행하여야 한다.

3. 상호배타적인 프로젝트를 비교할 경우에는 두 방법이 상이한 결과를 보일 수 있다.

또한 현금흐름의 부호가 여러 번 바뀌는 경우에도 두 방법이 상이한 결과를 보일 수 있다.

Chapter 9

1. 1) 4년 연수합계법이므로 상각비율과 감가상각비는 다음과 같다.

(단위 : 천 원)

연도	1	2	3	4
상각비율	40.00%	30.00%	20.00%	10.00%
감가상각비	600,000	450,000	300,000	150,000

2) 먼저 OCF를 구하는 과정은 다음과 같다. 공식은 (S−C)(1−T)+T×D인데 주어진 문제가 비용절감이므로 매출의 변화는 없고 따라서 첫 해의 현금흐름은 다음과 같이 계산된다.

[0−(−400,000)](1−0.25) + 0.25×600,000 = 450,000 이다.

다른 해에 대해서도 같은 방식으로 계산하면 되며 결과는 다음 표에 나타나 있다.

(단위: 천 원)

연도	0	1	2	3	4	5
OCF		450,000	412,500	375,000	337,500	300,000
NCS	−1,500,000					37,500
NWC	0					0
CFFA	−1,500,000	450,000	412,500	375,000	337,500	337,500

3) 50,000 − (50,000 × 0.25) = 37,500 (단위: 천 원)

4) 현금흐름을 정리해 보면 위 표와 같다. 위 현금흐름에 근거하여 NPV와 IRR을 구해 보면 다음과 같다.

NPV = −28,178.96 < 0

IRR = 9.22% < 10%(요구수익률)

따라서 이 시스템을 도입하면 안 된다.

2. 1) 두 기계 사이의 영업현금흐름의 차이를 구하는 공식은 다음과 같다.

$$\Delta OCF = (\Delta S - \Delta C)(1-T) + \Delta D \times T$$

본 문제의 경우 매출의 차이는 없으므로 '0'이고, 비용절감은 6,000만원이다. 감가상각의 차이를 구하기 위해서는 새 기계와 헌 기계의 감가상각을 알아야 하는데 둘 다 정액법이므로 새 기계는 매년 200,000/5 = 40,000, 헌 기계는 매년 9,000의 감가상각을 한다. 따라서, 첫 째 해의 영업현금흐름의 차이는 다음과 같다.

$$\Delta OCF = (0 - (-60,000))(1-0.25) + 31,000 \times 0.25$$
$$= 52,750$$

다른 해도 마찬가지로 계산되는데 아래 표에서 보는 바와 같이 매 년 동일하게 52,750이다.

연 도	0	1	2	3	4	5
매출의 차이		0	0	0	0	0
비용절감		60,000	60,000	60,000	60,000	60,000
새 기계의 감가상각		40,000	40,000	40,000	40,000	40,000
헌 기계의 감가상각		9,000	9,000	9,000	9,000	9,000
감가상각 차이		31,000	31,000	31,000	31,000	31,000
영업현금흐름의 차이		52,750	52,750	52,750	52,750	52,750
비영업현금흐름의 차이	−137,500					−10,000
	−137,500	52,750	52,750	52,750	52,750	42,750

(단위 : 천 원)

2) t = 0

새 기계의 구입 가격 = −200,000

헌 기계의 매도 가격 = 65,000

세금 = 0.25 × (65,000 − 55,000) = 2,500

따라서 초기의 비영업현금흐름의 차이는 다음과 같다.

−200,000 + 65,000 − 2,500 = −137,500

t = 5

새 기계의 세후 잔존가치 = 0

헌 기계의 세후 잔존가치 = 10,000 − 0.25 × (10,000 − 10,000)

잔존 가치 차이 = −10,000

3) 영업현금흐름의 차이와 비영업현금흐름의 차이를 모두 포함하여 정리하면 위의 표와 같다. 총현금흐름에 근거하여 순현재가치와 내부수익률을 구하면 다음과 같다.

NPV = 46,978 > 0

IRR = 25.39% > 12%(요구수익률)

따라서 새 기계를 구입하는 것이 유리하다.

3. 1) NPV = 0 인 영업현금흐름을 구하기 위해 다음과 같은 표를 생각해 보자.

(단위 : 천 원)

	0	1	2	3
영업현금흐름		OCF	OCF	OCF
비영업현금흐름 생산기계 구입 세후 잔존가치 순운전자본	−90,000 −20,000			 10,000 20,000
총현금흐름	−110,000	OCF	OCF	OCF+30,000

먼저 발전장치 한 대당 가격을 모르므로 영업현금흐름을 미지수 OCF로 설정한다. 비영업현금흐름으로는 먼저 생산기계 구입과 관련하여 t=0 시점에 9,000만원 투자가 일어나고 t=3 시점에 잔존가치 1,000만원이 발생한다. 그리고 초기 순운전자본 투자가 t=0 시점에서 2,000만원 발생하고 t=3 시점에서 이의 회수가 일어난다. 따라서 총현금흐름은 위 표에서 보는 바와 같고 NPV=0 인 조건은 다음과 같이 구할 수 있다.

$$NPV = -110,000 + OCF \times PVIFA_{10\%, 3년} + 30,000 \times PVIF_{10\%, 3년}$$
$$= -110,000 + OCF \times 2.4869 + 30,000 \times 0.7513 = 0$$

위의 조건을 만족시키는 영업현금흐름의 값은 다음과 같다.

$$OCF = 35,169.18$$

2) 최저입찰가는 위에서 구한 영업현금흐름을 만족시키는 가격이다. 따라서 다음과 같이 정리할 수 있다.

$$OCF = NI + D$$
$$= (4 \times P - C - D)(1-T) + D$$
$$= (4 \times P - 인건비 및 자재비 - 리스비 - D)(1-T) + D$$
$$= [4 \times P - 4 \times 10,000 - 12,000 - (90,000 - 10,000)/3](1-0.25) + (90,000 - 10,000)/3$$
$$= 35,169.18$$

이를 만족시키는 발전설비 1대의 가격 P는 다음과 같다.

$$P = 22,500.84 \text{ (단위: 천 원)}$$

따라서 이 기업은 대당 2,250만 원 정도를 받으면 손익분기가 되고 그 이상을 받으면 수익이 발생되게 된다.

4. 1) 터빈의 영업현금흐름(OCF)은 다음과 같이 계산된다(단위: 백만원).

$$OCF_A = (S - C)(1-T) + D \times T$$
$$= (0 - 200)(1-0.25) + (70-10)/3 \times 0.25$$
$$= -145.00$$

$$OCF_B = (S - C)(1-T) + D \times T$$
$$= (0 - 180)(1-0.25) + (120-10)/5 \times 0.25$$
$$= -129.50$$

2) 두 터빈의 경제수명이 다르므로 동등연가치를 구해야 한다. 현금흐름과 이에 근거한 분석 결과가 다음 표에 나타나 있다.

현금흐름과 동등연가치

(단위: 백만원)

	연도	0	1	2	3	4	5	결 과
터빈 A	OCF		−145.00	−145.00	−145.00			NPV −394.49
	NCS	−70.00			10.00			EAC −172.78
	CFFA	−70.00	−145.00	−145.00	−135.00			
터빈 B	OCF		−129.50	−129.50	−129.50	−129.50	−129.50	NPV −549.13
	NCS	−120.00					10.00	EAC −163.81
	CFFA	−120.00	−129.50	−129.50	−129.50	−129.50	−119.50	

경제수명에 대한 고려 없이 순현재가치만 본다면 터빈 A가 −394.49로 비용이 더 낮으므로 이를 택하겠으나 동등연가치로 보면 터빈 B의 비용이 더 저렴하므로 터빈 B를 선택하여야 한다.

Chapter 10

1. 1) 세 가지 경우에 대한 추정 손익계산서는 〈표 1〉과 같다. '하'의 경우는 모든 변수를 NPV가 작게 나오도록 설정한다. 따라서 판매량 5,400개, 가격, 7.2만원, 단위당 변동비 7만원, 고정비 6,000만원을 사용한다. '상'의 경우는 판매량 6,600개, 가격, 8.8만원, 단위당 변동비 5만원, 고정비 4,000만원을 사용하여 구한다.

〈표 1〉 추정손익계산서

(단위: 천 원)

	기본	하	상
매출	480,000	388,800	580,800
변동비	360,000	378,000	330,000
고정비	50,000	60,000	40,000
감가상각	60,000	60,000	60,000
영업이익(EBIT)	10,000	−109,200	150,800
세금	2,500	−27,300	37,700
당기순이익	7,500	−81,900	113,100

2) OCF = NI + D = 7,500 + 60,000 = 67,500(단위: 천 원), 또는 6,750만 원

3) 세 가지 경우에 대한 현금흐름과 순현재가치, 내부수익률은 다음 〈표 2〉와 같다.

<표 2> 시나리오 분석에 의한 현금흐름 및 순현재가치

(단위: 천 원)

연도	중(기준)			최상의 경우			최악의 경우		
	OCF	NCS	CFFA	OCF	NCS	CFFA	OCF	NCS	CFFA
0		−300,000	−300,000		−300,000	−300,000		−300,000	−300,000
1	67,500		67,500	173,100		173,100	−21,900		−21,900
2	67,500		67,500	173,100		173,100	−21,900		−21,900
3	67,500		67,500	173,100		173,100	−21,900		−21,900
4	67,500		67,500	173,100		173,100	−21,900		−21,900
5	67,500		67,500	173,100		173,100	−21,900		−21,900
	NPV = −56,677.6 IRR = 4.06%			NPV = 323,986.8 IRR = 50.14%			NPV = −378,944.6 IRR = 정의 안됨		

4) 일단 '기본'인 경우 NPV와 IRR이 모두 사업을 기각하는 쪽으로 나왔다. 물론 최상의 상황에서는 NPV와 IRR이 매우 긍정적이나 최악의 상황을 보면 최상의 상황에 비해 그 수치가 훨씬 더 나쁘다. 따라서 본 사업의 사업성은 매우 약하다고 볼 수 있다.

2. 1) 판매량 변수 이외의 모든 다른 변수의 값은 기준 값인 '기본'으로 고정시키고 판매량 변수만 상하로 10% 변화시킨다. '상'인 경우는 판매량이 6,600개이고 '하'인 경우는 판매량이 5,400개가 된다. 당기 순이익을 구하기 위해서는 추정손익계산서를 작성해야 하는데 <표 3>의 '판매량 변화' 부분에 판매량을 상하 10% 변화시켰을 때 당기순이익이 나타나 있다. 판매량이 10% 하락하였을 때는 당기순이익이 −150만원이고, 10% 상승하였을 때는 1,650만원이다.

<표 3> 민감도 분석을 위한 추정손익계산서

(단위: 천 원)

	판매량 변화			가격 변화		
	기 준	−10%	+10%	기 준	−10%	+10%
매출	480,000	432,000	528,000	480,000	432,000	528,000
변동비	360,000	324,000	396,000	360,000	360,000	360,000
고정비	50,000	50,000	50,000	50,000	50,000	50,000
감가상각	60,000	60,000	60,000	60,000	60,000	60,000
EBIT	10,000	−2,000	22,000	10,000	−38,000	58,000
세금	2,500	−500	5,500	2,500	−9,500	14,500
NI	7,500	−1,500	16,500	7,500	−28,500	43,500

2) 판매량을 상하 10% 변동시켰을 때의 현금흐름 및 NPV, IRR을 구하면 <표 4>의 왼쪽 '판매량 변화' 와 같다.

〈표 4〉 민감도 분석에 의한 현금흐름 및 순현재가치

(단위: 천 원)

연 도	판매량 변화			가격 변화		
	기 준	−10%	+10%	기 준	−10%	+10%
0	−300,000	−300,000	−300,000	−300,000	−300,000	−300,000
1	67,500	58,500	76,500	67,500	31,500	103,500
2	67,500	58,500	76,500	67,500	31,500	103,500
3	67,500	58,500	76,500	67,500	31,500	103,500
4	67,500	58,500	76,500	67,500	31,500	103,500
5	67,500	58,500	76,500	67,500	31,500	103,500
NPV	−56,678	−89,121	−24,235	−56,678	−186,450	73,094
IRR	4.06%	−0.84%	8.69%	4.06%	−18.24%	21.44%

3) 민감도 분석을 위한 추정손익계산서 〈표 3〉에서 보는 바와 같이 가격이 10% 내려가면 −2,850만원, 가격이 10% 올라가면 4,350만원의 당기순이익이 발생한다.

4) 민감도 분석에 의한 현금흐름 및 순현재가치표 〈표 4〉의 '가격 변화'에서 보는 바와 같이 가격이 10% 하락한 경우에는 NPV = −1억 8,645만원, IRR = −18.24%, 가격이 10% 상승한 경우에는 NPV = 7,309.4만원, IRR = 21.44%이다.

5) 〈표 4〉에서 보는 바와 같이 가격 변수가 판매량 변수보다 NPV에 더 큰 영향을 미친다.

3. 1) $Q = \dfrac{F + D}{P - v} = \dfrac{50,000 + 60,000}{80 - 60} = 5,500$

2) $Q = \dfrac{F}{P - v} = \dfrac{50,000}{80 - 60} = 2,500$

3) 먼저 다음 표와 같이 NPV = 0이 되는 OCF를 구해야 한다.

연도	OCF	NCS	CFFA
0		−300,000	−300,000
1	OCF		OCF
2	OCF		OCF
3	OCF		OCF
4	OCF		OCF
5	OCF		OCF

NPV = −300,000 + OCF × PVIFA$_{12\%,5}$ = −300,000 + OCF × 3.6048 = 0.

따라서, 이를 만족시키는 OCF = 83,223 (단위: 천 원). 그러므로 재무손익분기점은

$Q = \dfrac{F + OCF^*}{P - v} = \dfrac{50,000 + 83,223}{80 - 60} = 6,661$

4) 본 사업의 경우 5년간 매년 OCF* = 83,223(단위: 천 원)만큼 현금흐름이 발생하고 이를 할인한 값을 모두 더하면 5년째에 3억 원을 모두 회수하게 되므로 결국 할인현금회수기간이 내용연수와 동일하게 된다.

4. 1) 6,600개 × 80 = 528,000 (단위: 천 원)

2) EBIT = 매출 − 변동비 − 고정비 − 감가상각
= 528,000 − 396,000 − 50,000 − 60,000 = 22,000

3) 매출 10% 증가에 따른 영업이익을 계산하면 다음과 같다.

EBIT = 매출 − 변동비 − 고정비 − 감가상각
= 580,800 − 435,600 − 50,000 − 60,000 = 35,200

따라서 영업레버리지도는 다음과 같다.

$$DOL = \frac{\dfrac{35,200 - 22,000}{22,000}}{\dfrac{580,800 - 528,000}{528,000}} = \frac{0.6}{0.1} = 6$$

Chapter 11

1. 1) 기대수익률은 각 경기 상황 하에서의 수익률에 각 경기 상황이 발생할 확률을 곱한 후 이를 다 합하면 된다. 다음 표에 보는 바와 같이 주식 A의 기대수익률은 5.5%이고 주식 B의 기대수익률은 8.0%이다.

경기 상황	각 경기 상황이 발생할 확률 (1)	주식 A 수익률 (2)	주식 B 수익률 (3)	주식 A (1)×(2)	주식 B (1)×(3)
호경기	15%	50%	−10%	7.50%	−1.50%
보통	50%	10%	5%	5.00%	2.50%
불경기	35%	−20%	20%	−7.00%	7.00%
기대수익률				5.50%	8.00%

2) 계산 과정은 다음 표에 보는 바와 같다. 분산은 평균으로부터 떨어진 거리를 제곱한 것들에 대한 가중평균이고 표준편차는 분산의 제곱근을 구한 것이다.

정리하면,

A의 분산 = 0.0535, A의 표준편차 = 0.2312
B의 분산 = 0.0104, B의 표준편차 = 0.1017

경기 상황	각 경기 상황이 발생할 확률 (1)	주식 A 수익률 (2)	주식 B 수익률 (3)	(4)= (2)−E(R_A)	(5)= (3)−E(R_B)	(4)²	(5)²	(1)×(4)²	(1)×(5)²
호경기	15%	50%	−10%	44.50%	−18.00%	0.1980	0.0324	0.0297	0.0049
보통	50%	10%	5%	4.50%	−3.00%	0.0020	0.0009	0.0010	0.0005
불경기	35%	−20%	20%	−25.50%	12.00%	0.0650	0.0144	0.0228	0.0050
기대수익률		5.50%	8.00%				분산	0.0535	0.0104
							표준편차	0.2312	0.1017

3) B가 A보다 기대수익률이 높고, 표준편차는 낮다. 따라서 B가 A를 지배한다.

4) 포트폴리오 기대수익률은 다음과 같다.
   0.6×0.055 + 0.4×0.08 = 0.065 또는 6.5%

5) 포트폴리오의 표준편차를 계산하는 과정이 다음 표에 나타나 있다. 아래 표에서 보는 바와 같이 각 경기 상황에서의 포트폴리오의 수익률을 구한 후 개별 주식과 같은 방식으로 포트폴리오 표준편차를 구하면 된다. 정리하면,

   포트폴리오 분산 = 0.009675
   포트폴리오 표준편차 = 0.098362

경기 상황	각 경기 상황이 발생할 확률 (1)	주식 A 수익률 (2)	주식 B 수익률 (3)	포트폴리오 수익률 (4)	(5) =(4)−E(R_p)	(5)²
호경기	15%	50%	−10%	26.000%	19.50%	0.038025
보통	50%	10%	5%	8.000%	1.50%	0.000225
불경기	35%	−20%	20%	−4.000%	−10.50%	0.011025
기대수익률				6.500%	분산	0.009675
					표준편차	0.098362

6) 두 주식의 분산은 다음과 같다.

   A의 표준편차 = 0.2312, B의 표준편차 = 0.1017

   포트폴리오의 표준편차는 0.0984이므로 이보다 작다. 그 이유는 분산투자의 효과로 분산 가능한 위험이 줄었기 때문이다. 표에서 보면 주식 A와 B의 수익률 사이에는 음(−)의 상관관계가 있으므로 분산투자의 효과가 더 크게 나타난 것이다.

2. 1) 자산 A가 자산 B에 비해 수익률도 높고, 표준편차도 작으므로 자산 A가 우월하다.

2) 자산 A가 자산 B에 비해 수익률이 높으나, 베타도 높으므로 일단 어느 자산이 우월하다고 단정할 수 없다. 그러나 수익−위험 비율을 구하여 보면 판단할 수 있다.

3) 위험프리미엄은 수익률에서 무위험수익률을 차감하면 구할 수 있다. 수익-위험 비율은 위험프리미엄을 베타로 나눈 값이다. 이를 정리하면 다음 표와 같다.

	자산 A	자산 B
수익률	24%	16%
표준편차	10%	12%
베타	1.2	0.9
위험프리미엄	19%	11%
수익-위험 비율	15.83%	12.22%

4) 자본시장의 균형은 모든 자산의 수익-위험 비율이 동일해야 달성된다. 자산 A와 자산 B의 수익-위험 비율이 같지 않으므로 시장은 불균형 상태에 있다. A의 수익-위험 비율이 B의 그것보다 높으므로 A에 대한 수요가 증가하고 B에 대한 수요가 감소한다. 따라서 A의 가격은 증가하고 수익률이 감소할 것이고, B의 가격은 하락하고 수익률은 상승할 것이다. 이러한 과정은 시장이 균형을 이룰 때까지 진행될 것이다.

5) $E(R_A) = R_f + [E(R_m) - R_f]\beta_A = 5\% + [12\% - 5\%] \times 1.2 = 13.4\%$
   $E(R_B) = R_f + [E(R_m) - R_f]\beta_B = 5\% + [12\% - 5\%] \times 0.9 = 11.3\%$

6) 자산 A와 B의 수익률은 각각 24%와 16%이다. 두 자산의 균형수익률은 13.4%와 11.3%이므로 두 자산의 수익률은 균형수익률보다 크다. 즉 SML의 위쪽에 분포하게 된다. 수익률이 높다는 것은 가격은 싸다는 것이므로 두 자산은 저평가되어 있다고 할 수 있다.

3. 정확한 답변을 위해서는 좀 더 많은 정보가 필요하나, 주어진 정보만으로 판단한다면 중국 주식을 사는 것이 좋겠다. 왜냐하면 '한국내' 씨는 이미 한국에 여러 자산의 포트폴리오를 가지고 있기 때문에 중국 주식에 투자를 하면 분산 투자의 효과가 증대되기 때문이다.

4. 1) X ; 준강형 효율적 시장이면 약형 효율적 시장이나 그 반대는 성립하지 않을 수도 있다.

2) X ; 시장이 약형 효율적이라면 기술적 분석으로는 초과수익률을 올릴 수 없다. 그러나 모든 공공정보를 활용하는 기본적 분석으로는 초과수익률을 올릴 가능성도 있다.

3) X ; 효율적 시장에서는 거래가 신속하게 체결되고 경쟁이 심하기 때문에 초과수익을 올리기 어렵다.

4) X ; 준강형 효율적 시장에서는 모든 공공정보를 활용하는 기본적 분석을 수행해서는 초과수익률을 올리기 어렵다.

5) X ; 시장이 효율적이면 자산의 가격이 모든 정보를 신속하게 반영한다. 따라서 정보를 분석하여 초과수익률을 올리기 어려우므로 고평가 저평가 된 자산을 찾아 초과수익을 달성하려는 적극적 전략보다는 지수펀드 등에 투자하는 소극적 전략이 더 효과적이다.

6) O ; 시장이 효율적이면 모든 자산의 가격이 모든 정보를 신속하게 반영한다. 따라서 정보를 분석하여 초과수익률을 올리기 어려우므로 고평가 저평가 된 자산을 찾아 초과수익을 달성하려는 적극적 전략보다는 지수펀드 등에 투자하는 소극적 전략이 더 효과적이다.

Chapter 12

1. 1) $9,057.3 = 900 \times \text{PVIFA}_{x,30} + 10,000 \times \text{PVIF}_{x,30}$
   이를 만족시키는 할인율, 즉 만기수익률은 10%이다.

   2) 타인자본비용 = 만기수익률 × (1−세율) = 10 × (1−0.25) = 7.5%

2. $R_E = 1,060/10,000 + 0.06 = 16.6\%$

3. 1) 부채 = 5억 × 9,662/10,000 = 483,099,500   28.7%
   자기자본 = 12,000 × 100,000 = 1,200,000,000   71.3%

   2) $9,662 = 1,000 \times \text{PVIFA}_{x,2} + 10,000 \times \text{PVIF}_{x,2}$

   이 식을 만족하는 할인율은 12%이다. 따라서 타인자본비용은

   $$0.12(1-0.4) = 7.2\%$$

   3) SML을 사용하여 자기자본비용을 구하면 다음과 같다.

   $$R_E = R_f + \beta_E(R_m - R_f)$$
   $$= 10 + 1.2 \times (15-10) = 16\%$$

   4) 0.287 × 7.2 + 0.713 × 16 = 13.47%

Chapter 13

1. 시장이 완전하므로 세금도 없고 파산비용도 없다. 따라서 기업가치는 기업의 수익력에 의해서만 결정된다. 완전시장 하에서는 자본구조가 어떠하든지 수익력이 같은 회사는 기업가치가 같게 된다.

2. 예를 들어 어떤 기업의 현재 기업 가치가 부채 원금에도 못 미치고 아직 만기는 도래하지 않았다고 하자. 이 경우 주주들은 과다투자를 할 유인이 존재한다. 기업 가치가 부채 원금보다도 적으므로 주주들은 어차피 아무 것도 가질 수 없는 상황이다. 이 경우 주주들은 NPV는 음(−)일지라도 매우 변동성이 높은 투자안을 선택하여 자신들이 이익을 볼 수 있는 가능성을 조금이라도 높이고자 할 것이다. 극단적인 예를 들어 기업 자산을 처분하여 그 돈으로 라스베가스에 가서 도박을 하는 것이 주주들에게는 이익이다. 어차피 채권자에게 지불하면 아무것도 못 가지는 상황이니 잃어도 그만이고 운이 좋으면 딸 확률도 있기 때문이다.

3. 1) 200억 × (1−0.25)/0.12 = 1,250억 원

   2) 500억 × 0.25 = 125억

   3) 부채기업 가치 = 무부채기업가치 + 절세효과 = 1,250억 + 125억 = 1,375억 원

   4) $R_E = R_U + (R_U - R_D) \dfrac{D}{E} (1-t_c)$
   $$= 0.12 + (0.12-0.1) \frac{500}{875} (1-0.25) = 0.1286 \text{ 또는 } 12.86\%$$

5) $WACC = \dfrac{E}{V}R_E + \dfrac{D}{V}R_D(1-t_c)$

$$= \dfrac{875}{1,375} \times 0.1286 + \dfrac{500}{1,375} \times 0.1 \times (1-0.25) = 0.1091 \text{ 또는 } 10.91\%$$

6) 부채기업의 가중평균자본비용이 더 낮다. 그 이유는 부채기업의 경우는 법인세 절감효과가 있기 때문이다.

4. 법인세만 고려한다면 부채가 높아질수록 절세효과가 많아지므로 최적자본구조는 100% 부채가 될 것이다. 그러나 부채를 점점 더 많이 쓰게 되면 재무곤경비용이 늘어나기 때문에 절세효과를 상쇄하게 된다. 부채가 적을 때는 재무곤경 비용이 낮으므로 절세효과의 이점 때문에 부채를 더 많이 쓰는 것이 유리하다. 그러나 부채가 많아지면 재무곤경비용이 오히려 절세효과를 능가하는 경우가 발생할 수 있다. 따라서 부채를 한 단위 더 추가함으로써 절세효과와 재무곤경비용이 같아지는 점에서 최적자본구조가 성립하게 된다.

5. 1) 다음의 표는 '높새기업'의 현재와 내년의 손익계산서와 레버리지 관련 계산결과를 보이고 있다.

(단위: 억 원)

	올해	내년
매출	100	130
고정비	30	30
변동비	40	52
영업이익	30	48
이자	0	0
당기순이익	30	48
매출의 변화	30%	
영업이익의 변화	60%	
당기순이익의 변화	60%	
DOL	2.0	
DOF	1.0	
DOT	2.0	

영업레버리지도는 다음과 같이 계산된다.

$$DOL = \dfrac{\text{영업이익의 변화}(\%)}{\text{매출의 변화}(\%)} = \dfrac{60\%}{30\%} = 2.0$$

2) 이 기업은 부채를 사용하지 않고 있으므로 재무레버리지는 1이다. 다시 말해 재무적 측면에서의 증폭효과는 없다. 이는 다음과 같이 계산 결과에 의해서도 알 수 있다.

$$DOF = \dfrac{\text{당기순이익의 변화}(\%)}{\text{영업이익의 변화}(\%)} = \dfrac{60\%}{60\%} = 1.0$$

3) 종합레버리지도는 영업레버리지와 재무레버리지의 곱이므로 다음과 같이 계산된다.

$$DOT = DOL \times DOF = 2.0 \times 1.0 = 2.0$$

6. 1) 다음의 표는 '높새기업'의 현재와 내년의 손익계산서와 레버리지 관련 계산결과를 보이고 있다.

(단위 : 억 원)

	올해	내년
매출	100	130
고정비	30	30
변동비	40	52
영업이익	30	48
이자	10	10
당기순이익	20	38
매출의 변화	30%	
영업이익의 변화	60%	
당기순이익의 변화	90%	
DOL	2.0	
DOF	1.5	
DOT	3.0	

영업레버리지도는 다음과 같이 계산된다.

$$DOL = \frac{영업이익의\ 변화(\%)}{매출의\ 변화(\%)} = \frac{60\%}{30\%} = 2.0$$

2) 부채를 사용하고 있으므로 재무적 측면에서의 증폭효과가 있다. 이는 다음과 같이 계산 결과에 의해서도 알 수 있다.

$$DOF = \frac{당기순이익의\ 변화(\%)}{영업이익의\ 변화(\%)} = \frac{90\%}{60\%} = 1.5$$

3) 종합레버리지도는 영업레버리지와 재무레버리지의 곱이므로 다음과 같이 계산된다.

$$DOT = DOL \times DOF = 2.0 \times 1.5 = 3.0$$

4) 부채의 사용은 재무레버리지의 증가를 가져오고 따라서 종합레버리지도 증가한다.

Chapter 14

1. 1) 배당 / 당기순이익 = 3,600 / 6,000 = 0.6 또는 60%

2) 유보율(b) = 1 − 배당성향 = 0.4

3) ROA = 당기순이익 / 총자산 = 6,000 / 38,000 = 15.79%

4) $IGR = \dfrac{b \times ROA}{1-b \times ROA} = \dfrac{0.4 \times 0.1579}{1-0.4 \times 0.1579} = 6.74\%$

5) $ROE = \dfrac{\text{당기순이익}}{\text{총자기자본}} = \dfrac{6,000}{16,400} = 36.59\%$

6) $SGR = \dfrac{b \times ROE}{1-b \times ROE} = \dfrac{0.4 \times 0.3659}{1-0.4 \times 0.3659} = 17.14\%$

2. 1) 매출액 대비 비율은 각 항목을 매출액으로 나누어 계산한다. 내년도 추정치는 올해의 수치에 20% 상승한 금액을 합하여 계산한다. 예외가 있는데 감가상각비는 전년도 금액과 동일하다. 그 이유는 감가상각은 자산 취득시 이미 결정된 금액으로 매년 상각하므로 매출이 증가하여도 증가하지 않는다. 결과는 다음 표와 같다.

손익계산서

(단위: 억 원)

	전년도	매출대비비율	추정치
매출	10,000	100%	12,000
판매관리비	6,000	60%	7,200
감가상각비	1,000	−	1,000
영업이익	3,000	−	3,800
세금	750	−	950
당기순이익	2,250	−	2,850
배당	1,575	−	1,995
이익잉여금	675	−	855

2) 재무상태표 차변 항목은 증가한 매출을 지지하기 위해 매출액과 같이 20% 상승하여야 한다. 그러나 대변 항목은 매출액과 동일한 비율로 증가하지 않을 수 있다. 매입채무는 매출의 증가에 따라 자연스럽게 증가할 수 있으나 부채와 자기자본 항목은 조정변수이기 때문에 자동적으로 매출의 증가와 함께 증가하지 않는다. 또한 이익잉여금도 매출과 동일한 액수로 증가하는 것이 아니고 올해 이익잉여금에 내년도 추정 이익잉여금을 합산하여 계산한다. 즉,

추정이익잉여금 = 전년도 이익잉여금 + 추정이익잉여금

= 4,200 + 855

= 5,055억 원

재무상태표 각 항목의 내년도 추정치를 정리하면 다음과 같다.

재무상태표

(단위 : 억 원)

	전년도	매출대비비율	추정치		전년도	매출대비비율	추정치
현금	1,000	10%	1,200				
매출채권	4,000	40%	4,800	매입채무	1,800	18%	2,160
재고자산	6,000	60%	7,200	단기부채	5,000	−	5,000
비유동자산	8,000	80%	9,600	장기부채	4,000	−	4,000
				자기자본	4,000	−	4,000
				이익잉여금	4,200	−	5,055
총자산	19,000	190%	22,800	부채와 지분	19,000	−	20,215

3) 자산소요액은 추정재무상태표 차변의 금액 22,800이고 자금조달액은 대변금액 20,215이다. 따라서 과부족은 22,800 − 20,215 = 2,585억 원이다.

4) 내년도 부족액은 2,585억 원인데 이는 다음과 같은 방법으로 해소할 수 있다. 1) 단기 부채 차입, 2) 장기 부채 차입, 3) 주식 발행, 4) 배당 삭감, 5) 또는 이러한 방법들의 조합.

3.

1) 매출 / 0.9 = 10,000 / 0.9 = 11,111.1

2) 100% 가동시 매출액이 11,111.1이므로 추가적인 비유동자산 매입이 없다면 11.11%의 매출을 지원할 수 있다. 20% 매출 증가를 지원하는 비유동자산 규모를 구하기 위해서는 다음의 조건이 충족되어야 한다.

$$8,000 : 11,111.1 = x : 12,000$$
$$x = 8,640억 원$$

3) 비유동자산 가동률 90%인 경우의 추정재무상태표는 다음과 같다. 다른 사항은 100% 가동률인 경우와 동일하고 비유동자산의 추정치만 다르다.

재무상태표

(단위: 억 원)

	전년도	매출대비비율	추정치		전년도	매출대비비율	추정치
현금	1,000	10%	1,200				
매출채권	4,000	40%	4,800	매입채무	1,800	18%	2,160
재고자산	6,000	60%	7,200	단기부채	5,000	−	5,000
비유동자산	8,000	80%	8,640	장기부채	4,000	−	4,000
				자기자본	4,000	−	4,000
				이익잉여금	4,200	−	5,055
총자산	19,000	190%	21,840	부채와 지분	19,000	−	20,215

자산소요액은 추정재무상태표 차변의 금액 21,840이고 자금조달액은 대변금액 20,215이다. 따라서 과부족은 21,840 − 20,215 = 1,625억 원이다.

Chapter 15

1. 1) 경제적부가가치(EVA)

= [투하자본이익률(ROIC)-가중평균자본비용-(WACC)] × 투하자본(IC)

= 세후순영업이익(NOPAT) - WACC × IC

2) 투하자본이익률은 매출액영업이익률과 투하자본회전율의 곱이다. 매출액영업이익률은 수익성 지표이며 투하자본회전율은 효율성 지표이다. 또한 매출액영업이익률을 구하기 위해서는 세후영업이익과 매출액을 알아야 하는데 이는 손익계산서 항목이다. 한편 투하자본은 재무상태표 항목이다. 따라서 EVA에 근거한 경영을 하기 위해서는 손익계산서와 재무상태표를 모두 잘 관리하여야 한다.

2. 경제적부가가치가 더 적절한 성과지표이다. 그 이유는 당기순이익은 타인자본비용만 차감했을 뿐 아직 자기자본비용을 차감하지 않은 지표이기 때문이다. 반면, 경제적 부가가치는 타인자본비용과 더불어 자기자본비용도 명시적으로 차감한 유용한 지표이다.

3. 투하자본이익률은 다음 식에서 보는 바와 같이 매출액영업이익률에 투하자본회전율을 곱한 것이다. 매출액영업이익률은 수익성을 나타내는 지표이며 투하자본회전율은 자본운용의 효율성을 나타내는 지표이다. 투하자본이익률은 이 둘을 모두 내포하는 지표이므로 투하자본이익률이 더 유용한 지표이다.

$$투하자본이익률(ROIC) = \frac{세후영업이익}{투하자본}$$

$$= \frac{세후영업이익}{매출액} \times \frac{매출액}{투하자본}$$

$$= 매출액영업이익률 \times 투하자본회전율$$

4. 경제적 부가가치는 유량 개념으로 당기순이익과 같이 매년 계산되는 것이고, 시장 부가가치는 저량 개념으로 경제적 부가가치를 적절한 할인율로 할인한 현재가치이다.

5. 1) 채권이 액면발행되므로 만기수익률은 이표이자율과 동일하다. 따라서 타인자본비용은

7% × (1-0.25) = 0.0525 또는 5.25%

2) SML 식을 적용하면 자기자본비용은 다음과 같이 구할 수 있다.

R_E = 0.05 + (0.13 - 0.05) × 1.3 = 0.154 또는 15.4%

3) 투하자본 200억 중 120억은 자기자본, 80억은 타인자본으로 조달하였으므로 가중평균자본비용은 다음과 같이 구한다.

$$WACC = \frac{E}{V}R_E + \frac{D}{V}R_D(1-T)$$

$$= \frac{120}{200} \times 15.4 + \frac{80}{200} \times 7 \times (1-0.25) = 11.34$$

4) 투하자본이익률은 내부수익률과 같은 개념이다. 따라서 다음의 식을 만족시키는 할인율을

구하면 된다.

$$NPV = 0 = -200 -80/(1+r)-40/(1+r)^2 +120/(1+r)^3 +200/(1+r)^4 +234/(1+r)^5$$

$$IRR = 16.01\%$$

5) 이 기업의 IRR이 요구수익률인 WACC보다 크므로 NPV는 양수이다.

6) $EVA = (ROIC - WACC) \times IC = (0.1601-0.1134) \times 200 = 9.3317$ 또는 9억 3,317만원

Chapter 16

1. 어느 해의 수익이 증가하여 정규현금배당을 많이 지급하면 투자자들은 향후에도 증가된 수준의 정규현금배당을 기대하게 된다. 따라서 배당이 원래의 수준으로 복귀하면 주가가 하락하게 된다. 그러나 특별배당을 지급하면 그 해에 한하여 특별히 지급하는 배당이므로 투자자들이 향후 증가된 수준의 배당을 기대하지 않으며 따라서 배당이 이전 수준으로 감소하여도 주가가 하락하지 않는다.

2. 배당정책의 효과를 보기 위해서는 기업의 가치가 오직 배당정책의 변화에 의해 영향 받는 상황을 만들어야 한다. 따라서 기업의 다른 의사결정, 예를 들어 자본예산 결정, 자본구조 결정 등은 고정시키고 배당의 효과만 분리하여 분석하여야 한다.

3. 1) 완전시장 하에서는 기업의 가치가 배당정책에 의해 영향을 받지 않는다는 이론이다. 즉, 배당을 많이 지급하거나 조금 지급하거나 기업의 가치는 변화하지 않는다는 것이다.

   2) 완전시장 하에서는 마찰적 요인이 전혀 없으므로 기업의 가치는 오직 기업의 수익력에 의해서만 결정된다. 수익력이 일정한 상태에서 배당을 늘리거나 줄이는 것은 배당을 많이 지급하거나 적게 지급하는 시점만 변화시킬 뿐 수익력 자체를 변화시키지 않기 때문에 기업가치는 일정하다.

4. 가장 중요한 요인은 세금이다. 만일 개인소득세 중 배당에 대한 세율이 자본이득에 대한 세율보다 높다면 당연히 배당을 주는 것보다는 자본이득을 확보하는 것이 주주들에게 유리할 것이며 따라서 배당을 적게 지급하는 기업의 가치가 높게 평가된다. 설사 세율이 같다고 할지라도 자본이득은 실현하는 경우에만 세금을 내므로 유효세율이 배당에 비해 낮다. 따라서 저배당 정책이 기업의 가치를 올리는 요인이 된다. 발행비용도 저배당 정책을 지지하는 주요 요인이다. 주어진 자본예산 정책을 진행하기 위한 자금조달을 고려할 때 현재 배당을 적게 지급하는 것이 발행비용을 줄이는 방안이 되기 때문이다.

5. 정보비대칭(information asymmetry) 상황에서 배당이 신호(signal)의 역할을 하기 때문에 고배당 정책이 기업 가치 증가와 관련이 있다. 경영자가 배당을 증가시킨다는 것은 그만큼 미래에 대한 밝은 전망을 하고 있기 때문이며 따라서 주가가 상승한다. 이 때 배당이 신호의 역할을 하기 위해서는 좋지 않은 기업이 고배당을 하는 경우 고배당의 이점보다 많은 비용이 발생되어야 한다. 그렇지 않으면 미래가 밝지 않은 기업도 고배당을 할 것이고 좋은 기업과 나쁜 기업이 구분되지 않기 때문이다.

6. 배당률은 주당 순이익을 액면가로 나눈 것이고, 배당수익률은 주당 순이익을 시장가로 나눈 것이다. 의사결정을 위해서는 배당수익률을 사용하는 것이 합리적이다.

7. 같은 액수의 배당 증감일지라도 증가하는 경우의 주가반응이 감소하는 경우의 주가반응보다 약하다. 다

시 말해 시장은 배당을 줄이는 것을 싫어한다. 따라서 경영자들은 기업의 미래 수익력에 대한 확신이 있기 전에는 배당을 증가시키지 않으며 설사 단기적으로 수익이 증가하더라도 수익 증가만큼 배당을 많이 올리지 않는다. 이유는 향후 수익이 감소할 경우를 대비하기 위함이다.

8. 1) 부채–지분 비율 3/2는 부채 60%, 자기자본 40%인 자본구조를 의미한다.

자기자본비율 × 최대자본투자액(C) = 당기순이익 ;

$0.4 \times C = 300$억원;

$C = 750$억원

2) 예상되는 자본투자액 600억 원이 무증자 최대 자본투자액 750억 원보다 적기 때문에 당기순이익의 일부분은 배당으로 지불할 수 있다. 배당액 계산은 다음과 같다.

지분 = 0.4 × 600억원 = 240억원

부채 = 0.6 × 600억원 = 360억원

따라서 배당액 = 당기순이익 − 지분투자액 = 300 − 240 = 60억 원이 된다.

9. 1) EPS와 PER은 다음과 같이 계산된다.

$$EPS = \frac{1,200,000,000원}{6,000,000주} = 200원$$

$$PER = \frac{주가}{EPS} = \frac{2,000원}{200원} = 10$$

2) 주당 배당이 100원이므로 총 배당지급액은 6억 원이다. 따라서 재무상태표는 다음과 같다.

배당 지급 후 시장가치 재무상태표

(단위: 천 원)

현금	400,000	부채	0
다른 자산	11,000,000	자기자본	11,400,000
총자산	11,400,000	부채와 자기자본	11,400,000

3) 자기자본이 114억 원으로 줄었으므로 배당 지급 후 주가는 다음과 같이 계산된다.

$$주가 = \frac{11,400,000,000원}{6,000,000주} = 1,900원$$

4) 당기순이익은 전과 동일하게 12억 원이므로 EPS와 PER은 다음과 같이 계산된다.

$$EPS = \frac{1,200,000,000원}{6,000,000주} = 200원$$

$$PER = \frac{주가}{EPS} = \frac{1,900원}{200원} = 9.5$$

5) 구주주의 재산은 변화가 없다. 그 이유는 주가는 한 주당 100원이 감소하였으나 대신 한 주당 100원의 배당을 받았기 때문이다.

6) 주당 2,000원에 30만 주를 재매입하였으므로 시장가치 재무상태표는 다음과 같이 변한다.

주식 재매입 후 시장가치 재무상태표

(단위: 천 원)

현금	400,000	부채	0
다른 자산	11,000,000	자기자본	11,400,000
총자산	11,400,000	부채와 자기자본	11,400,000

7) 재매입으로 인해 새로운 주식수는 570만 주가 되고 이 경우 주가는 그대로 2,000원이 된다.

$$주가 = \frac{11,400,000,000원}{5,700,000주} = 2,000원$$

8) 당기순이익은 그대로 12억 원이나 주식수가 줄었으므로 EPS와 PER은 다음과 같이 변한다.

$$EPS = \frac{1,200,000,000원}{5,700,000주} = 210.5원$$

$$PER = \frac{주가}{EPS} = \frac{2,000원}{210.5원} = 9.5$$

9) 다음 표는 두 대안을 비교 정리한 것이다. 두 대안에 관계없이 기존 주주들의 부와 기업가치에 변화가 없다. 불완전성이 없는 시장에서는 배당과 주식 재매입이 기업 가치에 미치는 효과는 동일하다.

두 대안의 비교

(단위: 천 원)

	기업가치	배당	주가	기존 주주 부 (배당+주가)	EPS	PER
배당지급	11,400,000	100	1,900	2,000	200.0	9.5
주식재매입	11,400,000	0	2,000	2,000	210.5	9.5

Chapter 17

1. 1) $160 − $100 = $60 수익

2) $90 − $100 = −$10 수익, 즉 $10 손해

2. 1) $100 − $160 = −$60 수익, 즉 $60 손해

2) $100 − $90 = $10 수익

3. 선물매도 포지션

4. 선물계약은 구체적인 시장에서 거래되기 때문에 모든 거래 조건과 절차, 예를 들어 가격, 거래량, 만기

일, 인도방법 등이 표준화되어 있다. 그러나 선도계약은 장외에서 거래되는 것으로 두 당사자 간에 합의하면 어떠한 가격이나 조건이라도 가능하다. 그러나 거래가 표준화되어 있지 않으므로 빈번한 거래에는 불편하다.

5. $F = 140 \times (1.06)^{0.5} = \$144.14$

6. 풋옵션

7. $13,000 - 10,000 = 3,000$원

8. 1) 적정하지 않다. 현재 행사를 바로 한다고 하여도 2,000원의 차익이 발생하므로 옵션의 가격은 이보다 높아야 한다.

   2) 1,500원을 주고 콜옵션을 산 후 바로 옵션을 행사한다. 옵션을 행사한 후 취득한 주식을 즉시 매각한다. 그러면 곧바로 다음과 같은 수익을 올릴 수 있다.

   $$-1,500(옵션\ 매입) - 10,000(옵션\ 행사) + 12,000(주식\ 매각) = 500원$$

9. 풋옵션을 매도하였으므로 기초자산의 가격이 높을 때는 손해가 나지 않을 것이다. 기초자산의 가격이 낮을 때는 상대방이 풋옵션을 행사할 것이므로 손해가 날 수 있다. 손해가 나는 범위는 기초자산의 가격이 17,500원 이하로 떨어질 때이다.

10. 1) 아무리 낮아도 0 이상이다. 그 이유는 콜옵션은 권리이기 때문이다. 이 문제의 경우 비록 현재 주가가 행사가격 대비 매우 낮아서 외가격 옵션이기는 하나 그래도 옵션 가격은 양수인 100원이다.

    2) 행사가격이 13,000원이므로 3,000원의 이익이 발생한다. 이는 100원 대비 30배 또는 3,000%가 오른 것이다.

11. 1) 행사가격이 가장 낮은 콜옵션과 가장 높은 콜옵션을 매도하고 행사가격이 중간 수준인 콜옵션 2개를 매입하여 구성한다.

    2) 나비 스프레드 매도 포지션을 취하는 경우 주가가 많이 내리거나 오를 때 이익이 되므로 주가의 변동성이 높을 것으로 예상될 때 구성한다.

12. 1) 주가가 상향하는 경우에는 두 전략으로부터의 수익이 동일하나 주가가 하향하는 경우에는 스트립의 수익이 우월하므로 주가의 하향에 더 무게를 두고 있는 투자자는 스트래들보다 스트립을 구성하는 것이 유리하다.

    2) 스트립 전략을 구성하기 위해서는 복수의 풋옵션을 사야 하므로 스트래들에 비해 비용이 더 든다.

13. 1) 주가가 하향하는 경우에는 두 전략으로부터의 수익이 동일하나 주가가 상향하는 경우에는 스트랩의 수익이 우월하므로 주가의 상향에 더 무게를 두고 있는 투자자는 스트래들보다 스트랩을 구성하는 것이 유리하다.

    2) 스트랩 전략을 구성하기 위해서는 복수의 콜옵션을 사야 하므로 스트래들에 비해 비용이 더 든다.

14. 1) 주가, 행사가격, 만기, 무위험이자율, 변동성

    2) 주가 ↑ => 콜옵션의 가격 ↑ (주가가 오르면 콜옵션이 내가격이 된다)
       행사가격 ↑ => 콜옵션의 가격 ↓ (행사가격이 높으면 내가격이 될 확률이 준다)
       만기 ↑ => 콜옵션의 가격 ↑ (만기가 길면 아직 내가격이 될 기회가 많다)
       무위험이자율 ↑ => 콜옵션의 가격 ↑ (블랙–숄즈 모형 참조)

변동성 ↑ => 콜옵션의 가격 ↑ (변동성이 높으면 내가격이 될 가능성이 높다)

15. 먼저 주어진 정보를 일목요연하게 정리하면 다음과 같다.

$$S_0 = 73,250, \ K = 70,000, \ r = .065, \ T = 44/365 = .1205, \ \sigma = .4$$

먼저 d_1과 d_2를 구하면 다음과 같다.

$$d_1 = \frac{\ln\left(\frac{73,250}{70,000}\right) + \left(0.065 + \frac{0.4^2}{2}\right) \times 0.1205}{0.4\sqrt{0.1205}} = 0.45$$

$$d_2 = 0.45 - 0.4\sqrt{0.1205} = 0.31$$

따라서,

$$N(d_1) = N(0.45) = 0.6736$$
$$N(d_2) = N(0.31) = 0.6217$$

풋옵션의 공식을 활용하기 위해서는 $N(-d_1)$과 $N(-d_2)$를 구해야 하는데 이는 표준정규분포의 대칭성을 이용하여 다음과 같이 구할 수 있다.

$$N(-d_1) = 1 - N(d_1) = 1 - N(0.45) = 1 - 0.6736 = 0.3264$$
$$N(-d_2) = 1 - N(d_2) = 1 - N(0.31) = 1 - 0.6217 = 0.3783$$

이제 이 값들을 풋옵션 공식에 대입하면 다음과 같이 풋옵션의 가치를 계산할 수 있다.

$$
\begin{aligned}
p &= Ke^{-rT}N(-d_2) - S_0 N(-d_1) \\
&= 70,000e^{-0.065 \times 0.1205} \times 0.3783 - 73,250 \times 0.3264 \\
&= 2,365.6원
\end{aligned}
$$

16. 풋-콜 평형관계의 식은 다음과 같다.

$$c + PV(K) = S_0 + p$$

이 장의 본문의 문제에서 구한 콜옵션의 가치는 6,161.7원이고 연습문제에서 구한 풋옵션의 가치는 2,365.6원이다. 행사가격의 현재가치는 다음과 같다.

$$70,000 \times e^{-0.065 \times 0.1205} = 69,453.9$$

그러면,

$$c + PV(K) = 6,161.7 + 69,453.9 = 75,615.6$$
$$S_0 + p = 73,250 + 2,365.6 = 75,615.6$$

따라서 풋-콜 평형관계가 성립함을 알 수 있다.

17. 그렇다. 기업 가치의 변동성이 크면 기업 가치가 매우 높아질 가능성도 있고 부도가 날 가능성도 있다. 주주들은 기업가치가 높은 경우 채무액만 갚고 나머지 이익을 모두 향유한다. 부도가 나는 경우에는 유한 채무(limited liability)에 의해 채무액을 갚지 않고 채권자에게 기업을 넘기므로 주주들의 손해는 자신이 출자한 부분에 한정된다. 따라서 주주들은 위험한 투자안에 투자하여 기업 가치의 변동성을 높이고자 하는 유인을 가지게 되며 이는 주주와 채권자 사이에 대리인 비용이 발생하는 한 요인이 된다.

| 著者略歴 |

김창수(金昌秀)

연세대학교 경영학과, 학사 (전공: 경영학)
연세대학교 대학원, 석사 (전공: 재무관리)
University of Wisconsin-Madison, MBA (전공: Finance)
University of Wisconsin-Madison, Ph. D. (전공: Finance, 부전공: 경제학)
교보증권 사외이사
스톡옵션표준모델제정위원회 위원
한국거래소 상장 공시 위원
연세대학교 빈곤문제국제개발연구원(IPAID) 원장
한국재무관리학회 편집위원장
Asia-Pacific Journal of Financial Studies (SSCI) 편집위원장
한국재무학회, 한국재무관리학회 부회장
한국증권학회 회장
St. John's University, 조교수
University of Washington Fulbright 연구교수
University of Illinois-Urbana/Champaign 교환교수
현 연세대학교 교수

〈논문발표〉
재무연구, 재무관리연구, 증권학회지, 회계저널, Journal of Finance, Journal of Financial and Quantitative Analysis, Journal of Corporate Finance, Financial Management, Financial Review, Journal of Financial Research, Asia-Pacific Journal of Financial Studies, Pacific-Basin Finance Journal 등 국내외 학술지에 70여 편 게재.

〈저서〉
『스톡옵션과 보상설계』, 『개발의 이해: 제3세계에서의 이론과 실제』(역), 『Emerging Markets in Asia』 등 11권.

EVA중심의 재무관리

2판1쇄 발행   2018년 3월 25일
3판1쇄 발행   2024년 2월 25일

지은이   김 창 수
펴낸이   임 순 재

펴낸곳   (주)한올출판사
등 록   제11-403호
주 소   서울시 마포구 모래내로 83(성산동, 한올빌딩 3층)
전 화   (02)376-4298(대표)
팩 스   (02)302-8073
홈페이지 www.hanol.co.kr
e-메일   hanol@hanol.co.kr

ISBN 979-11-6647-433-0